나는 왜 불안한가

Why Am I So Anxious?

나는 왜 불안한가

트레이시 마크스 지음 | 신현정 옮김

시그마북스
Sigma Books

나는 왜 불안한가

발행일 2023년 12월 5일 초판 1쇄 발행
지은이 트레이시 마크스
옮긴이 신현정
발행인 강학경
발행처 시그마북스
마케팅 정제용
에디터 양수진, 최윤정, 최연정
디자인 김문배, 강경희

등록번호 제10-965호
주소 서울특별시 영등포구 양평로 22길 21 선유도코오롱디지털타워 A402호
전자우편 sigmabooks@spress.co.kr
홈페이지 http://www.sigmabooks.co.kr
전화 (02) 2062-5288~9
팩시밀리 (02) 323-4197
ISBN 979-11-6862-185-5 (03180)

* 시그마북스는 (주)시그마프레스의 단행본 브랜드입니다.

Original Title: Why Am I So Anxious?: Powerful Tools for
Recognizing Anxiety and Restoring Your Peace
Copyright © 2022 Dr. Tracey Marks, Dorling Kindersley Limited
A Penguin Random House Company

www.dk.com

감사의 말

내가 대학에서 전기공학을 전공분야로 선택한 까닭은 무엇보다도 어문학보다는 수학에 재능을 나타내왔기 때문이었다. 그러나 아무에게도 말하지 않은 다른 이유는 읽어야 할 도서와 써야 할 보고서의 수가 최소한인 전공을 원했기 때문이었다. 나는 책을 많이 읽은 적도 없었으며 보고서 작성을 혐오했다. SAT(미국의 수능) 독해 문제를 풀다가 잠이 들어버리곤 했다.

만일 그 결정을 내리고 30년이 흐른 뒤에는 내가 온라인 교육 콘텐츠의 원고를 쓰고 책을 집필하고 있을 것이라고 누군가 말했다면, 나는 다른 사람으로 착각한 것이라고 말했을 것이다.

정신의학과의 만남은 내 삶의 경로를 바꾸었으며, 의학으로 진로를 변경했을 당시에는 상상할 수도 없었던 길로 나를 인도했다. 나는 정신과 의사로서 오늘의 내가 있게 해준 중요한 분들과 경험에 감사드리고자 한다.

의대에서 정신과 교대 교육을 받을 당시 정신과 레지던트였던 윌리엄 캠벨 박사는, 정신의학이 매력적인 학문이라는 데 눈을 뜨게 해주고 내과를 전공하려던 내 계획을 포기할 수 있게 용기를 준 분이다.

나의 의대 지도교수이자 뛰어난 정신과 의사인 조세파 청 박사는 당시 내가 배정받았던 내과 레지던트 과정을 바꿀 수 있게 해주었다.

뉴욕 프레스비테리안 병원, 코넬 캠퍼스의 정신의학과는 지그문트 프로이트도 들어본 적이 없는 분석공학자였던 나를 정신분석학에 관심이 많은 정신과 의사로 탈바꿈시켰다.

엘리자베스 오킹클로스 박사는 나의 레지던트 과정 책임자였다. 나는 그녀의 지성과 리더십을 무던히도 존경했다. 그녀가 나의 개인적 발전과 전문가로서의 발전 모두에 시간과 노력을 아낌없이 투자한 것이 나에게는 엄청난 특권이었다.

윌리엄 소벨 박사는 레지던트 과정 때 나를 지도·감독해주신 정신과 의사였으며, 내게 그 누구와도 비교할 수 없는 모범을 보여주었다.

마지막으로 나의 부모님 버나드 어빙과 텔마 어빙은 내가 최선을 다하고 나의 머리를 위대한 일에 사용하도록 끊임없이 용기를 북돋아주셨다. 부모님은 뒤이어 바통을 받아 나를 결승선으로 이끌어주신 모든 분들을 위한 기틀을 마련해주셨다.

지금의 내가 될 수 있도록 영감을 주신 모든 분들에게 감사드린다. 영원히 잊지 않을 것이다.

나의 내담자들에게도 감사를 드린다. 이들과의 만남이 정신의학에 대한 애정의 기초를 만들어주었다. 또한 나의 온라인 커뮤니티에도 감사의 말을 전한다. 그들의 지식에 대한 목마름이 나를 창의적이고 시대의 흐름에 맞출 수 있게 해준다.

차례

제 1 부 불안의 근원

제 2 부 불안 대처법

글을 시작하며

때때로 불안은 바다를 닮았다. 파도가 밀려왔다가 밀려가지만, 언제나 그 자리에 있다. 때로는 카멜레온 같기도 하다. 다양한 모습을 취하기도 하지만, 어떤 것은 명확하지 않기도 하다. 우리 모두는 어느 정도의 불안을 경험한다. 가장 중요한 문제는 불안이 어떤 영향을 미치고 그 불안에 어떻게 대처하느냐는 것이다.

나는 COVID-19 팬데믹이 만연한 동안 이 책을 집필했는데, 이 기간은 모든 사람에게 커다란 영향을 미친 전대미문의 시간이었다. 만일 과거에 고통스러운 불안 증상으로 고생해본 적이 없었다면, COVID가 여러분에게 그러한 경험을 초래했을지도 모르겠다.

따라서 많은 사람에게 있어서 "나는 왜 이토록 불안한가?"라는 질문에 대한 답은 한 단어, 즉 COVID로 요약할 수 있을 듯하다. 하지만 불안은 상황적 재난의 영향을 훨씬 넘어서는 것이다. 재난이 불안을 악화시킬 수 있지만 불안은 인간 경험의 한 부분이다. 불안은 전염병 발발을 비롯한 다른 자연재해와는 무관하게 지속된다.

그렇기 때문에 나는 불안의 근원을 설명할 때 의도적으로 COVID를 제외했다. 마음 한구석에서는 이 책이 마무리될 무렵 COVID도 끝나기를 희망했다. 이 글을 쓰고 있는 지금도 COVID는 끝나지 않았지만, 그렇다고 해서 이 책이 전달하려는 메시지가 바뀐 것은 아니다. COVID는 불안에 대처하기 위한 도구의 필요성을 더욱 중요하게 부각시킨다.

나는 여러분이 느끼는 불안에 영향을 주는 다양한 요인에 대한 이해를 높이기 위해 이 책을 썼다. 모든 불안이 장애는 아니며, 때때로 불안은 여러분의 성격에서 기인하기도 한다. 만일 여러분이 불안장애 진단을 받은 적이 있거나 불안장애가 아닌지 의심하고 있다면, 이 책에서 불안장애를 논의한 장들이 추가적으로 전문가의 도움이 필요한지를 판단하는 데 도움을 줄 것이다. 또한 어느 정도의 불안이 정상이고 언제 약물치료를 받는 것이 적절한지를 이해하는 데도 도움을 줄 것이다.

나는 불안에 대처하는 방법을 찾고자 애쓰면서 여러분이 느꼈던 좌절감을 이 책이 완화시킬 수 있기를 희망한다. 정신과 의사로서 불안장애 치료를 위해 주로 약물을 처방하며 특정한 사례에 대처하는 심리치료를 병행한다. 내가 여러 해에 걸쳐 찾아낸 사실은 누군가 (약물을 처방해주는) 나를 찾아올 때에는 이미 민간요법에 진절머리가 났으며 지금까지의 고통이 끝나기를 원하는 상태라는 것이다. 기대한 바대로 처방약물은 이들의 불안을 완화하거나 없애는 데 효과가 있으며, 부작용이 나타나기 전까지는 만사형통이다. 일반적으로 최상의 시나리오는 약간의 체중 증가와 피로를 경험하는 것이다. 그러나 처방약물을 언급한 제5장에서 보는 바와 같이, 약물 복용에는 상당히 부정적인 측면이 존재한다.

내가 식이요법이나 생활방식 개선과 같은 보완요법이나 대체요법을 소개하고자 시도할 때, 내담자는 하나같이 이렇게 말하기 십상이다. "전부 다 해봤지만 아무 소용이 없었다니까요." 실제로 누구든지 시행착오를 겪으면서 가능한 모든 개입방법을 선별해보는 것은 불가능에 가까운 일이겠다. 내담자들과 마찬가지로, 나 역시도 효과가 있을 것이라 예상했던 많은 개입방법이 작동하지 않아서 좌절했던 것이다.

그러다가 불현듯 내담자들과 내가 한 가지 처방을 가지고 모든 증상을 다루려는 약물치료와 같은 방식으로 대안적 접근방법들이 작동하기를 기대했던 것은 아닌가 하는 생각이 들었다. 그러나 비처방적 개입에서 그렇기를 기대하는 것은 무리다. 심지어 약물치료로 모든 불안 증상에 대처하는 것조차 현실적이지 않다. 대부분의 사람이 약물치료로 완벽하게 개선되지 않는 이유가 바로 이것이다.

이 딜레마에 대한 답은 무엇일까? 어떻게 하면 약물을 복용하지 않고도 불안에 대처할 수 있을까?

그 답은 불안의 다양한 측면에 대처하는 다양한 도구를 고려하여 최대 효과를 얻을 수 있는 도구들을 마련하는 것이다. 나는 이 책의 후반부에서 여러분의 불안에 대처하는 여러 도구를 제시했다.

모든 대안을 적용해보고자 시도한다면, 여전히 너무나 많은 가짓수에 압도당할 수 있다. 나는 여러분이 이 책을 끝까지 읽고 커다란 밑그림을 형성한 다음에, 가장 공감했던 부분으로 되돌아가기를 권한다. 부록에는 다양한 상황에서 여러분에게 가장 효과적일 도구에 초점을 맞출 수 있도록 몇 가지 요약표와 부가정보를 제시했다.

즐거운 마음으로 이 책을 읽는다면, 내세에 다시 만날지도 모르겠다.

제1부

불안의 근원

제 1 장

불안의 다양한 측면 이해하기

불안의 생물학

누구나 어느 정도의 불안을 경험해왔다. 여러분이 어느 누구보다도 차분하고 무덤덤한 사람이더라도 불안한 적이 있었다. 이것은 생리학적으로 참이다. 모든 사람은 생래적으로 환경 스트레스원(스트레스 반응을 유발하는 사건이나 자극)에 대한 반응으로 과잉각성 상태를 경험하도록 되어 있다. 위협을 감지하면 본능적으로 불안하거나 조심하게 된다.

사람들이 불안을 공포와 동일한 것으로 생각하는 이유는 바로 이러한 불안반응 때문이다. 공포는 겁을 먹게 만들고 두렵다는 사실이 괴로움을 유발한다. 그러나 공포는 단지 불안의 한 측면일 뿐이다. 공포는 임박한 것으로 지각한 위협에 대한 정서반응이다. 위협은 일어날지도 모른다고 상상하는 어떤 사건과 같이 가상적인 것이거나 실제적으로 다가오는 사건일 수도 있다.

반면에 불안은 미래의 위협을 예상하는 것이다. 그 위협은 실제적이거나 가상적일 수 있지만, 즉각적인 것은 아니다. 즉각적이지 않은 위협이 유발하는 불안의 사례를 들자면, 여러분의 회사가 충분한 실적을 올리지 못하면 실직할지도 모른다는 걱정과 같은 것이다.

신체가 어떤 위협에 대해 나타내는 생리적 반응은 병리적 불안이 아니다. 정상적인 과잉각성 상태일 뿐이다. 일단 위협이 지나가고 나면 과잉각성 상태는 잦아든다. 그러나 어떤 사람의 경우에는 경각심이 공포와 걱정거리로 발전해 위협이 지나간 후에도 지속되기도 한다. 더욱 심각한 경우에는 뚜렷한 위협이 없음에도 불구하고 공포와 걱정이 나타난다. 이렇게 지속적인 공포가 병리적 불안을 야기한다.

두뇌의 개관

과학자들은 정상적인 과잉각성 상태, 즉 자동적 스트레스 반응을 도피, 투쟁, 또는 동결 반응이라고 부른다. 이러한 반응은 두뇌 깊은 곳에서 유래하며 위험한 상황에 대처하는 데 필요한 에너지를 동원할 수 있게 해준다.

두뇌가 극장이라고 상상해보라. 극장에는 상층부, 하층부, 그리고 오케스트라석이 있다. 두뇌의 하층부에는 편도체와 시상과 같은 피질하 구조가 자리하고 있으며, 본능적 추동(안전, 성적 욕구 등)을 처리한다. 피질하 구조는 두뇌 안쪽에 숨어 있어서 보이지 않는다. 혹자는 이 구조가 논리보다는 본능과 학습된 기억에 근거하여 작동하기 때문에 '파충류 두뇌'라고 부르기도 한다. 피질하 구조는 정서기억도 저장한다.

상층부에는 피질이 있다. 피질은 두뇌 그림에서 주름이 잔뜩 잡힌 회백질로 표현되는 외피를 포함하고 있다. 극장의 상층부에서는 연기자의 연기를 위에서 내려다볼 수 있는 것처럼, 피질은 생각하기 그리고 피질하 구조가 촉발한 정서를 해석하기 등과 같은 상위 기능을 수행한다.

오케스트라석에는 지휘자와 연주자들이 자리한다. 두뇌에서는 중뇌가 이곳에 해당한다. 즉 중뇌는 피질과 피질하에서 나오는 복잡한 신호를 조율해서 뇌간, 척수, 신체 기관, 그리고 말초신경으로 내보내는 지휘자의 역할을 한다.

내가 초등학교에 입학하기 전까지는 일하러 가신 부모님을 대신해 할머니가 나를 돌봐주셨다. 할머니의 처벌 방식은 내가 문제를 일으킬 때마다 파리채로 매질을 하는 것이었다. 나는 반항적으로 나쁜 행동을 저지르는 아이는 아니었으며, 단지 물건을 분해하는 데 정신이 팔려 있었을 뿐이었다(분해해보지도 않고 물건의 작동 방식을 알 수 있는 방법이 달리 있겠는가?). 할머니는 당신의 추억이 담긴 장신구를 건드리지 말라고 미리 말해주신 적이 한 번도 없었다. 손에 파리채를 들고 나를 향해 쿵쿵거리며 걸어오시는 할머니의 모습을 보고 나서야 나의 호기심이 받아들여질 수 없는 행동이었다는 사실을 깨닫곤 했다.

파리채의 끝부분은 고무이기에 할머니가 나의 맨다리를 때려도 그렇게 아프지는 않았다. 하지만 벌레를 뭉개버렸던 물체가 내 피부에 닿을 때 느끼는 혐오감은 맞을 때 느끼는 통증을 압도했다. 할머니는 단 한 번도 파리채를 닦은 적이 없었기 때문에 파리채 구멍엔 언제나 처참하게 뭉개진 파리가 적어도 한 마리는 끼어 있었다. 그래서 파리채를 보는 것만으로도 나는 고분고분할 수밖에 없었다.

현재 나는 남부에 살고 있다. 문을 아무리 철통같이 닫아놔도 파리를 잡아야 할 때가 가끔 있다. 오랜 세월이 지났음에도 나는 여전히 파리채를 쳐다볼 때마다 으레 짧은 순간이지만 불안감을 느낀다.

나의 논리적 마음(상층부)은 파리채가 인간에게 무해하다는 것을 알지만, 나의 정서적 마음(하층부)은 어린 시절 내가 경험했던 혐오감을 기억하고 있으며 앞으로도 그 경험을 잊지 못하게 만들 것이다.

스트레스의 생리학

편도체는 뇌의 하부에 위치한 아몬드 형태의 구조이며, 두뇌 양측에 하나씩 있다. 편도체는 주변 환경을 끊임없이 점검해서 미미하기 짝이 없는 위협조차도 감지할 수 있게 해준다. 위협을 감지하면, 편도체가 다른 두뇌구조에 메시지를 보낸다. 노르에피네프린, 아세틸콜린, 도파민, 세로토닌 등과 같은 대뇌 화학물질을 메시지 시스템으로 사용한다.

해마, 시상하부, 뇌하수체 등과 같은 다른 구조의 활성화는 **교감신경 활성화** 라고 부르는 일련의 신체 반응을 촉발한다. 이러한 반응은 심장박동, 혈압, 그리고 호흡을 증가시킨다. 또한 소화를 차단하고 간에 축적되어 있던 글루코스를 방출한다(식사 직후엔 강도 높은 활동을 삼가야 하는 이유가 바로 이것이다. 소화기관의 자원을 다른 곳으로 전용시키기 때문이다).

신체가 활동할 준비를 함에 따라서, 전전두피질을 비롯한 상층부 피질 구조가 위협에 대한 정보를 더 많이 수집한다. 만일 이러한 분석이 거짓 경보로 판명되거나 위협이 이미 지나가버렸다면, 부교감신경계가 모든 것의 속도를 늦추고는 다시 안정 상태로 되돌린다.

편도체는 어떻게 위협을 감지하는가? 사람들은 본능적으로 뱀이나 곤충과 같은 특정 대상을 위협으로 해석한다. 양방향을 모두 살피지 않고는 길을 건너려 하지 않는 것과 같은 위협은 학습을 통해서 획득한다. 편도체는 삶의 경험을 통해서 스트레스 상황에서 사용하는 정서기억이라는 데이터베이스를 구축한다.

이러한 처리과정에서 알 수 있듯이, 편도체는 사람들이 어떤 위급상황인지를 알아차리기도 전에 신체의 비상반응을 활성화시킨다. 따라서 위협에 대한 최초 반응은 무의식적이다. 최초의 교감반응이 자동처리과정이라는 사실은 뒤이어서 불안에 어떻게 대처할지를 결정하기 시작할 때 그 중요성을 갖게 된다.

이제 어떻게 불안이 이러한 자동처리과정으로부터 발생하는지 살펴보자.

편도체는 정서 표출에서 핵심적인 구조다. 편도체는 전전두피질에 연결되어 있으며, 전전두피질은 위협이 실제적인 것인지에 대한 피드백을 제공한다.

생애 초기에 심각한 스트레스 경험(예컨대, 부모의 방임, 학대, 집단 괴롭힘 등)에 노출되면, 편도체와 전전두피질 사이의 연결 상태가 바뀐다. 어떤 사람은 선천적으로 이 신경회로의 연결이 와해된 상태로 태어나서 과잉반응하는 편도체를 가지고 있다. 이렇게 되면 편도체가 과잉반응을 하고 있는지에 대한 피드백을 전전두피질로부터 제대로 받지 못하게 된다. 편도체가 위협이라고 지각한 것에 대해 경고음을 울리고는 불필요한 경우에도 계속해서 경계 상태를 유지하게 만들 수 있다.

디폴트 모드 네트워크의 역할

불안의 원인이 되는 또 다른 두뇌영역이 있다. 이 영역은 **디폴트 모드 네트워크**(DMN; 휴식을 취하고 있을 때 작동하는 두뇌영역)라고 부르는 일단의 두뇌영역이다. DMN은 그룹 메시지 채팅에서처럼 직접 채널을 통해서 소통한다. 만일 여러분이 신경해부학에 관심이 있다면, 상호 간에 소통하는 일차적 두뇌구조가 내측 전전두피질, 배측 대상피질, 쐐기앞소엽, 외측 전전두피질 등이라는 사실을 알고 있을 것이다.

DMN은 다음과 같이 작동한다. 무엇인가를 적극적으로 생각하고 있지 않을 때 두뇌의 자연스러운 디폴트 상태는 과거와 현재의 일을 생각하는 것이다. 마음이 이러한 방식으로 자유롭게 흘러가도록 두는 것을 자극 독립적 사고라고 부른다. 이것은 마치 틀어놓은 비디오가 주의를 끌지 못한 채 배경으로 남아 있으면서도 여전히 심적 공간을 채우고 있는 것과 비슷하다. 무엇인가에 주의를 돌릴 때, 디폴트 사고가 차단되면서 마음이 의도적인 사고를 처리하게 된다. 이러한 자동처리과정은 온종일 활성화와 비활성화를 반복한다.

DMN이 매우 활동적인 사람은 백일몽을 꾸면서 많은 시간을 보내며, 그렇지 않을 경우에는 마음이 제멋대로 날아다니도록 내버려둔다. 또한 과도하게 과거 일을 곱씹거나 미래를 걱정할지도 모른다. 이것을 **반추하기**라고 부른다. 반추의 문자적 의미는 되풀이해서 씹는 것이다. 되새김질을 하고 있는 소를 본 적이 있다면, 소의 턱이 아래위로 느리지만 규칙적으로 움직인다는 사실을 알아차렸을 것이다. 마찬가지로 반추하기의 경우에도 생각을 오랫동안 곰곰이 되씹게 된다.

연구자들은 불안한 사람이 과도하게 활성화된 DMN을 가지고 있다는 사실을 찾아냈다. 그렇기는 하지만 불안과 과잉활성화 중에서 어느 것이 먼저인지는 명확하지 않다. DMN의 두뇌구조가 자기반성과 정서평가를 초래한다는 사실은 분명하다. 정서평가란 특정 상황에 관한 판단을 구축하는 것이다. 따라서 반추하기의 전형적인 주제는 자신 또는 자신의 수행을 판단하는 것이다. 이러한 평가가 부정적인 것으로 나타나면, 부정적인 주제에 과도하게 주의를 집중함에 따라 과잉활성화된 마음이 고통을 유발하고 지속되게 만든다.

통제 불가능한 편도체와 과도하게 활성화된 디폴트 모드 네트워크가 불안을 유발하는 두 가지 생물학적 토대이다. 이 구조들이 유전적으로 취약한 사람이 있는 반면, 불안하게 만들 가능성이 훨씬 높은 고도의 스트레스 경험도 극복해낼 수 있는 사람도 있다. 희소식은 불안을 유발하는 것이 무엇이든 두뇌의 배선을 변화시킬 수 있다는 사실이다. 새로운 것들을 학습함에 따라 시간이 경과하면서 두뇌가 스스로 재구성해나가는 능력을 **신경가소성**이라고 부른다.

두뇌를 연결된 신경세포들의 회로망으로 이루어진 복잡한 전기회로라고 생각해보라. 나는 어린 시절 할머니 집에서 물건을 분해하면서, 하나의 전선이 주변의 다른 전선에 단단하게 묶여 있지 않으면 회로가 작동하지 않는다는 사실을 알았다. 마찬가지로 신경세포들 사이의 연결이 단단할수록 그 신경세포들의 정보 전달력은 더욱 좋아진다. 어떤 불안상태는 이러한 연결을 헐

겹게 만들고, 다른 불안상태는 지나치게 단단한 연결을 초래한다. 두 경우 모두 과잉활성화 상태로 귀착된다.

약물치료, 식이요법, 그리고 명상은 신경가소성 재구성 과정을 통해서 신경 연결성의 질을 향상시켜주는 개입방법들이다. 제2부에서 이러한 개입방법들을 상세하게 살펴본다.

어떤 사람은 불안하고
다른 사람은 그렇지 않은 까닭

앞 절에서는 불안을 경험할 때 두뇌에서 무슨 일이 일어나는지를 보았다. 그렇다면 정상적 불안은 무엇이고, 정상적 불안을 병리적 불안으로 만들어버리는 것은 무엇인가?

정상적 불안

일상적 불안은 대체로 적응적이다. 즉, 스트레스 상황에 대한 합리적 반응이며, 스트레스원이 사라지면 불안도 해결된다.

예컨대, 이웃에 연달아 도둑이 들었다는 이야기를 들으면 다음 차례는 우리 집이 아닐까 하는 불안감이 엄습할지 모른다. 그래서 며칠간 밤잠을 설칠수 있다.

이러한 걱정 때문에 집에 보안경보시스템을 설치하기에 이른다. 보안시스템을 설치하면 극도의 안도감을 느낄 터이지만, 여전히 야간에 철저하게 문단속을 하고, 잠자리에 들기 전에는 경보기가 제대로 작동하는지 점검하기 바쁘다. 몇 주간 이웃에 또 다른 피해 사례가 없으면, 나의 경계심은 잦아든다. 더욱 다행스럽게도 경찰이 강도를 잡았다는 소식을 들으면 내가 위험에 노출될 일은 더 이상 없으리라 생각한다. 이러한 반응은 정상적인 불안의 사례다.

병리적 불안

만일 불안반응이 비정상적이라면, 그 불안반응은 스트레스원에 비례하지 않으며, 스트레스원이 사라진 후에도 지속되고, 일상생활이나 대인관계 또는 직장생활에도 영향을 미친다.

강도 침입의 사례에서 만일 보안시스템을 설치한 후에도 다음 희생자가 될지도 모른다는 걱정이 지속된다면, 이것은 비정상적 반응이다. 이 시나리오에는 매일같이 잠자리에 들기 전에 경보시스템을 서너 차례나 점검하는 행위가 포함된다. 남편이 텔레비전을 시청하느라 아직 거실에 있다면, 남편이 침실로 들어와서 경보시스템을 켰다고 재차 확인해주어야만 잠을 이룰 수 있다. 그렇게 남편이 재확인해주는 경우에도, 잠을 5시간 정도밖에 잘 수 없다. 수면 손실은 짜증을 일으키고 가족에게 화를 내게끔 만든다. 하루 종일 몸은 천근만근이며, 두통으로 고생하고, 매일 밤 넉 잔의 와인으로 심신을 달랜다. 신경이 항상 날카롭기에 이웃집 개 짖는 소리에도 매번 잠을 깬다. 매일같이 피로를 느끼고, 중요한 업무의 마감시한을 잊어버리고 만다.

이러한 불안이 단 하나의 위협으로 초래되는 경우는 드물다. 불안은 다양한 위협에 대한 반응패턴이다. 정상적 불안을 가지고 있는 사람은 해당 위협에 비례해서 반응을 보이지만, 병리적으로 불안한 사람은 다양한 위협을 예상하거나 사소한 위협에 직면할 때도 불안감을 느낄 수 있다. 오늘의 위협 요인은 강도가 침입할 수 있다는 소식이었다. 내일의 위협은 학교나 직장에서의 발표가 될 수 있다. 다음 주에는 여러분이 고대해온 승진에서 탈락할 가능성일 수 있다.

스트레스원은 일상생활의 한 부분이며, 항상 존재하기 마련이다. 불안에 취약한 사람은 제어할 수 없게 되는 지속적인 불안을 경험할 수 있다. 많은 스트레스원에 노출되면, 불안에 취약하지 않은 사람도 압박에 굴복하여 일상적 경험을 넘어서서 지속되는 불안을 표출할 수 있다.

불안의 기원

자신의 삶에 불안하게 반응하게 되는 까닭은 무엇인가?

불안은 이른 시기에 나타나며, 일반적으로는 아동기에 시작된다. 대다수 아동은 자신이 느끼는 것이 불안이라는 사실을 깨닫지 못한다. 나이가 들어가면서 주변 사람들이 자신과 다르게 느끼고 생각한다는 것을 알게 됐을 때 비로소 자신이 내내 경험한 것이 불안이라는 사실을 깨닫는다.

누구나 불안에 취약할 수 있다. 이러한 성향을 **특질불안**이라고 부른다. 반면 **상태불안**은 현재의 불안 경험을 말한다. 모든 사람은 유전적으로 고정된 기질을 갖고 태어난다. 20~50%의 사람이 부모로부터 불안 기질을 물려받는다.

세상을 바라보는 방식과 세상에 반응하는 방식은 기질에 달려 있다. 성격과 기질은 유사하며 상호교환적으로 사용하는 경우도 많다. 기질은 평생 갖고 살아가야 하는 정서의 핵에 해당한다고 생각할 수 있다. 여러 요인이 성격에 영향을 미치는데, 여기에는 기질, 양육방식, 부모의 성격, 삶의 경험 등이 포함된다. 흔히 사람들은 이 개념을 **선천성 대 후천성**이라고 지칭한다. 기질은 타고난 선천적 본성이며, 어린 시절 삶의 경험은 양육자의 후천적 양육방식이다.

연구자들은 기질을 기술하기 위해 몇 가지 모형을 개발해왔으며, 각 모형은 자신만의 용어를 가지고 있다. 모든 모형은 불안 취약성이라는 특질을 기술하는 용어를 가지고 있다. 다음 절에서 다루는 피해 회피성과 신경증은 널리 인정받고 있는 두 가지 기질 이론에서 사용하는 용어다.

피해 회피성 기질

피해 회피성이란 부정적 결과를 걱정하는 경향성을 일컫는다. 피해 회피성이 높은 사람은 실패나 피해를 걱정하고 예상한다. 일반적으로 친숙하지 않은 상황에서 불안감과 불편함을 느끼며 낯을 가린다. 단호하지도 못하여, 자신의 욕구를 명확하게 표현하지 못한다. 피해 회피성에서 높은 점수를 나타내는 사람은 정신력과 심적 탄력성에서도 어려움을 겪는다. 그렇기 때문에 쉽게 와해되고 고난을 겪은 후 회복하기도 어렵다.

약한 정신력은 신체질병에 대처하는 방식에도 영향을 미친다. 몸이 아프면 여러 주 동안 꼼짝할 수 없는 사람이 있다. 아프기만 하면 학교를 결석하거나 직장을 결근하기도 한다. 반면 어떤 사람은 같은 질병을 앓더라도 몸이 불편한 상황에서 어떻게든 해야 할 일을 마무리 짓는다. 이런 사람들은 병을 앓고 난 후에도 신속하게 일상으로 돌아오는 경향이 있다.

질병이나 실패의 경험에서 헤어 나오는 데 어려움을 겪는다면, 이는 자존감이나 자기개념에도 영향을 미칠 수 있다. 난국에서 빠르게 벗어나지 못하면, 자신이 다른 사람보다 허약하다고 느낄 수 있다. 피해 회피적이지 않은 형제가 있다면 특히 그렇다. 부모가 이렇게 말하는 것을 듣게 될지 모른다. "도대체 뭐가 문제야? 동생은 불평하지 않잖니. 좀 협조할 수 없겠어?" 그리고 만일 성인이라면 이런 말을 듣게 될지 모른다. "제발 애처럼 굴지 말라고."

여러분이 피해 회피성과는 정반대라고 해보자. 만일 그렇다면, 대부분의 상황에서 대체로 자신감이 충만하고 안전하다고 느끼며, 대인관계에도 적극적이고, 어려움에서도 빠르게 회복하는 경향이 있을 것이다. 빠른 회복은 여러분을 탄력적인 사람으로 만들어준다.

신경증 기질

신경증은 피해 회피성과 유사하지만, 전반적인 부정적 사고도 포함한다. 신경증은 불안, 우울, 분노와 같은 부정적 정서에 얼마나 취약한지를 나타낸다. 신경증 기질이 높은 사람은 긴장하고 있으며, 지나치게 걱정하고, 스트레스를 관리하는 데 어려움을 겪으며, 쉽게 화를 내는 경향이 있다.

"죽도록 힘든 일이 사람을 더욱 강하게 만든다"라는 말을 들어본 적이 있을 것이다. 이 말이 어떤 사람에게는 참이지만 불안 기질의 사람에게는 항상 적용되는 것이 아니다. 스트레스 상황에서 와해될 가능성이 더 높기 때문에, 고난의 시간이 사람을 지치게 하고 두려움에 휩싸이게 만들 수 있다. 반복적이거나 지속적인 약한 강도의 스트레스도 동일한 효과를 초래한다. 평소의 상태로 되돌아올 수 없거나 더욱 강한 모습으로 거듭나지 못하면 자신이 무능하다고 느낄 수 있다.

피해 회피성이나 신경증 기질이 있는 사람은 나중에 불안장애를 겪을 가능성이 더 높다. 명확한 것은 아니지만, 이것은 마치 어려운 상황에 직면하면 불안장애를 겪을 기반을 가지고 있는 것처럼 보인다.

환경의 영향

여러분의 일차 보호자(대체로 부모)가 스트레스 상황에 대처한 방식을 되돌아보라. 본인의 스트레스에 어떻게 반응했는가? 여러분이 스트레스를 겪을 때는 어떻게 반응했는가?

일차 보호자로부터 불안을 배울 수 있다. 아동은 발달과정에서 부모의 행동을 보고 따라 한다. 부모가 스트레스 상황에 대처하는 방법은 여러분이 미지의 상황에 대해 조바심을 내거나 두려워하도록 가르칠 수 있다. 미지의 상황에 대한 두려움은 불확실성을 참아내지 못하도록 조건형성을 시키게 된다.

부모의 양육방식도 아동이 경험하는 불안에 영향을 미친다. 부모가 아동의 감정에 어떻게 반응하는지는 아동이 불안을 경험하는 강도와 그 불안에 대처하는 방식을 조성한다. 냉정하고, 비판적이며, 통제 성향이 강하고, 과잉보호하는 양육 스타일은 아동의 불안을 초래하는 경향이 있다.

온화한 부모는 자녀에게 칭찬, 미소, "어이쿠 내 새끼" 등과 같은 다정한 표현을 하는 등 긍정적으로 반응한다. 반면 불안으로 고통받았던 부모는 애정을 표현하는 데 인색할 수 있다. 그리고 여러분은 그런 부모를 냉정하다고 받아들일 수 있다. 여러분의 긍정적인 정서에 화답하지 않기(또는 화답할 능력이 없기) 때문이다.

다음 사례를 생각해보자. 어린 자식이 방과 후에 귀가해 신이 나서 아버지에게 학교에서 상을 받았다고 말한다. 따뜻한 반응은 "잘했다! 네가 해낼 줄 알았어. 상장 좀 보자"와 같은 것이겠다. 냉담한 반응은 "잘했네. 그런데 너 때문에 카펫이 온통 진흙투성이잖아. 내가 말했지. 집에 오기 전에 신발에 뭐 묻은 건 없는지 꼭 확인하라고"이다. 두 번째 시나리오에서 아버지는 늘 생각이 많고 아이의 학교생활에 관해 이야기할 시간이 없다. 아버지는 그날 아침에 일어난 일로 좌절감을 느끼고 있으며, 더러워진 카펫은 그의 불편한 심정을 폭발시키는 도화선이 된다. 아이는 상을 받아서 극도로 흥분한 상태지만 아버지는 그럴 기분이 아니며 아들을 거들떠보지도 않는다. 아이는 아버지가 자신의 성취보다 카펫을 더 중요하게 생각한다고 받아들이게 된다.

끊임없는 비난과 불인정은 아동이 불안정하고 무능하다고 느끼도록 이끌어갈 수 있다. 불안정하다는 느낌은 세상이 안전하지 않은 것처럼 느끼도록 만들 수 있다. 부모는 여러 가지 방식으로 통제적일 수 있다. 아이를 대신해 지나치게 많은 결정을 내리거나, 과잉보호하거나, 독립적인 사고를 막거나, 자신을 표현할 기회를 차단할 수 있다. 만일 여러분이 이러한 양육방식에서 성장한다면, 성취감과 자율성을 발달시키기 어렵게 된다.

앞서 언급한 것들은 가정환경이 여러분을 불안에 취약하도록 만드는 몇 가지 방식에 해당한다. 다른 요인으로는 트라우마(심적 외상), 방치, 극도의 빈곤 등을 꼽을 수 있다.

불안 성향이 있다는 것이 평생 불안에 시달리게 됨을 의미하지는 않는다. 생득적으로는 여러분이 환경사건에 불안하게 반응할지 모르지만, 여전히 그러한 반응에 대처하는 방법을 학습할 수 있다는 사실을 의미할 뿐이다. 불안의 출처를 이해하는 것이 불안 극복 과정의 한 부분이다. 이 책의 제5장에서 불안을 관리할 수 있는 기법을 논의한다.

불안 인지하기

불안은 다양한 형태를 취하는 강렬한 정서이지만, 대부분은 다음과 같은 보편적인 신체증상을 인지함으로써 쉽게 확인할 수 있다.

- 빠른 심장박동
- 가슴 통증(흉통)
- 숨 막힘이나 삼키기 어려움
- 수면장애
- 발한
- 몸 떨림
- 메스꺼움
- 식욕저하
- 거친 숨
- 어지럼증
- 마비와 저림
- 열감이나 냉감(오한)

이러한 증상은 과잉활성화된 교감신경계에 직접적으로 기인한다. 에피네프린의 상승은 심장박동과 호흡을 촉진하여 투쟁하거나 도피하거나 움츠릴 준비를 갖추게 해준다. 이러한 증상은 다른 신체 상태와 함께 경험할 수도 있지만, 그 증상이 스트레스원에 뒤따르게 되면 그 스트레스원과 손쉽게 연합함으로써 스트레스 반응이라고 결론짓게 된다.

그렇지만 두통, 시각적 변화(깜빡이는 불빛이나 점이 보이는 현상), 피부나 손톱 물어뜯기 등과 같이 덜 분명한 신체증상도 있다. 몇 가지 보편적이지 않은 증상에 대해서 조금 더 면밀하게 들여다보자.

두뇌 쇼크

두뇌 쇼크는 항우울제를 끊었을 때 나타나는 보편적인 부작용이다. 특히 점진적으로 줄이지 않고 갑자기 끊었을 때 나타난다. 두뇌가 꺼졌다 켜졌다 하는 느낌이거나 두뇌에 전류가 급등하는 것 같은 느낌이다. 혹자는 이 경험을 '두뇌 떨림'으로 기술하기도 한다. 두뇌가 흔들리는 것 같은 느낌이기 때문이다. 이러한 경험이 오래 지속되는 경우는 드물지만 몇 차례 연속해서 나타날 수는 있다. 두뇌 쇼크에 특정한 빈도가 있는 것은 아니다. 하루 동안 연속해서 경험하기도 하고, 몇 주 심지어는 몇 개월 동안 나타나지 않기도 한다.

두뇌 쇼크가 처음 시작될 때는 상당히 고통스러울 수 있으며, 많은 사람은 두뇌 발작이나 종양으로 발전하는 것은 아닌지 두려워한다. 증상이 고통스럽기는 하지만 두뇌 손상을 유발하지는 않으니 안심해도 된다. 그렇지만 두뇌 쇼크는 무시무시한 경험이며, 이것만으로도 불안이 가중될 수 있다.

과호흡

불안으로 고통받는 사람에게는 지나치게 빠른 호흡이 보편적으로 나타난다.

지나치게 호흡하면, 많은 양의 이산화탄소를 내보내서 체내 칼슘 수준이 떨어진다. 낮은 수준의 이산화탄소와 칼슘은 손발의 근육 경련을 일으킬 수 있다. 이 증상의 임상적 명칭은 수족경축이며, 비임상적 용어는 '갈퀴손'이다. 이러한 경련은 고통스러울 수 있으며, 증상이 심하면 뇌졸중을 앓는 사람의 손처럼 보일 수 있다. 나는 이 무시무시한 증상을 직접 경험한 적이 있다.

갈퀴손

내 아들은 자신에 대한 기대치가 상당히 높으며, 숙제를 마칠 시간이 모자란다는 생각에 이르면 안절부절못한다. 그의 이러한 성향은 학교 숙제가 비교적 가벼운 초등학교를 졸업하고 늦은 밤까지 숙제를 해야 하는 중학교에 입학하면서 문제를 일으켰다.

어느 날 아들 방에서 헐떡이는 숨소리가 들렸다. 나는 아들이 과도하게 연기하고 있다고 생각하고는 그 소리를 무시해버렸다. 때때로 나는 아들이 잠시 비명을 지르고 나서는 곧이어 웃어젖히는 소리를 듣곤 했기 때문이었다. 그러나 몇 분 후, 나는 숨이 막히는 소리를 듣고 곧장 계단을 뛰어 올라갔다. 숨이 턱까지 차올랐다. 아이가 무엇을 삼켰나? 얼마 동안이나 호흡을 못 한 거지?

아들은 뻣뻣한 자세로 똑바로 앉은 채 정면을 응시하고 있었다. 팔이 팔꿈치에서 구부러져 있었고, 손목도 비틀어져 있었다. 열 손가락이 모두 쫙 벌어져 있어 마치 갈퀴처럼 보였다. 맙소사, 뇌졸중인가? 아니면 발작인가? 그런데 애가 꼼짝을 안 하네. 대체 무슨 일이지? 죽었나? 나는 아들의 이름을 불렀다. 그러자 아들이 두 눈만을 움직이며 천천히 나를 바라보았다. 됐다. 됐어. 아이가 살아 있어.

나는 아들에게 바짝 다가가서 뻣뻣하게 굳은 팔을 마사지했다. 그러자 약간의 저항은 있었지만 팔이 천천히 펴졌다. 등을 문지르면서 안정시키고자 애썼으며 아들이 나에게 반응을 보일 때까지 적어도 5분이 걸렸다. 안정을 되찾은 후 아들은 내게 학교 숙제를 이해할 수 없었고 시험을 망칠까봐 두려웠다고 말했다. 이 말을 듣고 나는 아들이 매우 심각한 공황발작을 일으켰다고 결론지었다.

의학 공부를 한 나는 과호흡 증상 뒤에 따라오는 강직성 근육수축에 대해서 알고 있었다. 그렇지만 교과서에서 그 현상을 읽어본 것과 사랑하는 내 아들이 그 증상을 겪는 광경을 지켜보는 것은 완전히 별개의 일이었다. 나중에 나는 도움을 호소하는 아이의 요청을 그저 '중2병'이라고 치부했던 것에 죄책감을 느꼈으며, 갈퀴손을 하고 의자에 앉아 있던 아들의 모습이 아직도 내 가슴에 상처처럼 또렷이 남아 있다(다행히 아들은 그날의 일을 전혀 기억하지 못한다).

보편적인 심리증상

모든 사람이 신체를 통해서 불안을 경험하는 것은 아니다. 불안은 압도적으로 정서 경험이며, 다음과 같은 보편적인 심리증상을 나타낸다.

- 초조함
- 근심
- 집중력 저하
- 기억력 저하
- 파국화(최악의 상황 예상)
- 공포

불안은 다양한 공포를 유발할 수 있다. 콕 집어 말할 수는 없지만 끔찍한 일이 일어날 것이라는 생각에 사로잡힐 수 있다. 때로는 구체적이지 않은 불안한 예감일 수 있다. 예컨대, 아직 마감이 다가오지 않았는데도 불구하고 마감일을 놓쳤다고 두려워하는 사람이 있다. 또 다른 보편적인 공포는 제정신을 잃는 것에 대한 두려움이다.

공항

나는 스스로 경험이 풍부한 여행자라고 생각하고 싶지만 실제로는 그렇지 못하다. 여행 준비도 상당한 스트레스지만, 나에게 최악은 공항까지 가는 일이다. 애틀랜타 외곽에 거주하기 때문에 자동차로 공항까지 가는 데 걸리는 시간은 교통상황에 따라서 45분 또는 무한정의 시간이 걸리기도 한다. 공항 가는 데 1시간 그리고 주차하고 보안대를 통과하는 데 2시간을 감안하여, 보통 탑승 세 시간 전에 집을 나선다.

우리 가족의 최근 여행은 가족 혼사에 참석하기 위한 것이었으며, 비가 오는 가운데 애틀랜타 공항으로 가게 되었다. 비는 더 길고 불확실한 운전 시간을 의미하기 십상이기 때문에 나의 여행 불안을 촉발했다. 그리고 그 증상은 이미 상당히 심각했다.

남편은 비행기를 놓치는 것이나 다른 안 좋은 결과에 대한 자신의 부정적인 예감을 들으면서 45분이나 운전하는 것을 내가 좋아하지 않는다는 사실을 알고 있다. 따라서 남편은 현명하게도 자신의 생각을 속으로만 새기는 방식을 선택했다. 나 역시 불안을 속으로만 감내하고 있었지만, 10중 추돌 사고로 비행기를 놓칠지 모른다는 생각을 멈출 수 없었다.

빗길을 뚫고 무사히 공항에 도착했을 때, 다음 문제는 젖은 옷을 입고 차가운 공항에 앉아 있지 않기 위해서 비를 맞지 않을 방법을 모색하는 것이었다. 그래서 우리는 경제적인 장기 주차장에 주차하지 않기로 결정했다. 그곳에 주차할 경우 비를 맞으며 10분 정도는 걸어야 하기 때문이었다. 그렇지만 이렇게 잔머리를 굴린 것은 비단 우리만이 아니었다. 주차장 건물로 진입하려는 기나긴 차량 행렬을 목격한 후, 남편은 자신의 걱정거리를 더 이상 속에만 담고 있을 수가 없었다. 그는 이렇게 말했다. "차를 주차할 수 있는 유일한 공간은 옥상 주차장뿐이라 어떻게 해도 비를 맞을 수밖에 없겠어."

시간이 경과하면서 봉우리를 피우는 꽃처럼, 우리의 미래에 대한 그의 우려가 펼쳐졌다. 피부에 쩍쩍 달라붙는 비에 젖은 옷을 입고 우리는 두 시간 동안 공항 출발 게이트 앞에서 오들오들 떨면서 앉아 있어야 할 것이다. 우리는 독감에 걸릴 것이고, 친척들과 함께 지내야 하기 때문에 그들도 병이 날 것이다. 면역기능이 떨어진 나이 든 친척들은 결국 병원에 입원하게 될 것이다. 이번 여행의 목적인 조카의 결혼식에는 아무도 참석할 수 없게 될 것이다.

재앙이 꼬리를 물고 일어난다는 게 말도 안 되는 것처럼 보이지만, 이것은 비극적인 생각이 실제로 얼마나 과장되게 전개될 수 있는지를 보여주는 실제적인 사례다. 이 사례에서는 한나절의 비가 친척 모두를 조카의 결혼식에 참여할 수 없게 만들고, 병약한 친척들은 결국 생명 유지 장치의 도움을 받게 된다.

다른 심리증상

불안과 연관 짓기 어려운 심리증상으로는 조급증, 우유부단, 완벽주의, 안심 추구 등을 꼽을 수 있다. 불안한 사람은 침투적 사고도 가질 수 있다. 침투적 사고란 불쾌하거나 원치 않는 생각이 의도치 않게 떠오르는 것을 말한다. 침투적 사고가 떠오르는 최적 시간은 잠을 청할 때 또는 완전히 깨어 있지만 생각에만 잠겨 있을 때이다. 다른 무엇인가를 열심히 생각하고 있지 않을 때는 디폴트 모드 네트워크가 이러한 침투적 사고를 자각하게 해주는 역할을 한다.

불안한 사람은 해리를 경험하기도 하는데, 해리란 현재로부터 심리적으로 분리되는 현상을 지칭하는 포괄적인 용어다. 트라우마 경험이 불안에 대한 반응으로 해리를 초래할 수 있다. 해리의 두 가지 유형은 다음과 같다.

1. **이인화**(離人化): 자신의 사고, 감각, 행위로부터 분리된 느낌

이는 마치 벽에 붙어 있는 파리를 보는 것처럼, 자신과 자신의 생각을 멀리서 지켜보는 것 같은 느낌이다. 다음은 이인화의 몇 가지 사례다.

- 거울을 들여다보면서 자신을 인지하지 못함
- 방 안의 자신을 마치 관찰자처럼 느낌
- 온몸이 마비된 것처럼 느낌
- 자신의 몸을 실제가 아닌 것처럼 느낌

2. **비현실감**: 환경과 분리되어 있다는 느낌

자신을 둘러싼 공간을 유리창을 통해서 바라보고 있는 것 같거나, 자신이 꿈속에 있는 것처럼 느끼는 것이다. 시간이 이례적으로 빠르거나 더디게 가는 것처럼 느끼기도 한다. 주변 사물을 보는 데 어려움을 겪을 수도 있다(터널 시야 현상). 어떤 사람은 나에게 세상이 약간 중심에서 벗어난 것처럼 보인다거나 색깔이 선명하지 않다고 말하기도 한다.

해리는 무의식적 불안을 막는 데 사용하는 심리적 방어기제이며, 사람들을 불안하게 만드는 교란적 생각을 하지 못하도록 막아주는 방법이다. 제4장에서 심리적 방어기제와 무의식적 불안을 살펴본다.

불안의 부정적 영향

나는 다리의 선천적 기형으로 인해서 걷기까지 오랜 시간이 걸렸다. 생후 18개월 무렵 다리를 바로잡는 수술을 받았다. 나는 지금도 엉덩이부터 발까지

다리 전체를 감싸는 10인치(25cm)의 깁스를 착용하고 있다. 다리를 똑바로 교정하기 위해 못생긴 교정용 신발을 수년간 착용했다. 나는 금속 보호대를 차지 않은 포레스트 검프 같았다. 4살이 됐을 때, 부모님은 내가 좀 더 우아한 소녀가 될 수 있도록 발레 수업에 등록시켰다.

나는 발레에 뛰어난 소질이 있었으며 발레단에서 역할을 따낼 수준에 도달했다. 공연하는 것을 즐겼지만 준비과정은 몹시 힘들었다. 방과 후 대부분의 오후 시간과 매주 토요일마다 발레 연습을 하러 갔다. 이렇게 빡빡한 일정 때문에 나는 고학년에 올라가면서 산처럼 많아진 숙제를 끝마칠 시간적 여유가 없었으므로 늦은 밤까지 숙제를 해야만 했다.

공연은 1년에 2~3번 정도 있었다. 공연 며칠 전에는 매번 감기에 걸리곤 했다. 발레 선생님은 탈의실에서 감기약을 먹는 나를 볼 때마다 신경이 곤두섰다. 한번은 "너 또 아프니? 넌 항상 아픈 것 같네"라고 말씀하시기도 했다. 선생님의 말에 나는 살짝 기분이 상했다. 그 말이 나를 걱정해서 하는 말로 들리지 않았다. 선생님이 그런 말을 한 의도가 무엇인지 알 수 없었다. 결국 나는 스트레스로 가득 찬 일정이 내 건강상태와 연관성이 있다고 생각하기에 이르렀다.

앞서 불안이 어떻게 다양한 신체증상을 유발하는지 살펴보았다. 그러나 만성 불안은 훨씬 더 심각한 건강 문제를 유발할 수 있다. 불안이 유발하는 몇 가지 장기적 영향은 다음과 같다.

- 집중력 장애
- 두통
- 피로
- 혈압 상승

- 안정 상태에서의 심박수 증가
- 면역체계 저하
- 호흡기질환 악화
- 불면증
- 신체 통증
- 성욕 감퇴
- 조급증
- 위장 장애
- 우울

집중력 장애

불안한 사람은 집중하기 어렵다. 불안으로 집중력이 저하되면 **주의력 결핍 장애(ADD)**라고 착각할 수 있다. 무엇인가를 기억하기 위해서는 기억 속에 부호화할 수 있을 정도로 오랫동안 그것에 집중해야 한다. 집중력 저하로 인해서 불안이 건망증이나 혼란감으로 이어질 수 있다.

면역 시스템 약화

면역 시스템은 감염이나 질병을 막아주는 일차 방어선이다. 불안이 닥치면 높은 수준의 코르티솔을 분비하게 되는데, 이 호르몬이 면역 시스템을 억압하여 감염에 취약하게 만든다.

근육 긴장과 관련된 문제

불안해지면, 깨닫지도 못한 사이에 몸의 근육이 긴장한다. 얼굴, 머리, 목의 긴장은 두통을 유발할 수 있다.

턱 근육의 긴장은 이를 갈게 만들기도 한다. 때때로 위아래 턱을 앙다물고 있는 자신을 발견할지 모른다. 하지만 이빨 갈기는 잠자는 동안에도 일어날 수 있어서, 자신의 그런 행동을 깨닫지 못하게 된다. 치아를 보호하기 위한 마우스피스를 착용하고 잠자기도 하지만, 턱을 앙다무는 행동을 항상 막을 수 있는 것은 아니다. 만성적 앙다물기는 악관절 장애로 이어질 수 있다.

목과 등의 긴장은 일과가 끝났을 때 극도의 피로감을 초래할 수 있다. 책상 앞에 앉아서 일과를 수행한다면, 이러한 긴장으로 인해 피로감을 호소하기도 한다. 근육이 장시간 수축하거나 정지 상태를 유지할 경우, 그 근육에서 젖산이 분비된다. 강도 높은 운동을 할 때처럼 과도한 젖산이 축적되면 근육통을 경험할 수 있다. 뻣뻣하거나 수축된 근육도 강도 높은 신체 활동과 유사한 근육통을 유발할 수 있다.

심혈관질환

심혈관질환과 불안은 밀접한 관련이 있다. 단기적으로는 불안이 심장박동과 혈압을 증가시키지만, 지속적인 혈압 상승은 심근을 약화시킬 수 있다. 또한 불안은 염증을 유발하는 화학물질도 증가시킨다. 심장에 혈액을 공급하는 혈관인 관상동맥은 염증으로 인한 손상을 입을 수 있다.

불안은 심박률(심장박동률) 변동성을 감소시켜 심혈관 건강에도 영향을 미친다. 심박률 변동성이란 수행하고 있는 활동에 근거하여 심박률이 변화하는 정도를 말한다. 의자에 편안하게 앉아서 독서를 하고 있다면, 정상적인 휴식기 심박률에 근사할 것이다. 전화벨 소리를 듣거나 문자 메시지를 받으면, 전화기를 잡는 순간에 심장은 조금 더 빠르게 뛴다. 다시 독서로 되돌아오면, 심장박동은 다시 느려진다. 심장이 효율적으로 뛰고 있다면, 에너지 요구가 증가하는 것에 맞추어 심장박동을 증가시키며, 에너지 절약을 위해 최대한 빨리 감소시킨다. 즉 심장은 필요한 만큼만 작동한다. 불안은 휴식할 때에도 빨리 뛰게 만들어서 심박률 변동성을 감소시키고 에너지 절약 능력을 약화시킨다. 저하된 심박률 변동성은 심장마비의 위험을 증가시킨다.

이러한 심혈관으로의 영향이 일어나는 데 어느 정도의 시간이 걸리는지는 확실하지 않지만, 몇 년은 접어놓고라도 단지 몇 달 동안의 만성적 변화조차도 심각한 결과를 초래하는 것이 일반적이다. 지금부터라도 불안을 줄이고 심혈관 건강을 증진시키는 몇 가지 조치를 취해야 한다.

호흡기질환

불안하면 호흡이 얕아지고 빨라진다. 이 때문에 들이마신 산소에 비해서 이산화탄소를 충분히 내뱉지 못하게 된다. 과도한 이산화탄소는 혈관을 수축시켜서 천식이나 만성 폐쇄성 폐질환(COPD)을 앓는 내담자에게 호흡 장애를 유발한다. 따라서 불안한 COPD 내담자는 입원하는 빈도가 증가할 수 있다.

성욕 감퇴

높은 코르티솔 수준은 성욕을 감퇴시킬 수 있다. 성욕 감퇴가 발생하는 이유는 코르티솔이 성욕을 제어하는 호르몬인 테스토스테론을 억압하기 때문이다. 테스토스테론은 주로 남성 호르몬이지만 여성도 소량 분비한다. 성욕을 억제시키는 것은 코르티솔만이 아니며, 불안과 공포도 성욕을 저하시킨다. 느긋하게 이완하지 못하면 친밀감을 느끼기 쉽지 않다.

불면증

불면증은 적어도 3개월 동안 일주일에 사흘을 밤에 잠들기 어렵거나 계속해서 잠자기가 어려운 상태를 말한다. 발레 공연을 준비하는 것이 내게 불면증을 초래하지는 않았지만, 숙제를 끝마치기 위해서는 시간이 좀 더 필요했기 때문에 바람직하지 않은 수면 패턴을 스스로 부과하고 말았다.

불안은 휴식을 취하고 잠드는 것을 어렵게 만든다. 많은 사람이 주간에는 정신없이 바쁜 스케줄을 소화하느라 불안을 그럭저럭 무시하게 된다. 취침시간에 홀로 생각에 잠겨 있을 때 문제가 발생한다.

불안에 따른 불면증의 또 다른 징조는 뒤틀린 수면 패턴이다. 보통 15분에서 20분 안에 어렵지 않게 잠들지만, 여러 차례 잠에서 깨어 다시 잠들지 못하기도 한다. 신체가 마치 보초를 서는 것처럼 작동하여 잠들지 못하게 하는 것이다.

소화기질환

과민성대장증후군(IBS)과 위식도역류질환(GERD)이 불안과 관련된 가장 흔한 두 가지 유형의 소화기질환이다. IBS는 만성적 복통, 가스 차기, 복부 팽창, 불규칙한 배변 등을 유발한다. 불규칙한 배변 패턴에는 하루에도 몇 차례씩 화장실을 찾는 일에서부터 며칠간 화장실을 가지 못하는 것과 변비를 경험하는 것 등이 포함된다.

늘 불안감을 느끼는 것이 아니라, 단 한 차례의 불안 경험조차도 기존에 앓고 있던 IBS와 GERD 증상을 악화시킬 수 있다. 연구결과를 보면, 신경증, 파국화, 신체화(신체문제에 집착하는 경향성) 등과 같은 불안 특질이 IBS를 악화시킨다. 제9장에서 소화기 건강에 대한 불안의 효과를 심도 있게 다룬다.

우울

불안과 우울은 대체로 동반성 질환이다. 즉, 대부분의 경우에 함께 발생한다. 실제로 범불안장애 내담자의 거의 절반이 생애 언젠가 우울증도 앓게 된다.

불안 우울장애는 다양한 형태로 나타날 수 있다. 범불안장애 내담자를 생각해보자. 매일 아침 구토를 하고, 온종일 무거운 돌덩어리가 가슴을 짓누르는 것 같은 느낌을 받는다. 이러한 증상에 대한 명백한 원인을 찾을 수 없기에, '나한테 문제가 있나? 왜 뭔가 잘못된 것 같지?'와 같은 생각을 멈출 수 없다. 불안 증상을 제어할 수 없음을 수치스럽게 느끼고 미래에 대한 희망을 내려놓기 시작한다. 결국 지속적인 불안의 결과로 우울 증상이 발생한다.

어떤 사람은 불안 증상과 동시에 우울감을 경험한다. 그 불안 증상이 공황장애나 범불안장애와 같은 완벽한 불안장애 수준에는 도달하지 않더라도, 우울감의 정도를 바꿔놓는다. 임상가들은 이러한 조합을 '불안 고통에 따른 우울'이라고 부른다.

DSM-5[『심리장애 진단과 통계 편람(DSM)』 5판]는 하루 대부분의 시간을 우울하게 보내면서 다음 증상 중 최소 두 가지를 경험하는 것으로 불안 고통을 정의하고 있다.

- 초조함이나 긴장감
- 제어할 수 없는 안절부절감
- 집중하기 어렵게 만드는 걱정거리
- 끔찍한 일이 일어날지도 모른다는 두려움
- 분별력을 잃을지도 모른다는 두려움

불안은 자제력을 잃거나 미칠 것 같은 느낌이 들게 할 수 있다. 자신을 화나게 만든 사람에게 욕설을 퍼붓는 것을 억제할 수 없는 것처럼, 꽤 미묘한 방식으로 제어력을 상실할 수도 있다.

우울과 결합된 불안은 두 증상 모두를 치료하기 어렵게 만든다. 따라서 증상을 확인하기 위해서 주치의나 정신과 의사와 같은 의료 전문가의 도움이 필요할 수 있다. 불안 우울장애에서 완벽하게 회복하려면 하나 이상의 치료 약물이 필요한 경우가 많다. 제5장에서는 불안 치료제를 논의한다.

제 2 장

불안장애

얼마나 많은 사람이 불안장애를 겪고 있는가?

제1장에서 정상 불안과 병리적 불안을 언급했다. 병리적 불안은 미국에서 가장 흔한 형태의 정신질환인 불안장애를 유발한다. 많은 사람이 불안을 경험하지만 모든 불안이 장애는 아니다.

임상가들은 가장 최근에 출판된 DSM-5에 근거하여 다양한 질병을 규정한다. DSM-5는 특정 질병을 진단하는 기준이 되는 일련의 증상 목록을 제시하고 있다. 의사와 치료자들은 이 편람을 이용해서 자신의 진단에 대한 의견을 구성한다.

보편성이 높은 순서로 나열한 8가지의 불안장애 유형은 다음의 표와 같다. 여기서 백분율은 삶의 특정 시기에 이 불안장애를 겪게 되는 사람의 비율을 의미한다.

전국 동반질환 조사에 따르면, 41.7%의 사람이 불안장애를 겪는다. 표에서 보는 바와 같이, 가장 보편적인 불안장애는 특정 공포증과 사회 공포증(사회불안장애로 더 잘 알려져 있다)이다.

분리불안장애와 사회 공포증은 모두 생애 초기에 시작된다. 분리불안장애

특정 공포증	18.4%
사회 공포증(사회불안장애라고도 부른다)	13.0%
외상후 스트레스장애	10.1%
범불안장애	9.0%
분리불안장애	8.7%
공황장애	6.8%
광장 공포증	3.7%
강박장애	2.7%

는 아동기에 시작되며, 사회 공포증은 15세에서 17세 사이의 청소년기에 시작된다. 공황장애와 범불안장애는 이보다는 조금 늦은 시기인 23~30세 사이에 최초 발현된다.

이러한 장애들은 상당한 불안을 초래하지만, 외상후 스트레스장애(PTSD)와 강박장애(OCD)는 상당한 불안을 초래함에도 불구하고 더 이상 DSM의 불안장애 범주에 포함되지 않는다. 따라서 이 두 가지 장애는 다른 불안장애들과 함께 3장에서 논의한다.

이 절에서는 다양한 불안장애의 자질들을 분류하여 열거한다.

특정 공포증

나는 바퀴벌레 공포증을 가지고 있지만, 오랜 세월 동안 그것이 공포증이라고 생각하지 않았다. 어디에서나 혐오스러운 벌레에 대한 필요하고도 정당한 회피반응이라고 생각했다. 나는 이 공포를 플로리다에서 성장한 탓으로 돌렸는데, 플로리다에서는 야자수가 대표적인 정원수다. 야자수는 심미적 즐거움을 제공하지만, 부정적인 점은 바퀴벌레 소굴이라는 것이다. 더 끔찍한 일은 날아다니는 바퀴벌레가 야자수에 서식한다는 것이다. 날아다니는 바퀴벌레는 초능력 벌레라는 것이 내 생각이다.

아버지가 연중행사로 가지치기를 하실 때마다, 서식지를 잃은 바퀴벌레들이 우리 집으로 침입해서는 평온한 밤 시간을 좀비 대재앙으로 변모시켰다. 밤중에 잠에서 깨어 불을 켜면, 집 안으로 들어온 바퀴벌레들이 안전한 피난처를 찾아 정신없이 날아다니는 모습을 발견하고는 혼비백산해서 몸을 피하기 일쑤였다. 지금도 날개 달린 바퀴벌레가 내 귀를 스치고 지나가는 소리가 들리는 것 같다. 그런 경험을 겪어본 사람이라면 어떻게 바퀴벌레를 혐오하지 않고 쳐다보는 것조차도 싫어하지 않을 수 있겠는가? 최근 한 병충해 방제업체를 만나기 전까지 나는 모든 사람이 비슷하게 느낄 것이라고 생각했다.

어느 날 밤 나는 바퀴벌레 한 마리가 방바닥을 날쌔게 횡단하는 모습을 보았다. 잽싸게 달려가서 휴대용 스프레이를 가져왔지만 그 불청객을 찾을 수 없었다. 침대로 되돌아가기 전에 바퀴벌레 사체를 발견하지 못했다는 사실은 나의 잠을 망가뜨려버렸다. 다음 날 나는 방제업체에 전화를 걸어 집 안에 살충제를 살포해달라고 요청했다. 오랜 침묵이 흐른 후, 고객지원 담당자는 "고객님, 바퀴벌레 한 마리를 보셨다고요?"라고 물었다.

그때 나는 바퀴벌레를 한 마리라도 보는 것이 나에게는 가슴에 총알이 박히는 것과 마찬가지임을 담당자에게 이해시킬 수 없다는 사실을 깨달았다. 바퀴벌레는 나를 동요하게 만들고 한 주 동안이나 진정하지 못하게 만들 수 있다. 이러한 사실을 담당자에게 밝히는 대신에, 나는 '빙산의 일각' 유추를 사용하여 바퀴벌레 한 마리를 집 안에서 발견했다는 것은 보이지 않는 곳에 무수히 많은 바퀴벌레가 존재함을 의미한다는 사실을 전달했다. 담당자는 마지못해 방제직원을 보내달라는 나의 요청을 받아들였다.

정신의학과 수련을 위해 뉴욕에서 보낸 5년은 플로리다에서의 끔찍한 경험에서 해방될 수 있는 휴식기를 제공했다. 날개 달린 바퀴벌레를 보고 싶지 않은 마음에 영원히 북동부에 거주할까 하는 생각까지 했다. 지금은 바퀴벌레를 봐도 과거처럼 과도하게 반응하지는 않지만, 아직도 텔레비전에 등장하는 바퀴벌레는 볼 수 없다(만화영화에 등장하는 바퀴벌레도 마찬가지다). 나는 바퀴벌레를 피할 수 있다면 무엇이든 하며, 바퀴벌레가 있으면 결코 편안하게 느끼지 못한다.

특정 공포증은 가장 보편적인 불안장애다. 특정 상황이나 대상에 대한 공포나 회피가 특징이다. 전형적으로 아동기에 시작되지만, 중년의 많은 사람도 특정 공포증을 처음으로 경험할 수 있다. 이 공포증은 대개 수년간 지속되며, 심지어는 수십 년간 지속되기도 한다. 공포증을 앓는 사람은 대부분 두 가지 이상의 공포증을 동시에 겪는다. 다음은 특정 공포증의 몇 가지 특징이다.

- 그 대상이나 상황과 마주했을 때 즉각적으로 불안해진다.
- 그 상황을 피하는 데 엄청난 노력을 기울이거나 그 상황을 견디는 것이 극도로 불편하다(공황발작을 일으키는 사람도 있다).
- 공포나 불안의 수준이 그 대상이나 상황에서 직면하는 실제 위험에 걸맞지 않다(실제 위험에 비해 지나칠 정도로 크다).
- 공포, 불안, 회피가 적어도 6개월 이상 지속된다.
- 공포, 불안, 회피가 막대한 고통을 유발하거나 직장생활이나 사교활동과 같이 삶의 특정 영역에 문제를 일으킨다.

공포증에는 6가지 하위범주가 있다. 즉, 동물 공포증, 자연환경 공포증, 상황 공포증, 혈액-주사 부상 공포증, 기타 상황 공포증, 불특정 공포증 등이다. 고소 공포증과 동물 공포증이 가장 보편적이다.

공포 대 혐오

아버지는 바퀴벌레를 무서워하는 나를 놀리곤 하셨다. 바퀴벌레는 물지 않으며 나에게 해를 가하지 않는다는 사실은 알고 있다. 그러나 바퀴벌레가 나에게 닿는 것이 여전히 무섭다. 나는 바퀴벌레를 무서워하는 것이 아니라 혐오하는 것이다. 그 혐오감은 뼛속 깊이 박혀 있다. 처참하게 뭉개진 바퀴벌레를 보는 것이 내게는 공포영화의 한 장면이나 다름없다. 이렇듯 나의 바퀴벌레 공포증은 공포가 아니라 혐오감에 기반을 둔 것이다.

혐오는 공포와는 다르지만, 공포에 못지않게 강력한 공포증 촉발자다. 진화심리학자들은 혐오가 해로운 물질로부터 신체를 보호하는 방법이라는 이론을 세우고 있다. 그렇지만 모든 문화가 동일한 대상에 대해 혐오감을 느끼는 것은 아니라는 사실은 과학자들로 하여금 혐오가 학습된 행동이라고 결론짓도록 이끌어왔다.

혐오 민감성은 평생에 걸쳐 발달한다. 4살짜리 어린아이도 오염에 대한 공포를 느낄 수 있다는 증거가 있다. 그러나 다른 연구들을 보면, 특정 음식이나 가짜 대변과 같이 다양한 혐오대상에 아동들을 노출시켜본 결과, 8세 미만의 아동 대부분이 무엇을 혐오하고 무엇을 혐오하지 않을 것인지를 판단할 만큼 인지적으로 충분히 성숙하지 못했음을 알 수 있다. 2세에서 8세 사이의 발달단계에서 아동은 어떤 대상이 혐오스러운지를 환경 속에서 학습한다.

일부 연구자들은 혐오가 공포증이나 강박장애(OCD)와 같은 다수 정신질환의 근원에 자리하고 있는 감정이라고 믿고 있다. 높은 혐오 민감성은 신경증의 한 성분이며, 혐오 민감성이 높은 사람은 동물 공포증이나 오염 공포증을 경험할 위험성이 높다.

이제부터 보다 보편적인 7가지 공포증을 자세하게 살펴보기로 하자.

고소 공포증

고소 공포증은 일반적으로 아동기에 시작된다. 어떤 사람에게는 평생 지속되기도 한다. 이 공포증은 추락에 대한 본능적인 공포에서 시작되는 경우가 많다. 건물이나 벼랑에서 떨어지는 사람의 모습을 묘사한 영화 장면은 외부 영향을 쉽게 받는 어린 아동의 마음에 이러한 공포를 주입할 수 있다. 모든 공포증과 마찬가지로 비합리적인 공포나 회피행동이 본능적 공포를 공포증으로 발전시킨다. 고소 공포증이 있는 사람은 산, 다리, 사다리, 계단 등과 같이 매우 다양한 유형의 높은 장소에 대해 두려움을 느낀다. 이러한 증상은 대중교통을 이용하지 못하거나 자신의 집 계단을 올라가지 못하는 등 일상생활을 어렵게 만들 수 있다.

고소 공포증이 있는 사람은 신체감각에 예민하고 그 감각을 위협적인 것으로 해석한다. 이러한 부정적 편향이 불안을 강화한다. 고소 공포증을 앓는 사람은 높은 곳에서 아래를 내려다보면 현기증을 느끼며 신체 균형을 잃어버리고 추락할지도 모른다고 두려워한다. 그리고 현기증이나 약간이라도 증가한 심장박동을 느끼게 되면 더욱 불안해진다. 어지러움, 메스꺼움, 방향감각 상실 등과 같은 다른 신체감각의 연속적인 경험도 자신이 느끼는 공포를 확증하고 공포증을 강화한다.

동물 공포증

이 범주에 해당하는 보편적인 공포는 거미 공포증, 뱀 공포증, 개 공포증 등이다. 이 3가지 유형 중에서 거미 공포증이 가장 보편적이며, 3~5%의 사람에게 문제가 된다. 절반 정도의 사람은 뱀을 두려워한다. 그러나 2~3%만이 공포증 수준에 해당하는 공포를 느낀다.

혹자는 거미 공포증이 본능적 공포가 과장되어 나타나는 반응이라고 생각한다. 다른 사람들은 대중매체가 거미를 묘사하는 방식 때문에 거미 공포증이 생긴다고 생각한다. 공포증이 없는 사람도 거미를 무서워할 수 있으며, 특히 거미에 물려보았거나 거미에 물린 사람을 아는 경우에 그렇다. 그러나 거미 공포증 보유자는 거미를 연상시키는 그 어떤 것에도 공포를 느낀다. 거미 공포증 보유자는 문간에서 빈 거미줄을 보는 것만으로도 불안을 느낄 수 있다. 자기 집 뒷마당처럼 거미가 살고 있을 만한 장소에 가는 것을 두려워하기도 한다. 그렇지만 거미가 여름 바비큐 장소에 모습을 드러낼 가능성은 거의 없다.

흥미롭게도 대중매체의 부정적인 묘사에도 불구하고 호프만과 그의 동료들의 2019년 연구는 영화 「스파이더맨」이 거미 공포증 증상을 완화시켰다는 사실을 확인했다. 이 영화가 거미를 의인화하고 긍정적으로 묘사했기 때문일 것이다.

폐쇄 공포증

이 공포증은 엘리베이터나 군중을 피하는 형태로 나타날 수 있다. 폐쇄 공포증이 항상 협소한 공간만을 수반하는 것은 아니다. 마스크나 보호용 가리개가 달린 안전모의 착용도 폐쇄 공포증 보유자로 하여금 숨차다고 느끼거나 강력한 불안을 경험하게 만들 수 있다.

주사 공포증

이 공포증은 직장이나 학교에서 예방접종 또는 실험실 작업을 요구할 때, 사람들의 작업 능력에 영향을 미칠 수 있다. 최악의 시나리오는 주사 공포증이 있는 사람이 특정 형태의 치료를 거부하는 것인데, 그 사람의 전반적인 건강을 위험에 빠뜨릴 수도 있다. 예컨대, 당뇨병 치료를 위하여 주사를 맞아야 하는 사람이 그 주사를 거부한다면 합병증을 겪을 위험이 있다.

주사 공포증이 있는 사람은 주삿바늘과 연관된 물건에도 영향을 받을 수 있다. 예컨대, 소독용 알코올 냄새를 맡거나 면봉을 보는 것과 같이 주삿바늘을 연상시키는 물건에 심각한 불안반응을 나타내기도 한다.

비행 공포증

비행 공포가 있는 사람이 어찌어찌해서 비행기에 탑승하면, 추락할 가능성 또는 이륙할 때 화장실에 가고 싶다면 무슨 일이 일어날 가능성 등과 같은 여러 생각에 비행 내내 전전긍긍하게 된다. 그 사람은 갑작스럽게 연기 냄새를 맡았다거나 비행기가 화염에 휩싸인 것을 봤다고 확신할지 모른다.

이러한 사람은 때때로 비행기에서 공황발작이 일어나는 것을 피하고자 중요한 가족 행사에 참석하지 못하는 경우도 있다. 출장 때문에 어쩔 수 없이 비행기를 타야 하는 경우, 불안을 완화하기 위해 진정제를 복용하기도 하지만 비행 자체는 여전히 괴로운 일이다.

구토 공포증

구토 공포증이 있는 사람은 구토를 유발하는 경험을 예상한다. 음주파티, 놀이기구, 특정 음식의 섭취 등이 여기에 해당한다. 더욱 극단적인 회피행동에는 외국이나 식품 안전을 믿을 수 없는 지역으로의 여행을 거부하는 것 등이 포함된다. 어떤 여성은 입덧이 무서워서 임신을 기피하기도 한다. 또한 무엇인가를 끊임없이 확인하는 행동에 매몰될 수도 있다. 예컨대 식품 유통기한을 확인하거나, 상했거나 식중독을 유발할지도 모르는 음식을 절대 먹지 않는다. 그 결과 몹시 엄격하고 제한적인 식단을 유지하여 부적절한 영양 상태에 빠질 수 있다.

메스꺼움은 매우 보편적인 불안 증상이다. 구토 공포증이 있는 사람은 불안해지고 메스꺼울 때, 구토 공포로 인해 불안감이 급상승할 수 있다. 메스꺼움의 강도가 높아지면 먹기를 거부할 수 있다. 어떤 사람은 구토 공포증으로 인한 탈수증과 영양실조로 병원에 입원하기도 한다.

의사 공포증(의사/의료체계/치료 공포증)

의사 공포증의 기원은 잘 알려져 있지 않지만, 많은 공포증과 마찬가지로 정신적 외상 경험과 함께 시작되는 경우가 많다. 고통스러운 수술을 받아야 한다는 사실 또는 의사는 항상 좋지 않은 소식을 전한다는 공포가 의사 공포증 내담자로 하여금 치료를 거부하도록 만들 수 있다. 불행하게도 이러한 회피행동이 예방치료를 받았더라면 유지할 수 있는 건강상태보다 더 나쁜 결과를 초래하기 십상이다.

특정 공포증을 앓는 사람의 단 10~25%만이 치료를 받는다. 많은 사람의 경우에는 공포증이 일상생활을 방해하지 않는다(나의 바퀴벌레 공포증처럼 말이다). 비행 공포증, 폐쇄 공포증, 그리고 고소 공포증 내담자는 치료를 받을 가능성이 상대적으로 더 높다. 아마도 그 공포가 일상생활을 방해할 가능성이 더 높기 때문이겠다.

사회불안장애(사회 공포증)

사회불안장애는 상당한 수치심을 유발하고 일상적 기능을 심각하게 방해할 수 있다. (1980년에 출판된) DSM-3에서는 그 이름이 사회 공포증이었던 것이 (2013년에 출판된) DSM-5에서는 사회불안장애로 바뀌었다. 이러한 명칭 변경은 사람들이 사회적 상황에 대한 공포를 넘어서서 마음속 깊은 곳에 가지고 있는 공포를 고려한 것이다.

사회불안장애의 몇 가지 특징은 다음과 같다.

- 평가를 받거나 당황스럽게 되거나 창피스러울 것이라는 믿음으로 인한 특정 사회상황에 대한 공포
- 불안을 유발할 것이라고 확신하는 사회상황의 회피(또는 불안감 감내)
- 상황에 비해 비정상적으로 과다한 불안

시험 보거나 연설할 때와 같이 불안한 것이 정상인 상황들이 있다. 노련한 연사도 연설을 시작하기 전에는 긴장할 수 있다. 사회불안장애와 정상적 불안 간의 차이는 전자의 경우 특정 상황에 앞서 과도한 호흡이나 기절 또는 구토를 할 수도 있다는 점이다. 이처럼 과도한 불안을 경험하지 않도록, 사회불안장애 내담자는 이러한 상황을 회피하는 반응패턴을 개발했을 가능성이 높다.

사회불안장애가 유발하는 불안이나 고통은 일상생활을 방해한다. 인맥을 넓힐 수 있는 행사에 가는 것, 학급이나 회의에서 발언하는 것, 오락 활동에 참여하는 것 등을 방해할 수 있다.

제프와 축구시합

제프는 자신이 기억하는 한 상당히 오랜 기간 사회불안장애를 겪었다. 학교는 끔찍한 경험이었으며, 특히 스포츠와 관련해 그러했다. 그의 아버지는 대학 시절 라크로스 경기를 즐겼으며, 아들도 운동에 소질이 있을 것이라 생각해 제프를 동네 라크로스 팀에 등록시켰다. 제프는 연습하기를 몹시 싫어했으며, 운동 실력도 별로 없었다. 매 경기 직전 설사에 시달렸으며, 경기에 3번이나 빠지자 코치는 제프를 팀에서 제외시켰다. 코치는 '운동이 하고 싶거든' 다음 시즌에 다시 등록하라고 격려해주었다. 그렇게 되자, 그의 부모는 아들의 낮은 운동 적성을 인정하고는 다른 관심사를 찾는 일을 온전히 제프에게 맡겨 버렸다.

오랜 세월이 흐른 후, 제프의 아들은 어린 나이부터 축구에 흥미를 보였다. 제프의 아내는 혼자서 4살짜리 아들을 온갖 훈련에 데리고 다녔지만, 시합이 있는 날에는 제프도 동행해서 아들을 격려해줄 것을 요구했다. 제프는 아들의 시합장에 가는 것이 극도로 불안했다. 다른 아버지들과 스포츠 이야기를 할 것이 두려웠기 때문이었다. 자신이 축구에 대해 아무것도 모르는 엉터리라는 사실을 다른 아버지들이 즉각적으로 알아차릴 것이라고 확신했다. 제프는 아들 경기에 가겠다고 약속했지만, 급작스러운 설사 증상 때문에 집에 남을 수밖에 없었다.

3번째 시합마저 빼먹은 후, 제프의 아내는 화가 나서 남자답게 약속을 지키라고 쏘아붙였다. 지사제의 도움을 받아서 다음 시합에는 아내와 동행했지만, 시합 내내 (토요일임에도 불구하고) '중요하기 그지없는' 이메일에 답장만 하고 있었다. 집에 돌아오는 길에 아들은 제프에게 계속해서 질문했다. "아빠, 내가 골 넣는 거 봤어요?", "내가 토미의 슈팅을 블로킹하는 거 봤어요?" 제프는 신바람이 난 척했지만, 그가 시합을 전혀 보지 않았다는 사실을 아는 아내의 따가운 눈총을 감지할 수 있었다.

제프가 아들의 스포츠에 나타내는 무관심은 부부싸움의 원인이 되었다. 매번 경기가 있기 전, 제프는 다른 학부모들과 편하게 이야기를 나누기 위해 보드카를 한 잔씩 마셨다. 집에 돌아와서는 한두 잔을 더 마시곤 했다.

제프의 사례는 사회불안의 몇 가지 핵심을 예증하고 있다. 첫째, 그의 부부 갈등은 개인적 장애에서 비롯된 것으로 보인다. 제프는 단순히 아들 시합에 가는 일을 꺼리는 것만이 아니라, 극도의 불안과 설사 증상을 겪었다. 처음 그런 일이 일어났을 때 아내는 제프의 상황을 이해했지만, 또다시 아들 시합에 갈 수 없게 되자 남편의 불안을 인정하지 못했다. 남편이 사회불안을 겪고 있다는 사실을 알았다고 하더라도, 아내는 다른 사람들과 마찬가지로 제프의 회피행동을 수수방관하지 않았다. 아들을 응원하기 위해서 그가 불안 증상을 극복해주기를 바랐던 것이다.

둘째, 제프의 이야기는 사회불안을 겪는 사람들이 상황을 제어하고 불안을 완화하기 위해 어떻게 회피행동을 이용하는지를 보여준다. 제프는 중차대한 이메일에 답을 해야 한다는 평계로 경기 내내 휴대전화를 붙들고 있어서 다른 학부모들과 이야기를 나누지 않아도 되었다. 그가 활용할 수 있었던 또 다른 회피 전략으로는 (시합과의 관련성과는 무관하게) 이야깃거리를 목록으로 만들어보거나 다른 학부모들에게 개인적인 질문을 융단폭격처럼 쏟아내어 자신에게 질문할 틈을 주지 않는 것이었다.

셋째, 과도한 음주가 사회불안의 보편적인 합병증이다. 사회불안을 겪는 사람은 사회상황에 참여하는 것을 불평하지 않기도 한다. 대신에 다른 사람들을 상대해야 할 때 고통에 대처하기 위해 술을 마시기도 한다. 제프는 경기장에 가기 전 긴장감을 풀고 나중에 수치심을 해소하기 위해 술을 마셨다.

마지막으로 사회불안은 다른 사람의 말을 해석하는 데 영향을 미친다. 다른 학부모들과 이야기를 나누기 시작했을 때 제프는 그들의 말 대부분이 거절이나 비아냥거림이라고 결론지었다. 사회불안을 겪는 사람은 중립적인 진술을 개인적 공격으로 받아들일 수 있다. 원흉은 두뇌에서 자아상을 관장하는 내측 전전두엽에 자리하고 있을 수 있다. 이 영역은 두뇌가 휴식할 때 활성화되는 디폴트 모드 네트워크(DMN: 여러분이 아직 기억하고 있는지 모르겠다)의 한 부분이다. 무엇인가를 활발하게 생각하고 있지 않을 때, 내측 전두엽을 비롯한 여러 구조가 비활성화된 공간을 채운다. 사회불안을 앓고 있는 사람의 경우, 마음이 곱씹어보라고 제공하는 이야기는 모두 다른 사람에게 받았던 부정적인(아니면 부정적으로 보이는) 피드백이다.

수줍음 대 사회불안

수줍음과 사회불안은 모두 불안감을 느끼게 만들지만, 동일한 것은 아니다. 수줍음은 친숙하지 않은 상황에서 느끼는 어색함이나 불편함이다. 그렇지만 일반적으로 수줍음을 타는 사람은 주변 사람들과의 불편함 때문에 불안이 악화되지는 않는다. 사회불안을 겪는 사람은 타인에게 창피나 굴욕 또는 거절당하는 일에 극도로 예민하다. 이러한 예민함은 다른 사람들이 자신을 어떻게 생각하는지에 집착하게 만든다. 다른 사람이 하는 말을 듣는 대신에, '내가 이 사람을 따분하게 만들고 있는 건 아닌가?'라고 자문하기도 한다.

만일 다른 사람이 말하고 있을 때 이러한 생각을 하고 있다면, 대화에서 중요한 사항을 놓칠 수밖에 없으며, 딴생각에 정신을 팔고 있거나 멍청하게 보일지도 모른다. 만일 누군가 상대방의 눈이 게슴츠레하거나 그가 딴청을 피우고 있다는 사실을 알아차리게 되면, 말하기를 중지하거나 듣고 있지 않는 것에 항의를 표할지도 모른다. 자신의 부주의에 대한 상대방의 이러한 반응은 비판받거나 거절당한다는 공포를 강화할 가능성이 크다.

이러한 행동은 수줍음을 타는 사람의 행동과는 다르다. 수줍어하는 사람은 관계가 좋아지기 전까지 시간이 걸리지만, 서로의 신뢰가 커지면서 더욱 편안함을 느낀다. 이처럼 사회상황에 적응하는 능력이 사회불안과 수줍음을 구분 짓게 해준다. 사회불안을 겪는 사람은 반복적인 노출에도 개선되지 않는 사회상황에 상당히 심각한 반응을 보인다.

수행 전용 유형

이것은 자신이 관심의 대상이 아님에도 불구하고 어떤 행위를 수행하거나 대중 앞에서 말하는 것을 회피하게 만드는 사회불안의 하위유형이다. 공적 상황이 아닌 일상 상황에서도 말을 하는 데 어려움을 겪기도 한다. 대중 앞에서 말하는 것의 스트레스가 더듬거리거나 빠르게 말하게 만들 수 있다.

불안을 유발하는 수행에는 대중 앞에서나 직장에서 노래하거나 연주하기, 발표하기, 연기하기 등을 꼽을 수 있다. 수행 전용 하위유형에 해당하는 사람은 다른 유형의 사회불안을 겪지 않는다.

사회불안의 전개방식

공개적으로 모욕을 당한 것과 같은 충격적인 사건을 겪지 않는 한, 어른이 처음으로 사회불안을 경험하는 경우는 거의 없다. 사회계층이 다른 사람과 결혼하는 경우와 같이, 삶의 후반기에 사회적 역할이 바뀔 때도 사회불안이 발생할 수 있다. 사회불안은 어린 시절이나 청소년기, 즉 8~15세 사이에 가장 보편적으로 시작된다. 수줍음을 타는 아동이 사회불안으로 발전할 가능성이 더 크다. 과잉보호하거나 거부하는 부모의 양육방식도 사회불안의 위험을 증가시킨다.

아동은 6세 정도에 얼굴표정을 해석하는 방법을 배운다. 어린 아동은 사회화의 초기 단계에서 가장 취약하다. 부모나 나이 많은 형제가 표출하는 수많은 부정적 정서를 볼 때, 어린 아동은 그러한 부정적 정서가 사람들이 자신에 대해 느끼는 것이라고 생각할 수 있다. 이러한 생각 때문에 어린 아동은 부정적 자아상을 갖게 된다.

사회불안은 청소년기에서 성인으로 이행하는 기간에도 계속해서 증가한다. 이러한 과도기에서는 또래집단과 우정이 지대한 역할을 담당한다. 15~17세의 청소년은 또래에게 더욱 관심을 기울이게 되며, 자신을 또래와 자주 비교하게 된다. 자신이 또래와 다르다고 생각하는 청소년은 이러한 차이를 부정적으로 해석한다. 부정적인 자기지각은 전전두피질에 저장되어 나중에 사회불안이 발현되는 데 사용된다.

또래집단에게 인정받지 못한다고 느끼면, 아동은 사회적으로 불안해진다. 단지 소수의 친구만을 가지고 있더라도, 인정받고 있다는 느낌은 나중에 사회불안으로 발전할 위험을 줄인다. 따라서 건강한 또래관계가 사회불안을 방지한다.

범불안장애

범불안장애(GAD)는 걱정에 근거한 장애로, 공포에 기반하고 있는 공포증과는 다르다. 공포는 실제이든 허구이든 관계없이 임박한 위협에 대한 본능적 반작용이다. 걱정은 결과가 불확실하고 부정적 결과가 예상되는 미래 사건과 연관된 염려이다.

걱정은 우울증 내담자의 반추와 유사하다. 반추는 머릿속으로 과거나 현재의 사건이나 상황을 되새기는 것인데, 일반적으로 부정적인 관점에서 생각하는 것이다. 반추라는 단어는 소가 먹이를 먹을 때 하는 행동에서 기원한다. 소는 앞서 삼킨 먹이를 게워서 다시 씹는다. 즉, 되새김질을 한다. 마찬가지로 사람들은 반추하면서 머릿속으로 생각을 곱씹는다. 걱정이 있을 때는 미래의 여러 가능성을 곱씹으면서 바람직하지 않은 결과를 상상하게 되며, 그 결과는 재앙적 결과로까지 확대될 수 있다. 온종일 재앙만을 생각하게 되면, 세상은 안전하지 않다고 쉽게 믿어버리게 된다.

정상적 걱정 대 병리적 걱정

삶이 스트레스로 가득하고 많은 도전거리에 직면하게 되면, 자연스럽게 불확실성에 불편함을 느끼고 미래를 걱정하게 된다. 그런데 범불안장애를 겪는 사람은 마음속에서 자신의 걱정거리들을 가장 우선시한다. 한 가지 상황이 해소되면, 다른 걱정거리가 뒤따른다. 끊임없이 배경에 자리하고는 결코 해소되지 않는 걱정거리들도 가지고 있다.

다음의 표는 병리적 걱정과 정상적 걱정을 비교한 것이다.

GAD와 병리적 불안이 있으면, 특별히 어떤 하나에 대해서만 불안을 느끼는 것이 아니라 불특정한 유동적 불안을 느낄 수 있다. GAD를 겪는 사람은 일상적인 것에 대해 과도하고 제어할 수 없으며 비합리적이기 십상인 걱정을 한다. 잠재적 문제들에 대한 생각을 멈출 수 없기도 하다. 예컨대, 사랑하는 사람이 늦게까지 귀가하지 않으면 사고가 났을 것이라고 걱정하며, 그 사람이 어디에 있는지 알기 전까지 안절부절못하게 된다. 자신이 두려워하는 것을 다른 사람이 하지 못하도록 막고자 시도하다가 불행한 결과를 초래하기도한다.

병리적 걱정	정상적 걱정
완벽주의 성향에 근거 (실수하거나 높은 기준에 관한 걱정)	위협이나 예상되는 위험에 대한 반작용
꾸물거리며 미룸	두려움을 극복하고 행동을 취할 수 있음
수많은 증거가 필요함	어느 정도의 불확실성을 견뎌낼 수 있음
가능성들에 대한 반추적 생각	위험을 감안할 때 합리적인 생각
제어 불가능하고 침투적임	주의를 제어하고 전환시킬 수 있음
특정적이지 않고 주의가 산만함	연관된 특정 상황에 초점을 맞춤
최악의 상황을 상상하는 경향성	덜 극단적인 가능성을 고려할 수 있음

걱정거리가 많은 사람은 다른 사람보다 꾸물댄다. 꾸물대기란 자신이 제어할 수 있는 것을 뒤로 미루거나 회피하는 것이다. 걱정이 많은 사람이 꾸물거리는 까닭은 증거에 대한 높은 기준을 설정하기 때문일 수 있다. 올바른 결정을 내리고 있다고 완벽하게 확신하기 위해서 더 많은 정보를 요구한다.

연구자들은 완벽주의와 병리적 불안의 몇몇 측면 간의 연계를 밝혀왔다. 실수에 대한 과도한 우려 그리고 지나치게 높은 개인적 기준이 병리적 불안의 예측요인이다.

이러한 증상이 어떻게 발현되는지를 예증하기 위해 베스의 사례를 살펴보자. 친구와 가족들은 베스를 완벽주의자라고 말한다. 그녀는 신중하고, 꼼꼼하며, 최선의 노력을 기울이지 않은 것을 보여주기 싫어한다. 중요한 마감시한이나 약속과 같은 무엇인가를 항상 빼먹었다는 두려움 속에서 생활한다. 비록 일정표를 확인한다고 하더라도, 그녀는 실수를 저질렀다는 것을 알게 되거나 누군가 자신에게 화를 낼지도 모른다는 걱정을 떨쳐낼 수 없다.

그녀가 매일같이 과도하게 걱정하는 것은 아니다. 수시로 업무에서 벗어나기도 하며, 스트레스가 덜할 때는 걱정을 거의 하지 않는다. 그렇지만 아무 일도 하지 않고 있는데 다양한 스트레스원이 한꺼번에 밀려들면, 파멸이 다가오고 있다는 느낌이 벽돌 더미처럼 그녀를 강타한다. 이러한 느낌은 어떤 행위를 회피하거나 그만두게 만든다. 예컨대, 베스는 어린 아들이 마비를 초래하는 부상을 입을까 두려워서 축구를 못 하게 한다. 또한 잠자리에 들기 전의 느긋한 시간은 걱정거리들이 떠오를 여지를 제공하기 때문에 그 시간을 싫어한다. 결과적으로 쉽게 잠들지 못하고 전전반측하는 밤들이 많아진다.

불안에 대해 사람들을 인터뷰할 때, 나는 항상 수면(잠)에 대해 묻는다. 수면은 사람들이 겪는 고충의 수준을 반영하는 매우 민감한 지표이다. '정상적'으로 불안을 경험하는 사람은 힘든 일과 후에 스트레스를 느낄 수 있지만, 여전히 평소만큼 잠을 잔다. 불안이 어느 수준에 이르면, 밤새 자다가 깨어나기를 반복하거나 아예 잠들지 못할 수 있다. 끊임없이 떠오르는 생각을 멈출 수 없기 때문이다.

GAD를 겪을 때 경험할 수 있는 몇 가지 신체증상은 다음과 같다.

- **심계항진**: 심장이 뛰는 것이 느껴지는 것을 말한다. 일반적으로 쉬고 있을 때는 심장근육이 수축하는 것을 느낄 수 없다.
- **호흡곤란**: 호흡을 가다듬을 수 없거나 심호흡을 할 수 없다고 느낀다.
- **어지럼증**: 이 경험은 현기증과 다르다. 현기증이 날 때는 주변이 빙빙 도는 것처럼 느껴진다. 현기증은 일반적으로 내이에 장애가 있다는 신호이다. 불안이 유발하는 어지럼증은 방 안이 어두워지거나 의식을 잃을 것 같은 느낌을 유발한다.
- **다리 힘 풀림**: 어떤 사람은 다리가 휘청거리는 것 같다거나 서 있을 힘이 없는 것 같다고 말한다. 다리가 마치 고무나 젤리처럼 느껴지기도 한다.
- **가슴과 등의 압박감**: 이것은 누군가 자신의 가슴을 압박하는 것 같은 감각이다. 마치 누군가 여러분을 좁은 벽 사이에 밀어 넣고 뭉개버릴 것 같은 느낌일 수도 있다.
- **목과 어깨의 통증**: 일반적으로 근육 긴장이 원인이지만, 불안과 연결시키기 어려울 만큼 통증이 심할 수도 있다. 근육 긴장은 저녁에 상당한 피로감을 느끼게 할 수 있다.
- **두통**: 이 두통의 특성은 머리 전체에 묵직한 통증을 느끼게 하는 것이기 십상이다. 긴장성 두통처럼 손으로 마사지할 수 있는 관자놀이 또는 두피의 특정 지점에 한정된 통증이 아니다. 편두통처럼 쿡쿡 쑤시는 것과 같은 통증이 있는 것도 아니다.

- **정수리나 귀에서 발산되는 열기**: '내 몸에 심각한 문제가 생겼구나'라고 생각하게 만들 수도 있는 이례적 증상이다.
- **목에 무엇이 걸린 느낌**: 이 증상은 몹시 섬뜩한 것일 수 있으며, 특히 음식 삼키기를 방해할 경우에 그렇다. 그렇지만 보편적으로는 음식을 삼킬 때 목구멍 뒷부분에서 느끼는 약간의 메스꺼움으로 발현되는 것이 보통이다.
- **흐릿하거나 뿌연 시야 또는 터널 시야**: 누군가 여러분의 눈을 반투명 가리개로 가렸거나, 극단적인 주변 감광 기법처럼 주변 시야를 어둡게 만든 것처럼 보일 수 있다. 주변 환경이 초점에서 약간 벗어난 것처럼 보이기도 한다.

이러한 증상 중 어느 것이든 처음으로 경험하게 되면, 불안 때문이라고 치부하기에 앞서 의학적 원인을 배제하기 위하여 의사를 찾는 것이 중요하다. 때로는 위산의 역류가 목구멍의 이물감을 초래할 수 있으며, 시야의 변화는 당뇨병이나 백내장과 같은 다양한 질병과 관련이 있을 수 있다.

범불안장애로 진단하려면, 삶의 두 가지 이상의 영역에 대한 지속적이고 과도한 불안을 적어도 6개월 이상 경험해야만 한다. 이러한 상태가 일상생활과 웰빙에 부정적 영향도 초래해야 한다. GAD는 다른 많은 불안장애보다 비교적 늦은 시기에 시작된다. 발현 시기의 중앙값은 30세이다. 청소년 초기부터 걱정이 많아지기도 하지만, 본격적인 장애는 일반적으로 성인 초기에 시작된다. 불안 기질을 가진 사람이 GAD를 겪을 위험이 높다.

GAD를 보유한 사람은 자신의 불안을 수치스럽게 느끼기 십상이다. 지나치게 걱정한다고 말하는 가족에게는 무시당하고 있다고 느끼기도 한다. 그렇기 때문에 자신의 감정을 토로하거나 전문가의 도움을 받기를 꺼린다.

GAD는 악화되고 개선되는 시점에서 개인차가 있지만 결코 완전히 사라지진 않는 만성 장애라는 사실을 이해하는 것이 중요하다. 삶의 어떤 시기에서는 전문가의 도움 없이도 증상들을 스스로 제어할 수 있기도 하다. 스트레스 사건이 불안에 대처할 수 없게 만들어, 사생활이나 사회생활에서의 기능적인 문제를 초래하기도 한다. 어려운 시기에 여러분을 진정시켜줄 수 있는 사람의 도움을 찾는 것은 전혀 수치스러운 일이 아니다.

공황장애

공황발작은 '일반적인' 불안보다 강도가 몇 배나 큰 과도한 불안을 나타내는 사건이다. DSM-5는 공황발작을 13개 증상 중 최소 4가지가 동시에 나타나는 것으로 정의하고 있으며, 이 증상들을 다음과 같이 신체적인 것과 심리적인 것으로 분류한다.

신체적 증상
- 심하게 두근거리거나 빨리 뛰는 심장
- 발한
- 몸 떨림
- 숨이 막히는 것 같은 느낌
- 흉통이나 가슴의 압박감
- 숨이 차거나 호흡이 불가능하다는 느낌
- 메스꺼움이나 속쓰림과 같은 위장장애
- 현기증이나 어지럼증
- 손발 저림이나 얼얼함
- 열감이나 오한

심리적 증상

- 현실감 상실이나 이인증
- 통제력 상실이나 정신줄을 놓치는 것에 대한 공포
- 죽음에 대한 공포

공황발작은 갑작스럽게 발현되어 몇 분 안에 극에 달한다. 진정한 공황발작은 지속시간이 짧으며 몇 분에서 30분 사이로 지속되기도 한다. 원하지 않는 사회적 상황이 공황발작을 유발할 수 있지만 촉발자극이 없이도 갑작스럽게 나타날 수 있다.

이미 불안한 상태에서 촉발된 공황발작이 일어날 수 있다. 걱정거리 주기에 들어가 있거나 사회불안을 자극하는 상황에 처해 있다면, 불안이 공황발작을 일으킬 정도까지 심화될 수 있다. 공황 수준이 내려가면, 이전의 걱정상태로 되돌아간다. 내담자들은 내게 공황발작이 여러 시간이나 지속된다고 말했지만, 이것은 내담자들이 일반적으로 공황발작, 치솟는 불안, 그리고 뒤따르는 불안을 단일 사건으로 간주한다는 사실을 의미한다.

공황발작이 이완 상태에서 시작되면 촉발된 것이 아니라고 느끼게 된다. 이러한 사건이 발생하면 발작 경험을 불안에 연결시키지 않기도 한다. 신체증상이 느낌이나 생각에 부합하지 않기 때문이다.

식당에서의 공황

나는 9명의 여성으로 구성된 북클럽의 회원이다. 매달 한 사람이 모두가 읽을 책을 선정한다. 만나서는 토론도 하고 어울려 사교도 하며 식사도 함께 한다. 우리는 북클럽을 '책과 거품'이라 부르는데, 모임에는 항상 술이 곁들여지기 때문이며 대개는 샴페인이다. 주로 한 회원의 집에서 모임을 갖는데, 어느 달

에는 멕시칸 식당에서 만났다. 때는 바야흐로 COVID-19가 마침내 제어 수
준에 이르러 온 나라가 긴 터널을 빠져나갈 수 있으리라는 희망을 품게 된 시
기였으며, 정치 지도자들은 국민들에게 밖으로 나가서 사람들과 어울리기를
권장했다. 우리는 각자의 집에서 만나는 것을 좋아했지만, 다시 예전의 삶으
로 돌아간 것처럼 식당에서 외식하는 것도 즐거운 일이라고 생각했다. 나는
멕시칸 음식을 좋아하며 내가 사랑하는 마르가리타를 마실 수 있다는 생각
에 기분이 너무 좋았다.

식당은 COVID-19의 속박에서 벗어난 사람들로 붐볐으며, 종업원은 식당
끝에 있는 비좁은 구석 자리로 우리 9명을 구겨 넣었다. 식당 앞쪽은 테라스
로 연결되어 있어서 공기 흐름이 충분했지만, 우리가 앉아 있는 뒤쪽 구석 자
리까지 그 공기가 도달하지는 못했다. 신선한 산소가 부족했지만 우리는 보
통 때와 마찬가지로 음식과 술을 먹고 마시면서 서로 살아가는 이야기를 공
유했다.

나는 술잔을 비우자마자 열이 오르고 속이 울렁거리기 시작했다. 테이블
위쪽으로 시선을 옮기자, 식당이 보트처럼 움직이면서 천천히 요동치는 것처
럼 느껴졌다. 또한 식당이 내 앞으로 다가오는 것처럼 느껴졌다. 나는 테이블
위에 토할 것 같은 생각에 진저리를 쳤다. 아직 다른 사람들 앞에서 토해본
적은 없었으며, 모두가 식사 중인 테이블 위에 토하고 싶은 생각은 추호도 없
었다.

나는 벌떡 일어나서 황급히 화장실로 향했다. 공중화장실에 대한 강한 거
부감이 공포증 수준은 아니지만, 그 혐오감은 여전히 꽤나 높다. 테이블 위에
토한다는 두려움이 공중화장실 혐오감을 크게 압도했기에, 나를 작은 화장
실·칸으로 뛰어 들어가게 만들었다. 들어가자마자 변기 앞에 즉각 주저앉아
서 토할 준비를 했다. 변기 의자에 바짝 얼굴을 들이댔음에도 불구하고, 아무

일도 일어나지 않았다. 몇 분이 지나자 메스꺼움은 점차 나아졌다.

나는 일어나서 찬물로 얼굴을 씻었다. 그러고 나서 정신을 차리고 테이블로 돌아왔다. 친구들은 내게 괜찮은지 물었고 나는 속이 좀 안 좋다고 말했다. 그러자 한 친구가 "아무래도 너 뭔가 잘못 먹은 게 틀림없어"라고 말했다. 무슨 일이 일어났는지 혼란스러웠던 나는 매콤한 엔칠라다가 사단이었다고 동조했다. 외식한 지 거의 1년이 넘었던 것이다. 잠시 후에는 기분이 회복되었지만, 이번에는 설사가 곧 나올 것만 같은 두려움을 느꼈다. 종전과 마찬가지로 테이블과 친구들이 좌우로 미묘하게 흔들렸다. 조명도 희미해지는 것처럼 보였다. '테이블에서 의식을 잃고 모두가 보는 앞에서 배변 실수를 한다면 그 망신을 어쩌지?'라는 걱정이 밀려들었다. 그래서 벌떡 일어나 다시 화장실로 갔다.

이번에는 변기 위에 앉아서 큰일을 준비했지만 아무런 소식이 없었다. 배 속이 아직은 정상으로 돌아온 것 같지 않았지만 그렇다고 당장 설사가 나올 것 같지도 않았다. 몸이 나에게 먹은 것을 모두 비워내라고 경고하는 것이 틀림없지만, 집으로 돌아가서 편안하게 볼일을 볼 수 있는 시간적 여유를 주는 것이라고 생각했다.

나는 화장실에서 나와 친구들에게 몸이 좋지 않아서 먼저 일어나야겠다고 말했다. 급하게 식당을 빠져나와 내 차로 갔다. 구토를 해야 한다면 좁은 식당 화장실이나 다른 사람들이 모두 보고 있는 식당 바닥보다는 도로변에서 하는 편이 낫다고 생각했기 때문에 운전을 할 수 있다고 자신했다. 차를 운전하기 시작한 지 5분 만에 식당에서 느꼈던 모든 증상이 사라졌다. 식당 밖의 시원한 공기가 기분을 호전시켰고, 태어나 처음 숨을 쉴 때처럼 그 상쾌한 공기를 맘껏 들이마셨다.

10분도 지나지 않아서 집에 도착했으며, 화장실로 달려갈 필요도 없었다.

나는 집을 나서기 전과 동일한 멀쩡한 상태가 되었다. 그렇지만 만일의 상황에 대비해 화장실에 가서 혹시나 튀어나올지도 모르는 욕지기 신호를 기다렸다. 두 시간 후에도 여전히 아무 일도 일어나지 않았다. 친구 한 명이 내가 괜찮은지 묻기 위해 전화를 걸어왔다. 나는 그녀에게 식당을 나서서 맑은 공기를 마시자 거짓말처럼 상태가 좋아졌다고 말했다. 나는 그날의 경험을 먹은 음식 그리고 환기가 잘 되지 않는 좁은 공간에 갇혔다는 느낌 탓으로 돌렸다.

그런데 욕지기와 설사는 사라졌고 다시는 나타나지 않았다. 그렇다면 어떻게 내가 먹은 음식 때문이겠는가?

나는 잠시 그 경험을 곰곰이 생각하고는 내게 공황발작이 일어났었다고 결론지었다. 당시 나는 불안하지 않았으며 경험한 것이 (식당이 흔들린다는 현실감 상실을 제외하고는) 모두 신체적인 것이었기 때문에, 이러한 결론에 도달하기가 무척 어려웠다. 내 아들이 '갈퀴손'으로 고통받았을 때는, 아들의 공황상태가 숙제에 대해서 가지고 있던 불안을 가중시켰다. 아들은 학교 과제에 대한 부담으로 불안이 격화되면서 갈퀴손을 경험했다. 그러나 내 경우는 그렇지 않았다. 나는 친구들과 웃고 떠들며 즐거운 시간을 보내고 있었고, 오랜만의 외출로 행복하기 그지없었던 것이다.

그렇기에 몇 가지 측면에서 보면, 촉발된 것이 아닌 공황을 공황처럼 느끼기가 쉽지 않다. 공황은 불안과 고통을 의미하는데, 나는 어떤 불안도 느끼지 않았다. 공황장애를 앓는 많은 사람이 불안장애 전문가의 도움을 찾아 나서기 여러 해 전부터 자신은 신체적 문제를 갖고 있는 것이라고 믿는 까닭은 바로 경험과 정서의 이러한 불일치 때문이다. 일반적으로 공황장애를 앓는 사람이 공황발작으로 4~5번 응급실로 실려 갔다는 이야기는 흔하다. 아니면 공황발작 증상이 있다고 진단받을 때까지 위장장애 검사나 심혈관 검사와 같은 의료검사에 많은 돈을 낭비하고 만다.

'공황'이라는 용어는 때때로 오해를 불러일으킨다. 그것은 사람들이 자신의 공포를 자각하고 있다는 사실을 함축하기 때문이다. 그렇지만 공황발작이라는 맥락에서 공황상태에 빠지는 것은 교감신경계다. 편도체가 존재하지도 않는 위협에 반응을 보이고는 허위경보를 울린다. 내가 경험한 공황은 불안이 촉발한 것처럼 느껴지지 않았다. 아마도 짠 음식과 독한 마르가리타가 공황을 유발했을 것이다. 짠 음식 그리고 글루탐산소다(MSG)와 같은 보존제가 세포 내 젖산 수준을 증가시킬 수 있다. 술 역시 젖산 수치를 상승시킨다. 증가한 산성물질은 편도체에서 공포 반응을 활성화시킨다.

따라서 돌이켜 생각해보니, 나의 경험은 그날 먹은 음식에서 비롯된 것이었다.

야간 공황발작

촉발자극이 없는 가장 극단적 형태의 공황발작은 가장 깊은 수면 상태에서 일어난다. 이것을 야간 공황발작이라고 부른다. 야간 공황발작으로 잠에서 깨면 상당히 혼란스럽고 당황스럽다. 주변 상황을 충분히 자각하고 있는 주간 공황발작과 달리, 야간 공황발작은 심각한 공포와 위협을 야기할 수 있다.

몇몇 연구자는 야간 공황발작을 보다 심각한 유형의 공황발작으로 간주한다. 자고 있을 때 공황발작이 일어나는 이유는 아직 분명하지 않지만, 야간 공황발작과 야경증 사이에 모종의 연관성이 있는 것으로 보인다. 야경증은 깊은 수면 단계에서 얕은 수면 단계로 전이가 이루어질 때 발생한다. 갑자기 깨어나서는 혼란을 느낀다. 야경증은 아동에게 더 자주 일어나며 일반적으로 성장하면서 벗어나는데, 야간 공황발작을 앓는 대부분의 성인들도 야경증의 이력을 가지고 있다.

공황발작과 공황장애

여러 가지 장기적인 결과를 초래하지 않는 단발성 공황발작을 겪을 수 있다. 20%가량의 사람이 삶의 특정 시기에 공황발작을 경험하는 것으로 추정된다. 그러나 이들 중 소수만이 공황장애로 발전한다.

공황장애는 반복적인 공황발작을 수반하는 불안장애이다. 이렇게 반복적인 발현이 공포와 불안을 심어준다. 때때로 사람들은 집을 떠나기 싫거나 두려워하는 특정 장소를 회피하는 것이 안전한 장소를 제공하지 못할 때 광장 공포증을 겪는다. 광장 공포증은 별도의 불안장애이며 다음 절에서 논의한다.

공황장애로 간주하기 위해서는 며칠이나 몇 주에 해당하는 짧은 기간에 두 번 이상의 공황발작이 일어난 다음에, 또다시 발작이 일어날 것이라는 두려움에 시달리는 적어도 한 달 이상의 기간이 뒤따라야 한다. 발작이 재발한다면 무슨 일이 일어날지를 강박적으로 걱정하기도 한다. 그러한 걱정은 발작이 또다시 일어나는 것을 회피하거나 발작이 일어났을 때 안전하지 않거나 친숙하지 않은 장소에 있지 않으려고 일상생활에 상당한 변화를 초래할 수 있다. 예컨대, 여행지로 가는 도중에 또는 여행지에 도착한 후에 발작이 일어날지 모른다는 공포 때문에 예정된 여행을 취소하기도 한다.

공황장애는 전형적으로 유년 시절에서부터 20대 중반 사이에 시작된다. 어떤 사람은 매일같이 발작을 경험하거나 하루에 여러 차례 발작을 경험하기도 한다. 나는 일주일에 한 번 정도 발생하는 발작을 중간 빈도로 간주하며, 한 달에 한두 차례 발생하는 발작을 드문 빈도로 간주한다.

공황발작은 나타났다가 사라질 수도 있고 발생 빈도도 다양하다. 또 다른 발현 패턴은 발작이 빈번하게 발생하고 몇 주나 몇 달 동안 빈번한 발작이 지속된 다음에 여러 해 동안 휴지기에 접어드는 것이다. 심각한 폐렴이나 장염과 같은 질병과 마찬가지로, 스트레스가 높은 사건이 증상의 재발을 촉발시킬 수 있다.

외상후 스트레스장애, 강박장애, 범불안장애 등과 같은 장애의 일환으로 공황발작이 일어날 수도 있다. 그러나 공황장애의 경우에는 공황발작과 그 발작을 회피하기 위한 조치를 취하는 것이 전부다.

광장 공포증

DSM-4까지는 광장 공포증이 공황장애의 부가적인 자질의 하나였다. 만일 공황장애와 더불어 광장 공포증을 겪었다면, 광장 공포증을 수반한 공황장애라는 진단을 받았다. 이러한 관점에서는 광장 공포증이 단지 공황장애의 합병증 정도로만 간주되었다.

공황장애를 앓는 사람의 대략 30%가 광장 공포증을 나타내지만, 연구자들은 다음과 같은 두 가지 중요한 사실을 관찰했다.

- 어떤 사람은 공황발작을 나타내기 전부터 광장 공포증 증상을 경험한다.
- 광장 공포증은 다른 불안장애의 자질이다.

2013년에 DSM-5는 광장 공포증을 독자적인 불안장애로 격상시켰다. 이러한 변화로 인해서, 만일 공황장애를 갖고 있으면서 광장 공포증이 발생한다면, 공황장애와 광장 공포증이라는 두 가지 진단을 내리게 된다.

광장 공포증은 불안을 촉발하며 쉽게 벗어나거나 도움을 받기 어려운 장소에 있는 것을 두려워하는 것이다. 광장 공포증으로 진단받으려면 다음 5가지 상황 중에서 적어도 2가지에 대해 극도의 공포심이나 불안감을 경험해야만 한다.

- 버스나 비행기 같은 대중교통 수단을 이용하는 것
- 주차장, 공원, 다리 등과 같은 공개된 장소에 있는 것
- 슈퍼마켓이나 극장과 같은 폐쇄된 장소에 있는 것
- 줄 서서 기다리거나 군중 속에 있는 것
- 집 밖에 혼자 있는 것

광장 공포증이 있을 때 이러한 상황을 두려워하거나 피하는 까닭은 공황 발작이 일어나거나 무기력하고 당황스러운 증상이 나타날 때 벗어날 방법이 없기 때문이다. 광장 공포증이 더욱 심각한 경우에는 그런 장소에 가지 않은 채 생각만 해도 불안해질 수 있다.

광장 공포증은 일상생활에서 엄청난 고통과 장애를 초래한다. 광장 공포증을 겪는 사람은 철저히 집 안에서만 은둔생활을 하며, 외출할 필요가 있을 때는 다른 사람의 도움을 받아야 한다. 불행하게도 광장 공포증은 만성적이며 저절로 완치되는 경우가 드물다. 치료받지 않으면 1/3 이상이 완전히 집에 갇혀 살면서 직장생활을 할 수 없다.

광장 공포증을 앓는 사람은 사기가 저하되어 있고 무기력하며 희망도 없다. 증상이 보통 수준이거나 심각한 광장 공포증을 앓는 사람에게는 우울 증상이 보편적으로 나타난다. 술이나 약을 비롯한 여러 가지 물질을 사용하여 불안에 대처함으로써 물질사용장애를 겪는다.

광장 공포증은 지속적이며 진행성이다. 장기간 광장 공포증을 앓는 사람은 증상에서 벗어나는 데 어려움을 겪으며, 특히 집에만 은둔하게 되면 더욱 그렇다.

외출을 거부하거나 식품 배달을 시키는 것과 같이, 회피가 항상 적극적 과정인 것은 아니다. 일정을 재조정해서 두려운 상황에 맞닥뜨리는 것을 피하거

나, 가족들과 가까운 곳에 거주지를 마련해서 가족을 만나러 갈 때 대중교통 수단을 이용할 필요가 없게 하는 것과 같이, 지극히 미묘한 계획적 행동을 수반할 수도 있다.

나의 아버지는 비행 공포를 갖고 계신다. 그렇기 때문에 우리 가족은 운전 가능한 곳으로만 휴가를 갔다. '운전 가능'에는 오직 하룻밤만 묵을 수 있는 곳만이 포함되었다. 이 사실은 플로리다에 사는 우리가 캘리포니아에 거주하는 친척을 절대 방문할 수 없다는 것을 의미했다. 말다툼하는 아이들을 자동차 뒷좌석에 태우고 3일 동안 운전한다는 것은 사전에 '정신적 고문'이라는 항목 아래 수록할 수 있을 법한 일이기 때문이다. 유럽을 비롯한 외국에 간다는 것은 결코 우리 가족의 선택지가 아니었다.

어린 시절 나는 아버지가 비행기 타는 것을 두려워한다는 사실을 몰랐다. 그저 아버지가 드라이브를 하면서, 아버지가 말씀하신 대로 경치 구경하는 것을 좋아하신다고 생각했다. 몇 년 후 친구들이 부모님을 라스베이거스에서 개최하는 파티에 초대했을 때 아버지가 비행기 타는 것을 얼마나 무서워하는지 비로소 알게 됐다. 아버지는 초대를 거절했으며, 어머니도 혼자 가기를 거부했다.

어머니가 아버지한테 어떻게 으름장을 놓았는지는 모르겠지만, 아버지는 58살이 되어서야 난생처음 비행기를 탔다. 아버지는 무사히 비행을 마쳤고 라스베이거스 파티도 맘껏 즐겼다. 하지만 그러한 성취도 오래가지 못했다. 집에 돌아온 후 비행기는 안전하지 않다는 주장을 다시 하셨기 때문이다. 아버지는 무사 비행이 '신의 은총'이었으며 다시는 비행기를 타는 시험에 들 의도가 없다고 주장했다.

회피의 기저를 이루는 몇몇 공포는 생애주기에 따라 변하기도 한다. 아동에게는 광장 공포증이 드물지만, 아동은 밖에 혼자 있는 것에 대한 공포의 징후를 드러낼 수 있다. 성인의 공포는 공황발작을 일으키거나 안전한 공간 또는 사적 공간 확보가 불가능한 장소에 있을 때 느끼는 불안의 정도와 관련이 있다. 노인에게는 넘어짐에 대한 공포가 발생하여, 누군가에 의해 중심을 잃고 쓰러질지도 모르는 줄서기나 붐비는 장소를 회피하기 시작할 수 있다. 외형상으로만 보면, 이러한 상황 회피가 넘어질 위험이 있는 사람의 신중함으로 보이기도 한다. 그러나 광장 공포증을 앓는 사람은 쓰러지는 위험을 과대추정하고는 쓰러져서 도움을 받을 수 없는 모든 상황을 회피하게 된다.

이미 공황발작을 일으키고 있는 사람은 청소년기 후반에 광장 공포증을 경험할 가능성이 높다. 만일 공황발작을 일으킨 적이 없다면, 광장 공포증은 전형적으로 20대 중후반에 발생한다.

분리불안장애

분리불안은 단지 어머니와 떨어진 아동의 장애만이 아니다. 어린 시절에 처음으로 발현될 수 있지만, 성인기에도 시작될 수 있으며 특히 사랑하는 사람의 사망, 결혼, 출산이나 입양 등과 같이 삶을 변화시키는 사건 후에 그렇다. 피니와 동료들의 2014년 연구에 따르면, 분리불안장애는 아동보다 성인에게 더 보편적이다.

분리불안은 애착 대상과 떨어지는 것에 대한 과도한 공포나 불안의 한 형태다. 한 살짜리 아이는 낯선 사람들에게 둘러싸여 있을 때나 양육자의 품에서 떨어질 때 불안하게 된다. 그러나 이러한 불안은 성숙하면서 사라진다. 성숙하였음에도 불안이 지속된다면 발달적으로 부적절한 것이기에 장애로 간주하게 된다.

DSM-5에 따르면, 다음 8가지 특징 중 적어도 3가지를 가지고 있어야 분리불안장애로 진단한다.

- 집이나 중요한 애착 대상과의 분리를 예상하거나 경험할 때 나타내는 과도한 고통
- 중요한 애착 대상을 잃는 것이나 그 대상에게 가해지는 폐해에 대한 공포
- 사고나 납치 등으로 자신에게 폐해가 닥치는 것이나 자신을 애착 대상과 분리시키는 사건에 대한 걱정
- 분리불안 때문에 학교나 직장과 같이 필수적인 장소에 가기를 거부하거나 외출하기를 꺼림
- 집을 비롯하여 어느 곳에서나 혼자 있거나 애착 대상이 없는 것에 대한 공포
- 집을 벗어나거나 애착 대상이 가까운 곳에 없는 상황에서 잠자기를 거부함
- 분리와 연관된 반복적인 악몽
- 예상되는 분리로 인한 두통, 복통, 메스꺼움, 구토 등과 같은 고통스러운 신체적 증상

이러한 공포가 아동에게는 4주, 성인에게는 6개월 이상 지속되어야 한다.

분리불안은 생애주기에 걸쳐 다르게 나타난다. 분리불안이 있는 아동은 부모나 보호자가 없을 때 무력하다. 그들은 버려지거나 부모가 입는 폐해를 걱정한다. 따라서 부모나 양육자를 울며 찾아 헤매고, 집에서 졸졸 따라다니며, 부모가 제공하는 음식만을 먹는 경우가 많다. 아이의 이러한 고통은 때때로 돌보미에게 아이를 맡기고 외출이나 출근을 해야 할 때 부모로 하여금 믿을 수 없을 정도의 죄책감을 느끼게 만든다.

조금 더 성장한 아동은 낯선 사람, 장소, 사물들에 둘러싸일 때 극단적인

고통을 느낄 수 있는데, 사회불안을 겪는 사람과 유사하게 보인다. 마치 누군가 자신을 납치하거나 사고를 당할 것과 같이, 자신의 안전을 두려워하기도 한다. 매일 아침 등교하기 직전에 몸이 아프기도 하고 여름 캠프에 가는 것을 거부하기도 한다. 파자마 파티(10대들이 친구 집에 모여 밤새워 노는 모임)를 하러 친구 집에 가는 10대는 부모의 존재를 확인하기 위해 여러 차례 집으로 전화를 하거나 문자 메시지를 보내야 할지도 모른다.

분리불안장애가 있는 성인은 부모나 양육자에게는 관심을 덜 기울이는 대신에 애인, 자녀, 반려동물과 같은 다른 친밀한 관계에 더 집착한다. 젊은이는 집을 떠나서 대학교에 다니기를 원치 않거나 집에서 출퇴근이 가능한 직장만을 찾기도 한다.

분리불안은 과잉보호 양육방식으로 이끌어갈 수 있다. 자녀의 안녕에 대해 지나치게 관심을 기울이고 자녀의 자유를 제한할 수 있다. 그렇다고 해서 분리불안이 언제나 과잉보호 양육의 원인인 것은 아니다. 부모의 지나친 간섭과 분리불안의 차이를 구분하는 한 가지 방법은 분리불안을 앓는 사람은 배우자에 대해서도 지나치게 보호적인 태도를 취한다는 점이다. 만일 배우자가 자신을 아이처럼 다루는 것에 분개한다면, 과잉보호 행동은 결혼생활에 문제를 일으킬 수 있다.

분리불안과 애착

몇몇 연구자는 분리불안이 공황장애의 근본 원인이라는 입장을 취해왔다. 그러나 후속 연구들은 그 연관성을 확증하지 못했다. 대신에 분리불안장애가 성격장애를 포함한 많은 장애의 전조가 될 수 있음을 보여주었다.

그렇기는 하지만, 불안정 애착 유형과 분리불안 사이에는 관계가 있다. 애착은 부모, 자녀, 절친한 친구, 애인 등과 같이 친밀한 관계를 맺고 있는 사람과의 유대를 지칭한다. 심리학자 존 보울비와 메리 에인스워스는 최초로 애착 이론을 제안했으며, 이후 다른 연구자들이 그 이론을 확장했다. 보울비의 모형에 따르면 애착에는 3가지 유형이 있다.

- 안정 애착
- 불안정-불안 애착
- 불안정-회피 애착

안정 애착 유형의 사람은 타인과의 교류를 편안하게 느끼고, 필요할 때는 항상 그 사람들이 그 자리에 있을 것이라고 확신한다. 두 가지 불안정 유형의 경우에는 버림받을까 불안하거나 다른 사람과의 긴밀한 관계를 회피한다.

불안 애착 유형의 사람은 관계에 집착하며, 지극히 미묘한 거부 신호에도 늘 신경이 곤두서 있다. 신뢰는 불가능에 가깝고, 관계는 정서의 롤러코스터를 탄다. 의심 때문에 사람들을 배척한다. 거부에 대한 공포가 상대방에게 거절당하거나 버림받는 것을 피하려고 성급하게 관계를 끝내게 만든다.

회피 애착 유형의 사람은 관계에 무관심한 것으로 보일 수 있다. 본질적으로 사람들에게 별로 반응을 보이지 않는다. 관계에서 위협을 느낄 때는 그 위협을 무시하고 자신의 능력으로만 그 위기를 돌파하려고 애쓴다. 마치 다른 사람들과는 완전히 분리된 것처럼 보인다. 동반자나 친구는 자신이 그 사람에게 필요하지 않다고 느끼기도 한다.

어떻게 애착하게 되는 것인가?

애착은 신생아와 양육자(대부분의 경우는 어머니) 사이에서 시작되어 아동기 내내 지속된다. 성장함에 따라서 아동은 안도감과 안전을 위해 양육자에게 의존한다.

　부모는 신체적 친밀감, 접촉, 평온한 얼굴, 안전감 형성을 통해 유아와의 애착을 형성한다. 유아 단계에서는 아이가 옹알거리고 부모가 미소와 입맞춤으로 반응해줄 때 이러한 애착이 구축되는 것을 볼 수 있다. 걸음마 단계에서는 아기가 부모에게서 몇 발자국 벗어나서 새로운 환경을 탐색하고는 부모에게로 되돌아와서 다리에 매달릴 때 이러한 애착 구축을 보게 된다. 다시 주변 환경을 탐색한 후에는 뒤돌아보며 모든 것이 제자리에 그대로 잘 있다는 것을 확인한다. 아이는 바닥에서 주운 막대기를 부모에게 건네줄지도 모른다. 이러한 건네주기는 자신이 떠난 후에도 부모는 여전히 그 자리에 있을 것이라는 안도감을 느끼게 해주는 데 도움을 준다.

　세상을 탐색하러 나갔다가 안식처로 되돌아오는 아이의 행위가 강한 유대감을 만들어낸다. 부모는 아이가 세상을 탐색하고 힘들 때 되돌아갈 안전한 장소로 작용한다. 그리고 나이가 들어가면서 중요한 애착 대상이 부모에게서 친구와 연인으로 바뀐다.

　어떤 양육 스타일은 이러한 과정을 방해하고 종국에는 불안정 애착 유형으로 이끌어간다. 만일 부모가 무관심하고 무덤덤하다면 아이는 지나치게 자기의존적인 사람이 되기도 한다. 이러한 자기의존성이 불안정-회피 애착 유형으로 발전할 수 있다. 무덤덤한 부모가 된다는 것은 단순히 집 안 청소에 바빠서 아이와 이야기할 시간이 없거나 똑같은 게임을 8번씩이나 해주고 싶지 않다는 의미를 넘어서는 문제이다. 오히려 무덤덤함은 방치나 부재의 수준에 가깝다. 예컨대, 우울한 부모는 아이들과 상호작용하고 싶지 않을 수 있고, 이러한 정서적 부재는 애착을 어렵게 만드는 파급효과를 초래할 수 있다.

　아동은 엄하고 비판적인 부모에 대한 반응으로 불안정-불안 애착을 발전시키기도 한다. 방치당하고 무시당하고 있다고 느끼는 불안정-회피 애착 유형의 사람과는 정반대로, 불안정-불안 애착 유형의 사람은 지나치게 부정적인 관심을 너무 많이 받으며, 이것이 자신은 물론 타인에 대한 견해에 영향을 미친다.

그러나 트라우마와 이상적이지 않은 양육방식이 항상 불안정 애착 유형의 주범은 아니다. 어떤 사람은 타인과 관계 맺기를 불안해하거나 회피하도록 생득적으로 구조화되어 있다.

몇몇 애착 연구는 불안정-회피 애착 유형으로 확인된 아동이 주변 환경을 탐색하면서 부모가 옆에 있다는 사실을 망각하는 것으로 보인다는 점을 찾아냈다. 부모가 방을 나가도 아동은 계속해서 장난감을 가지고 놀고 동요하지 않는 듯 보였다. 불안정-불안 애착 유형의 아동은 부모가 방을 나가면 울음을 터뜨리고 돌아와서 달래도 울음을 그치지 않았다. 안정적으로 애착하는 아동은 혼자 남겨지면 울음을 터뜨리지만, 부모가 돌아와서 안심시키는 몸짓을 하면 이를 받아들이고 다시 주변 탐색에 나섰다. 모든 아동은 유사한 양육 환경에서 성장했기에 그들의 행동이 열악한 양육과 관련된 것은 아니었다.

불안정 애착과 성격장애는 몇 가지 자질을 공유한다. 성격장애가 있는 사람은 관계 형성에서 문제점을 드러내며, 몇몇 문제점은 유대감과 친밀감과 관련이 있다. 회피적이고 의존적인 성격 소유자는 불안정-불안 애착을 나타낸다. 그러나 불안정 애착 유형이라고 해서 성격장애를 갖게 될 것이라는 의미는 아니다.

성인이 분리불안으로 진단받는 경우는 많지 않으며, 그렇기 때문에 표준화된 치료 프로토콜이 존재하지 않는다. 나의 생각으로는 분리불안이 사회불안, 공황장애, 외상후 스트레스장애 등과 같이 많은 관심을 받고 있는 다른 장애와 함께 나타나는 경우가 많기 때문이다.

분리불안이 있는 사람은 자신의 문제를 타인에게 말하는 것을 지나치게 당혹스러워하기 때문에 도움을 전혀 받지 못하기도 한다. 다른 문제를 갖고 있어서 도움을 찾더라도, 분리불안 문제에 대해서는 언급하지 않는다. 그래도 다행인 것은 분리불안을 경험하는 대부분의 사람이 10년 안에 회복된다는 점이다.

질병으로 인한 불안

마음과 신체는 긴밀하게 연결되어 있으며, 때로는 질병이 불안을 야기한다. 이 경우에는 질병에 걸렸을 때에만 불안을 경험하며, 질병에서 회복하면 불안도 사라진다.

어떤 질병은 병리적 불안을 유발한다. 만일 처음으로 질병에 걸리고는 불안이 나타난다면, 질병으로 인한 불안증이라는 진단을 받을 수 있다. 때때로 불안은 질병에 주의를 기울이게 만드는 일종의 삐걱거리는 바퀴와 같은 것이다. 자신이 질병에 걸렸다는 사실을 모르고 있다가, 검사를 받기 위해 병원을 찾게 만드는 것이 바로 불안일 수도 있다. 공황발작은 근심거리와 수면장애를 비롯한 일련의 건강 문제로 이어질 수 있기 때문에 질병과 연관된 가장 보편적인 불안 증상이다. 질병을 앓고 난 후 다른 불안장애가 생길 수도 있다. 가령 여러분이 공황발작을 앓고 있고, 신체검사에서 천식이 있다는 사실이 드러난다고 해보자. 어린 시절부터 천식이 있었지만, 천식을 촉발하는 알레르겐(알레르기 유발 항원)이 있는 지역으로 이사할 때까지는 천식 증상 없이 성장했다. 이제 어떻게 해도 제어할 수 없는 천식발작이 일어나고 있다. 뒷마당 테라스에 혼자 앉아 있는데, 갑작스러운 천식발작으로 고통스럽지만 호흡곤란을 완화해줄 흡입기를 갖고 있지 않다. 이웃사람이 호흡곤란을 겪고 있는 여러분을 발견하고 119에 전화를 건다. 구급대원이 여러분을 병원으로 이송하고, 그곳에서 호흡 완화 치료를 받는다.

거의 죽을 뻔한 경험으로 잔뜩 겁먹은 여러분은 이제 밖에 나가는 게 두

럽다. 꽃가루가 천식발작을 촉발했다고 믿기 때문이다. 여러분은 혼자 남아 있는 것을 원치 않으며 가족에게 항상 함께 있길 요구한다. 발작 없이 8개월이 지난 후에야 혼자 있는 것을 받아들이지만 여전히 집 안에만 처박혀 있다.

이 시나리오에서는 천식이 공황발작을 촉발했다. 따라서 여러분의 진단은 천식으로 인한 불안이었다. 천식은 관리하기가 어려웠고, 여러분은 계속해서 갑작스러운 호흡곤란 증세를 겪었다. 이렇게 끊임없이 지속되는 천식발작과 한 번의 천식발작으로 거의 죽을 뻔한 경험의 심적 외상으로 인해서, 광장 공포증과 분리불안장애가 발생했던 것이다.

불안을 초래할 수 있는 몇 가지 질병은 다음과 같다.

내분비 질환

갑상선 기능 항진증은 갑상선에서 갑상선 호르몬을 과다 분비함으로써 발생한다.

그레이브스병은 가장 보편적인 갑상선 기능 항진증이다.

크롬친화세포는 부신의 양성 종양이다. 부신이 아드레날린과 노르아드레날린을 과다 분비하는 매우 드문 질환이다.

저혈당증은 혈당수치가 낮은 것을 지칭한다. 당뇨병과 가장 보편적으로 관련된 질환이지만, 다른 질병이나 약물치료가 혈당 저하를 유발할 수도 있다.

쿠싱증후군은 신체가 지나치게 많은 코르티솔을 생성할 때 발생한다. 코르티솔은 스트레스 호르몬이기 때문에, 신체가 마치 과도한 스트레스를 받고 있는 것처럼 반응한다.

심혈관질환

울혈성 심부전은 심근이 약해져서 신체의 혈액 순환 요구에 부응하지 못할 때 발생한다. 바이러스 감염과 같은 일시적 질환이나 다른 진행성 질환이 원인일 수 있다.

폐색전증은 대부분 다리 정맥에서 혈전이 떨어져 나와 혈류를 통해 폐에 전달될 때 발생한다. 이 혈전이 폐동맥을 막아서 조직 손상을 유발한다.

심방세동의 경우에는 심방이 불규칙하게 뛴다. 심방세동이 일어나도 심실이 심장박동을 제어하기 때문에 심장박동이 규칙적으로 일어날 수 있다. 불규칙적인 심방 활동이 일어나면, 현기증이나 불안을 느끼거나 심장이 두근거릴 수 있다.

호흡기질환

만성 폐쇄성 폐질환은 폐 속에서 공기 흐름을 점진적으로 감소시킨다.

천식이 있으면 기도에 염증이 생기고 공기 흐름이 차단된다.

폐렴은 폐에 염증이 생긴 것으로 폐포를 액체로 채운다.

대사장애

비타민 B12는 적혈구 생산, DNA 세포, 신경세포 기능에 필수적인 역할을 수행하기 때문에, **비타민 B12 결핍**은 심각한 문제이다. 식물에는 비타민 B12가 함유되어 있지 않기 때문에, 엄격한 채식주의자나 채식이 주 식단인 사람은 보충제를 섭취하지 않으면 비타민 B12 결핍의 위험에 처한다. 비타민 B12는 소장에서 흡수되기 때문에 위 우회로 수술을 받은 사람이 정상적인 B12 수치를 유지하려면 B12 주사를 맞아야 한다.

포르피린증은 대사장애 중 하나로 헤모글로빈의 구성요소인 포르피린이라고 불리는 화학물질이 증가하면서 유발된다. 경미한 수준의 포르피린증은 피부에만 영향을 미치지만, 급성 포르피린증은 신경계에 영향을 미쳐서 불안을 유발할 수 있다.

신경학적 질병

내이에 위치한 전정계는 몸의 균형을 제어한다. **전정계 기능장애**는 몸이 휘청거리거나 방향감각이 없거나 심지어 메스꺼운 기분이 들게끔 한다.

뇌염은 감염이나 자가면역반응이 초래하는 뇌의 염증을 말한다. 증상의 심각성은 뇌의 어느 부분이 영향을 받느냐에 달려 있다.

체계적이지 않은 전기활동은 뇌에서 **발작**을 초래한다. 신경이 체계적이지 않은 방식으로 활성화되기 때문에, 운동신경 경로에 영향을 미치는 발작이 일어나면 통제 불가능한 경련이 일어나게 된다. 발작이 두뇌의 정서영역이나 인지영역에 영향을 미치면, 불안정한 기분, 불안, 정신병 등을 경험하기도 한다.

질병과 연합된 불안으로 고통받든지 아니면 질병이 초래하는 불안으로 고통받든지 간에, 질환이 불안을 유발하는지를 알아야 할 필요가 있다. 전형적으로는 불안이 청소년기에 시작되지만, 나중에 성인이 되어 시작될 수도 있다. 만일 성인이 되어 제어 불능의 불안을 경험하게 된다면, 주치의를 찾아가서 일반 검진과 혈액검사를 통해 신체적 질병이 불안을 야기하고 있지 않다는 사실을 확인하라.

이 장에서는 DSM-5가 불안장애로 분류하는 여러 가지 상이한 유형의 병리적 불안을 논의했다. 다음 장에서는 불안장애로 간주되지는 않지만 불안을 유발할 수 있는 다른 장애들을 살펴본다.

제 3 장

불안을 유발하는
다른 장애들

제2장에서는 DSM-5의 불안장애들이 어떻게 불안을 유발하는지를 논의했다. DSM-5 불안장애 범주에 들어 있지는 않지만, 여전히 상당한 불안을 유발하는 장애들이 있다. 이 장에서는 그러한 8가지 장애에 초점을 맞춘다.

강박장애

대다수 부모는 자녀를 편애하면 안 된다는 것을 본능적으로 알고 있다. 적어도 편애를 티 내거나 차별대우해서는 안 된다. 마찬가지로 정신과 의사인 나도 모든 내담자는 동등하다고 생각하고 있다. 모든 내담자의 고충은 독특한 것이며 중요하다.

그렇기는 하지만 만일 정신적으로 가장 고통스러운 장애를 하나 꼽아야 한다면, 나는 **강박장애**(OCD)를 선택할 것이다. 할리우드 영화에서는 강박장애를 끊임없이 확인하거나 청소하거나 어떤 선을 밟지 않는 것과 같은 의식절차를 수반하는 장애로 묘사한다. 그렇기 때문에 그러한 의식절차가 강박장애의 핵심이라고 생각하는 사람이 많은 것 같다. 하지만 강박장애는 확인하기와 같은 의식절차 이상의 장애이며, 강박증은 심각한 것일 수 있다.

공항 의식절차

앞 장에서 언급한 바와 같이, 운전해서 공항에 가는 것이 나에게는 심각한 불안을 초래한다. 나는 불안하면 끊임없이 확인한다. 신분증이나 휴대전화와 같이 중요한 것을 빠뜨리지나 않을까 항상 걱정한다. 차에 탈 때는 이 두 가지를 반복해서 확인한다. 일반적으로 나의 점검의식은 우선 가방 안에 손을 넣어서 휴대전화를 만져보는 것이지만, 극도로 불안할 때는 가방에서 전화기를 꺼내 직접 눈으로 확인해봐야 한다. 또한 두툼한 지갑을 꺼내서 카드 슬롯에 안전하게 끼워져 있는 신분증의 윗면도 만져본다. 신분증은 한 번만 만져보면 된다. 나중에 다시 확인할 때는 지갑 안을 들여다보고 카드 슬롯에 신분증이 확실하게 들어 있음을 눈으로 확인하면서 안도감을 느낀다.

일반적으로 첫 번째 점검의식은 주로 차를 타기 전, 그러니까 차가 있는 곳까지 걸어가는 과정에서 일어난다. 그렇지만 일단 차에 타면 이렇게 생각한다. '자동차까지 걸어오는 동안 신분증이 지갑에서 빠져 자동차 진입로에 떨어졌으면 어떡하지?' 그런 적이 한 번도 없었는데도 나는 그런 일이 일어날 수 있다고 생각하는 것이다. 따라서 일단 차에 타면, 진입로에 신분증을 떨어뜨리지 않았다는 것을 확인하기 위해 또다시 확인한다.

일단 도로에 진입하면, 차고의 문이 완전히 닫혔는지 확인해야 한다. 우리 집 차고는 물체를 감지하면 문이 닫히지 않는 안전장치를 갖춘 자동 개폐형이다. 이 안전장치는 덕분에 끼임 사고를 방지할 수 있음에 감사하면서도, 나에게는 점검해야 할 또 하나의 항목이다. 하지만 다행스럽게도 차고 점검은 한 번이면 족하다. 또한 문이 닫힌 걸 보았다는 남편의 말을 신뢰한다.

신분증 분실에 대한 강박증이 시작된 것은 뉴욕에 살면서 휴가 때 가족을 만나러 플로리다를 방문하면서부터였다. 어느 때인가 플로리다로 가면서, 비를 맞으며 택시를 잡아야 했다. 빈 차 사인이 꺼진 택시를 줄줄이 보낸 후 마침내 택시 한 대가 내 앞에 와서 섰을 때, 비행기를 놓칠까 걱정하고 있었다. 나는 젖은 우산을 들고 재빨리 택시에 올라타서 접어보려고 애를 썼지만 결국 우산은 부러졌다. 나는 극도의 시간 압박을 받았고 단 1분이라도 아껴야 한다고 생각했다. 시간을 아끼기 위해 택시비를 미리 준비해서 손에 들고 있었다. 택시가 공항 정류장에 다다랐을 때 재빨리 운전사에게 요금을 건네고 용수철이 튕기듯 택시에서 내렸다. 여전히 비는 내리고 있었고 우산은 이미 망가졌기 때문에, 가방을 움켜쥐고는 비를 피할 곳으로 달려갔다. 검색대 앞에 다다른 후에야 비로소 운전면허증이 없다는 사실을 깨달았다. 지갑에서 돈을 꺼낼 때 면허증을 택시 안에 떨어뜨린 것이 분명했다. 면허증이 없다는 것은 크리스마스 연휴를 가족도 없이 홀로 보내야 한다는 의미였다. 나는 가족이 몹시 그리웠던 것이다.

나는 애타는 마음으로 보안요원에게 다른 신분증을 사용할 수 있게 해달라고 애걸했다. 보안요원의 동정심을 기대하면서 공항으로 오는 길에 운전면허증을 분실한 것 같다고 말했다. 그는 나를 줄 밖으로 나오게 하고는, 전화를 거느라고 나에게 등을 돌리고 있는 다른 보안요원과 상의했다. 시간은 계속 흘러갔다. 탑승게이트를 통과하는 데까지 남은 시간은 단 30분이었다. 나의 불안감은 치솟았다. 몇 분간 뭐라고 이야기를 나눈 그 요원은 내게 사진이 부착된 병원 직원증과 은행카드를 이용해서 검색대를 통과하게 해주었다. 나는 안도의 한숨을 내쉬었다. 게이트를 향해 질주하다시피 뛰어가면서도 그 보안요원의 시선이 내 뒤통수에 꽂히는 것 같은 느낌이 들었다. 하지만 눈이 마주치면 그의 마음이 변해 다시 검색대로 돌아오게 할 것만 같아서, 심지어는 나를 소금 기둥으로 만들어버릴 것만 같은 두려움에 뒤돌아보지 않았다.

아마도 여러분은 나에게 "진짜 이상하네. 분명 강박장애가 있는 게 틀림없어!"라고 말하고 있을지도 모르겠다. 내가 스트레스를 받으면 나타나는 강박

증상 성향을 가지고 있다는 데에는 동의하지만, 끊임없이 확인하는 행동은 여행에만 국한된다. 여행하지 않을 때는 무엇인가를 두고 온다는 두려움이 나타나지 않는다. 하지만 무엇보다 중요한 것은 끊임없이 확인하는 나의 의식 절차가 심각한 강박장애를 앓는 사람들이 겪는 고통에 비하면 아무것도 아니라는 사실이다.

강박장애란 무엇인가?

DSM-5는 OCD를 불안장애 범주에서 분리하여 강박장애라는 독자적인 범주를 부여하고 있다. 강박장애 내담자는 강박적 사고나 강박적 행동 또는 둘을 동시에 나타내는데, 대부분은 둘 모두를 나타낸다.

강박적 사고

강박적 사고란 원하지 않음에도 불구하고 머리에서 떠나지 않으면서 심리적 고통을 초래하는 반복적인 생각, 이미지, 두려움 등이다. 사람들이 항상 자신의 생각을 제어한다고 느끼는 것은 아니다. 적절하지 않은 순간에 불쑥 떠오르면, 그 생각을 떨쳐버리고 다른 것을 생각할 수 없는 것이다. 이러한 즉흥성과 제어 불가능성이 그 사고를 침투적인 것으로 만들어버린다.

강박장애의 한 가지 중요한 기준은 강박적 사고와 강박적 행동이 모두 시간을 낭비한다는 것이며, 한 시간 이상을 잡아먹기 십상이라는 점이다. 강박장애를 일상적인 침투적 사고나 반복행동과 구분하게 만드는 것이 바로 이것이다. 예컨대, 실수로 몇 차례 차고를 열어둔 채 외출한 후부터 나는 집을 나설 때마다 차고를 확인한다. 이것은 차고를 열어두었던 내 실수에 대한 정상적인 반응이라고 볼 수 있다. 진입로에서 차고 문을 몇 차례씩이나 들어 올렸다 내렸다 하느라고 30분을 소비하고, 차 안에서도 문이 저절로 다시 열리지 않았는지 걱정하느라 30분을 지체하는 것은 너무도 과도한 반응이 된다.

보통 정도의 강박장애가 있는 사람은 강박적 사고나 행위를 하느라고 3~4시간을 소비하기도 한다. 심각한 강박장애 내담자는 특정한 강박적 사고에 사로잡혀 있거나 그러한 강박적 사고로 인한 불안을 줄이려는 의식절차를 수행하느라고 대부분의 시간을 낭비한다.

강박적 사고는 머릿속에서만 느끼는 고통이기 때문에 겉으로 드러나지 않는다. 강박적 사고에 대처하기 위한 강박적 행동을 하지 않으면, 오롯이 내담자 스스로 고통스러운 강박적 사고와 싸워야 한다. 공식적으로 인정받은 용어는 아니지만 몇몇 연구자는 오직 강박적 사고만을 하는 강박장애를 **순수 강박장애**라고 부른다.

강박장애에 보편적인 강박적 사고의 주제는 다음과 같다.

- (씻기 충동이 있거나 없는) 오염
- 대칭성이나 정확성
- 금기적 사고
- 종교적 사고
- 가해

오염 강박장애는 여러 가지 형태로 나타날 수 있다. 먼지, 세균, 체액, 병원균 등에 대한 일상적인 강박적 사고가 있다. 신체적으로나 영적으로 더럽다는 느낌의 형태를 취하기도 한다. 영적 오염은 종교적인 강박적 사고와 중복되는데, 혹자는 이것을 **세심성**이라고 부른다. 이것에 초점을 맞추게 되면, 신을 즐겁게 하지 못한다거나 기도와 같은 영적 활동을 소홀히 한다는 걱정에 압도당하게 된다.

대칭 주제에 시달리는 사람은 사물의 숫자를 세어서 정리하는 데 집착한다. 완벽주의적 집착도 정확성 주제에 해당하며, 정확하거나 특정한 규칙 속에서 생활하지 못하는 것을 걱정한다. 금기적 사고를 가지고 있는 사람은 변태적 성행위나 욕망이라는 생각이나 이미지에 압도된다. 어떤 사람은 자신의 성적 지향을 걱정하기도 한다.

가해 강박증이 있는 사람은 자신이나 타인에게 해를 입힐 것을 두려워한다. 가해 강박증은 충격적인 이미지를 만들어낼 수 있다. 예컨대, 갓 출산한 산모는 자신이 아기를 창문 밖으로 집어 던지는 침투적 이미지를 만들기도 한다. 어떤 사람은 자신이 누군가를 참수하는 모습을 보기도 한다. 이러한 이미지가 트라우마를 일으키는 까닭은 마치 실제로 그러한 행동을 한 것처럼 느끼게 만들 수 있기 때문이다.

강박장애 내담자는 때때로 그러한 강박적 사고를 다른 사람에게 말하는 것을 부끄러워한다. 그들은 이와 관련한 미신을 갖기도 한다. 예컨대, 발설이 그 생각을 현실화시키게 된다는 미신이다. 언젠가 나는 한 내담자에게 가해 강박 증상에 관해 말하도록 했다. 그 내담자는 만일 50까지 4번을 세지 않은 채 그 증상을 말해버리면 자녀 중 한 명이 사망할 것이라면서 두려워했다. 그 내담자가 안심하고 나에게 말을 한 까닭은 상담 회기가 시작하기 전에 이미 50까지 3번을 세어두었기 때문이었다.

이러한 미신은 신념과 사실을 구별하는 데 어려움을 겪는 강박장애 내담자에게 보편적으로 나타나는 역기능적 신념의 한 가지 사례다. 강박장애는 걱정거리가 현실적인지를 판단하기 어렵게 만든다. 현실성 판단의 어려움을 보여주는 한 가지 사례는 수도꼭지를 틀었다 잠그기를 20번 하지 않으면 물이 새서 집을 물바다로 만들 것이라고 믿는 것이다. 만일 이 사람에게 "수도꼭지를 20번 미만으로 잠갔다고 해서 어떻게 집이 물바다가 되겠어요? 일단 잠그러면 물이 안 새잖아요?"라고 말하면, 이렇게 답할지 모른다. "어떻게 그런 일이 일어날 수 있는지는 모르겠어요. 어쩌면 그런 일은 일어나지 않을지도 모르지만, 그런 생각을 멈출 수 없어요."

이 시나리오에서 만일 두려워하는 결과가 가능하지 않다는 사실을 확신시킬 수 없다면, 그 사람의 믿음을 **망상적**인 것으로 간주하게 된다. 망상은 상반된 증거에 직면하는 경우조차도 버리지 못하는 굳건한 엉터리 믿음이다. 만일 망상적 믿음이 있는 강박장애를 갖고 있다면, 이것은 정신병으로 간주되지 않는 극소수의 사례 중 하나가 된다. '망상적 믿음'이라는 용어는 장애의 예후를 알려주는 요인으로, OCD 증상에 관한 부가적인 정보를 제공해준다.

강박적 행동

강박적 행동이란 강박적 사고가 유발하는 불안을 상쇄하기 위해 수행하는 반복적인 행동이다. 모든 강박적 사고에 강박적 행동이 나타나는 것은 아니다. 내가 겪고 있는 반복적 확인하기 사례에서 강박적 사고는 필수적인 여행 물품을 빼먹었을지도 모른다는 것이다. 나는 그 물품을 반복적으로 확인함으로써 그러한 두려움에 대처한다. 그 물품을 챙겼다는 사실을 알고 있을 때조차도 그것을 만져보고 눈으로 확인해보는 것이 공항에 가면서 겪는 불안을 완화하는 데 도움을 준다.

강박적 행동의 사례로는 차에 타기 전에 차 문을 5차례나 여닫아보는 것을 들 수 있다. 대칭 강박적 사고가 있는 사람은 타일이 깔려 있는 방에 들어가면서 마음이 편안해질 때까지 모든 타일의 수를 세기도 한다. 강박적 행동은 거부하기 어려우며, 모든 단계를 거치지 않으면 상당한 불안을 야기하는 것이 일반적이다. 앞서 언급했듯이, 강박장애로 진단받기 위해서는 강박적 행동이 시간 낭비적이어야 한다. 따라서 만일 매일 아침 집을 나서기 전에 문을 잠갔는지 두 차례씩 확인한다면, 그 행동이 강박적이기는 하지만 장애는 아니다. 어느 정도는 누구나 가질 수 있는 정상적인 강박적 행동이나 강박적 사고가 있다.

자신의 강박적 행동이 비합리적이라는 사실을 인정한다고 하더라도, 불안을 완화하기 위해서는 그 행동을 수행할 필요가 있다. 예컨대, 여러분이 HIV 감염을 두려워한다고 해보자. 논리적으로는 체액 교환을 통해서만 HIV에 감염된다는 사실을 알고 있다. (손에 상처가 없다는 전제하에) 문고리를 만진다거나 타인과 악수를 한다고 해서 감염되지 않는다. 그런데 사람이 많이 모이는 파티에서 누군가 뒤에서 재채기를 한다. 그 사람의 콧물이 여러분의 셔츠를 뚫고 들어오고 뒷머리 모낭으로 침투하는 바람에 HIV에 걸리는 장면을 상상한다. 여러분이 의사인 나를 찾아오고, 나는 그러한 방식으로 HIV에 감염되지는 않는다고 말해준다. 어느 정도 안심하면서 진료실을 나서지만, 또다시 검사를 받을 때까지는 불안감을 멈출 수가 없다.

강박장애의 가장 이상적인 표준 치료법은 노출과 반응방지를 수반한 인지행동치료이다. 이 치료법은 내담자를 공포 촉발 상황에 노출시키거나 의식절차를 수행하도록 요구한 다음에, 강박적 사고와 행동을 하지 않도록 도와주는 것이다. 노출치료법에 대해서는 행동도구를 다루는 제10장에서 논의한다.

OCD는 성인 초기에 발병하는 만성적 장애이지만, 어떤 사람은 아동 초기에 증상을 나타내기도 한다. 일반적으로는 점진적으로 발현한다. 때로는 직장에 다니거나 대인관계를 유지하는 것이 어려울 만큼 증상이 심각해질 수 있다. 증상이 심각하다면, 약물치료가 최선의 선택일 수 있다. 신경조절치료법도 있는데, 이것은 경두개 자기자극법이나 전기충격요법과 같이 약물을 사용하지 않는 방법이다. 약물치료와 신경조절치료는 처방약물을 다루는 제5장에서 상세하게 논의한다.

신체에 집중된 반복행동

신체에 집중된 반복행동이란 자해를 초래하는 특정 유형의 강박적 행동들을 포괄하는 광의적 용어이다. 가장 보편적인 두 가지 강박적 행동은 머리카락을 뽑는 것(머리카락 뽑기 장애)과 피부를 뜯는 것(피부 뜯기 장애)이다.

머리카락 뽑기 장애

머리카락 뽑기 장애(발모벽)는 머리카락을 한 가닥씩 반복적으로 뽑는 장애이다. 이 장애에 대한 영어 단어 trichotillomania가 'mania'를 포함하고 있지만, 양극성 장애의 조증과는 아무런 관련이 없다. 실제로 DSM의 초기 버전에서는 이 장애를 충동조절장애로 분류했지만, 지금은 강박장애의 하나로 분류하고 있다. 이렇게 분류하는 것이 더 합당한 까닭은 이 행동이 실제로 충동적이기보다는 강박적이기 때문이다. 무작위로 이 행동을 하는 것이 아니며, 그 행동을 멈출 수가 없는 것이다. 이 장애는 머리카락을 뽑는 행동을 훨씬 넘어서는 장애이다. 복잡하기 그지없는 감각경험인 것이다. 먼저, 불안이나 긴장감이 머리카락을 뽑으려는 충동에 앞서 나타난다. 뽑는 행동은 그러한 긴장을 완화시킨다. 때로는 어떤 머리카락이라도 뽑으려는 충동을 만족시키지만, 많은 경우에는 머리카락이 적절한 질감이나 길이 등과 같이 특정한 기준을 만족할 필요가 있다. 어떤 사람은 모근을 확인하는 것에서 강렬한 쾌감을 얻기 때문에, 모근이 달려 있게끔 제대로 뽑아야 한다. 이러한 특이성 때문에, 이 장애가 있는 사람은 '제대로 된' 머리카락을 뽑을 때까지 여러 개를 뽑을 수밖에 없다.

일단 머리카락을 확보하면 그 머리카락을 가지고 노는 것이 보편적이다. 손가락 사이나 이빨 사이에 물고 굴리는 느낌을 좋아하기도 한다. 일반적으로 이러한 의식절차를 통해서 상당한 안도감이나 즐거움을 얻지만, 그 안도

감은 오래가지 못한다. 그 행동이 상당한 고통을 초래하기 때문이다. 이 장애로 고통받는 사람은 이런 행동을 해야 하는 것에 수치심을 느끼거나 제어할 수 없다는 느낌에 좌절감을 느낄 수 있다. 머리카락 뽑기를 그만두려고 시도해 잠시 성공할 수도 있지만, 무엇인가가 그 행동을 다시 촉발하게 된다.

발모벽이 있는 사람들은 신체 모든 부위에서 털을 뽑을 수 있다. 일반적인 부위는 두피, 눈썹, 속눈썹 등이다. 다른 사람에게는 이 행동을 숨기고 싶기 때문에, 털이 현저하게 없는 부위가 생기지 않도록 뽑는 부위를 바꿔가기도 한다. 두피와 같이 눈에 띄는 부위에서 뽑을 때는 이를 감추기 위해서 모자나 스카프를 착용하기도 한다.

일반적으로는 분노나 좌절감과 같은 부정적 감정이 이 행동을 주도하지만, 때로는 의식적 자각이 없는 자동행동이기도 하다. 텔레비전을 시청하면서 머리카락을 뽑는 행위가 한 가지 사례이다. 여기서 머리카락 뽑기는 아기의 엄지손가락 빨기와 유사하게 진정 효과를 가져다주는 행동일 수 있다. 머리카락 뽑기가 여전히 심리적 긴장을 완화한다는 목표를 위한 것이기는 하지만, 안도감을 얻기 위해서 의도적으로 머리카락을 뽑고 있는 것은 아니다.

발모벽이 있는 어떤 사람은 반려동물이나 스웨터와 같은 다른 대상에서 털이나 가닥을 뽑기도 한다. 여기서 외부 대상의 털이나 가닥을 뽑는 것은 자신의 머리카락을 뽑는 것의 연장선이자 장애가 진척되고 있다는 것을 의미한다. 처음에는 자신의 머리카락을 뽑는 것으로 출발하여 다른 뽑는 행동으로 발전한다.

피부 뜯기 장애

피부 뜯기는 머리카락 뽑기의 많은 특징을 공유한다. 가장 보편적인 피부 뜯기 부위는 얼굴, 손, 팔 등이다. 이 장애가 있는 대부분의 사람은 손톱을 사용하지만, 어떤 사람은 핀셋을 사용하며 이빨로 피부를 물어뜯기도 한다(흔히 손이나 각질을 물어뜯는 경우가 많다). 때로는 여드름이나 뾰루지에 초점을 맞추지만, 상처가 생길 때까지 멀쩡한 피부를 뜯어내는 경우도 많다. 나중에는 상처 딱지를 뜯는다. 발모벽의 의식절차와 마찬가지로, 어떤 사람은 상처 딱지를 가지고 놀거나 심지어는 그 딱지를 씹기도 한다.

이 장애가 있는 사람은 몇 시간에 걸쳐 이런 행동을 할 수도 있으며, 일반적으로 그 의식절차를 다른 사람에게 숨긴다. 얼마나 충동적으로 그 행동을 하는지는 감출 수도 있겠지만, 물어뜯은 손가락이나 상처라는 증거를 숨기기는 어렵다. 다른 사람들과 함께 있을 때 피부 뜯기 장애의 드러난 증거가 그 사람을 불안하게 만들며 그는 자신의 문제가 드러나는 것을 두려워한다.

여러분도 '만일 내가 손가락을 물어뜯는다면, 나도 남의 눈을 의식하게 될 거야'라고 생각할 수 있다. 그러나 피부 뜯기 장애의 수치심과 당혹감은 단순한 걱정거리를 넘어서는 문제이다. 이 장애는 여러분으로 하여금 자기제어가 불가능하고 결함이 있다고 느끼게 만들기 때문에, 누군가 증거를 보는 순간 여러분의 내적 고통이 노출될 것을 두려워하게 된다. 사람들이 여러분의 피부 뜯기와 심리적 문제 간의 연계를 도출할 것이라고 생각한다. 절친한 친구나 가까운 지인은 물어뜯은 손가락을 목격하고는 여러분이 불안으로 고통받고 있다는 신호로 간주할지도 모르지만, 모든 지인이 여러분의 내적 고통을 알아차릴 것이라고 생각하는 것은 지나친 확대이다. 관계적 사고는 모든 외부 단서가 여러분을 지향한다고 생각하게 만들며, 이것이 OCD와 같은 다른 강박장애와 특징들을 공유하게 만든다.

두 장애는 모두 일반적으로 사춘기 즈음에 시작된다. 증상이 단속적으로 나타났다 사라지는 만성적 장애이다. 몇 주간 고통을 받다가 멈추기도 하고, 수개월 또는 여러 해에 걸쳐 낮은 강도로 증상을 나타낼 수도 있다. 경미한 형태의 한 가지 사례는 머리카락 뽑기나 피부 뜯기에 잠시 몰두하면서도 스스로 자책하거나 자기비하를 하는 것이다. 눈에 잘 띄지는 않지만, 물어뜯은 몇 개의 손가락이나 머리카락이 듬성듬성한 관자놀이 부분이 있을지도 모른다. 오랫동안 그런 행동을 하지 않아서 새살이 돋고 머리카락이 다시 돋아날 수도 있다. 증상이 심각한 경우에는 몇 주나 몇 개월에 걸쳐 피부를 뜯거나 머리카락 뽑는 행위를 동시에 몇 시간씩 계속할 수도 있다. 심각한 피부 뜯기나 머리카락 뽑기는 봉와직염(세균이 피부의 진피와 피하 조직에 침범해 생기는 염증)과 같은 심각한 염증이나 영구적인 피부 상처를 남길 수 있다.

지금까지 소개한 두 가지 장애가 DSM-5에 장애로 분류된 신체에 집중된 반복행동이다. 둘 중 하나의 장애가 있는 사람은 다른 반복행동에도 몰두하게 되는 경우가 많다. 신체에 집중된 다른 반복행동에는 손톱 물어뜯기, 입술 물어뜯기, 코 후비기 등이 있다.

이것들이 개별적인 장애는 아니며 스트레스 상황에서 누구나 몰두할 수 있는 행동이다. 그렇지만 제어할 수 있을 때까지만 그렇다. 머리카락 뽑기나 피부 뜯기 장애가 있는 사람이 통제 불가능하게 몰두하는 강박적 행동의 레퍼토리에 이러한 행동이 포함되기도 한다.

치료

가벼운 증상은 치료를 받지 않고 지나가기 십상이며, 문제가 저절로 해소되기도 한다. 강박장애의 경우 극복해야 하는 장애물은 충동을 제어하는 것이다. 가벼운 증상을 앓고 있다면, 강박행동으로 되돌아가게 만드는 촉발자극을 인지하고 회피하는 방법을 익히거나 주의를 다른 것으로 돌리는 방법을 찾을 수 있다. 이러한 행동을 한동안 지속해왔다면, 자아상을 강화할 필요도 있을 것이다.

증상을 스스로 제어할 수 없을 때, 치료법에 의존할 수 있다. 이 증상에 도움을 주는 데 사용하는 치료법 중 하나는 습관반전 훈련이라고 부르는 인지행동치료법이다. **탈동조화**라고 부르는 자조적 기법도 있으며, 여기서는 강박행동을 다른 행동으로 대체하게 된다. 강박적 행동을 촉발하는 긴장을 느낄 때마다 문제의 행동을 대신하는 미리 정해진 다른 행동을 나타내는 것이다. 이러한 대체행동이 정서와 강박적 행동 사이의 연결고리를 끊어주거나 와해시킨다. 다른 행동에 몰두하는 것이 강박적 행동을 제어할 수 있게 해준다.

강박장애에 사용하는 표준화된 약물은 없다. 이노시톨과 N-아세틸시스테인(NAC)이 도움이 된다는 몇몇 증거가 있다. 두 약물 모두 처방전 없이 구할 수 있는 보조제다. 미국 식품의약국(FDA)은 보조제를 약물로 규제하지 않기 때문에 믿을 만한 전문 보건 의료인에게 브랜드와 적정 사용량에 대한 조언을 구하는 것이 좋다. 그 보조제가 효과적인지 그리고 복용하고 있는 다른 약물과 충돌은 없을지 판단하는 데 도움을 받을 수 있다.

다른 대안치료법으로는 요가, 유산소운동, 침술, 바이오피드백, 최면 등이 있다.

비축하기 장애

강박적 비축하기와 강박장애는 밀접하게 관련되어 있으며 동시에 나타나기 십상이다. 실제로 DSM-5 이전 판에서는 비축하기가 OCD의 하위유형이었다. 이 장애가 있는 사람은 물건의 수집이나 획득에 끊임없이 매달리거나 물건을 계속 보유하는 의식절차를 수행한다.

그러나 기능적 두뇌영상기법을 사용하는 연구들을 보면, 비축하기 장애가 OCD와는 다른 두뇌영역에 영향을 미친다는 사실을 알 수 있다. 따라서 DSM-5에서는 비축하기 장애와 OCD를 강박 관련 장애 범주에 속하는 별도의 장애로 분류했다.

강박적 비축하기의 두 가지 핵심 자질은 과도하게 많은 물건을 습득하고는 버리지 못하는 것이다. 그 결과 위험할 정도로 물건이 쌓여서 일상생활이 불가능할 정도의 심각한 장애를 유발한다.

우선 물건 습득 과정을 살펴보자. 가장 보편적인 습득 방법은 구매하는 것이며, 이는 과소비를 유발하고 빚더미에 올라앉게 만들기 십상이다. 또 다른 습득방법은 팸플릿이나 전단지와 같은 공짜 물건을 수집하는 것이다. 이러한 유형의 비축하기 사례는 어떤 행사에 가서 모든 프로그램을 집어 오는 것이다. 강박적 비축하기 장애가 있는 사람 중 소수는 습득 과정의 일환으로 물건을 훔치기도 한다. 이 행동은 강박적인 것이기 때문에, 물건을 획득하고자 하는 욕구가 매우 강하여 저지하기가 무척이나 어렵다. 만일 누군가 습득을 중단시키려고 하거나 주변 환경이 물건 수집을 어렵게 만들 경우에는 극도의 고통에 시달리게 된다.

두 번째 자질은 이렇게 습득한 물건들을 버리는 것이 불가능에 가깝다는 점이다. 수집한 물건이 쌓여서 결국 중요한 생활공간까지 침범하는 지경에 이른다. 물건에 자리를 내어준 생활공간을 원래 의도했던 용도로 사용할 수 없게 된다. 원래의 용도는 지하실이나 다락에 적재된 잡동사니와 거실에 적재된 잡동사니를 구분하는 중요한 기준이 된다. 물건 보관용으로 할애한 공간을 물건으로 채우는 것은 일상 기능을 방해하지 않기 때문에, 강박적 비축하기로 간주하지 않는다.

반면에 강박적으로 물건을 비축하는 사람은 자신의 침실을 오래된 신문더미나 수집한 것들로 꽉 채워서 침대에 누워 잠을 잘 수 없을 지경에 이르게 만든다. 마찬가지로 욕조나 주방에도 잡동사니를 쌓아두어 원래의 용도대로 사용할 수 없게 만든다. 만일 여러분이 비축하기 장애자의 집을 방문한다면,

누군가 미리 와서 공간을 마련해놓기 전에는 발걸음을 옮기거나 앉을 공간을 찾기가 어려울 것이다.

비축하기 장애가 부유한 공동체에만 국한되어 나타나는 것은 아니다. 모든 문화에 걸쳐 사람들은 물건의 가치와 무관하게 가용한 모든 물건을 획득하고 소유한다. 비축하기 심리는 물건의 가치를 훨씬 뛰어넘는 것이다.

어떤 연구자는 불안정 애착이 비축하기 장애의 심리적 원인이라고 제안해왔다. 모든 사람은 다른 사람에게 애착하려는 본능적 욕구를 가지고 있으며, 그 애착의 강도가 심리적 안정감을 결정한다는 것이다. 발달 초기에는 양육자에게 애착하고, 성장하면서 그 애착은 중요한 사람(남편, 부인, 애인 등), 자녀, 친척, 친구 등과 같은 다른 관계로 확대된다. 또한 사람들은 물건과의 관계 때문에 그 물건에 감성적 가치를 부여하기도 한다.

강박적 비축하기 장애가 있는 사람은 일상적인 물건의 중요성에 대해 왜곡된 입장을 취한다. 따라서 불안정 애착을 물건에 대한 과잉애착으로 벌충하게 된다. 물건이 파괴되지 않도록 잘 간수한다. 애착이 지나치게 강해지면, 물건을 마치 생명체처럼 대한다. 10년 전에 발행된 신문을 버리는 것이 사랑하는 반려견을 빼앗기는 것에 못지않은 정신적 고통을 유발한다.

비축하기 대 수집하기

수집가는 장식용 조각상이나 모형 자동차와 같이 가치와 관련된 물건들을 수집한다. 수집한 물건들은 잡동사니로 간주되지 않는다. 잡동사니란 다른 용도로 사용해야 하는 장소에 관련성이 거의 없는 물건들을 무질서하게 쌓아둔 것을 말한다. 수집가는 수집한 물건들의 목록을 작성하고 정리해두기 십상이다. 수집한 물건을 아무렇게나 흩어놓거나 마구잡이로 쌓아두지 않는다. 수집한 물건이 너무 많아서 주거공간이 다소 어수선하다는 인상을 주는 경우도 있지만, 정돈이 안 되어 있더라도 여전히 생활공간은 제 기능을 수행하고 있다.

비축하기 장애가 있는 사람들이 물건 버리기를 어려워하는 데는 다른 이유가 있다. 연구결과는 이 사람들이 실행기능에서 어려움을 겪는다는 사실을 밝혀왔다. 실행기능이란 결정하기, 정리하기, 과제 완수하기, 집중하기, 기억해내기 등과 같은 과제를 기술하는 데 사용하는 용어이다. 비축하기 장애와 함께 보편적으로 발현되는 장애의 하나가 주의력결핍 과잉행동장애(ADHD)이다.

따라서 만일 결정을 내리는 데 어려움을 겪고 있다면, 어떤 것의 가치를 평가하는 대신에 그냥 가지고 있는 것이 가장 손쉬운 방법이다. 물건을 정리하는 재주가 없다면, 집의 기능을 최적화하는 방식으로 물건을 정리하는 방법을 모르게 된다.

동물의 강박적 보유는 비축하기 장애의 비공식적인 하위유형으로, 많은 동물을 집에 들이지만 최소한의 영양이나 위생을 제공하지 못한다. 단순히 동물을 사랑하기 때문에 수많은 동물을 소유하는 것 이상의 문제이다. 동물을 입양하지만 돌보지는 않는다. 이렇게 방치하는 까닭은 실행기능이 부족하기 때문이다. 동물의 욕구를 만족시키도록 정리하는 능력이나 돌보는 방법에 대한 계획을 세울 능력이 없는 것이다. 동물을 마구잡이로 입양하면 동물의 대소변이 집 안에 쌓이게 되므로, 다른 물건들을 강박적으로 비축하는 것보다도 건강에 더 큰 해를 미친다. 심지어 죽은 동물을 처리하지 않고 그대로 집에 두는 경우도 있다. 이 정도로 불결한 상태가 되면, 공동체의 공공 위생에도 위협을 가하게 된다.

비축하기 증상은 11~15세 사이의 이른 나이에 나타난다. 그러나 아동이 주거공간을 책임지는 것이 아니기 때문에, 20대 중반까지는 따라다니면서 청소를 해주는 부모가 문제를 덮어버릴 수도 있다. 나이가 들어가면서 장애도 심화되고, 30대 중반에 이르러 증상이 절정에 다다른다. 이 장애에는 가족력이 있다. 절반에게는 비축하기 장애를 앓고 있는 친척이 있다.

비축하기 장애에 대처하는 최선의 접근법은 치료를 받는 것이다. 치료자는 물건을 모아들이고 쌓아두려는 생각을 다루게 된다. 비축하기 장애자는 물건을 모아들이고 쌓아놓으려는 제어 불가능한 욕구를 가지고 있기 때문에, 그를 주말 동안 휴가 보내고 물건을 처분해버리는 것은 별 도움이 되지 않는다. 자신의 물건이 없어졌다는 사실은 고통만 가중시킬 뿐이다. 그러고는 곧이어 더 많은 물건을 쌓아놓게 만든다.

현재로서는 비축하기 장애에 특화된 약물이 존재하지 않는다. 내 경험으로 볼 때 항우울제나 항정신병약과 같은 몇몇 약물이 도움이 될 수 있지만, 강박적 행동에 대처하는 데는 치료법이 여전히 필요하다.

외상후 스트레스장애

외상후 스트레스장애(PTSD)는 삶을 위협하는 스트레스, 심각한 부상, 폭력 등에 노출됨으로써 발생한다. 죄책감, 수치심, 분노, 불안 등과 같은 다양한 정서가 PTSD에 수반된다. 트라우마와 그 후유증은 자체만으로도 한 권의 책이 필요할 정도로 복잡한 주제이다. 여기서는 트라우마가 불안을 유발하는 방식에 초점을 맞춘다.

DSM-5의 강박장애 분류에서 보았던 변화와 마찬가지로, PTSD도 예전 판에서는 불안장애로 간주했다. DSM-5는 PTSD를 '트라우마를 비롯한 스트레스 관련 장애'라는 새로운 절에 포함시켰다.

명칭이 함축하듯이 PTSD는 트라우마와 함께 시작된다. 트라우마란 목전에서 삶을 위협하거나 신체적 안녕이나 정신적 안녕을 손상시키는 어떤 것을 말한다. 이러한 위협의 예로는 성폭력, 육체적 가해, 자연재해, 생명을 위협하는 사고 등이 있다. 상사에게서 한 소리를 듣는 것이나 친구들 앞에서 창피당하는 것 등이 PTSD를 초래하지는 않는다. 비록 그러한 상황이 화가 나는 것이기는 하지만, 그 강도(크기)가 신체적 건강이나 정신적 건강을 위협하는 트라우마에 비견할 정도는 아니다. 암과 같은 불치병도 PTSD를 유발하는 트라우마의 자질을 가지고 있지 않다. 그러나 수술 도중에 마취에서 깨어나는 것과 같이, 급작스럽고 예상치 못한 의료 재난으로 인해 트라우마 반응을 나타낼 수 있다. 트라우마가 반드시 자신의 경험을 통해서만 초래되는 것은 아니다. 예컨대, 지나가던 구경꾼이나 응급처치요원으로서 목격한 것이 트라우마를 초래할 수도 있다.

여러분이 책을 읽으면서 레모네이드 한 잔을 마시며 테라스에 앉아 있을 때, 차 한 대가 이웃집 잔디밭을 가로질러 질주하다가 강아지를 치고 결국 그 집 측면을 들이받는 장면을 목격한다고 가정해보자. 그 강아지는 죽은 것으로 보이며, 차량 앞부분은 심하게 찌그러져서 운전자도 사망했다고 추측할 수밖에 없다. 119에 전화를 걸어 응급처치요원들이 도착한 후에, 여러분은 차에서 의식이 없는 운전자를 꺼내는 장면을 목격한다. 응급처치요원들은 운전자 얼굴에 산소마스크를 씌운 후 구급차에 싣는다. 여러분은 그 구급차가 문을 닫은 채 진입로에 15분 정도 서 있는 것을 보고 있다. 구급차가 사이렌 소리도 없이 서서히 움직이기 시작할 때, 여러분은 그 운전자의 생명을 구하지 못했다고 미루어 짐작할 수밖에 없다.

여러분은 이웃을 잘 알지 못하고, 개를 별로 좋아하지도 않기 때문에 그 강아지에 애착을 가지고 있지도 않다. 그렇지만 자동차 소리가 여러분을 대경실색하게 만드는 것과 마찬가지로, 잠자고 있던 강아지가 자동차 소리에 얼마나 놀랐을지를 떠올려보지 않을 수 없다. 여러분은 자동차가 깔아뭉개기에 앞서 그 강아지가 살아남으려고 여러분 쪽으로 질주하던 모습을 보았다. 마치 여러분만이 손을 뻗어서 그 개를 구할 수 있었던 것처럼 말이다. 그러나 여러분은 너무 멀리 떨어져 있었고, 어떤 조치를 취하기도 전에 사고가 일어났다.

사고가 일어나기 전에는 운전자의 얼굴을 보지 못했다. 사고 직후에 응급처치요원이 운전자에게 산소마스크를 씌울 때 얼핏 보았을 뿐이다. 그러나 다음 날 지역신문에서 운전자의 얼굴을 본 후에는 벽을 향해서 차를 몰고 돌진하는 생생한 얼굴 모습의 운전자 꿈을 꾼다.

사고를 목격한 후 처음 몇 주 동안은 그 사건이 여러분을 힘들게 만들며, 그 사건을 잊어버리려면 시간이 필요하다는 사실을 인정하고 지낸다. 그러나 석 달이 지나도 여전히 그런 꿈을 꾸며 잠을 제대로 이룰 수 없다. 그 꿈이 예전처럼 빈번하지 않고 일주일에 한 번 정도로 줄어들기는 했지만, 그 꿈은 강아지까지 포함하도록 확장되어왔다. 여러분은 빨리 회복하기 위해 가족들과 함께 바닷가로 주말여행을 다녀오기로 결정한다.

여행에 앞서 좋아하는 음료인 레모네이드를 회피했던 까닭은 레모네이드가 그 사건을 떠올리게 만들기 때문이었다. 그러나 레모네이드를 영원히 마시지 않을 수는 없음을 알고 있으며, 여러분은 예전의 삶으로 되돌아가고 싶다. 그래서 해변가 숙소에 딸린 뒷마당 현관에 앉아서 모래사장에서 놀고 있는 아이들을 지켜본다. 긴장이 풀렸을 때는 '그래, 이게 바로 내게 필요한 거야' 라고 생각한다. 눈을 감고 레모네이드를 한 모금 삼키다가 개가 짖는 소리에 깜짝 놀라 몽상에서 벗어난다. 심장이 터질 듯 마구 뛰고, 어지럽고 메스꺼움을 느낀다. 여러분은 생각한다. '누가 해변에 개를 데리고 왔단 말이야? 하필이면 개가 있는 사람들 옆집을 빌렸단 말이야?'

소리가 다시 들려올 때, 생각을 가다듬으면서 천천히 숨을 고르려고 안간힘을 쓴다. 똑같은 소리는 아니지만 조금 전과 유사한 소리다. 여러분은 아이들을 바라다본다. 그런데 마치 망원경을 통해서 아이들을 보고 있는 것 같다.

주변에 다른 사람들이 있는지 아니면 다른 누군가가 있는지도 알 수가 없다. 단지 딸아이가 즐거움에 못 이겨 "꺅" 하고 소리를 지르는 동안 아이들이 서로에게 모래를 던지면서 뛰놀고 있는 모습만이 보인다.

PTSD 증상

PTSD 증상은 다음과 같은 4가지 범주로 묶인다.

침투

침투 증상은 원치 않는 시간에 불쑥불쑥 튀어 오르는 사건의 기억을 수반한다. 이러한 기억은 어떤 사건이나 생각에 관한 악몽으로 경험할 수 있다. 기억의 이러한 침투적 본질이 필사적으로 잊고 싶은 경험을 억지로 떠올리게 함으로써 트라우마를 느끼게 만든다.

또한 사건을 해리성 경험으로 재경험할 수도 있다. 해리의 경우에는 마치 사건이 현재 일어나고 있는 것처럼 트라우마를 경험하게 된다. 앞서 언급한 자동차 사고의 사례에서 여러분은 강아지가 울부짖는 소리를 들었다고 생각했다. 그렇지만 여러분의 마음이 딸아이의 즐거운 비명소리를 차에 치인 강아지의 울부짖음이라고 왜곡시킨 것이다. 자동차 사고에서 여러분이 들었던 소리가 딸아이의 비명소리를 잘못 해석하게 만들었다.

어떤 이들은 사건의 환각을 통해서 트라우마를 재경험하기도 한다. 환각이란 감각기관이 자극을 받지 않음에도 불구하고 일어나는 감각경험을 일컫는다. 예컨대, 성폭행 피해자는 가해자의 체취를 계속해서 맡기도 한다. 폭발사고 목격자는 느닷없이 화약 냄새를 맡거나 금속성 폭발음을 듣기도 한다. 이러한 침투적 경험이 사람을 무력하고 다시 고통스럽게 만들 수 있다.

회피

회피는 트라우마를 떠올리게 만드는 자극을 피하기 위한 비상한 노력을 말한다. 자동차 사고를 당한 적이 있었다면, 운전과 같은 행위를 회피하고, 트라우마와 연관된 주제에 관한 이야기를 회피한다.

때때로 회피는 미묘하게 나타난다. 예컨대, 어느 누구도 여러분이 자동차 사고 후에 레모네이드를 마시지 않는다는 사실을 언급하려고 하지 않는다. 레모네이드가 해를 끼치지도 않고, 사고에 수반되지도 않았음에도, 여러분은 마음속에서 레모네이드를 사고와 연관시켰던 것이다. 그 연관성이 강력하기 때문에, 여러분이 사고 당시와 유사한 이완되고 편안한 상황에서 레모네이드를 다시 마실 때, 레모네이드가 그 사고를 재경험하도록 촉발하게 된다.

트라우마와 연관된 부정적 사고나 기분

이 범주의 한 가지 사례는 오래 살지 못할 것이라고 생각하거나 불행한 일이 닥칠 것이라고 항상 생각하는 사람의 경우이다. 자동차 사고의 사례에서 여러분은 소위 생존자 죄책감을 발전시켰다. 참전용사들이 보편적으로 생존자 죄책감을 경험한다. 자동차 사고 경험의 경우에는 가장 심각한 트라우마가 바로 강아지였다. 강아지를 좋아하지는 않지만, 여러분과 강아지 모두 나른한 오후에 한가로운 시간을 보내고 있었다는 점에서 그 강아지와의 연계를 느꼈다. 여러분도 그 무자비한 운전자에게 희생될 수 있었다. 하지만 아무것도 모르고 있던 강아지가 살아남기 위해 안간힘을 쓸 때 여러분은 의자에 편안하게 앉아 있었던 것이다.

강아지를 구하지 못했다고 자책하는 것은 합리적이지 않다. 대부분의 생존자 죄책감의 경우, 사람들은 그 사건의 책임이 자신에게 있다고 생각하게 만드는 부정적이고 자기혐오적인 왜곡을 첨가하여 이야기 줄거리를 재구성한다. 이러한 사고는 PTSD의 '부정적 인지' 범주의 일부분이다. 어떤 사고는 거의 망상 수준에 이르기도 한다. 예컨대, 운전자가 의도적으로 여러분 대신에 이웃집 강아지를 치었다고 생각하고는, 그렇게 독단적인 결정을 할 때 운전자가 어떤 요인들을 고려했는지에 강박적으로 매달릴 수 있다. 여러분의 생각은 삶의 의미와 죽음의 확실성에 대한 실존적 반추하기로 소용돌이치듯이 빠져들어갈 수 있다.

가상의 자동차 사고 사례에서 여러분은 "어째서 나는 운전자의 죽음에 대해서 가슴이 아프지 않은 거지? 나는 개를 좋아하지도 않는데 말이야"라면서 의문을 제기하는지도 모른다. 좋은 질문이다. 우선 이 충격적인 사고를 경험할 때까지 여러분은 운전자의 얼굴을 보지 못했다. 산소마스크를 보기는 했지만 그 당시에는 이미 심한 충격을 받은 상태였기 때문에 그의 얼굴과 인간성을 포착할 수 없었다. 반면에 자동차가 깔아뭉개기 전까지는 나른한 오후를 함께 즐기고 있었던 강아지와 유대감을 느끼고 있었다. 강아지는 살아남으려고 필사적으로 발버둥 치면서 여러분과 눈을 맞추었다. 동물임에도 불구하고 여러분은 그 눈 맞춤을 살겠다는 본능적 추동과 연관 지었다. 운전자도 사망했지만 그는 이웃집이 아니라 여러분의 앞마당을 선택할 수도 있었던 침입자이다. 여러분은 이러한 감정을 의식적으로 느낄 수 없기 때문에 불안 그리고 강아지에게만 집중한다는 죄책감을 경험할 수 있다.

트라우마와 연관된 대상에 대한 경계나 과잉반응

경계는 초조함, 과민, 선잠 등의 형태로 나타날 수 있다. 도발자극이 없음에도 분노가 폭발하기도 한다. 범죄의 피해자였던 사람 중에는 집에 불을 항상 켜놓거나 문이 잠겼는지 확인하고 무기를 들고 소파에 앉아서 밤을 지새우는 이들도 있다. 나는 밤에 경비를 설 요량으로 낮에 잠을 자도록 수면 스케줄을 뒤집은 사람들을 본 적이 있다.

PTSD로 진단받으려면, 네 범주 각각에서 한두 가지 증상이 동시에 발현되어야 한다. 다수의 사람들은 일부 증상만을 가지고 있기 때문에 온전하게 PTSD로 진단받을 수 있는 요건을 충족시키지 못한다. 그러나 소수의 증상조차도 상당한 불안과 혼란을 초래할 수 있다.

트라우마에 노출되었다고 해서 모두 PTSD를 초래하는 것은 아니다. 참전용사, 경찰관, 응급의료요원 등과 같이 트라우마 상황에 노출되는 직업 종사자들은 PTSD 발병률이 더 높다. PTSD로 발전하게 될 가능성은 노출 유형에 달려 있다. 전투, 감금, 집단학살, 성폭력 등이 PTSD를 초래할 가능성이 가장 높으며, 33~50%로 추정된다. 연구자들은 PTSD를 겪는 사람은 유사한 트라우마에 노출되지만 PTSD를 겪지 않는 사람과는 상이한 유전자 패턴을 보인다는 사실을 확인해왔다. 유전 연구는 아직 초기 단계이지만, 결국에는 PTSD 발병 가능성이 높은 사람과 그렇지 않은 사람을 예측하게 될 날이 올 것이다.

복합 PTSD 대 PTSD

복합 PTSD(cPTSD)는 DSM-5에 포함된 공식적인 진단이 아니다. 다양하게 많은 트라우마 경험의 장기간 영향을 지칭하는 심리학적 구성체이다. 복합 PTSD는 일반적으로 아동기의 학대와 방치로부터 출발한다. 이러한 학대는 신체적이거나 정서적이거나 성적인 학대일 수 있다. 트라우마가 발달과 성격에 영향을 미치는 까닭은 학대나 방치가 상당히 취약한 발달단계 동안 발생하기 때문이다. 다양한 트라우마 경험이 자아정체성의 와해를 초래한다. cPTSD로 고통받는 사람은 그렇게 와해된 자아를 바로잡느라 여러 해를 낭비할 수 있다.

PTSD를 겪는 사람은 경계심으로 인해서 문이 잠겼는지를 확인하거나 플래시백을 경험하거나 운전하기를 거부하거나 큰 소음을 들을 때마다 놀라 자빠지기도 한다. 반면에 cPTSD를 겪는 사람은 이러한 과잉반응을 나타내는 대신에 관계 장애, 형편없는 자존감, 분노 장애, 기분 불안정 등과 같은 장기적인 대인관계 문제를 나타낸다. cPTSD를 겪는 사람은 부차적인 문제로 우울증이나 불안을 발전시킬 수 있다. 그렇지만 가장 핵심이 되는 문제는 발달 과정에서 발생하는 심각한 정서적 혼란에서 기인하는 와해된 자아이다. 이러한 트라우마 응어리가 성격으로 고정화된다. 앞서 논의한 바와 같이, 이러한 고정화가 환경에 반응하는 방식에 영향을 미친다.

PTSD를 겪는 사람은 자신이 발전시킨 부정적 사고로 인해서 성격도 변화시키게 된다. 부정적 관점은 오랫동안 떠나지 않으며 결정과 사회적 상호작용에 영향을 미칠 수 있다. 이러한 부정적인 사고는 자신을 바라보는 관점에도 영향을 미치는데, 이것은 cPTSD의 경우에도 마찬가지다. 그렇지만 cPTSD의 경우에는 이러한 고정화가 발달 초기에 일어난다. 만일 PTSD를 촉발하는 사건이 성인기에 일어난다면, 핵심 성격이 이미 형성되었기 때문에 성격 변화가 더 미묘하게 일어난다.

PTSD의 치료에는 일반적으로 트라우마에 특화된 전문적인 치료법이 필요하다. 이러한 치료법에는 안구운동 탈민감화 재처리, 신체치료, 인지처리치료, 인지행동치료 등이 있다. 이러한 치료법들은 기저의 트라우마 반응을 치료한다. 트라우마 반응의 치료는 불안에도 도움을 준다. 그러나 PTSD와 cPTSD와 같이 트라우마에 기초한 장애는 다면적이기 때문에, 트라우마 증상을 치료하면서 동시에 불안을 완화하는 도구를 활용하는 것이 바람직하다.

전환장애

전환장애는 그렇게 흔하지는 않지만, 상당한 정서적 고통과 신체문제를 유발할 수 있다. DSM-5에는 전환장애가 '신체적 증상 및 관련 장애' 범주에 포함되어 있다. **신체적**(somatic)이라는 용어는 '신체와 관련됨'을 의미한다. 이 장애에는 심리적 원인을 가지고 있다고 생각하는 신체증상들이 존재한다. 이와 관련된 용어가 **정신신체적**(psychosomatic)이며, 혹자는 이 용어가 '모든 것은 마음에서 기인한다'는 표현을 나타내는 것이라고 생각한다. 신체적 장애로 인해서 경험하는 모든 증상이 전적으로 마음에 기인하는 것은 아니지만, 신체와 마음은 밀접하게 연결되어 있다. 제2장에서 보았던 것처럼, 마음은 압박을 받을 때 자신을 신체적으로 표현할 수 있다.

전환장애의 또 다른 명칭은 **기능성 신경증상장애**이다. 이 명칭은 의학적으로 설명할 수 없는 신경증상들을 가지고 전환장애를 제시하는 다소 서술적인 이름이다. 그 증상들이 심리적 원인을 가지고 있다고 생각하는 까닭은 의학적 검사가 그 증상들을 입증하지 못하며 전환장애가 나타나는 방식에도 들어맞지 않기 때문이다.

전환 증상의 한 가지 사례는 비간질성 발작이라고도 부르는 유사발작이다. 유사발작은 발작을 닮은 경련, 동요, 졸도 등을 포함하지만, 실제 발작과 달리 두뇌의 비정상적인 전기활동을 유발하지 않는다. 뇌전도(EEG)라고 부르는 발작검사 결과가 정상을 나타내게 된다. 드물기는 하지만 EEG가 발작 활동을 탐지하지 못하고, 심지어는 확고한 발작 장애를 가지고 있는 사람에게서도 감지하지 못하기도 한다. 따라서 뇌파가 음성으로 나온다고 하더라도 그것이 유사발작을 일으켰다는 확실한 증거는 아니다.

그러나 실제 발작과 유사발작 간의 차이를 보여주는 또 다른 방법이 있다. 발작이 일어나면, 두뇌에서 제멋대로 신경을 통해 전달되는 제어되지 않은 전기활동을 경험한다. 만일 전기활동이 왼팔을 제어하는 신경에 영향을 미친다면, 왼팔만 떨게 되는 국부적 발작을 초래한다. 많은 경우에 비정상적인 전기활동이 두뇌 양측 모두로 확산되어 신체의 여러 부분이 제어할 수 없게 떨리거나 동요하게 된다. 일단 전기활동이 두뇌의 한쪽 반구에서 다른 쪽 반구로 넘어가면, 의식을 잃게 된다. 이것을 전신발작이라고 부른다. 두뇌의 특정 부분이 아니라 전체에 영향을 미치기 때문이다. 따라서 깨어 있는 상태에서 신체 양측 모두를 비정상적으로 움직인다면, 그것은 유사발작이다. 전환장애가 있는 사람은 자신의 증상들을 의도적으로 만들어내는 것이 아니다. 움직임은 무의식적인 것이고 무의식적 불안에 대한 반응이다.

전환장애라는 명칭은 정신분석 이론을 정립하고 적용한 오스트리아의 신경학자 지그문트 프로이트의 연구에 기초한다. 그는 마음이 무의식적인 심리적 갈등을 신체적 표현으로 전환할 때 전환장애가 유사 신경적 증상을 유발한다는 이론을 제시했다.

다음 사례를 살펴보자. 주디가 2개월 된 아기를 안고 있을 때 초인종이 울렸다. 그녀는 서둘러 아래층으로 내려가다가 카펫 위에서 미끄러졌다. 난간을 붙잡아보려고 안간힘을 썼지만 손에 휴대전화가 들려 있었기 때문에 난간을 잡지 못하고 넘어져서 아기를 덮치고 말았다. 아기는 몸을 앞뒤로 바들바들 떨며 온 힘을 다해서 비명을 질렀다.

아기는 다치지 않았지만 이 사고로 주디는 만신창이가 됐다. 그녀는 좀 더 조심하지 못한 자신을 자책했다. 소아과 의사와 주디의 가족은 사고는 언제든 일어나는 법이니 자책하지 말라고 위로했다. 그들의 지지가 그녀의 마음을 한결 가볍게 해주었지만, 그녀는 비명을 지르면서 온몸을 떨던 딸아이의 모습을 머릿속에서 떨쳐낼 수가 없었다. 몇 주 후 주디는 팔에 경련이 일어나고 손이 떨리는 증상을 경험했다. 이러한 증상은 몇 시간 동안 지속됐고, 이후에도 그녀는 며칠간 팔에 힘을 줄 수 없고 감각을 느낄 수도 없었다. 자신의 증상에 근거하여 주디는 넘어진 것이 두뇌 부상을 초래했다고 확신하게 됐다.

주디는 신경과 전문의의 진찰을 받고 두뇌영상과 EEG 검사를 받는다. 두 검사가 모두 정상이었지만 주디의 증상에는 아무런 변화가 없다. 증상이 제어할 수 없는 수준에 이르렀기에 주디는 자신이 아기를 돌보는 것이 위험할 수 있다고 생각한다. 증상이 악화되자 시어머니가 도와주러 온다. 주디는 대부분의 시간 동안 경련을 겪거나 좌측 신체 부분에 힘을 줄 수가 없어서 거의 꼼짝 못 하는 지경에 이른다. 신경과 전문의는 치료를 위해 그녀를 정신과 의사에게 보낸다.

정신과 의사는 주디가 자신이 겪고 있는 증상의 원인에 대한 많은 우려와 함께, 우울감과 불안을 느낀다는 사실을 발견한다. 주디는 자신을 진찰한 모든 의사가 찾아내지 못한 두뇌 손상이 있다고 믿는다. 또한 두뇌 손상은 진행성이며 머지않아 휠체어 신세를 질 것이라고 믿고 있다.

정신과 의사는 항우울제를 처방하지만 우울감과 불안을 완화하는 데 제한적인 도움만을 줄 뿐이다. 그녀는 계속해서 발작을 경험하고, 그 발작은 기능성을 떨어뜨리며 딸아이의 양육도 불가능하게 만든다.

연상 1

치료 과정에서 정신과 의사는 넘어지기 전날 밤에 그녀의 휴대전화 사용과 관련해 남편과 말다툼이 있었다는 사실을 알게 된다. 남편은 주디가 휴대전화를 너무 많이 사용한다고 생각했다. 주디는 남편이 "당신 이제 엄마잖아. 인스타그램도 좀 줄이고 우리 딸한테 신경 좀 써"라고 말했던 것을 기억한다. 남편의 말 때문에 주디는 자신이 형편없는 엄마라는 생각에 죄책감을 느꼈다. 그러나 한편으로 주디는 자신에게 소셜 미디어는 꼭 필요한 창구라고 생각했다. 자신이 그것을 지나치게 많이 사용했다고 생각하지도 않았다.

이것이 자신의 정신적 갈등과 증상 간의 첫 번째 연상이었다. 휴대전화는 부모의 방치에 대한 하나의 징표였다.

연상 2

현관 초인종이 울리기 직전에 주디는 아기를 안고 있는 귀여운 모습의 사진을 소셜 미디어에 포스팅했다. 그녀는 휴대전화를 들고 아래층으로 내려갔다. 초인종에 응답한 후 자신의 포스팅에 대한 사람들의 반응을 즉각 확인하기 위해서였다.

주디의 두 번째 연상은, 만일 남편의 말에 귀를 기울여서 휴대전화를 갖고 내려가지 않았더라면 자유로운 손이 난간을 잡는 데 성공해서 층계에서 넘어지지 않았을 수도 있다는 것이었다.

연상 3

주디는 자신의 낙상에서 최악의 사건은 자신이 초래한 고통 때문에 울고 있는 아기를 바라다보는 것이었다고 회상한다. 그녀는 딸아이가 그렇게 심하게 우는 것을 한 번도 본 적이 없었으며, 아기가 경련을 일으키는 모습을 보았을 때 발작을 일으킨 것은 아닐까 두려워했다. 아기가 몸을 그렇게 심하게 떠는 일이 다시 일어나지는 않았지만 주디는 그것이 두뇌를 다쳤다는 증거라고 믿는다. 따라서 주디의 3번째 연상은 그녀의 부주의가 딸아이의 두뇌 손상을 초래했다는 것이었다.

정신과 의사는 그녀가 자신의 죄책감, 딸아이가 발작을 일으키는 것을 목격했다는 믿음, 그리고 딸아이에게 영구적인 두뇌 손상을 입혔다는 믿음 간의 연계를 형성하도록 도와주었다.

주디는 딸아이에 대한 모든 용납 불가능한 생각을 그녀 자신의 발작과 두뇌 손상처럼 보이는 신체증상으로 전환시켰다. 떨리고 경련이 일어난 손은 그녀가 휴대전화를 쥐고 있는 바람에 난간을 잡지 못했던 바로 그 손이었다.

이러한 연관성을 찾아낸 주디는 자신의 불안과 걱정이 신체증상을 유발했다는 사실을 이해하게 되었지만, 그렇다고 해서 증상이 완전히 사라지지는 않았다. 자기최면이 대부분의 증상을 완화하는 데 도움을 주었지만, 가끔 스트레스를 받으면 여전히 손 떨림 현상을 경험한다.

주디의 상태는 심각하고 극적인 것이었다. 경련성 움직임과 근력 약화는 딸을 돌볼 수 없게 만들었다. 모든 사람이 그토록 손상적인 증상을 나타내지는 않는다. 또한 모든 전환 증상이 심리적 원인과 연관되지는 않는다. 때로는 갈등이나 트라우마 사건이 먼 과거에 일어나기도 한다. 이 경우에는 사건을 둘러싼 감정이 마음 깊숙한 곳에 묻혀 있어서 현재 상황과 연관시킬 수 없기 십상이다.

전환장애 증상에는 다음과 같은 8가지 유형이 있다.

- 허약함 또는 마비
- 떨림, 뻣뻣해짐, 보행 문제 등과 같은 비정상적 움직임
- 삼킴 증상 또는 인후 폐쇄
- 어눌한 말씨 또는 말하기 어려움과 같은 말하기 증상
- 비간질성 발작
- 무감각한 신체부위와 같은 감각 상실
- 이상한 냄새를 맡거나 번쩍이는 빛이나 점을 보는 것과 같은 특수감각 증상
- 복합적 증상(위 증상들의 조합)

주디의 상황은 복합적 증상을 나타내는 전환장애의 사례이다. 주디는 근력 약화, 비정상적 경련, 떨림, 마비 등을 복합적으로 나타냈다.

전환장애에 동반된 불안을 **조용한 불안**이라고 생각할 수 있다. 전환장애를 겪는 사람이 주관적으로 반드시 불안을 느끼는 것은 아니다. 오히려 신경증상은 무의식적인 정신적 고통의 발현이다. 그러나 유사 신경증상이 너무나 많은 기능장애를 초래하여 전환장애에 덧붙여서 불안장애도 일으킬 수 있다. 예컨대, 여러분에게 느닷없는 인후 폐쇄를 경험하는 삼키기 문제가 일어난다고 가정해보자. 촉발자극을 항상 파악할 수 있는 것은 아니다. 그렇게 되면 광장 공포증이 생기고 도움을 얻을 수 없는 장소에서 발작이 일어날 것을 두려워한 나머지 집 밖으로 나가기를 두려워하게 된다. 만일 말을 하는 데도 어려움을 겪게 된다면, 수행불안이 생길 수 있고 사람들과 대화하는 것을 불안해할 수 있다.

전환장애는 유년기에서부터 아주 늦은 나이에 이르기까지, 어떤 연령대에서든 발병할 수 있다. 특정 환경에서 느닷없이 나타났다가는 급작스럽게 사라질 수도 있으며, 평생에 걸쳐서 나타났다가는 사라지거나 지속될 수도 있다.

건강불안

건강불안은 DSM-5에 수록된 두 가지 장애, 즉 신체증상장애와 질병불안장애를 결합한 용어이다. 예전 판에서는 **건강염려증**(hypochondriasis)이라고 불렸다. 이 용어에서 건강을 지나치게 염려하는 경멸조의 영어 명칭인 hypochondriac이라는 말이 만들어졌다.

건강불안이 있는 사람은 호흡이나 심장박동과 같은 신체 기능, 피부 잡티와 같은 신체 결함, 두통과 복통 그리고 어지럼증 등과 같은 신체적 불편함에 강박적으로 매달린다. 건강불안은 아주 사소한 불편함까지도 파국화하는 경향이 있다. 건강불안을 앓는 사람은 특정한 신체 기관에 집착하고 해당 신체 기관에서 가능한 가장 심각한 장애를 가지고 있다고 믿기도 한다.

밥의 사례를 살펴보자. 그는 3,000명의 페이스북 친구 중에서 희귀한 근육 암을 앓고 있는 친구가 포스팅한 글을 읽는다. 밥은 이런 유형의 암을 들어본 적이 없기에 이 질병에 대해서 검색을 한다. 그는 이 암을 앓는 사람은 통상 과도한 활동으로 치부하는 근육통과 관절통을 가지고 있다는 사실을 알게 된다. 의사에게 그 통증을 호소하면 그 의사는 체중 감량과 식습관을 개선할 것을 권한다고 한다. 일상생활을 수행하는 데 어려움을 겪고 나서야 의사는 더 상세한 검사를 수행하고는 암이 치료 불가능할 정도로 진행됐다는 사실 을 발견한다는 것이다.

이 정보를 읽고 난 후 밥은 지난 며칠 동안 자신의 어깨가 경직되고 아팠 다는 사실을 깨닫는다. 그는 몇 주에 걸쳐 해왔던 정원 일 때문일 것이라고 생각한다. 며칠 동안 증상을 관찰해보니 점차 어깨 상태가 좋아진다. 그런데 이번에는 어떤 활동과도 연계시킬 수 없는 오른쪽 종아리의 통증을 느낀다. 이 부가적인 통증이 그를 걱정하게 만든다. 밥은 건강한 사람보다 암 내담자 에게 혈전이 더 쉽게 생긴다는 기사를 읽는다. 혈전은 심부정맥 혈전증이라고 불리며, 일반적으로 활동량이 떨어졌을 때 종아리에 만들어진다. 밥은 그동 안 어깨 통증으로 인해서 누워서 보낸 시간이 평소보다 더 길었다. 아마도 이 심부정맥 혈전증이 암에 걸렸다는 증거 중 하나일는지도 모른다. 밥은 심부정 맥 혈전이 떨어져 나가서 폐로 이동해 폐색전을 유발할 것을 걱정한다. 밥은 종아리 통증을 검사하고자 응급실을 찾는다. 그는 의사가 심부정맥 혈전증 소견을 낸다면 응급으로 암 정밀 진단을 받게 해달라고 의사를 설득할 수 있 기를 바라고 있다.

마치 밥의 신체가 걱정에 대한 반응으로 이러한 증상을 만들어낸 것처럼 보인다. 일단 질병이 마음에 자리 잡으면서 자신이 앓고 있다고 확신하는 질병에 걸맞은 증상을 경험하기 시작했던 것이다.

또 다른 건강불안의 사례는 신체감각에 과잉반응하는 형태로 나타난다. 건강불안이 있는 사람은 신체감각에 집중하고는, 그 감각에 걸맞은 질병을 부여하기 위한 분석을 실시한다. 불안하기 때문에 심계항진(두근거림)이나 현기증과 같은 신체적 불안 증상을 경험하기도 한다. 그러나 이러한 신체감각을 불안과 연관시키는 대신에 뇌종양의 신호가 아닐까 걱정한다.

정밀검진이 증상에 대한 명확한 신체적 원인을 밝히지 못하면, 의사가 무엇인가 중요한 것을 놓쳤다고 믿기 시작하고는 결국 2차, 3차 소견을 찾아 나서게 된다. 건강불안이 있는 사람은 여러 의사에게 진료를 받고 불필요한 검사를 받기 십상이며, 의료기관이 자신의 문제를 심각하게 받아들이지 않는다고 느낀다.

건강불안을 겪는 사람들이 가지고 있는 오해의 몇 가지 사례를 소개한다.

- 나의 불안 증상(예컨대, 심장 증상으로 인해 신경이 날카로워짐)은 잠을 자다가 죽게 될 정도로 심화될 것이다.
- 건강검진 결과가 정상이라는 것은 내 질병이 찾아낼 수 없는 것임을 의미한다.
- 설령 오늘은 검사 결과가 정상이라고 할지라도, 내일 질병이 발현될 수도 있다.
- 모든 가용한 검사를 실시해보지 않고는 의사도 무슨 병에 걸렸는지 알수 없다.
- 새로운 증상이 나타나는지 계속해서 검사해봐야 질병이 악화되는 때를 알게 될 것이다.

- 질병에 대해서 공부를 많이 할수록 의사가 질병의 원인을 발견하는 데 내가 더 큰 도움을 줄 수 있다.

건강불안을 겪는 사람은 일반적으로 정신건강 치료를 구하지 않는다. 정신적인 문제를 갖고 있다고 생각하지 않기 때문이다. 신체적 문제점을 평가한 의사가 막다른 골목에 직면했을 때(즉, 아무런 원인도 찾아내지 못했을 때) 후기 단계의 개입으로 심리치료자나 정신과 의사를 찾게 되는 것이 보편적이다. 또는 의료검사에 방해가 될 만큼 불안 증상이 지나치게 심각해지면, 정신건강 치료를 받아보고자 결정하기도 한다.

조건반응

불안은 진땀, 떨림, 목구멍의 이물감과 같은 신체증상과 밀접한 관련이 있다는 사실을 떠올려보라. 건강불안이 있는 사람은 이러한 증상을 정상인과는 다르게 다룬다. 신체적 불안 증상을 경험하지만 건강불안이 없는 정상인은 마음과 신체 간의 연계가 일어나고 있음을 인정한다. 만일 의사가 증상의 신체적 원인을 찾다가 그러한 불안이 그 증상을 초래했다고 결론 내리면 안도의 한숨을 내쉰다. 반면 건강불안을 앓는 사람에게는 의료검사의 결과가 별 위안이 되지 못한다. 그렇다면 이러한 차이가 일어나는 까닭은 무엇인가? 건강불안이 있는 사람이 **조건반응**을 가지고 있기 때문이다.

여러분은 파블로프의 개 이야기를 들어본 적이 있을 것이다. 이반 파블로프는 학습이론과 고전적 조건형성을 연구한 러시아 과학자이다. 파블로프의 개 실험은 강력한 자극과 결합될 경우 중립적 자극도 생리적 반응을 유발할 수 있다는 사실을 보여주었다. 파블로프는 개 실험에서 중립자극으로 종소리를, 그리고 강력한 자극으로 고깃덩어리를 사용했다.

우선 (배고픈) 개에게 고기 한 조각을 주니 침을 흘렸다. 종소리를 들려주었을 때는 침 흘리기 반응을 보이지 않았다. 이번엔 종소리를 들려주면서 고기 조각을 주었더니 고기 조각에 대한 반응으로 침을 흘렸다. 고기 조각을 종소리와 반복적으로 짝짓게 되자, 개는 고기를 종소리와 연합시키는 것을 학습했다. 결국 고기를 주지 않고 종소리만 들려주었을 때도 개는 침을 흘렸다.

이와 유사하게 건강불안이 있는 사람은 불안감을 신체감각과 연합시키고는 모든 신체감각은 위험하며 치명적 질병의 숨겨진 조짐을 나타낸다고 결론 짓는다. 건강불안을 앓는 사람은 문헌조사, 확신 추구, 신체 관찰 등을 통해서 자신의 증상에 대한 조건반응을 발전시키게 된다.

이것이 건강불안을 겪는 사람의 삶이다. 지극히 소모적이다. 증상을 앓는 사람에게는 엄청난 고통이며, 그 사람을 안정시키고자 온갖 노력을 기울이는 주변 사람들에게는 지극히 짜증스러운 일이다.

실존불안과 삶의 위기

삶의 의미는 무엇인지 그리고 자신은 세상을 살아가는 원대한 목표를 가지고 있는지를 궁금해하는 것은 자연스러운 과정이다. 많은 사람이 이러한 실존적 사고를 하지만, 어떤 사람은 그러한 두려움으로 과도한 불안을 경험하기 때문에 삶의 위기를 초래한다.

실존주의는 삶이 저절로 의미를 갖는 것이 아니라 사람들이 자유의지를 통해서 삶에 의미를 부여하고 그 의미를 수행하는 것이라고 가르치는 철학의 한 사조이다. 실존주의는 각자가 선택한 삶과 그 결과에 책임이 있는 것이라고 가르친다. 자유는 책임을 전제로 하며, 에이전시와 의지라는 두 가지 성분을 갖는다. 의지는 자유로운 결정이며, 에이전시는 그 의지를 수행하기 위해서 취하는 행위이다.

이 이론은 이미 수 세기 전에 등장했으며, 애초에 유럽의 철학자 쇠렌 키르케고르, 프리드리히 니체, 장 폴 사르트르, 마르틴 하이데거 등이 제창했다. 현대 이론가들은 그 개념을 더욱 확장했다. 어빈 얄롬은 자신의 저서 『실존적 심리치료』(1980)에서 '기정사실'이라고 지칭한 인간의 4가지 공포를 확인했다. 이러한 기정사실은 죽음, 자유, 실존적 고립, 그리고 무의미성이다.

여러분은 때때로 이러한 공포에 대해 생각하거나 아니면 특정 사건이 그 공포를 과도하게 걱정하도록 촉발할 수 있다. 흔히 실존적 공포를 유발하는 삶의 전환 사례를 몇 가지 소개한다.

- 안전망의 종식을 시사하는 대학 졸업과 사회생활의 시작(원치 않는 자유)
- 결혼을 하고 선택의 영구성을 의심하는 것(자유의 상실, 고립)
- 자녀를 낳고 자신의 젊음이 사라진다고 느끼는 것(죽음)
- 부모의 죽음을 지켜보면서 다음 차례는 자신임을 깨닫는 것(죽음)
- 오랜 관계를 끝내고 또 다른 파트너를 찾을 수 없음을 걱정하는 것(고립)
- 휴식을 취하고 축적한 재산을 향유하기 위하여 20년 동안 키워온 회사를 팔아치우는 것(무의미성)

많은 사람에게 위기를 부여하는 특정한 삶의 단계도 있다. 졸업이 하나의 예이다. 대학을 졸업하는 어떤 사람은 학업을 지속하는 방법을 통해서 성인으로의 전환기를 미루기도 한다. 여기서 교육기관은 학업 지속자가 전적으로 책임을 져야 하는 상황을 막아주는 권위자이고 부모를 대신하는 인물로 작동한다. 학교에 있는 한은 어떤 사람이 될 것인지 그리고 무엇을 할 것인지에 대한 최종 결론을 내리지 않아도 되는 것이다.

학교를 졸업하고 일을 시작하게 되면, 오춘기(심리적 불안감을 느끼는 20~30대 시점)에 접어들 수 있다. 이 시기에 발생하는 두 가지 문제점은 들어가지도 못하고 나가지도 못한다는 느낌이다. 싫어하는 직업을 갖게 되면 바꿀 수 없는 길로 들어섰다고 느낄 수 있다. 학부 전공이나 대학원 프로그램을 잘못 선택해서 그 직업을 갖게 됐다고 느끼기도 한다. 그 직업을 갖게 되기까지 투자한 시간과 돈 때문에 다른 기회를 잡을 수 없다고 느낄 수 있다.

30대 후반과 40대의 사람들은 자신의 결정이 자신의 삶에 미치는 영향 그리고 그 결정이 의미가 있는 것인지를 심사숙고하는 데 많은 시간을 보낸다. 삶의 이정표에 도달하는 데 실패했다고 생각하면 불안을 느낄 수 있다. 그렇게 되면 많은 사람이 자신의 성년기를 모두 바친 직장에서 은퇴하면서 말년의 위기에 직면하게 된다. 은퇴는 그들의 삶에 의미 있는 새로운 목표로 채워야 하는 커다란 구멍을 만든다. 삶의 이 단계에서 이혼을 하거나, 성인이 되어 더 이상 함께 살지 않는 자녀가 있거나, 이동성을 제한하는 건강 문제에 직면하게 되기도 한다. 살아온 시간보다 살아갈 시간이 더 적게 남았다는 사실을 깨닫게 되면 직면한 죽음에 대한 불안을 느끼는 것이 일반적이다.

나의 노처녀 위기

나는 한 번도 결혼한 적이 없는 30대 중후반의 여성 내담자들에게 특별한 애착을 가지고 있다. 내가 이 사람들에게 공감하는 까닭은 나도 그 시절을 보냈으며, '만일 천생연분을 만난다면 또는 죽을 때까지 혼자 살게 된다면'과 같은 질문을 던지는 것이 어떤 느낌인지 기억하고 있기 때문이다. 대학에 입학할 때만 해도 몇 가지 전망을 가지고 있었지만, 가장 큰 장애물 중 하나는 나의 안정적이지 못한 삶이었다. 나는 4년 이상을 한곳에 뿌리내리고 살아본 적이 없다. 대학, 의과대학원, 그리고 레지던트 과정을 위해 모두 다른 도시에 살아야 했다. 학부에서 의예과를 거치지 않았기 때문에, 1년 동안은 일을 하면서 보냈고, 이후 2년 동안은 의과대학 예과과정을 수료해야만 했다. 따라서 고향에서 살던 시절부터 현재 내가 사는 곳으로 이사 올 때까지 나는 무려 5개 도시에서 살았다. 그리고 각각의 도시에 거주할 때마다 그곳에서의 삶은 임시적인 것이었다.

내가 다닌 학부와 의과대학원은 모두 남부의 작은 도시에 있었다. 그 도시에서 숨이 막힐 것 같았고, 그 도시들 밖에 있는 무엇인가 더 큰 것을 놓치고 있다고 생각했다. 무엇인가에 갇혀 있다는 기분이 나의 주거지 선택에 영향을 미쳐, 나의 시선을 뉴욕으로 이끌어갔다. 그렇게 뉴욕에 자리를 잡았지만 가족들과 너무 멀리 떨어져 살고 싶지 않았기 때문에 그곳도 나에게는 최종 종착지가 아니었다.

새로운 도시에 자리를 잡을 때마다, 나는 남자 사귀기를 머뭇거렸다. 그 남자가 이곳저곳으로 나를 쫓아올 의향이 없는 한, 나는 학업을 포기할 것인지 아니면 그와 헤어지고 실연의 고통을 견뎌야 할지 결정해야만 했다. 마치 운명이기라도 하듯이 매번 거주 기한 마지막 해에 마음에 드는 사람이 눈에 들어왔다.

나는 오랜 시간을 함께할 남자를 찾아서 뉴욕을 떠났다. 나의 뿌리가 있는 플로리다에 좀 더 가까운 기회의 땅으로 대도시 애틀랜타를 선택했다. 하지만 남자보다 여자의 수가 더 많은 도시에 살면서 남자를 만나 데이트하는 일에 금세 지쳐갔다. 나는 연애 시장에서 철수했고, 중년의 위기가 찾아왔다.

실존주의 철학에서 말하듯 인생은 돌이킬 수 없고 회수 불가능한 시간의 단편들로 이루어져 있다. 내가 그런 시간의 공간 속에서 헤매고 있을 때, 20대와 30대 초에 놓쳐버린 모든 기회가 내 앞을 스쳐 지나갔다. 의과대학에 진학해서 10년간 여기저기 돌아다니며 한 남자를 찾기에는 너무나 분주했던 삶을 선택한 나의 결정이 원망스러웠다. 나는 그 시간을 다시는 되돌릴 수 없다는 후회에 몸서리쳤다.

나는 아무것도 내세울 것 없이 30대 후반이 됐다는 생각에 불안했다. 내 또래 친구들은 자식을 낳고 가정을 이뤘지만, 나는 저축한 돈도 없이 엄청난 학자금 대출만 남아 있었기 때문에 작은 아파트에서 여전히 홀로 지내고 있었다. 얼마간의 자기성찰과 기도 후 나의 가치가 무엇인지를 분석하기 시작했다. 나에게는 친구와 가족, 만족스러운 직장, 그리고 신의 은총이 나를 지탱해줄 것이라는 영적인 믿음이 남아 있었다. 나는 불행한 결혼보다는 평화로운 실존을 선택하는 편이 낫다고 판단했다. 그래서 개 한 마리를 입양해 오래오래 행복하게 살기로 마음먹었다. 중년의 위기가 지나가고 나는 평정심을 되찾아 다시 일상으로 돌아왔고 친구들과 가족과 함께 즐거운 시간을 보냈다.

반려견을 입양하기 직전 지금의 남편을 만났다.

실존적 불안은 아무 때나 나타날 수 있으며, 삶을 송두리째 흔드는 위기로까지 치닫거나 변화를 도모하도록 만들어주는 일시적인 성찰이 될 수도 있다. 실존적 위기는 자아성찰을 통해서 자기향상으로 이어질 수 있다.

나는 COVID-19 팬데믹으로 인한 소멸이라는 위협이 이러한 실존적 공포를 광범위하게 확산시켰다고 생각한다. COVID는 죽음에 대한 자각을 고양시켰으며, 어쩔 수 없이 개인적 고립과 집단적 고립에 직면하게 만들었다. 또한 팬데믹은 자유 그리고 건강과 관련된 결정에서 에이전시를 고려할 필요성을 숙고하도록 만들었다. 불안하게 느끼도록 만들었을 수도 있는 다른 문제들에는 자유에 대한 위협, 국제 분쟁, 정치적 불안 등을 꼽을 수 있으며, 이 문제들은 사회 분열을 조장했다. 이 모든 문제를 압도하고 있는 것이 기후 변화와 점점 더 파괴적인 폭풍우가 뒤따르는 지구 온난화의 충격이다. 이토록 상당한 근심거리가 있다는 사실이 전혀 이상하지 않다.

목적 대체물

실존적 불안으로 힘들어할 때 사람들은 목적이 없는 공허함을 메우기 위한 다른 활동들을 찾아 나서기도 한다. 아론 케셀은 실존적 치료에 대한 2006년도 논문에서 불안을 줄이는 데 활용할 행동들을 확인하여 '목적 대체물'이라고 지칭했다.

몇 가지 보상적 대체행동은 다음과 같다.

- 물질(술, 약물 등)에의 탐닉
- 과도한 쇼핑
- 만족스럽지 못한 관계 형성하기
- 지역 봉사활동에 지나치게 집착하기
- 어떤 명분에 열광적으로 매달리기
- 돈, 물품, 권력 등을 얻는 데 과도하게 매달리기
- 대중매체(텔레비전, 영화 스트리밍, 소셜 미디어 등) 과도하게 사용하기
- 업무에 지나치게 매달리기

이러한 활동들이 목적 결여를 보충해주지만, 적응적이거나 의미가 있는 것은 아니다. 만일 여러분이 일상에서 이러한 활동을 하고 있음을 인정한다면, 그러한 활동이 여러분에게 어떤 의미가 있으며 그것들이 어떤 공허함을 메우고 있는지를 생각해보라. 그러한 활동은 여러분의 삶에서 개선하기를 원하는 부분을 파악하는 데 도움을 줄 수 있다. 목적과 가치를 찾는 활동은 모든 유형의 실존적 불안을 치료할 수 있다. 가치는 여러분이 삶에서 의도하고 있는 것이 무엇인지를 결정하며, 여러분이 내리는 결정을 조성해간다.

죽음불안 완화하기

죽음이 필연적인 것이라고 하더라도, 의미와 가치는 죽음불안을 완충할 수 있는 강력한 도구이다. 여러분과 가치를 공유하고 있는 세계관을 받아들임으로써 죽음불안을 완화시킬 수 있다. 이러한 세계관에 천착할 때 상징적으로나마 불멸을 얻게 된다. 여러분이 나타내는 대의명분이 이승에서의 삶 이후까지 계속되기 때문이다. 강력한 존재에 대한 믿음을 통해서 진정한 불멸을 얻으며, 이것이 죽음에 대한 공포를 완화시킬 수 있다. 만일 사후에도 삶이 지속된다고 믿는다면, 죽음을 두려워할 이유가 없다. 죽음은 결국 새로운 삶으로의 전환을 의미하기 때문이다.

이 장에서는 불안을 유발하지만 주요 불안장애는 아닌 정신과적 장애들을 다루었다. 다음 장에서는 어떻게 특정 성격자질이 불안을 유발하는지를 다룬다.

제 4 장

불안성격

누구나 10대 후반에서 성인 초기 사이에 모양새를 갖추고 성숙한 형태로 자리 잡는 독특한 성격을 가지고 있다. DSM-5는 성격을 '내적 경험'과 행동의 패턴으로 간주한다. 내적 경험을 예시하기 위해서 절반이 물로 채워진 유리잔의 고전적 사례를 생각해보자. 여러분의 내적 경험은 물이 절반 차 있는 유리잔을 보는 것이고, 나의 내적 경험은 절반이 비어 있는 유리잔을 보는 것일 수 있다. 여러분의 조망은 다소 긍정적이고 나의 조망은 다소 비관적이다. 두 관점이 모두 타당한 것이지만, 내적 경험에 근거할 때 차이를 보이고 있다.

만일 여러분의 성격이 사회적 규범과 문화적 규범에서 크게 벗어난다면, 장애가 있는 것으로 간주할 수 있다. 성격장애가 있는 사람의 내적 경험과 행동 패턴은 융통성이 없으며 삶의 모든 측면에 적용된다. 그 패턴은 청소년 후기나 성인 초기로 거슬러 올라가며, 내적 고통이나 인간관계 문제 또는 직장이나 학교에서의 갈등을 유발한다.

성격장애가 되기 위해서는 내적 경험과 행동 패턴이 다음 4가지 영역에서 적어도 2가지에 영향을 미쳐야만 한다.

- 사고
- 정서 표현
- 관계
- 충동 제어

DSM-5는 공유하는 특성에 근거하여 10가지 성격장애를 3개의 군집으로 묶고 있다.

군집 A: 괴팍하거나 기이함

편집성 성격

분열성 성격

분열형 성격

군집 B: 극적이거나 정서적이거나 일탈적임

반사회적 성격

경계성 성격

연극성 성격

자기애성 성격

군집 C: 불안하거나 두려워함

회피성 성격

의존성 성격

강박성 성격

이 장에서는 군집 C의 3가지 불안성격 유형에 초점을 맞춘다. 그러고 나서 신경증과 무의식적 불안에 맞서 사용하는 심리적 방어기제와 같은 일반적 성격 특질을 논의한다.

회피성 성격장애

회피성 성격장애는 부적절한 감정, 극단적인 사회적 억제, 비판에 대한 극도의 민감성 등의 특징을 나타내는 사고와 행동 패턴이다. 이 장애는 삶의 모든 측면에 영향을 미치며, 실연과 같은 어려운 시기를 겪고 난 후에만 나타나는 것이 아니다. 예컨대, 정서적으로 혹사당했다고 느끼는 관계를 유지했을 경우, 헤어지고 난 후 잠시 동안은 부적절하다고 느끼는 것이 정상이다. 반면에 회피성 성격장애가 있는 사람은 끊임없이 비판과 거절을 걱정한다. 이러한 걱정 때문에 정서적으로 고립되고 관계 형성과 유지에서의 취약성을 드러내는 어려움을 겪는다.

회피성 성격장애를 포함해서 대부분의 성격장애는 청소년 후기나 성인 초기에 나타난다. 아동은 사교적이지 않고 소극적인 태도를 보이는 시기가 있을 수 있지만 나이가 들면서 해결된다. 회피성 성격장애가 있으면 아동이 청소년기에서 성인기로 넘어가면서 수줍음과 사회적 억제가 더욱 악화된다.

회피성 성격장애로 진단하기 위해서는 다음의 7가지 특징 중에서 적어도 4가지를 보유해야 한다.

1. 비판, 불인정, 거부 등에 대한 두려움 때문에 상호작용을 필요로 하는 작업 활동에 참여하는 것을 피한다.

   이러한 저항은 무엇인가를 해달라는 요청을 받을 때마다 "나는 안 할래"라고 말하는 것 이상의 의미를 지닌다. 비판을 지나치게 두려워하기 때문에 책임을 완수하지 못하여 탈락하거나 부정적 평가를 받을 위험을 무릅쓰게 된다.

매달 다른 사람들과 긴밀하게 협조하면서 활동하는 모임이 있다고 가정해보자. 여러분이 "싫어요. 그 일은 나를 불편하게 만들기 때문에 안 할래요"라고 노골적으로 말하지는 않는다. 대신에 아프다거나 늦었다거나 다른 일이 있어서 갈 수 없다는 핑계로 그 모임에 빠진다. 비협조적으로 비치지 않으면서 그 모임에 참여하지 않을 방법을 찾는 것이다. 모임에 빠진다고 문제가 될 일이 없을 수도 있지만, 오랜 시간 행방불명 상태에 있기 때문에 여러분의 작업은 부정적인 결과로 어려움을 겪게 된다.

2. 사람들이 여러분을 좋아할 것이라는 사실을 사전에 알기 전에는 그 사람들과 관계를 맺으려고 하지 않는다.

이러한 사회적 고립은 여러분을 주변인으로 만든다. 관계의 주변을 맴돌면서 피상적인 인간관계만을 유지한다. 사전에 그 사람이 여러분을 좋아한다는 확신을 얻고자 노력하기 때문에, 여러분은 '낌새'와 신체언어 단서에 의존해 그 사람이 여러분에게 호감을 가지고 있는지를 알아내고자 한다. 결국 여러분은 직접적인 증거도 없이 사람들이 무슨 생각을 하는지 가정하게 되는 것이다. 실질적 증거는 얼굴표정이나 신체동작이 아니라 그 사람이 말하는 내용에서 나온다. 내가 '내용'을 강조하는 까닭은 여러분이 그러한 두려움을 갖고 있을 때 목소리 톤에 지나치게 의지하게 되면 그 사람의 기분이 어떤지를 알 수 없기 때문이다. 그리고 일반적으로는 그 목소리 톤을 오해하기 십상이다.

3. 조롱과 모욕을 당하지 않기 위해서 관계를 맺는 데 정서적으로 머뭇거린다.

   정서적으로 대처할 수 있는 범위에서만 친교를 유지한다. 대화 주제에 깊이 관여하기를 거부하는 방식으로 그렇게 한다. 보다 미묘한 방식은 대화하는 동안 내내 무슨 일을 하거나 아니면 사람들과 깊은 관계를 맺을 수 없을 만큼 바쁜 상태를 유지하는 것이다. 이러한 과정은 전혀 의식적인 것이 아니다. 친밀한 관계를 피하기 위한 전략으로 이 방법을 꾸며낸 것이 아니라는 말이다. 깊은 내면에서는 친밀한 관계를 원한다. 그러나 친밀감이 지나치게 두렵기 때문에 안전지대 안에서 다른 활동에 몰두하는 것이다. 자기 자신에게 그리고 사람들에게 너무 바빠서 어쩔 수가 없다고 말한다.

4. 사회적 상황에서 사람들이 여러분을 비판하거나 거절할 것이라 생각하며, 그 생각이 머리에서 떠나지 않는다.

   일반적으로는 이러한 집착이 지나치게 강하여 여러분을 사회적 상황에서 멀어지게 만든다. 그러다가 어떤 모임에 나가게 되면, 여러분을 심각하게 의기소침하게 만드는 경험이 될 수 있다. 여러분은 모든 사람 앞에서 정서적으로 벌거벗은 것 같은 기분이 들 수 있다. 거의 모든 코멘트를 부정적인 평가로 해석한다. 이러한 불안함 때문에 말을 많이 할 가능성이 낮다. 엉뚱한 말을 해서 모든 사람의 분노를 뒤집어쓸지도 모른다는 두려움에 사로잡힌다.

5. 여러분은 신체적 매력과 개인적 능력의 관점에서 모르는 사람에게 자신이 어떻게 비칠지 걱정한다.

낯선 사람들과 어울리기를 회피하는 것이 부끄럼을 타는 것처럼 보일 수 있다. 낯선 사람들 사이에서 말을 거의 하지 않거나 긴장을 풀지 않기 때문이다. 여러분은 편안한 삶을 위해서 가능한 한 낯선 사람과 마주해야 하는 상황을 피하려고 한다. 그렇게 할 수 없다면, 여러분의 행동이 어색하게 보일 수도 있다. 예컨대, 무슨 말을 할 것인지 아니면 다른 사람들이 자신의 말을 어떻게 받아들일지를 지나치게 많이 생각하기 때문에, 말을 더듬거나 자기 생각을 명확하게 표현하는 데 어려움을 겪기도 한다.

6. 여러분은 자신이 개인적으로 추하고, 사회적으로 무능력하며, 지위 측면에서 하찮은 사람이라고 생각한다.

여러분은 지나치게 불안한 나머지 스스로를 난처하게 만들었던 이전의 경험을 통해서 이러한 결론에 도달할지 모른다. 사람들 앞에서 숨이 막혀 엉뚱한 말을 하거나 진땀을 흘렸을 수 있다. 여러분은 이러한 실수를 일시적인 불안반응으로 간주하는 대신에, 자신이 심각한 결함을 갖고 있어서 긴밀한 관계를 맺는 것이 어렵다는 증거로 받아들인다.

7. 여러분은 창피당할 것이 두려워서 위험을 무릅쓰거나 새로운 것을 시도하기를 주저한다.

이러한 위험 회피는 중요한 기회를 놓치게 만드는 계기가 될 수 있다. 예컨대, 폴은 38세이며 간절하게 결혼하고 싶어 한다. 셰리와 함께 근무하고 있는데, 셰리는 그를 좋아한다는 분명한 신호를 지난 수개월 동안 끊임없이 보내고 있다. 그녀의 접근은 지금까지 폴에게 주어진 가장 낮게 매달려 있는 과일과 같은 것이었다. 그러나 그는 극도로 자제하기 때문에 그 과일에 손을 뻗어서 딸 수가 없다. 그는 일단 그녀가 진지한 개인적 대화를 자신과 나누게 된다면, 곧 자신의 열등함과 무능함을 분명하게 간파할 것이라고 믿고 있다. 이러한 사실을 깨닫는 그녀를 지켜보는 것은 그의 정서적 건강에 상당히 부정적인 영향을 미치게 될 것이며, 그는 결코 그 상처를 회복할 수 없을 것이다.

앞서 지적했듯이, 회피성 성격장애가 있는 사람은 이러한 특징 중에서 적어도 4가지를 갖고 있다. 그러나 누구든지 한두 가지는 가지고 있을 수 있다. 이러한 성격자질을 갖는 것이 불안의 근원이 될 수 있다.

회피성 성격은 사회불안과 많은 자질을 공유한다. 어떤 연구자들은 두 장애가 동일한 스펙트럼 위에 존재한다거나 동전의 앞뒷면과 같은 것이라고 제안했다. 그렇지만 사회불안의 경우에는 공포와 불안이 사회적 상호작용이나 수행에만 국한된다. 또한 사회불안이 있는 사람은 그 상황에 여전히 불안을 느끼지만, 그 공포가 비합리적이라는 사실을 깨닫고 있다. 그들은 여전히 사람들과 친밀한 관계를 유지할 수 있다.

반면에 회피성 성격장애가 있는 사람은 자신이 심각한 결함을 갖고 있다고 믿는다. 이러한 믿음 때문에 사람들이 자신을 거부하거나 비판하고 있다는 미묘한 단서들에 지나치게 집착한다. 그들은 어떤 것을 비판적이라고 해석하는 역치가 낮다. 따라서 누군가의 말에 모욕감을 느끼거나 상처를 입기 쉽다. 무엇인가 부정적인 대접을 받고 있다는 지속적인 느낌에 대한 이들의 반응은 되도록 사람들과 마주하는 기회를 회피하는 것이다.

회피성 성격장애를 치료하는 한 가지 접근법은 왜곡된 믿음을 바로잡는 것이다. 제7장에서 인지치료를 보다 상세하게 논의하겠지만, 지금은 회피성 성격을 다루고 있기에 문제를 악화시키는 보편적이고 부정확한 생각 몇 가지를 언급하고자 한다.

- 사람들이 나를 부정하고 비판하려고 한다.
- 나는 무능하다.
- 만일 누군가 나에 대해 알게 된다면 나를 싫어할 것이므로, 그들에게 나의 솔직한 모습을 보여줄 수 없다.
- 다른 사람들과 있을 때 불편한 까닭은 그들이 나를 조롱할 것이기 때문이다.

만일 여러분이 이런 생각들에 공감한다면, 그 생각들을 메모해보라. 그런 다음 문제를 초래하는 대인관계 상황을 반추하면서 여러분 자신의 생각을 추가해보라. 예컨대, 사람들이 생각하고 있는 것에 대해 지나치게 신경을 쓰느라 직장이나 학교에서 어려움을 겪고 있는가? 여러분의 대인관계 목록을 작성해보라. 절친한 친구가 있는가? 애인은 있는가? 회피성 성격장애가 있는 대다수의 사람이 극도의 외로움을 느끼지만, 누군가와 친밀한 관계를 맺는 것이 상당한 불편함을 초래하기 때문에 친밀감을 발전시키려면 필요한 위험을 감수하지 않는다.

여러분의 행동 이면에 숨어 있는 것을 밝혀내는 것이 여러분을 뒷걸음치게 만드는 원인을 이해하는 데 도움을 준다. 그다음 단계는 여러분의 생각에 도전장을 내미는 것이다. 스스로에게 도전하는 것은 어려운 일이며, 전문가의 도움을 받는 것이 최선이다. 그렇지만 전문가의 도움을 받든 아니면 스스로 변화를 도모하든, 변화는 불편하다는 사실을 받아들일 준비가 되어 있어야 한다. 또한 그것은 인내심을 요구하는 지난한 과정이기도 하다. 여러분의 왜곡된 생각을 쉽게 인정할 수 있는 날도 있으며 과거의 패턴을 계속 반복하는 날도 있을 것이다.

기술 훈련은 회피성 성격장애를 돕는 또 다른 접근법이다. 이 훈련은 대화를 시작하고 유지할 수 있게 도와준다. 또한 관계를 진전시키는 방법을 알려준다. 대화를 향상시키는 한 가지 사례는 사람들에게 질문을 하고 나중에 그 질문의 대답에 대해서 대화를 이어나가는 것이다. 일반적으로 사람들은 자신에 대해서 이야기하는 것을 좋아한다. 만일 그들이 했던 말을 기억하고 나중에 다시 물어본다면, 그것은 여러분이 그들에게 관심을 갖고 있음을 보여주는 것이다. 사람들은 누군가 자신에게 흥미를 보일 때 긍정적으로 반응한다. 대화를 향상시키는 또 다른 기술은 여러분에게 친근감을 느낄 수 있도록 여러분 자신을 드러내는 법을 배우는 것이다. 만일 여러분 자신에 대해서 이야기하는 것에 익숙하지 않다면, 사람들과 공유하기 적당한 주제가 무엇인지에 대해서 전문가나 신뢰하는 사람의 피드백을 받는 것이 좋다.

의존성 성격장애

영국의 시인 존 던은 자신의 고전적 작품인 『갑자기 발생하는 사태에 대한 묵상』(1624)에서 "어느 누구도 섬이 아니다"라고 적었다. 이 말은 모든 것을 완벽하게 혼자서 할 수 있는 사람은 아무도 없다는 의미다. 이 말은 사실이다. 정상적인 발달단계에서 사람들은 태어나면서부터 음식, 안식처 그리고 영양 공급에 이르기까지 양육자에게 전적으로 의존한다. 나이가 들어가면서 육체적으로나 정신적으로나 양육자에게서 독립하지만, 다른 성인들과 지속적인 연대를 형성한다.

다른 모든 장애와 마찬가지로 발달과정에서 어떤 사람은 자율성 발달에 애를 먹는다. 아동기에서 청소년기 그리고 성인 초기로 옮겨가면서, 자신이 의존하던 사람들에게 집착하고 그들과 떨어지는 것을 두려워한다. 다른 사람의 보살핌을 극단적으로 필요로 하는 증상을 의존성 성격장애라고 부른다.

다음은 의존성 성격장애의 8가지 증상이다. 이 중에서 5가지 이상의 증상을 보이면 의존성 성격장애라는 진단을 받게 된다. 각 증상의 첫 글자 모음은 RELIANCE라는 단어를 이룬다.

확신(Reassurance): 친구나 가족의 조언과 확신이 없이는 일상적 결정을 내리기 어렵다. 그 결정은 빨간색 셔츠를 입을지 아니면 파란색 셔츠를 입을지를 결정하는 것처럼 단순한 일일 수 있다. 그렇지만 여기에는 다른 사람들이 어떻게 생각하는지가 궁금한 것 이상의 문제가 내포되어 있다. 확신에 대한 요구가 과도하다. 누군가에게 의견을 묻고는 계속해서 "정말 확실해?"라고 묻는다. 자신을 믿을 수 없기 때문에, 다른 사람의 의견을 반복해서 들으려고 하는 것이다.

불일치 표현하기(Expressing disagreement): 여러분은 주변인들의 지지를 잃게 될 것을 두려워한 나머지 다른 사람의 의견에 이의를 제기하는 것이 어렵다. 다른 사람에게 동의하지 않기가 어려우며, 아주 가까운 사람에게 이의를 제기하기가 특히 어려운 것으로 보인다. 가까운 사람의 지지를 잃고 싶지 않기 때문에, 동의하지 않음에도 불구하고 그들이 하는 말을 수용하게 된다. 또한 버림받을 것이 두려운 나머지 그들에게 화를 내지도 않는다. 자기 생각을 말한다는 것은 마치 여러분이 안정감을 얻는 모든 것을 포기하는 일처럼 느껴질 수 있다.

삶의 책임(Life responsibility): 여러분이 삶의 중요한 영역에서 주도권을 쥐기 위해서는 다른 사람들이 필요하다. 이 필요성은 삶의 단계마다 다르게 보일 수 있다. 청소년기에는 무슨 옷을 입고 무슨 과목을 수강하며 어떤 취미를 갖는 것이 좋을지에 대해서 부모의 의견을 들을 것이다. 만일 부모가 엄격한 통제 방식의 양육을 한다면, 의존적 자녀와 지배적인 부모의 조합은 공생관계를 형성한다.

여러분이 의존적인 성인이라면, 직업을 선택하거나 친구를 사귀거나 심지어는 자신이 좋아하는 것을 확인할 때조차도 부모나 배우자에게 의존할는지도 모른다. 이러한 결과는 여러분이 선호하는 것이 없기 때문이 아니다. 여러분은 의도적으로 자신의 선택지를 열어둠으로써 여러분의 결정이 모든 이들로부터 환영받게 하려는 것이다. 만약 누군가 여러분을 대신해서 결정들을 내려준다면 여러분은 나쁜 결과를 얻거나 잘못된 결정을 한 것에 대한 책임감을 느낄 필요가 없다.

프로젝트 개시(Initiating projects): 여러분은 스스로 프로젝트를 시작하거나 마무리하는 것이 어렵다. 충분한 동기가 있지만 과제를 시작하거나 완수할 수 있다는 확신을 갖지 못한다. 자신의 능력에 대해 의구심을 품으며, 다른 사람이 여러분보다 더 잘할 수 있다고 믿는다. 회피성 성격장애가 있는 사람과 마찬가지로, 스스로 부족하고 무능한 사람이라고 생각한다. 이러한 자기비하의 논리적인 종착역은 시작 버튼을 눌러줄 다른 누군가가 필요하다는 것이다. 일단 과제를 시작하게 되면, 유능한 누군가가 곁에 있으면서 괜찮다고 안심을 시켜줄 때라야 비로소 여러분은 그 과제를 지속할 수 있다.

이러한 증상의 또 다른 징표는 새로운 기술을 배우려는 동기가 낮다는 것인데 이는 여러분이 그 기술을 유지할 수 있다고 생각하지 않기 때문이다. 만약 여러분이 무엇인가를 잘하게 된다면, 사람들이 여러분 스스로 처리하도록 내버려둘 것을 두려워한다. 그러다가 여러분이 새롭게 획득한 기술을 상실하게 되면, 외톨이가 되고 무력해진다. 따라서 무능하고 아무것도 할 줄 모르는 사람으로 남아 있고자 한다. 여러분이 정말로 필요로 하는 것은 보살펴주는 다른 사람들의 위안이기 때문이다. 자율성은 고통이다.

외톨이(Alone): 여러분은 혼자 있을 때 무력하다고 느낀다. 스스로를 책임질 수 없을까봐 두렵기 때문이다. 고립은 여러분에게 공포의 대상이다. 그렇기 때문에 여러분은 외톨이가 되는 것을 피하고자 가고 싶지 않은 곳을 배회할 수도 있고 관심 없는 일을 할 수도 있다. 혼자가 되는 것보다는 지루해 죽는 편을 선택한다.

애정 어린 돌봄(Nurturance): 여러분은 다른 사람의 돌봄을 받기 위해 성가신 것도 마다하지 않는다. 심지어 바람직하지 않은 활동에 참여해야만 할 때조차도 그렇다. 다른 사람의 요구를 받아들이는데, 터무니없을 때조차도 그렇다. 그렇기 때문에 매우 불균형적인 관계를 맺게 되고, 그 관계를 지속하기 위해 상당한 개인적 희생을 감수한다. 거의 모든 요구를 기꺼이 받아들이는 것은 의존성 성격장애가 있는 사람을 학대 관계의 위험성에 빠뜨린다.

동료애(Companionship): 친밀한 관계가 막을 내리면 여러분은 그 빈자리를 메우기 위해서 곧 다른 관계를 찾아 나선다. 관계를 형성하지 않는 것은 위기를 의미한다. 관계를 대신할 대상을 성급하게 찾아 나설 경우, 여러분과 잘 어울리지도 않는 누군가와 바람직하지 않은 관계를 형성할 수 있다.

과장된 두려움(Exaggerated fear): 여러분은 자신을 스스로 돌봐야 한다는 공포에 강박적으로 매달린다. 외톨이가 되어서 무력해지는 끔찍한 상황을 곱씹는다. 이 공포는 분열성 성격장애가 있는 사람에게서 나타나는 공포와 정반대다. 분열성 성격장애를 앓는 사람은 관계에서 해방되는 것을 선호하고, 관계를 질식할 것과 같은 것으로 경험한다. 의존적인 사람은 긴밀한 관계를 필요로 하며 그러한 관계를 생명줄과 같은 것으로 경험한다.

의존성 성격의 원인에 대해서는 알려진 바가 없지만, 몇몇 연구자는 아동기에 앓았던 만성적 질병이 이 장애가 발전할 위험성을 증가시킨다고 제안해왔다. 또 다른 잠재적 원인이 아동기에 겪는 분리불안이다.

의존성 성격장애가 있는 사람은 자신을 부정적으로 평가하며 자존감도 낮다. 무엇인가를 결정해야 할 필요성이 마비를 일으키는 불안을 촉발할 수 있다.

의존성 성격이 단독으로 발생하는 경우는 드물다. 흔히 우울증, 사회불안, 공황장애, 광장 공포증 등과 같은 다른 장애와 함께 발생하기 십상이다. 의존성 성격장애가 있는 사람을 돕는 한 가지 방법은 동시에 발생하는 우울증이나 불안 증상을 함께 해소하는 것이다. 이러한 문제들이 의존성을 더욱 악화시키기 때문이다. 자기주장 훈련이 몇몇 사고 패턴에는 도움을 줄 수 있지만, 일상적 기능을 수행하면서 다른 사람에게 의존하는 길들여진 행동을 타개하기는 쉽지 않다.

통제하는 것을 좋아하는 사람과 관계를 맺는 것은 무력감을 더욱 강화시킨다. 의존성 성격을 가지고 있는 많은 사람은 자율성이라는 공포와 마주하느니 차라리 의존성에 매몰되고자 한다. 다소 긍정적인 측면에서 보면, 경미한 의존성 성격장애를 앓는 사람은 점차 독립적인 인간이 되어가는 것을 즐거운 마음으로 받아들이게 해주는 점진적인 변화를 도모할 수 있다.

강박성 성격장애

강박성 성격장애(OCPD)는 강박장애(OCD)와 이름이 비슷하기 때문에, 종종 잊히는 장애인 동시에 오해를 받는 장애이기도 하다. OCD의 기이한 의식절차와 극적인 감정표현이 너무나 현저하기 때문에 강박성 성격장애가 덜 주목받게 된다.

OCPD는 OCD와 몇 가지 자질을 공유하며, 함께 발생하곤 한다. OCPD는 정돈, 완벽함, 그리고 제어에 대해 지나치게 집착한다.

OCPD로 진단받으려면 다음 8가지 자질 중 적어도 4가지가 필요하다.

1. 경직성과 고집스러움

OCPD의 경직성은 모든 것이 '그래야만 한다'는 점에 지나치게 집착하는 것으로 나타난다. 과정이 결과보다 더 중요하다. 모든 것을 하나부터 열까지 꼼꼼하게 살펴야 한다. 대부분의 사람보다 앞서서 생각하고 세부적인 행동 계획까지 세우기 때문에 팀플레이를 할 줄 모른다. 표면적으로 보면 장점처럼 보이지만, 계획에서 어긋나는 것을 거부하고 다른 사람의 의견을 수용하지 않을 때 문제가 발생한다. 만일 어쩔 수 없이 다른 사람의 의견을 수용해야만 한다면, 상당한 불안감을 안고 마지못해 그렇게 한다. 타협보다는 원칙 고수를 중시한다.

2. 인색함

OCPD를 앓고 있다면 물질 소유와 관련해서 광적인 비축 욕구를 가진다. 돈과 소유물에 지나치게 집착하기 때문에 적정한 자원을 소유하지 못하고 있는 상황에 결코 처한 적이 없다. 따라서 자신의 부나 행운을 다른 사람과 나누는 것에 인색하다. 이러한 인색함이 다른 사람에게만 국한되는 것이 아니다. 자신에게도 인색하다. 자신이 가진 부에 훨씬 못 미치는 생활을 한다. 자신의 소비를 제어하는 것이 충분한 자원이 없는 것에 대한 불안을 억제해주기 때문이다.

3. 강박적 비축하기

이 자질은 앞서 개념을 설명한 바 있는 OCD의 비축하기 하위유형과 중복된다. 물건을 버리는 것을 낭비라고 생각하기 때문에 헌 옷과 같은 낡은 물건 버리기를 거부하는 특성을 수반한다. 굽이 부러진 신발을 보관하는 까닭은 망치로 사용할 수 있다고 생각하기 때문이다.

망가진 물건을 고집하는 동기는 강박적 비축자의 동기와 차이가 있다. 비축자가 물건을 버리지 못하는 까닭은 그 물건에 감상적 가치를 부여하기 때문이다. OCPD의 경우에는 어떤 물건이든 쓰레기로 내버리려 하지 않기 때문이다.

4. 완벽주의

완벽주의는 실수를 저지르는 것과 자신의 결정이 사후에 비판받는 것을 지나치게 걱정하는 것으로 나타난다. 이러한 걱정이 여러분으로 하여금 제대로 될 때까지 과제를 다시 시작하거나 반복하도록 만든다. 이러한 추가적인 노력이 과제를 마무리하지 못하게 만든다. 만약 여러분이 어떤 과제나 학교 프로젝트에 지나치게 몰두한다면, 사랑하는 사람들과 시간을 보내거나 집안일을 하는 것과 같이 '덜 중요한' 개인적인 책무를 소홀히 하게 된다. 여러 가지 개인적인 프로젝트를 열정적으로 시작하지만 결코 마무리하지 못하기도 한다.

5. 세부 사항에의 집착

OCPD를 앓는 사람은 격언에서 보듯이 '나무를 보느라고 숲을 보지 못하는 사람'이다. 무슨 일을 하든지, 그 활동의 목적이 무엇인지를 망각할 정도로 규칙, 자질구레한 사항, 일정, 적절한 절차 등에 지나치게 매몰된다. 자신이 하는 모든 일을 하나하나 지나칠 정도로 신경 쓰며, 세세한 것에 주목하고 실수가 없는지 반복적으로 확인한다. 여러분의 꼼꼼함을 타박하는 사람들 때문에 일을 빨리 진행하는 것을 허락하지 않는다.

6. 위임에 대한 저항

다른 사람에게 일을 맡기지 못한다. 그 사람이 여러분만큼 그 일을 잘 해낼 수 있다고 생각하지 않기 때문이다. 만일 마감시한을 못 맞추는 상황이 되면, 자신이 생각한 방식대로 일하지 않을지도 모르는 사람의 도움을 받기보다는 차라리 마감시한을 어기는 편을 선택한다. 여러분이 계획하지 않은 일을 누군가에게 맡길 때는 그 일을 수행하는 올바른 방식과 관련된 지시를 시시콜콜 내려야 직성이 풀린다.

7. 과도한 업무 생산성

OCPD는 과로를 야기한다. 여러분은 최대 생산성을 중시하고 우정이나 레저 활동은 무시한다. 지나친 일 욕심이 금전적 필요에서 비롯된 것은 아니다(물론 비상금을 보유하고 있는 것은 중요하다). 친구나 가족의 압력에도 불구하고 여러분은 시간을 내는 것이 상당히 어렵다. 휴식 시간이 시간을 낭비하는 것이라는 기분이 들어서 불편하다. 이렇게 과도한 일처리 스타일은 집안일과 같은 일상생활에도 영향을 미친다. 여러분은 집 안 정리에 세심한 관심을 기울인다. 완벽주의 성향이 여러분을 경쟁적인 사람으로 만들며, 레저 활동도 경쟁을 통해서 승리를 거둘 수 있는 것을 선호한다.

8. 엄격한 도덕적 기준

도덕성, 윤리, 가치관 등에 관한 문제에 있어서 상당히 엄격하다. 자신에게 엄격한 기준을 적용할 뿐만 아니라 다른 사람들도 그러한 엄격한 기

준을 맞추기를 기대한다. 이러한 기준을 충족하지 못한 자신에 대해서
가혹한 비판을 가한다. 여러분은 극강의 규칙 추종자이며 관용이나 예
외를 허용하지 않는다.

여러분이 자신은 물론 다른 사람에게도 적용하는 도덕적 원칙에 고지식
할 정도로 매달리는 경직성의 한 가지 사례를 보자. 여러분과 여러분의 절친
은 같은 회사에서 일하고 있다. 두 사람에게는 상당한 상여금 그리고 모든 경
비를 지원하는 호화 여행을 부상으로 제공하는 상을 받을 기회가 있다. 상을
받을 자격을 갖추려면 3개월 동안 20번의 상품 발표회를 열어야 한다. 발표
는 여러 단계에 걸친 조율이 필요한 복잡하고도 지루한 작업이다. 또한 발표
회에 참가할 예상 참가자의 목록도 직접 만들어야 한다.

계획을 세우는 데 능한 여러분은 발표 횟수 기준을 맞추는 것에 대해서는
걱정하지 않는다. 즉각적으로 그 목표를 달성하기 위한 작업에 착수한다. 절
친은 언제나처럼 늑장을 부리고 있지만, 일단 일에 착수하면 마치 발표회를
하루에 두 번 이상이라도 해치울 것 같은 빠른 속도로 작업한다.

여러분은 마감 훨씬 전에 20회의 발표를 끝마친다. 그리고 모든 과정이 매
우 순조로웠기 때문에 5번의 추가 발표회도 마친다. 마감이 일주일밖에 남
지 않은 시점에 절친에게 집안 상사(喪事)가 발생해 3일 동안 자리를 비울 수
밖에 없다. 절친은 마감시한 이틀 전에 회사로 복귀해 서둘러 발표를 마무리
하고자 악전고투한다. 마지막 날에도 아직 2회의 발표가 모자란다. 절친은 여
러분이 5회의 추가 발표회도 마무리했지만 20회의 자료만 제출할 수 있다는
사실을 알고 있다. 회사는 추가로 수행한 발표에 가산점을 주지 않는다. 절친
은 여러분이 수행한 추가 발표회 중 2회의 자료를 자신이 사용할 수 없겠느냐
고 묻는다. 여러분은 친구의 요청을 거절한다. 자력으로 수행하지 않은 사기

성 발표라고 느끼기 때문이다. 비록 가족의 비극이 과제를 완수할 기회를 박탈한 것이기는 하지만, 여러분은 절친이 처음부터 늑장을 부리지 않았더라면 과제를 완수할 수 있었다고 생각한다.

여러분은 "어떻게 절친의 요청을 이처럼 마구 대할 수 있지?"라고 의아해할지도 모르겠다. 그것은 규칙과 원칙이 인간관계를 압도하는 OCPD 때문이다. 여러분은 절친이 작업을 한 달이나 늦게 시작한 것만을 가지고 판단하는 것이 아니다. 만일 절친이 제때 일에 착수하지만 병에 걸려서 한 달이나 작업을 할 수 없다 하더라도, 여러분은 여전히 절친을 위해 작업을 대신 하지는 않을 것이다. 그런 상황에서 여러분은 절친의 병을 불운으로 간주하고 절친이 수상할 수 없는 정당한 사유라고 생각한다. 자력으로 획득하지 못할 상을 받아서는 안 되는 것이다.

자기효능성이라는 측면에서 볼 때, OCPD와 의존성 성격은 몇 가지 점에서 양극단에 위치한다. OCPD의 경우에는 제어력과 자율성을 과도하게 요구한다. 의존성 성격의 경우에는 다른 사람의 지지와 위로를 통해서 불안을 제어하고자 한다. 반면 OCPD의 경우 여러분은 다른 사람의 조언을 거부하고 자신의 결정과 상황을 엄격하게 유지함으로써 불안에 대처한다.

연구결과에 따르면 OCPD는 미국에서 가장 보편적인 성격장애이며, 자기애성 성격과 경계성 성격장애가 그 뒤를 잇는다. 만일 사회불안, 강박장애, 공포증, 범불안장애 등을 앓고 있다면, OCPD도 가지고 있을 가능성이 크다. 성격장애 외에 이러한 불안장애 중 하나를 갖고 있을 경우, 불안은 배가되며, 이를 극복하기 위해서는 더 많은 노력을 필요로 한다.

'항문기적'이라는 것의 의미는 무엇인가?

여러분은 누군가 "저 친구 정말 항문기적이네"라고 말하는 것을 들어본 적이 있을지 모르겠다. 여기서 '항문기적'이란 '항문기에 고착된' 또는 '항문기 성격'을 줄인 말이다. 지그문트 프로이트는 자신의 리비도 이론에 근거해 항문기 성격이라는 것을 주장했다. 오늘날에는 **리비도**라는 용어를 성적 충동을 의미하는 데 사용한다. 그러나 리비도의 라틴어 어원은 '욕망' 또는 '열정'을 의미한다. 프로이트는 이 용어를 확장해 본능적 소망을 충족시키려는 모든 추동을 의미하게 되었다.

프로이트의 리비도 이론에 따르면, 사람은 성감대를 통해서 신체적 쾌락을 충족시키려는 본능적 추동을 가지고 태어난다. 4가지 성감대는 구강 영역, 항문 영역, 남근 영역, 그리고 생식기 영역이다. 이 영역들은 이러한 욕구를 만족시키고자 추구하는 발달단계에 대응된다. 프로이트는 4가지 성감대를 반영하는 5가지 심리성적 발달단계를 제안했다.

〈프로이트의 5가지 발달단계〉

단계	성감대
구강기(출생~1세)	입
항문기(1세~3세)	막장과 방광, 괄약근 기능
남근기(3세~6세)	생식기
잠복기(6세~사춘기)	성적 감정의 휴면기
생식기(사춘기~사망)	성적 관심이 되살아난 생식기

처음 세 단계 동안에 아동이 반드시 극복해야 하는 갈등이 있다. 만일 그 갈등을 극복하는 데 어려움이 있다면, 그 단계에 해당하는 성감대에 고착될 수 있다. 구강기에는 산모의 젖가슴이나 젖병을 입으로 빠는 행위를 통해서 신체적 쾌락을 느낀다. 아동이 불안을 느낄 때는 공갈 젖꼭지나 엄지를 빨면서 불안을 달랜다. 젖을 떼는 데 어려움을 겪게 되면, 구강기 고착이 발생할 수 있다. 이 고착은 흡연, 과식, 손톱 물어뜯기 등과 같은 행동으로 나타날 수 있다.

항문기에는 배변을 통해서 쾌락을 얻는다. 배변 훈련은 극복해야 하는 갈등이 되며, 성공적인 숙달은 독립성과 자기제어로 이어진다. 처벌을 '동기'로 사용하는 지나치게 엄격한 부모로 인한 배변 훈련의 어려움은 항문기 고착 또는 항문 파지적 성격 유형을 초래한다. 항문기에 고착된 사람은 OCPD를 앓고 있는 사람과 마찬가지로 지나치게 자기제어적이며 융통성이 부족하다.

어떤 것에 대해서는 항문기적이고 다른 것에 대해서는 그렇지 않을 수 있다. 다시 말해, 항문기적 특성이 삶의 모든 측면에 영향을 미치지 않기도 한다. 이것은 무의식적 불안에 대응하는 하나의 방식이지, 성격장애는 아니다.

지금부터는 정신과적 장애가 아니라 성격에 근거하여 불안을 경험하는 비장애적 방식들을 살펴본다.

신경증

의학전문대학원 졸업반 시절, 나는 친구 두 명과 함께 살았다. 어느 날 저녁, 우리는 1989년도 영화 「해리가 샐리를 만났을 때」를 시청했다.

한 장면에서 샐리는 동네에 설치된 파란색 우체통에 편지들을 집어넣었다. 우체통에는 커다란 봉투 크기의 문이 달려 있으며, 그 문을 당겨서 열고 그곳에 편지를 넣으면 된다. 문이 닫히면 편지가 우체통 속으로 미끄러져 들어간다. 우체통 안에 쌓인 편지가 많지 않으면 편지가 금속으로 만들어진 우체통의 바닥을 치며 안착하는 소리를 들을 수 있다. 그렇지 않으면 편지 더미 위에 새로 넣은 편지가 내려앉는 소리를 듣게 된다. 우리는 샐리가 편지봉투 뭉치를 들고서는 하나씩 우체통에 넣는 것을 지켜봤다. 샐리는 우체통 문 위에 편지봉투를 하나씩 올려놓고 닫았다. 그녀는 잠깐 기다렸다가 우체통 문을 열어 안을 들여다보고는 자신이 올려뒀던 편지봉투가 우체통 안으로 들어간 것을 확인했다.

내 친구가 웃으면서 말했다. "저 여자 정말 신경증적이네! 아무래도 이 영화 '해리가 트레이시를 만났을 때'라고 불러야겠는데." 나는 흠칫 놀랐다. "너 내가 신경증적이라고 생각하니?" 친구는 눈이 커지면서 "당연하지!"라고 답했다. 나는 이렇게 단호한 답변을 듣고도 상처받지 않으려고 안간힘을 썼다. 하지만 나도 우체통에 편지를 넣을 때 똑같은 행동을 한다는 것을 인정하지 않을 수 없었다. 우체통 문은 기본적으로 미끄럼틀 장치를 채용하고 있지만, 만일 편지봉투가 흘러내려가기도 전에 문에 끼어버리기라도 하면 어쩌겠는가? 우체통 문을 여는 다음 사람이 내 편지를 꺼내 가져갈 수도 있지 않은가? 물론 편지를 가져가리라는 것은 순전히 가정이다. 아무튼 나는 적어도 샐리처럼 심각하지는 않다. 난 우편물 전체를 한꺼번에 넣는다.

그 당시는 졸업반을 시작한 지 얼마 되지 않은 때라서 나는 아직 정신과를 선택하지 않은 상태였다. 특별히 심리학에 관심이 있었던 것도 아니었고 **신경증적**이라는 것이 무슨 의미인지도 몰랐다. 그저 상당한 정신적 장애가 있는 사람을 지칭하는 말이려니 생각했다. 내가 정신적 장애를 가지고 있다는 사실은 인정하지만, 아주 능숙하게 이를 겉으로 드러내지 않고 있다고 생각했다. 다른 사람 눈에는 명백하게 보인다는 사실을 깨닫지 못했던 것이다.

신경증적이라는 용어는 불안과 우울과 같은 부정적 정서를 경험하는 경향성을 의미한다. 이 용어는 다양하게 적용되는데, 여기서는 3가지를 살펴보고자 한다.

5대 요인 모형

심리학자 로버트 맥크래와 폴 코스타는 인간의 중요한 성격 특질을 체계화하는 5대 요인 모형을 개발했다. 이 모형에 따르면 대부분의 성격 특질이 '상위 특질'이라고 부르는 다음과 같은 5가지 범주에 속한다: 개방성, 성실성, 외향성, 우호성, 신경증. 심리학자들은 도구를 사용해 이 특질들을 측정하고 높고 낮음의 스펙트럼에서 점수를 부여한다.

이 특질들은 머리글자 OCEAN으로 기억할 수 있다.

개방성(Openness): 이 척도에서 낮은 점수를 받는 사람은 신중하고 안전을 중시한다. 친숙하지 않은 것은 불안을 야기한다. 점수 스펙트럼에서 최상위에 위치하는 사람은 굉장히 호기심이 많고 자신의 안전지대 밖으로 나가는 것을 좋아한다. 지루함이 스트레스를 유발한다.

성실성(Conscientiousness): 이 척도에서 낮은 점수를 받는 사람은 느슨하고 여유롭게 사는 것을 좋아한다. 최대한의 융통성을 요구하며 상황이 너무 경직되거나 흑백논리를 따를 때 스트레스를 받는다. 이 척도에서 높은 점수를 받는 사람은 규칙 추종자다. 관례와 기준을 선호하며, 이러한 관례에 충실함으로써 매우 신뢰할 만한 사람이 된다. 또한 점수 스펙트럼에서 최상위에 위치하는 사람은 예측이 불투명할 때 불안함을 느낀다.

외향성/내향성(Extroversion/Introversion): 이 척도에서 낮은 점수를 받는 사람은 내향성 영역에 속한다. 사생활을 중시하고 혼자 있는 시간을 통해서 에너지를 얻는다. 과도한 상호작용으로 인한 과잉자극은 스트레스로 이어진다. 이 척도의 상위 영역이 외향성이다. 이 영역에 속하는 사람은 마치 전기충전소에서 충전하는 것처럼 다른 사람과의 접촉을 통해서 에너지를 얻는다. 혼자 있는 시간은 에너지를 고갈시킨다.

우호성(Agreeableness): 이 척도에서 낮은 점수를 받는 사람은 경쟁적이고 의심이 많다. 누군가의 의도를 평가할 때, 선의를 가지고 평가하지 않는다. 확신할 수 없다면, 그 사람이 부정적 의도를 가지고 있다고 생각하며, 원하는 것을 얻지 못하면 불안해진다. 이 척도에서 높은 점수를 받는 사람은 다른 사람을 즐겁게 만들고자 하고, 자신보다는 다른 사람의 행복을 우선시하며, 상당히 느긋하다. 자신에 대한 반감이나 갈등에 스트레스를 받는다.

신경증(Neuroticism): 신경증은 불안, 우울, 분노 등과 같은 부정적 정서에 얼마나 취약한지를 측정한다. 이 척도에서 낮은 점수를 받는 사람은 자신감이 있고, 쉽게 좌절하지 않으며, 지나치게 반추하거나 걱정하지 않는다. 만일 무엇인가가 화나게 만들면, 적정한 시간을 두고 냉정을 되찾는다. 신경증 척도에서 높은 점수를 받는 사람은 정서적으로 쉽게 반응하고 스트레스를 받는다. 그렇기 때문에 불안장애를 겪을 가능성이 더 크다.

이 중 신경증이라는 특질을 깨지기 쉬운 도자기로 만들어진 대접과 돌로 만들어진 대접의 차이로 생각해보라. 둘 다 깨질 수 있지만 도자기가 더 빨리 그리고 더 쉽게 깨진다. 내가 도자기 유추를 사용하는 까닭은 두 가지 재료가 모두 가치 있는 것이기 때문이다. 어떤 사람은 값싼 사기보다 도자기를 선호한다. 조심해서 다루기만 한다면, 도자기도 오랫동안 잘 사용할 수 있다. 그러나 깨지기 쉽다. 마찬가지로 정서적으로 쉽게 반응한다는 것이 반드시 부정적이지는 않다. 정서에 충실하여 겉으로 적절하게 표현하는 것은 가치가 있다. 사람들은 상대방이 어떤 상태인지 알며, 무엇을 의도하거나 어떤 감정을 느끼고 있는지를 추측할 필요가 없다.

이러한 특질들을 측정하는 다양한 검사가 있다. 그중 하나가 5대 요인 성격검사이다. 이 검사에는 총 44개의 문항이 있으며 자신을 얼마나 정확하게 묘사하고 있는지에 따라 각 문항을 평가한다.

다음은 신경증에 해당하는 문항들이다.

- 나는 스스로 우울한 사람이라고 생각한다.
- 나는 별로 느긋하지 못하거나 스트레스를 잘 관리하지 못한다.
- 나는 긴장하는 경향이 있다.
- 나는 이것저것 걱정이 많다.
- 나는 쉽게 화를 낸다.
- 나는 기분 변화가 심하다.
- 나는 꽤나 신경증적이다.

  [출처: 5대 요인 성격검사]

만일 여러분이 상당히 신경증적이라면(부정적 정서 상태에 쉽게 빠진다면), 자신을 돌보는 일을 최우선으로 하고 대응기술을 최적화해야 한다.

자기보호란 자신의 신체적, 정서적, 심리적, 관계적 안녕을 증진하기 위한 실천을 말한다. 그것은 신체와 마음이 필요로 하는 것의 자각을 의미한다. 이러한 활동이나 개입의 사례로는 집 안 잡동사니 정리하기, 디지털기기 멀리하기, 일하는 시간 제한하기, 시간을 낼 수 없는 일을 해달라는 요청 거절하기, 규칙적으로 운동하기, 정크푸드 줄이기 등을 꼽을 수 있다.

이것이 신경증에 대한 5대 요인 모형의 개념화이다. 신경증에 대한 또 다른 개념화가 프로이트의 설명이다. 프로이트는 신경증을 신경계 장애로, 그리고 신경증적 행동을 무의식적 불안에 대처하는 행동이나 생각으로 간주했다. 신경증적 반응의 한 가지 사례는 최악의 시나리오에 고착되는 것이다. 인지행동학자들은 이것을 **파국화**라고 부른다. 이러한 사고의 증거는 말 표현이 "나는 **결코** 취직할 수 없을 거야" 또는 "나는 **항상** 하위권에 머무를 거야"와 같이 절대적인 진술로 가득 채워져 있는 것이다.

신경증은 1980년 출간된 DSM-3부터 목록에서 **빠지게** 되었다. 그러나 신경증은 여전히 전 세계적으로 정신질환을 기술하는 데 사용하고 있다. 예컨대, 국제질병분류(ICD)는 연구 및 보험 청구에 사용하는 분류체계를 가지고 있다. 이 분류체계는 여전히 경미한 정신질환을 기술하는 데 **신경증**이라는 용어를 사용하고 있다.

신경증에 대한 3번째 접근은 성격 체제화를 기술하는 데 사용하는 정신분석 이론이다. 미국의 정신의학자이자 정신분석가인 오토 컨버그는 신경증적 성격, 경계성 성격, 정신병적 성격이라는 3가지 수준의 성격 체제화를 제안했다.

신경증적 성격은 온전한 현실검증 능력을 가지고 있는 가장 상위수준의 기능성이다. 이는 무엇이 실제이고 무엇이 허구인지를 알고 있다는 의미이다. 또한 성숙한 방어기제도 갖고 있으며 자신과 타인에 대한 안정적인 개념도 갖고 있다.

경계성 성격이라 부르는 까닭은 신경증 수준과 정신병 수준 중간에 놓여 있기 때문이다. 경계성 성격의 경우에는 초보적인 방어기제를 사용하며, 스트레스를 받을 경우 간헐적으로 정신병적 상태로 넘어간다.

정신병적 성격을 갖고 있는 사람은 가장 낮은 수준의 기능성을 나타내며, 다양한 정신병적 증상을 드러내고, 초보적인 방어기제를 사용하여 무의식적 불안에 반응한다.

심리적 방어와 대처기술

사람들이 자각을 넘어서서 발생하는 내적 불안, 즉 **무의식적 불안**을 방어하기 위해 자동적인 심적 과정을 사용한다고 주창한 최초의 인물이 바로 프로이트이다. 그는 이러한 행동을 **심리적 방어기제**라고 불렀다. 이러한 방어기제들은 프로이트가 제안한 마음의 구조 모형에서 유래하는데, 그는 이 구조 모형을 자아심리학의 개념으로 확장했다.

자아심리학은 마음을 원초아, 자아, 초자아라는 3가지 부분으로 분할한다. 원초아는 가장 원초적인 본능을 말하며 완전히 무의식적이다. 원초아는 쾌락원리, 즉 성, 배고픔, 목마름, 배설 등과 같은 본능적 충동을 만족시키려는 심적 추동이 제어한다. 초자아는 부모와 사회가 설정한 기준에 근거한 도덕적 나침반이다. 자아는 원초아의 받아들일 수 없는 추동과 규칙을 따르고 윤리적 규범을 준수하려는 초자아 간의 균형을 유지하는 자기표상으로 생각할 수 있다. 자아는 현실원리가 제어하는데, 현실원리는 적절한 시간이 도래할 때까지 본능적 충동의 만족을 지연시킨다.

프로이트는 10가지 심리적 방어를 기술했다. 그의 딸인 안나 프로이트를 포함해서 다른 자아심리학자들이 그의 주장을 따랐으며 여러 가지 방어를 첨가했다. 30가지 이상의 방어가 있지만, 여기서의 논의는 가장 보편적인 9가지에 국한한다.

자아는 무의식적인 심적 갈등을 처리하기 위해 심리적 방어를 채택한다. 그 갈등이란 초자아가 용납하지 않는 원초아의 욕구이다. 극히 일부만이 수면 밖으로 나오고, 대부분은 수면 아래에 감춰져 있는 빙산을 머릿속에 그려보라. 허용이 불가능한 갈등은 수면 아래 즉, 의식적 사고 아래에 존재한다. 이러한 갈등의 몇 가지 사례로는 공포, 트라우마 경험, 폭력 동기, 비윤리적 충동, 비합리적 소망, 이기적 요구, 받아들일 수 없는 성적 욕망, 수치스러운 경험 등을 꼽을 수 있다.

〈의식적 사고 아래에 감춰져 있는 것〉

갈등	사례
공포	고독사를 할 것이고 누구도 자신을 그리워하지 않을 것이라는 공포
트라우마 경험	아버지가 어머니를 구타하는 장면의 목격
폭력 동기	아버지를 살해하기를 원함
부도덕한 충동	세금을 포탈하고 벌어들인 모든 돈을 지키고 싶은 충동
비합리적 소망	아버지가 자발적으로 사라짐으로써 더 이상 존재하지 않아서 살해할 필요도 없으면 좋겠다는 소망
이기적 욕구	3명의 아이를 낳아 자신의 꿈이 좌절된 것에 대한 후회
용납할 수 없는 성적 욕망	자신의 배우자와는 달리 매일 규칙적으로 운동하는 제수와의 성적 관계를 상상하기
수치스러운 경험	아버지가 자신에게 퍼부은 "쓰레기 같은 놈"과 같은 욕설로 인한 불쾌감

이러한 갈등은 내면의 깊은 곳에 숨어 있어 보이지 않기 때문에, 그 갈등이 유발하는 고통을 처리할 필요가 없다. 그러나 갈등이 유발하는 불안은 교묘하게 위장된 방식으로 의식 세계로 부글부글 솟아오른다. 자아가 이렇게 위장된 불안을 알아채고는 방어기제를 사용하여 퇴치한다.

심리적 방어기제는 원초적 방어기제, 신경증적 방어기제, 성숙한 방어기제라는 3가지 범주로 나뉜다. 이러한 심리적 방어기제는 자동적이며, 때로는 성인의 문제에 낡고 성숙하지 않은 방어기제를 사용함으로써 난국에 처할 수 있다. 이러한 행동이 처음에는 기분을 호전시킬 수 있지만, 궁극적으로는 더 많은 문제를 유발하며 부정적 정서를 의식적으로 관리하는 것을 방해하게 된다.

심리적 방어기제

원초적 기제	신경증적 기제	성숙한 기제
부정	투사	유머
해리	반동형성	승화
행동화	주지화	억압

원초적 방어기제

원초적 방어기제는 미성숙하고 유치하다. 아동기에는 정상적인 반응이지만, 성장함에 따라서 좀 더 성숙한 기제들을 사용하게 된다. 부정, 해리, 행동화 등이 원초적 방어기제의 몇몇 사례이다.

부정

부정은 다른 모든 사람에게 명백한 현실을 받아들이지 않고 거부하는 것이다. 전형적인 예로는 중독되었다는 사실을 부정하는 것이다. 자신이 특정 물질(술, 음식 등)을 과다복용하거나 특정 행동(성행위, 쇼핑 등)에 지나치게 집착한다는 사실을 알면서도, 원하기만 하면 언제든 이것을 그만둘 수 있다고 스스로 다짐한다.

부정의 좀 더 미묘한 사례는 인정하고 싶지 않은 무엇인가를 드러내는 명백한 징후를 무시하는 경우다. "나는 배우자가 바람피우고 있다고 생각하지 않아"라고 큰 소리로 떠들어야 할 필요는 없지만, 배우자가 밤늦게까지 집에 들어오지 않거나 많은 문자 메시지를 받고는 즉시 삭제해버리는 경우처럼 분명한 조짐을 무시할 수 있다.

해리

해리는 고통스러운 기억이나 경험을 마음에서 차단시키는 것이다. 트라우마를 겪었던 사람에게서 흔히 나타나는 방어기제다. 트라우마를 경험하는 동안 마음이 다른 장소로 도망치거나, 기억을 감춰버려서 그 기억을 회상할 수 없게 된다. 트라우마가 괴롭힘을 당하는 것과 같은 단 한 가지 경험일 필요는 없다. 나는 아동기 대부분을 기억하지 못하는 사람들과 이야기를 나눠왔다. 그들은 정서적 학대의 경험과 그러한 학대가 그들의 감정에 어떤 영향을 미쳤는지를 기억한다. 그러나 학교에 입학한 날 또는 여름방학에 했던 일 등과 같이 삶의 이정표에 해당하는 사건들은 기억하지 못한다. 그들의 삶은 흐릿하게 보이는 하나의 거대한 덩어리처럼 느껴진다.

대부분의 원초적 방어기제와 마찬가지로, 해리가 단기적으로는 기분을 개선하는 데 도움을 주기도 하지만 장기적으로는 상당히 파괴적이다. 해리가 결코 효과적인 방어기제가 아닌 까닭은 정서적 마비를 초래하기 때문이다. 어떤 사람은 이 방어기제 사용에 매우 익숙해져서 상당히 많은 시간을 현실에서 벗어난 채 보낸다. 또한 기억에 공백이 있으며 현실과 동떨어져 있다는 느낌을 받는 것은 상당히 고통스러울 수 있다.

행동화

행동화는 화가 나서 짜증을 내거나 자해하는 것을 말한다. 오후 낮잠을 놓친 아동에게서 이러한 행동화를 발견할 수 있다. 부모라면 아마도 오후 5시 멘붕(심적 혼란 상태)에 꽤나 익숙할 것이다. 아이는 왜 짜증이 나는지 깨닫지 못한다. 그냥 기분이 좋지 않아서 있는 대로 화를 낼 뿐이다. 마찬가지로 성인도 자신의 반응을 주도하는 촉발자극을 항상 깨닫고 있는 것이 아니다. 느닷없이 감정적이 되거나 분노가 치미는데 그 촉발자극을 확인해낼 수가 없다. 사람들은 때때로 무엇이라고 표현할 수 없는 정서적 긴장감을 완화하기 위해서 자해를 하는 경우도 있다.

신경증적 방어기제

신경증적 방어기제가 원초적 방어기제보다 더 효과적이지만, 성숙한 방어기제만큼 효과적이지는 않다. 신경증적 방어기제의 경우에는 불쾌한 감정을 수용 가능한 형태의 감정으로 처리하지 않은 채 회피하게 된다. 그 행동은 사람들의 기능성이나 다른 사람과의 상호작용 방식에 부정적 영향을 미친다. 신경증적 방어기제의 사례로는 투사, 반동형성, 주지화 등을 꼽을 수 있다.

투사

투사란 수용하기 어려운 감정을 느끼고 있을 때, 그 감정을 자기 것으로 받아들이는 대신에 다른 사람에게 전가하는 것이다. 투사는 부정확한 마음 읽기를 상당히 많이 수반한다.

한 사례를 보자. 티나는 줄곧 자신보다 예쁘고 똑똑하며 성공적인 삶을 살아온 언니의 그늘에서 살아왔다. 티나는 졸업 직후 대학 동창과 결혼해서 전업주부이자 아이들의 엄마로 살았다.

어느 날 밤, 남편과 함께 텔레비전을 시청하고 있는데 언니 이야기가 뉴스에 등장한다. 언니는 테크놀로지 회사의 재무 담당 최고책임자(CFO)로 승진했다. 남편이 "와우, 당신 언니 정말 대단하네"라고 말한다. 티나는 남편의 말에 상처를 입고 이렇게 말한다. "나하고 결혼한 걸 후회하고 있겠네. 당신에게 난 언제나 좀 모자란 사람이잖아." 남편은 티나의 반응에 그다지 놀라지 않는다. 자신이 멋진 여성과 바람을 피운다고 타박하는 경우가 많기 때문이다. 남편은 아내가 아이를 낳은 후 자제력을 잃었다고 느끼고 있지만 여전히 그녀를 사랑하고 있으며 자신이 다른 여자와 바람을 피운다고 의심하는 것에 조금 지쳐 있다.

실제로 이 행동의 이면에 숨어 있는 것은 티나가 자기 자신을 좋아하지 않는다는 사실이다. 자녀들을 사랑하지만 전업주부의 삶이 더 멋진 여성으로 성장할 수 있는 기회를 박탈해버렸다고 느낀다. 언니의 성공을 보면서 자신감이 더욱 떨어졌다. 티나는 자신의 불안정을 인정하지만, 의식 수준에서 인식하지 못하고 있는 것은 자신이 결혼해서 아이들을 낳았다는 사실을 후회하고 있다는 점이다. 막내가 9살이기 때문에 향후 10년 동안은 다른 사람을 위해서 자신의 욕구를 부정하는 삶을 살아야 할 것 같다. 티나는 결혼을 후회하는 장본인은 남편이라고 주장함으로써 이렇게 인정할 수 없는 생각을 남편에게 투사한다.

반동형성

반동형성이란 실제로 느끼는 것과 상반되는 견해를 표방함으로써 자신의 바람직하지 않은 생각을 누그러뜨리는 것이다. 몇몇 경우의 동성애 혐오증은 반동형성이다. 동성에게 매력을 느끼지만 가족이 동성애를 결코 받아들이지 않는 사람을 생각해보라. 결국에는 동성애에 지나치게 비판적인 태도를 취하으로써 동성을 향한 매력을 거부하게 된다. 그러한 태도가 자신의 이성애 지향성을 입증하는 것이다. "동성애를 혐오하니까 나는 동성애자가 아닌 것이지?"

주지화

주지화란 불쾌한 감정을 추상적인 것으로 만들어서 그러한 감정 경험을 피하는 것이다. 주지화의 사례는 사랑하는 사람이 암에 걸려서 남은 시간이 6개월도 채 안 된다는 사실을 알게 되었을 때이다. 사랑하는 사람을 잃는다는 고통의 감정을 회피하기 위해 죽음이 어떻게 정상적인 삶의 부분이 되는 것인지를 생각한다. 임박한 슬픔 대신에 자신들의 일을 정리할 방법과 다른 뒤처리에 초점을 맞춘다.

이러한 유형의 계획을 세우는 것은 하루 종일 침대에 누워서 사랑하는 사람이 떠나고 나면 자신의 삶이 얼마나 끔찍할지를 곱씹는 것보다는 나름 가치가 있다. 그러나 주지화의 경우에 상실의 고통을 순수하게 경험하지 않게 되는 까닭은 이러한 추상적인 생각들로 그 고통을 건너뛰기 때문이다. 마치 자신은 그 경험의 당사자가 아닌 것처럼 행동한다. 주지화 행위가 과도하게 되면, 사실을 받아들이는 쪽으로 나아가지 못한다.

성숙한 방어기제

성숙한 방어기제는 고통스러운 생각과 감정을 수용 가능한 형태로 전환시킴으로써 불안에 대처하도록 도움을 준다. 고통을 회피하기보다는 관리하는 것으로 대처한다. 성숙한 방어기제의 사례로는 유머, 승화, 억압 등이 있다.

유머

여러분은 모임의 긴장을 완화하고자 유머를 사용하는 사람의 이야기를 들어본 경험이 있을 것이다. 유머는 정신적 긴장을 풀어주는 역할을 한다. 특정 상황에서 아이러니를 발견하거나 재미있는 측면을 찾는 것은 그 상황을 바라보는 방식을 변화시킬 수 있다. 때로는 현실에서 도피하고자 너무 많은 유머를 사용하거나, 상황을 진지하게 생각하지 않는 싱거운 사람으로 보이게 만들 수도 있다. 하지만 신중하면서도 적절한 시점에 사용하는 유머는 어려운 감정을 수용할 수 있도록 도와줄 수 있다.

승화

승화란 바람직하지 못한 충동을 바람직한 것으로 돌리는 것이다. 스포츠 활동에 참여하는 것은 사람들이 바람직하지 못한 욕망을 방향 전환시키는 가장 보편적인 방법이다. 음주운전 반대 어머니회(MADD)는 비극적인 사고가 발생한 후 결성된 단체다. 1980년 5월 30일, 당시 13세였던 캐리 라이트너는 교회 축제에 참가하러 가던 중 상습적인 음주운전자의 차에 치여 사망했다. 캐리의 어머니인 캔더스 라이트너는 캘리포니아의 운전법을 개정하여 상습적음주운전자에 대한 처벌을 강화하자는 캠페인을 시작했다.

캔더스 라이트너는 그 음주운전자가 딸을 사망하게 만든 후에도 계속해서 운전하면서 다른 희생자를 발생하게 만드는 제도를 향한 분노를 공개적으로 천명했다. 딸의 죽음으로 지울 수 없는 상처를 받았지만, 그녀는 정서적으로 와해되는 대신에 자신의 감정을 제도 변화의 시행에 투입했다. MADD의 노력으로 지금까지 수많은 생명을 구할 수 있었다.

억압

억압은 해결되지 않은 생각을 자신의 의식 밖으로 밀어내는 것이다. 사람들은 상실을 겪을 때마다 늘 그렇게 하고 있다. 여러분이 실연으로 비통해하고 있다고 상상해보자. 매일 아침 일어나서는 실연의 아픔을 생각하지만, 깨어 있는 시간을 그 생각만 하면서 보낼 수는 없다. 따라서 그 생각을 잊기로 다짐하고, 그 생각에서 벗어나게 해주는 어떤 일에 의도적으로 몰입한다.

무의식적이고 자동적인 과정을 어떻게 변화시키겠는가? 변화는 그 행동을 자각하는 것으로부터 출발한다. 이 과정의 무의식적인 부분은 그 행동 이면에 존재하는 충동이나 수면 아래에 감춰져 있는 갈등이다. 만일 여러분이 일상생활에서 많은 방어기제를 사용하고 있다면, 그 갈등을 찾아내는 데 도움을 주는 치료자가 필요할지도 모르겠다.

치료자가 없을 경우에는 자기성찰을 실시하라. 그러한 행동을 했던 적이 있는가? 그 행동을 촉발한 생각이나 감정이 무엇인지 찾아낼 수 있는가? 여러분을 분노하게 만든 누군가에게 해를 가하고 싶은 것과 같이, 용납할 수 없는 어떤 도덕적 문제나 사고와 씨름하고 있는가? 그러한 모욕적인 행동에 어떻게 반응했는가? 아마도 그러한 감정을 받아들이고 사라질 때까지 가만히 있지는 않았을 것이다. 일반적인 반응은 그러한 감정이 사라지게 만들 방법을 찾는 것이다.

심리적 방어기제는 불쾌한 생각이나 감정을 온전하게 자각하고 있는 것으로부터 자신을 분리시키는 방법이다. 지금 자신의 경험을 유념하는 것은 이러한 방어기제에 자동적으로 몰두하지 않도록 도움을 준다. 오히려 감정을 관리하는 대처기술을 사용하게 된다. 대부분의 방어기제는 무의식적이지만 몇몇 성숙한 방어기제는 의식적인 것으로 만들어서 대처기술로 사용할 수 있다. 대처기술은 고통스러운 감정을 다루기 위하여 의식적으로 사용하는 방법이다.

이제 여러분을 불안하게 만드는 많은 원인을 알게 되었다. 어떤 불안은 장애의 결과물일 수도 있고, 어떤 불안은 천성이나 성격의 한 부분일 수도 있다.

매일같이 조절할 수 없는 불안을 느끼거나, 특정 상황에서만 불안이 튀어나올 수도 있다. 제2부에서는 불안을 관리하는 데 사용할 수 있는 대처기술을 비롯한 여러 도구를 심도 있게 살펴본다.

제 2 부

불안 대처법

제 5 장

처방약물

과제에 대한 올바른 도구

정신과 수련을 받을 때 나는 뉴욕 맨해튼에 있는 스튜디오 형식의 작은 아파트에서 살았다. 아주 아담한 주방에는 소형 캐비닛형 레인지와 냉장고가 있었다. 찬장이 너무 좁아서 냄비와 팬을 오븐 안에 보관해야만 했다. 음식을 만들 때면 언제나 다리미판을 임시 조리대로 사용했다.

그것이 나의 도시생활이었으며, 나는 거기에 곧 익숙해졌다. 그러나 수련 기간이 몇 달밖에 남지 않았을 때 애틀랜타로 이주해서 넓은 아파트에서 사는 꿈을 꾸기 시작했다. 나는 진짜 조리대가 달린 넓은 주방을 꿈꾸곤 했다. 먹방 채널의 요리 프로그램을 보면서 애틀랜타로의 이주를 준비했다. 진짜 요리를 해본 지 너무 오래되어 나 자신과 내가 찾게 될 남자를 위해서 요리법을 다시 배워야만 했다.

나는 TV에 나오는 요리사들이 모두 상당히 정교한 칼을 사용하며, 용도에 따라서 다른 종류의 칼을 사용한다는 사실을 깨닫기 시작했다. 그 장면은 내가 멋진 주방에서 사용할 칼 세트를 준비하는 데 도움을 주었다. 새로 구입할 칼 세트는 수공으로 만든 나이프 블록 안에 꽂힌 채 조리대 위에 당당히 놓이게 될 것이었다. 애틀랜타로 이사한 후 나의 계획을 실행에 옮겨 고가의 준전문가용 칼 세트를 구입했다. 그 칼로 음식 재료를 썰고 저미는 것은 즐거움 자체였으며, 나는 그 칼 세트를 오랫동안 잘 사용했다.

어느 날 나이프 블록에서 카빙 나이프(요리한 고깃덩어리를 식탁에서 저미는 용도로 사용하는 칼)를 꺼냈을 때, 칼끝이 휘어진 것을 발견했다. 나의 멋진 스테인리스 재질의 칼이 망가져 있었고, 어째서 그렇게 되었는지를 머릿속에 그려보다가 확실하게 알게 되었다. 병뚜껑을 비집어 따려고 그 칼을 사용한 부주의한 범인의 모습이 눈에 선했다. 분노를 잠시 접어두고 나이프 블록에서 다른 칼을 빼 들었다. 설상가상으로 두 번째 칼날도 완전히 깨져 있었다. 범인은 첫 번째 실수에서 교훈을 얻지 못했던 것이다. (남편이) 과제에 엉뚱한 도구를 사용함으로써 칼을 두 자루나 망가뜨린 것이다.

내담자들은 종종 이렇게 묻는다. "불안을 없애려면 어떻게 해야 하나요?" 일반적으로 내담자들은 자신의 문제를 영원히 해결해줄 단 하나의 해결책을 찾고 있다. 그런 해결책이 있다면 말이다. 불안은 다면적이며, 다층적인 접근법을 사용해 다루어야 한다.

그것은 온전한 칼 세트를 갖추고 있는 것과 같다. 오렌지 껍질을 벗기고 자르는 데는 과도가 유용하지만, 바게트를 자르기 위해서는 톱날칼이 필요하다. 과도로 바게트를 썰 수도 있지만 별로 효율적이지는 않다. 톱날칼은 바로 그러한 용도를 위해서 제작된 것이다(그리고 어떤 칼도 열리지 않는 병뚜껑을 따는 데 사용해서는 안 된다).

마찬가지로 불안을 관리하는 데 사용할 수 있는 도구들이 많이 있다. 선택하는 도구는 여러분이 경험하고 있는 불안의 유형이 무엇인지(심리적, 신체적, 또는 행동적 불안), 여러분에게 효과적인 개입이 어떤 것인지, 그리고 여러분이 수행하기 쉽고 편안한 것이 무엇인지 등에 달려 있다.

제1부에서 나는 불안을 느끼게 되는 다양한 원인을 언급했다. 제2부에서는 필요할 때 사용할 수 있는 다양한 도구를 소개한다.

제5장에서는 처방약물 복용을 수반하는 개입을 살펴본다. 제6장에서는 불안에 대한 몇 가지 보완치료와 대체치료를 논의하는데, 대부분은 전문가의 도움 없이도 스스로 실행할 수 있는 것이다. 제7장에서는 불안 증상을 치료하는 몇 가지 심리치료를 살펴본다. 제8장부터 제10장까지는 불안에 도움을 받기 위하여 개별적이거나 종합적으로 사용할 수 있는 마음도구, 신체도구, 그리고 행동도구를 소개한다.

불안장애 처방약물

불안을 겪을 때 약물을 복용해야 하는지를 어떻게 알 수 있는가? 일반적으로 일상생활에 심각한 문제를 유발하는 불안장애에 약물을 처방한다. 임상적으로는 이러한 유형의 문제를 '기능적 손상'이라고 부른다.

불안이 여러분의 기능에 얼마나 영향을 미치는지를 판단하는 데는 추측 이상의 작업이 필요하다. 임상가는 미국정신의학회가 개발한 총체적 기능성 평가(GAF)나 WHO의 장애 평가 목록(DAS) 등과 같은 척도를 사용한다. DSM-5에서는 GAF를 빼버렸다. 그렇지만 많은 임상가, 보험회사, 그리고 장애인 단체는 여전히 특정인의 정신과적 문제가 그들의 삶에 미치는 영향을 정량화하는 데 이 척도를 사용하고 있다.

손상 정도를 결정하기 위해서는 3가지 영역, 즉 사회 영역과 직업 영역 그리고 개인 영역에서의 기능성을 살펴보게 된다. 사회적 기능성에는 다른 사람들과의 관계를 얼마나 잘 형성하는지 그리고 주변 환경에 얼마나 관여하는지 등이 포함된다. 직업적 기능성에는 학업 수행과 업무 수행이 포함된다. 개인적 기능성이란 개인위생, 수면, 식습관 등에서 얼마나 자신을 잘 관리하고 있는지를 지칭한다. 또한 개인적 기능성에는 공과금 납부와 같은 개인적 책무를 얼마나 잘 이행하는지도 포함된다.

기능성은 다음과 같은 5가지 범주로 분류할 수 있다: 수월한 기능성, 경미한 손상, 중급 손상, 심각한 손상, 최상급 손상.

〈치료약물과 FDA 불안지표〉(괄호는 상표명)

범불안장애	사회불안장애	공황장애
에스시탈로프람(렉사프로)	설트랄린(졸로프트)	설트랄린(졸로프트)
파록세틴(팍실)	파록세틴(팍실)	파록세틴(팍실)
벤라팍신(이팩사 XR)	벤라팍신(이팩사 XR)	벤라팍신(이팩사 XR)
둘록세틴(심발타)		플루옥세틴(프로작)
알프라졸람(자낙스)		알프라졸람(자낙스)
부스피론(부스파)		클로나제팜(클로노핀)
디아제팜(바리움)		
로라제팜(아티반)		

〈여러분은 얼마나 불안한가?〉

기능성 수준	증상의 사례
수월한 기능성	불안을 유발하려면 스트레스원이 이례적일 필요가 있다. 불안이 일시적이며 관리 가능하다. 여러분의 반응은 보통 사람의 반응과 다르지 않다.

기능성 수준	증상의 사례
경미한 손상	시험이나 발표와 같은 행위 수행과 관련된 일시적 불안. 재정 문제나 삶의 문제에 대한 과도한 걱정. 갈등을 겪은 후의 집중력 문제.
중급 손상	수면장애(잠들기 어렵거나 도중에 자주 깨는 어려움). 직면한 문제에 대한 침투적 사고 때문에 잠이 깬다. 개인적이거나 직장에서나 학교에서의 책무의 완수를 방해하는 동기나 집중력의 문제. 매주 또는 매달 수차례의 공황발작. 인간관계에서의 많은 갈등.
심각한 손상	매일 아침 구토하면서 깨어남. 며칠씩 결근하거나 결석함. 흉통이나 호흡곤란과 같은 다양한 신체증상. 일주일에 며칠씩 5시간도 잠을 못 자는 심각한 불면. 과도한 강박적 사고나 의식절차. 직업을 유지하거나 의미 있는 관계를 가질 수 없음.
최상급 손상	망상적 신념. 지속적인 자살 생각과 시도. 열악한 개인위생. 다른 사람을 향한 폭력.

수월한 기능성의 경우에는 이례적인 스트레스원에 직면하지 않는 한, 불안을 거의 경험하지 않는다. 또한 불안반응이 일시적이며 수습 불가능하게 되지 않는다. 불안반응은 보통 사람이 보일 수 있는 수준이다(여기서 '보통 사람'이란 사람들의 행동에 대한 개인적 관찰에 따른 것이다. 이렇게 범주화하는 것은 일반화에 해당하며, 절대적 기준은 아니다).

경미한 기능성 손상의 경우에는 시험이나 발표와 같이 다가오는 수행 활동과 관련된 일시적 불안을 경험하게 된다. 자신의 재정 상태를 걱정하는 데 지나치게 많은 시간을 쓰기도 한다. 또 다른 사례는 누군가와 갈등을 겪은 후부터 집중력에 문제가 발생하는 것이다.

중급 기능성 손상의 경우에는 수면 패턴에 변화가 나타나기도 한다. 예민하거나 수면 방해를 경험함으로써 잠드는 데 어려움을 겪을 수 있다. 당면한 문제에 노심초사하느라 일찍 깨어나기도 한다. 또 다른 부정적 영향은 불안이 동기나 집중력 등을 약화시키는 것이다. 그래서 사람을 만나거나 자신에게 주어진 업무를 수행하기 힘든 지경에 이를 수 있다. 이 수준의 기능성 손상에서는 일주일에 한 번이나 한 달에 몇 차례 정도로 공황발작을 경험하기도 한다. 사회적 기능성에 있어서는 직장동료와 갈등을 겪게 만들거나 대인관계에 부정적 영향을 미치기도 한다.

심각한 기능성 손상의 경우에는 불안이 심각해서 직무를 수행할 수 없거나 학교에 출석하지 못할 수도 있다. 아침마다 잠에서 깨면서 구토를 한다. 또한 흉통이나 심호흡 장애와 같은 심각한 신체증상을 겪기도 한다. 불안이 잠을 설치게 만들어서 하루에 2~3시간 정도만 잠을 잔다. 수면박탈과 불안으로 인해서, 예민함이 극에 달하여 결국에는 심각한 대인관계 문제를 초래한다. 만일 강박 성향이 있다면, 집에만 틀어박히게 만드는 과도한 의식절차를 수행하거나 자살을 시도하게 만드는 충격적인 강박 증상을 경험하기도 한다. 심각한 기능성 손상의 결과는 직장을 유지할 수 없거나 의미 있는 대인관계를 가질 수 없게 되는 것이다. 불안이 이러한 기능을 방해할 정도로 심각하기 때문이다.

최상급 기능성 손상의 경우에는 가장 심각한 부작용을 초래한다. 망상적이 되거나 개인위생을 소홀히 하게 되고, 폭력적으로 변하거나 자살을 시도하기도 한다.

불안 약물을 언제부터 복용해야 하는지에 관한 물음으로 되돌아가보자.

일반적으로는 불안이 중급에서 심각 단계의 손상을 초래할 때 약물을 고려하게 된다. 최상급 기능성 손상은 증상을 안정화시키는 병원 입원을 필요로 한다. 경미한 손상은 정신과적 장애에 의한 것이 아닌 일상적 불안을 수반할 수 있다. 불안장애가 있는 경우에도 경미한 증상을 나타내서 약물의 도움 없이도 대처할 수 있는 때가 있다. 다른 시점에서는 증상이 주체할 수 없을 정도로 심각해져서 중급이나 심각한 기능성 손상을 초래한다. 이 수준의 경우에는 증상을 제어하기 위해 약물을 복용하기로 결정하기도 한다.

중급에서 심각 단계의 증상과 손상 사이에는 차이가 있다는 점에 주목하기 바란다. 며칠 동안 심각한 불안발작이나 지나친 근심과 신체증상을 겪으면서도 계속해서 직장에 출근해 몸조심을 할 수 있다. 이렇게 강렬한 증상이 며칠 동안 고생스럽게 만드는 경우조차도 결국에는 그 증상도 지나가게 된다. 이 경우에는 중급에서 심각 단계의 불안 증상이 기능성 수준을 변화시키지 않았다. 일상적 책무를 완수하지 못하게 만드는 것은 일반적으로 몇 주 이상 계속되는 지속적 불안이다. 이런 일이 발생하면 약물 복용을 고려해봐야 한다. 어떤 사람은 매일같이 겪는 심각한 불안이 무수히 많은 문제를 초래하기 때문에, 약물을 복용하지 않고는 살아갈 수가 없다.

불안 약물

이 절에서는 불안에 사용하는 주요 약물 유형들을 하나씩 살펴본다.

- 항우울제
- 벤조디아제핀
- 부스피론
- 프로프라놀롤

- 프레가발린과 가바펜틴
- 하이드록시진과 사이프로헵타딘

항우울제

세로토닌을 증가시키는 항우울제가 불안장애를 치료하는 데 사용하는 가장 핵심적인 치료약이다. 그렇다. 우울하지 않더라도 우울증에 사용하는 약물을 불안에도 사용한다.

그러한 사례로는 세로토닌 재흡수 억제제인 서트랄린, 플루옥세틴, 에스시탈로프람, 그리고 세로토닌-노르에피네프린 재흡수 억제제인 벤라팍신과 둘록세틴 등이 있다. 만일 이 약물들을 사용한다면, 매일 일정량을 복용해야 한다.

의사가 이 약물 중 하나를 처방할 때는 적은 용량으로 시작해서 점진적으로 서서히 그 용량을 늘려가게 된다. 효과를 볼 수 있는 용량을 '치료용량'이라고 부른다. 치료용량은 처음 시작할 때의 용량보다 단지 몇 단계 높은 수준이기 십상인데, 사용하는 약물에 따라 다르다. 불안을 치료하는 데 필요한 최종 치료용량은 우울증에 필요한 용량보다는 높은 게 일반적이다.

예컨대, 우울증 치료를 위한 서트랄린의 치료용량은 50~100mg이지만, 불안을 치료할 때의 용량은 150~200mg이다. 의사는 25~50mg에서 시작해서 점차 용량을 증가시켜나가기도 한다. 이 과정은 내담자의 반응에 맞춰서 진행된다. 비록 불안을 표적으로 하는 서트랄린의 최종 용량이 150mg이라고 하더라도, 어떤 사람은 불안을 치료하는 데 단지 100mg(아니면 더 소량)만 필요할 수도 있다.

이러한 약물을 이전에 복용해본 적이 없다면 약물 효과가 즉각적으로 나타나지 않는다는 사실을 모를 수도 있다. 최초의 효과를 보기까지는 1~2주가 걸리며, 최대 효과가 나타나기까지는 6주가 걸리기도 한다. 이렇게 효과가 지연되는 이유는 약물이 혈류 내에서 안정적 수준에 도달한 후에야 비로소 지속적인 효과를 내기 때문이다. 약물을 복용하면, 약물 수치가 올라가서 정점에 도달한 다음에 떨어진다. 약물 농도가 얼마나 빠르게 떨어지느냐는 약물의 반감기, 즉 복용한 용량의 절반에 도달하는 데 걸리는 시간에 따라 달라진다. 대부분의 항우울제는 하루(24시간)의 반감기를 가지고 있다.

두 번째 용량을 복용할 때는 약물 농도가 다시 상승하고 앞서 복용한 용량에 더해진다. 혈류에는 어제 복용한 약물의 잔존물과 오늘 복용한 약물이 뒤섞인다. 신체가 약물의 하루 복용량으로 간주하는 안정적 수준에 도달하기까지는 5번의 반감기가 필요하다. 따라서 만일 약물이 24시간의 반감기를 가지고 있다면, 안정적 수준에 도달하는 데는 닷새가 걸리게 된다. 그런 다음에 두뇌가 약물의 안정적 수준에 반응을 보이기 위해서는 다시 며칠이 걸린다.

나는 일반적으로 내담자에게 소량의 약물로 시작하여 2주가 지난 후에 다음 목표 용량으로 늘리도록 지시한다. 1~2주 후에 상태가 약간 개선되겠지만, 적은 용량으로 시작하기 때문에 항우울제가 얼마나 잘 작동하는지를 판단하려면 한 달을 꼬박 기다려야 한다고 말해준다. 한 달을 기점으로 내담자는 두 번째로 증가된 용량을 2주간 복용한다. 그 시점이 되면 내담자는 약물을 처음 복용하기 시작했을 때보다 더 나아졌다고 느끼게 되며, 다음 4주에 걸쳐서 복용량을 두 번째 단계로 유지하더라도 상태는 지속적으로 나아질 수 있다.

항우울제의 부작용

모든 약물이 그렇듯이 항우울제도 부작용을 유발할 수 있다.

불안의 증가

불안한 사람이 항우울제를 복용하기 시작하면 증상이 더 악화된다는 기분이 드는 것은 정상이다. 몇몇 연구자는 세로토닌이 편도체를 활성화하기 때문이라고 생각한다. 제1장에서 언급한 바와 같이, 편도체는 본능적 불안반응의 중추이다. 이 문제를 해결하기 위해, 내담자가 우울증을 가지고 있는 경우 일반적으로 의사들은 평소보다 적은 용량으로 시작한다. 예컨대 우울증 치료를 위한 에스시탈로프람의 시작 용량은 대체로 10mg이다. 그러나 불안증이 있는 내담자일 경우 나는 일반적으로 5mg으로 시작한다. 이처럼 적은 용량도 여전히 불안을 악화시킬 가능성이 있지만 10mg보다는 가능성이 상대적으로 낮다.

용량을 증가시킬 때마다 불안이 증가하기도 한다. 이와 같은 일시적 악화가 모든 사람에게 일어나는 것은 아니지만, 일어나더라도 대부분 며칠 내에 잦아든다. 불안이 더디게 완화되는 것의 단점은 적응과정을 연장시킨다는 점이다. 에스시탈로프람의 항불안 용량 범위는 30~40mg이다(이보다 적은 용량에도 충분히 반응하는 사람도 있다). 만일 30mg이 필요하다면, 이 복용량에 도달하기까지 몇 주가 걸리게 된다.

여러분은 이런 의문이 생길지 모른다. "항우울제가 불안을 증가시킨다면 이 약을 왜 복용해야 하는가?" 단기적으로는 불안이 증가하지만, 장기적으로는 일상의 불안을 치료하는 데 항우울제가 여전히 효과적이기 때문이다. 또한 적은 용량으로 시작해서 서서히 늘려갈 경우에는 이러한 악화 효과를 경험하지 않을 가능성도 있다. 의사들은 이러한 악화 증상을 해결하고자 안정적 효과에 도달할 때까지 기다리는 동안 불안을 완화시키는 벤조디아제핀을 처방하기 십상이다. 다음 절에서 벤조디아제핀을 논의한다.

소화기관 증상

만약 여러분이 「스타트렉」 팬이라면 장교들만이 선교에 올라갈 수 있다는 사실을 알 것이다. 선교는 선장과 장교들이 배를 조정하는 지휘 본부이다. 장교가 아닌 사람은 허락을 받아야만 선교에 올라갈 수 있다. 두뇌를 이러한 지휘 본부라고 생각할 수 있다. 허락을 받은 화학물질들만이 혈관을 떠나서 이 지휘 본부에 들어간다. 이러한 방호 필터를 **혈액-두뇌 관문**이라고 부른다.

신체의 나머지 부분에는 그러한 필터가 없다. 섭취한 화학물질은 그 물질을 인지하고 사용하고자 하는 목 아래의 모든 신체부위에 영향을 미친다(실제로 두뇌보다는 소화기관에 세로토닌 수용체가 더 많다). 소화기관은 하나의 연속적인 관으로 몸 전체에 이어져 있다. 소화기관을 입에서 출발해서 항문까지 가면서 중간에 여러 정차역을 가지고 있는 일방통행 철도라고 생각해보자. 선로 전체에 세로토닌 수용기들이 배열되어 있기 때문에 약물은 선로변의 모든 신체 부분에 영향을 미칠 수 있다.

보편적인 부작용으로는 구강건조, 메스꺼움, 설사, 변비 등을 꼽을 수 있다. 전형적으로 설사와 변비는 며칠 지나면서 해소된다. 식사할 때 약물을 복용하면 메스꺼움이 완화되거나 차단되기 십상이다. 구강건조 증상은 약물 복용량을 줄이는 경우에만 호전되는 경향이 있다.

설사에 대한 메모

큰일 보기를 설사로 분류할 때는 빈도보다는 일관성이 더 중요하다. 큰일을 얼마나 자주 보는지는 사람마다 다르다. 만일 창자가 지나치게 더디게 운동하면, 대변이 단단해지고 배설하기 어려워진다. 너무 빠르게 운동하면, 창자가 음식의 수분을 흡수할 만한 충분한 시간이 없기 때문에 대변이 부드럽게 되거나 묽어진다. 그렇지만 최소한의 섬유질을 포함한 균형 잡힌 식사를 한다면 멀쩡한 대변이 만들어진다. 일반적으로 약물 복용 중단에 따른 설사는 멀쩡하지만 풀어진 대변에서부터 액체에 이르는 범위의 대변을 만들어낸다.

만일 여러분이 완전한 채식을 시작해 다량의 녹색 채소를 섭취한다면, 큰일 보기가 하루에 한

번에서 두세 번으로 늘어나기도 한다. 그렇지만 섭취한 음식 속에 포함된 섬유질이 증가했기 때문에 매번 정상적으로 큰일을 볼 가능성이 높다. 이 사례에서 하루에 여러 차례 화장실을 찾는 것은 설사로 간주하지 않는다.

성기능 장애

세로토닌 효과는 발기 불능, 생식기 감각 저하, 오르가슴 지체, 성욕(리비도) 감퇴 등을 유발할 수 있다. 일반적으로 이러한 효과는 약물 복용량에 달려 있으며, 복용량이 많을수록 반응도 더 크게 나타난다. 약물을 처음 복용하기 시작했을 때는 이러한 효과를 경험하지 않을 가능성이 있지만, 용량을 증가시키게 되면 성기능을 상실하기 시작한다.

어떤 사람은 불안 증상이 개선되기 때문에 이러한 부작용에도 불구하고 약물 복용을 계속하고자 한다. 때로는 용량을 조금 줄이는 것이 불안을 충분히 완화하면서도 성기능을 회복시키기도 한다. 만일 효과가 없다면, 다른 항우울제를 시도해볼 수 있다.

체중 증가

세로토닌을 증가시키는 모든 항우울제는 체중을 증가시킬 수 있다. 정확한 이유는 알 수 없지만 하나의 제안된 기제는 항우울제가 탄수화물이 풍부한 음식, 예컨대 빵이나 단 음식에 대한 욕구를 증가시킨다는 것이다. 또 다른 가능성은 항우울제가 약물치료를 시작하기 전에는 너무 불안한 나머지 음식을 충분히 먹지 못했던 사람의 식욕을 다시 돋운다는 것이다.

어떤 항우울제는 다른 항우울제보다 체중을 더 증가시킨다. 여러 가지 항우울제를 살펴본 2003년도 연구는 6개월 미만으로 사용하는 경우에는 선택적 세로토닌 재흡수 억제제가 체중을 증가시킬 가능성이 낮다고 결론지었다.

예외가 파록세틴(브랜드명 팍실)이었는데, 이 약물을 오래 복용하지 않은 내담자조차도 체중이 증가할 가능성이 더 높았다. 나도 내담자에게 파록세틴을 처방하면서 이러한 경험을 한 적이 있다. 파록세틴은 진정 효과가 있는 항우울제이며, 불안이 수면장애를 유발하는 내담자에게 사용하면 효과적이다. 그러나 파록세틴에 대한 일반적인 평가는 '팍실은 체중을 늘린다'이다. 나에게는 팍실을 복용하고도 체중이 증가하지 않은 내담자들이 많이 있었는데, 체중 증가 가능성을 알려줬다면 많은 내담자가 다른 약물을 처방해달라고 요청했을 것이다.

정서 둔화

때때로 항우울제는 복용자의 정서를 둔화시킬 수 있다. 정서 둔화를 경험하는 사람은 모든 정서를 온전하게 경험하는 것처럼 느껴지지 않는다고 말한다. 혹자는 의욕을 상실하거나 냉담하다고 느낀다. 혹자는 점점 우울해지고 있다고 생각할 수 있다. 이러한 문제는 보편적이며 세로토닌을 증가시키는 항우울제를 복용하는 내담자의 30~50%가 영향을 받는다.

정서 둔화가 일어나는 원인에 대해서는 여전히 논쟁 중이다. 한 이론은 여분의 세로토닌이 두뇌의 특정 부위에서 도파민을 감소시키는 피드백 회로에 영향을 미치며, 이렇게 감소한 도파민이 무감각이나 무관심을 유발한다고 제안한다. 이는 마치 항우울제가 세로토닌 수치를 과도하게 증가시켜 그것이 결국 도파민 생성의 저하로 이어지는 것처럼 보인다. 이 문제의 한 가지 해결책은 항우울제의 복용량을 조금 줄이는 것이다. 만일 복용량의 감소가 불안을 증가시킨다면, 부작용이 복용량을 제한하기 때문에 그 약물을 복용하지 않는 것이 더 좋을지도 모른다.

만일 이러한 부작용 중에서 어느 것 하나라도 시간이 지났음에도 또는 복용량을 줄였음에도 개선되지 않는다면, 의사는 다른 약물을 처방할 필요가 있다. 한 가지 약물에서 나타나는 부작용이 다른 약물에서는 나타나지 않기도 한다. 예컨대, 에스시탈로프람은 성적 부작용을 초래하지만 플루옥세틴은 그렇지 않을 수 있다.

위에서 언급한 증상들은 항우울제를 복용할 때 경험할 수 있는 것들이다. **중단 증후군**이라고도 부르는 약물 금단현상은 갑작스럽게 항우울제 복용을 중단했을 때 경험할 수 있는 별도의 증상들이다. 수개월 또는 수년간 복용해 온 약물을 중단한다고 해서 모든 사람이 금단증상을 경험하는 것은 아니다. 만일 그런 금단증상을 겪지 않는다면 운이 좋은 사람이다.

금단증상이 일어나는 까닭은 두뇌와 신체의 수용기들이 약물에 적응하고 그들이 기능하는 방식을 변경했기 때문이다. 어떤 구조물을 짓기 위해 한 팀으로 작업하는 일단의 사람들을 생각해보라. 그 사람들은 들통이나 망치와 같은 기본적인 도구만 사용할 수 있는데, 이제 전동 장비와 엔진이 달린 운송 장비가 도착한다. 보다 효율적으로 작업하기 위해서 팀장은 불필요한 인부를 여러 명 해고하고 낡은 장비들을 폐기한다. 새로운 장비와 기술은 공정을 눈에 띄게 빠르게 진행시키며, 더 이상 낡은 장비와 몇몇 인부들이 필요치 않게 된다.

더 이상 첨단 장비와 기술이 필요 없다고 판단될 때까지는 작업이 상당히 빠른 속도로 진행된다. 만일 눈 깜짝할 사이에 모든 첨단 장비와 기술이 사라져버리면, 건설 공정은 삐걱거리는 소리를 내며 급정지하고 만다. 건설팀은 작업을 재개하기 위해 장비와 인부들을 서둘러 구해야 한다. 작업 흐름의 중단은 전체 공정에 심각한 영향을 미치게 된다.

이 유추에서 첨단 장비는 약물 복용으로 얻을 수 있는 도움에 해당된다.

도움을 확인한 두뇌는 그 도움을 받아들이도록 신경화학적 과정과 수용기들을 변화시킨다. 이러한 적응은 신체가 약물에 의존적이게 만들어버리는데, 약물이 두뇌와 신체의 기능으로 통합되어버렸기 때문이다. 만일 이 도움(즉, 약물)을 점진적으로 줄인다면, 두뇌와 신체는 약물의 도움 없이 일상적 기능을 수행하는 데 필요한 자원을 재배치할 기회를 얻게 된다.

신체가 약물에 의존하게 되는 데 걸리는 시간은 얼마나 될까? 이 질문에 대한 정답은 없다. 복용하는 약물과 신체의 생리적 특성에 따라 달라지기 때문이다. 하지만 대략적인 범위는 지속적으로 약물을 복용하는 1~3개월이며, 그 이후에 갑자기 약물 복용을 중단하면 금단증상을 경험하게 된다. 금단증상을 피하기 위해서는 의사에게 복용량을 점진적으로 줄여줄 것을 요청해야 한다. 그렇게 해야 신체가 약물을 복용하지 않은 상태에 적응할 수 있다.

금단증상들을 기억하기 위한 손쉬운 방법은 두문자어 **FINISH**를 사용하는 것이다.

독감 유사 증상(Flulike symptoms): 통증, 오한, 두통, 피로 등을 수반하는 독감에 걸렸다고 느낄 수 있다. 이러한 증상들이 약물 중단 때문이라고 직관적으로 판단하기는 쉽지 않기 때문에 COVID-19 검사를 받거나 감기나 독감 치료제를 복용하고 싶은 충동이 들기도 한다.

불면증(Insomnia): 약물 복용을 급작스럽게 중단하면, 잠에 빠져들거나 계속 잠자기가 어려워지며 지나치게 생생한 꿈을 꿀 수 있다. 그 꿈이 반드시 악몽은 아니지만 여전히 불편하다. 지나친 생생함은 꿈을 실제처럼 느끼게 만든다. 실제 경험이 꿈은 아니었는지 자문하게 만들 수 있다. 현실과 꿈을 구분하지 못하는 문제가 어떤 사람에게는 상당한 불안이 될 수 있다.

메스꺼움(Nausea): 지속적이고 성가신 욕지기와 같은 메스꺼움을 경험하거나, 메스꺼움이 실제 구토로 발전할 수도 있다. 설사(Diarrhea)가 'N'으로 시작하지는 않지만, 나는 설사도 이 범주에 포함시키고자 한다.

불균형(Imbalance): 어지럼증이나 현기증을 경험하기도 한다. 어지럼증은 현기증과 다른 경험이다. 어지럼증은 만일 앉아 있지 않는다면 졸도하거나 쓰러질 것처럼 약간 어지럽다는 기분이 드는 것을 말한다. 이것은 마치 조명이 점점 어두워지는 것처럼 보이기도 한다.

반면에 현기증은 주변 환경이 빙글빙글 도는 듯한 기분이 드는 것을 말한다. 혹시 팽이처럼 몸을 돌리다가 멈추는 놀이를 해본 적이 있는가? 그 놀이를 하면(그 놀이를 결코 권하지는 않겠다!), 속귀가 여러분의 새로운 위치에 적응할 때까지는 세상이 빙글빙글 도는 것 같은 기분이 들 것이다. 이런 일이 일어나면, 여러분은 빙글빙글 도는 기분이 몸을 팽이처럼 돌렸기 때문이라는 것을 안다. 그러나 약물 금단증상의 경우에는 앉아 있을 때조차도 갑자기 현기증을 느낄 수 있다. 상상할 수 있겠지만 이 경험은 상당히 두려운 것이다.

감각장애(Sensory disturbance): 가장 보편적인 감각장애는 대개 팔다리가 화끈거리고 쿡쿡 찌르는 느낌이 드는 것이다. 열감처럼 느껴지는 화끈거림을 느낄 수도 있다.

또 다른 고통스러운 감각장애는 일각에서 '두뇌 쇼크'라고 부르는 것이다. 이 감각장애는 제1장에서 상세히 논의한 바 있다. 이 감각이 고통스러운 것은 아니지만 상당한 불편함을 유발할 수 있다. 어떤 사람은 눈을 갑자기 돌리거나 머리의 위치를 바꾸면 두뇌 쇼크가 일어나는 것을 알아차리기도 한다.

두뇌 쇼크가 발생하는 이유는 무엇인가? 한 가지 이론은 신경세포의 세로토닌과 노르에피네프린의 갑작스러운 고갈과 연관이 있다는 것이다. 약물 복용을 중단하면 신경의 과잉활동을 유발하는 반동효과가 일어난다. 두뇌에서 노르에피네프린의 과잉활동이 쇼크와 같은 느낌을 초래한다는 것이다.

과잉각성(Hyperarousal): 과잉각성에는 불안, 과민성, 공격성 등과 같은 심적 증상이 포함된다. 또한 사지 경련이나 놀람 반응을 쉽게 보이는 것과 같은 신체증상을 수반할 수도 있다.

이것들은 약물 복용을 갑작스럽게 중단하면 경험할 수 있는 증상들이다. 특히 용량이 최초의 용량보다 훨씬 높을 경우에 그렇다. 아무리 성실하게 처방약을 복용하고 있다고 하더라도, 이래저래 빠뜨리는 경우가 흔히 있다. 휴가를 가면서 집에 두고 가기도 하고, 마지막 남은 약을 먹고 나서는 의사 처방전을 받아 약국에서 다시 조제하는 것을 잊어버리기도 한다.

복용량이 적고 플루옥세틴(프로작)과 같이 반감기가 긴 약물의 경우에는 금단현상을 겪을 가능성이 낮다. 플루옥세틴의 반감기는 대략 나흘이며 신체에서 빠져나가는 데는 한 달이 걸린다. 이렇게 반감기가 긴 약물의 경우에는 사실상 혈중 농도가 저절로 감소한다. 그렇기 때문에 어떤 의사는 내담자가 둘로섹틴과 파록세틴과 같이 반감기가 짧은 약물을 중단하는 것을 돕기 위해 플루옥세틴을 처방하기도 한다.

마지막으로 약물을 복용한 후 1~4일 내에 금단증상을 경험할 수 있다. 그리고 그 증상은 평균적으로 하루에서 2주 동안 지속될 수 있다. 어떤 사람은 두뇌 쇼크와 같은 감각 증상이 1년간 지속되었다고 보고했다. 나는 금단증상이 일주일 이상 지속되었지만 매일 발생하지 않았던 몇몇 내담자를 본 적이 있다. 이들은 며칠간 증상을 경험한 다음에 여러 달에 걸쳐 간헐적으로 재발하기도 하였다.

금단증상에 대해서 할 수 있는 일은 무엇인가? 우선적으로 명백한 조치는 의사의 감독하에 약물을 서서히 끊는 것이다. 휴가를 가면서 약을 챙기지 않았다고 가정해보자. 이 경우에는 주치의에게 휴가지에 있는 약국에서 약물을 구입할 수 있도록 임시 처방전을 보내달라고 요청할 수 있다. 그러나 만일 그렇게 할 수 없거나 휴가가 단 며칠에 불과하다면, 귀가해 다시 복용함으로써 금단증상은 곧바로 사라진다는 사실을 명심하라.

벤조디아제핀

앞 절에서 언급한 바와 같이, 항우울제의 치료 효과가 나타나려면 몇 주일이 걸릴 수 있으며, 의사가 복용량을 느린 속도로 변경하는 경우에는 더 오래 걸리기도 한다. 이렇게 서서히 복용량을 변경하더라도 처음에는 불안이 증가할 수 있다. 때때로 의사들은 항우울제와 동시에 벤조디아제핀을 처방함으로써 치료 지연과 불안 증가의 문제에 대처한다. 벤조디아제핀은 줄여서 벤조라고도 부르며, 두뇌의 GABA 수용기에 작용해서 이완 효과나 진정 효과를 나타내는 약물들의 총칭이다.

정신과 의사는 벤조디아제핀을 사용하여 단기적 불안과 수면장애를 치료한다. 그러나 벤조디아제핀은 다른 용도도 가지고 있다. 예컨대, 대장내시경 검사에 앞서 사람들을 안정시키기 위한 목적으로 처방하기 십상이다. 바륨이라는 상표명으로 판매되고 있는 디아제팜은 흔히 근육 좌상을 치료하기 위한 근육 이완제로 처방된다. 아티반이라는 상표명으로 판매되고 있는 로라제팜은 수술 전에 경련을 멈추는 데 사용된다. 불안 치료에 주로 사용하는 벤조디아제핀은 로라제팜, 클로나제팜, 알프라졸람, 디아제팜 등이다.

불안이 공황발작이나 불면증과 같은 와해 증상과 연계되어 있다고 가정해 보라. 이러한 경우에 의사는 항우울제가 효과를 발휘할 때까지 내담자를 이완시키기 위해 벤조디아제핀을 처방할 가능성이 크다. 이 약물은 진통제와 유사한 효과를 낸다. 통증을 느낄 때 사람들은 진통제를 복용하며, 한 시간 안에 통증이 사라지거나 완화된다. 약물 효과가 사라질 때까지 몇 시간 동안은 기분이 좋지만, 다시 통증을 느끼게 된다. 벤조디아제핀도 이와 똑같은 방식으로 즉각적으로 작동한다. 심리증상이나 신체증상과 함께 불안을 느낄 때 로라제팜을 복용하면 30분에서 1시간 안에 기분이 진정된다. 혀 아래에 물고 있도록 제조한 것은 몇 분 안에 효과를 나타내기도 한다.

불안 증상이 해소될 때까지 2~3개월 동안 벤조디아제핀을 복용하고 나면, 의사는 내담자에게 항우울제를 계속 처방하면서 벤조디아제핀을 점진적으로 줄여나가게 된다. 만일 여전히 강력한 불안발작을 겪는다면, 필요할 때 복용할 수 있도록 벤조디아제핀을 소지하고 다니는 것도 좋다.

여러분은 다음과 같이 궁금해할지 모르겠다. "만일 이 약물들이 즉각적으로 작동한다면, 굳이 항우울제를 사용하고자 애쓰는 이유는 무엇인가?" 문제는 벤조디아제핀이 습관성 약물이라는 것이며, 특히 매일 복용할 경우 더욱 그렇다. 신체는 벤조디아제핀에 내성을 형성한다. 내성이란 현재 복용량의 효과가 줄어들기 때문에 적은 용량으로 얻었던 것과 동일한 효과를 얻으려면 용량을 늘려야만 한다는 뜻이다. 용량을 늘리게 되면 신체는 늘어난 용량을 요구하게 되는데, 이것도 새로운 용량의 효력이 끝날 때까지만 그렇다.

어떤 사람은 약물의 최대 복용량에 빠르게 도달하는 반면, 내성이 더디게 진행되는 사람도 있다. 나는 복용량을 늘리지 않은 채 여러 해 동안 동일한 용량을 복용한 내담자들을 치료해본 경험이 있다. 일반적으로 벤조디아제핀은 내성과 의존성 문제 때문에 일상적인 불안에는 최선의 선택이 아니다.

대부분의 정신과 약물은 중독성이 없다. 어느 약물이든 매일 복용하면 신체적 의존성이 발생하지만, 중독은 신체적 내성을 경험하는 것에 덧붙여 심리적 의존성의 발달도 수반한다. 여러분은 다음과 같이 궁금증을 표출할 수 있다. "불안은 심리적인 것인데, 처방받은 약을 먹으면, 중독된다는 말인가?" 이 물음의 답은 "반드시 그렇지는 않다"이다. 사례 하나를 살펴보자.

필은 불안을 겪고 있으며 잠을 잘 못 자기 때문에 주치의를 찾는다. 직장에서 처리할 업무량이 많은데, 잠을 제대로 자지 않고는 그 업무를 해낼 수가 없다. 그는 주치의에게 밤에도 머리를 쉬게 할 수가 없으며, 직장에서 몇 차례 공황발작을 일으키고 있다고 말한다. 주치의는 플루옥세틴과 알프라졸람을 처방하고 알프라졸람은 필요할 때만 복용하라고 알려준다. 필은 알프라졸람을 복용하면 베개에 머리가 닿자마자 잠든다는 사실을 알아차린다. 직장에서도 복용하면 몇 시간 동안 불안을 느끼지 않는다. 다행히 알프라졸람이 낮에는 졸음을 유발하지 않으며, 편안하게 집중할 수 있기 때문에 많은 양의 업무를 완수할 수 있다.

마치 마술처럼 느껴진다.

알프라졸람이 들어 있는 약병의 사용설명서에는 불안으로 인해 필요하다면 하루 최대 4회까지 복용할 수 있다고 적혀 있다. 알프라졸람은 효력이 아주 단기적인 벤조디아제핀이기 때문이다. 알프라졸람은 빠르게 작용하고 체내에 오랫동안 머무르지 않는다. 그러나 심각한 부작용은 이 약물이 체내에서 사라질 때 반동적인 불안이 나타날 수 있다는 점이다. 반동적 불안이 나타나면 약물을 복용하기 전보다 불안이 더 악화된다. 그렇게 되면 어떤 일이 일어나는가? 반동적 불안을 제거하고자 더 많은 용량을 복용하게 된다.

결국에는 필에게도 이런 일이 벌어진다. 아내와의 사이가 별로 좋지 않으며, 그가 귀가할 때마다 아내가 바가지를 긁는다. 필은 아내와 대화할 때 평정심을 유지하고자 집에 도착하면 곧바로 알프라졸람을 복용한다. 주치의가 처음 이 약물을 처방했을 때는 하루 2번 복용했지만, 지금은 4번으로 늘어났다. 한 달이 지난 후에 그는 주치의에게 상태가 많이 호전됐다고 말하면서 알프라졸람을 다시 처방해줄 것을 요청한다. 주치의는 알프라졸람을 더 처방해주면서, 지금까지 불안을 효과적으로 제어한 것은 플루옥세틴이기 때문에 알프라졸람의 복용은 줄여야 한다고 말한다.

필은 약물을 복용하며 처음 한 달을 보낸 것에 안심하면서 알프라졸람을 덜 복용하고자 온갖 노력을 기울인다. 그런데 직장에서 고달프기 그지없는 한 달을 보내게 되면서 이를 견디기 위해 알프라졸람의 복용을 조금 늘린다. 추가 처방을 요청하자 주치의는 그에게 정신과 의사를 만나보라고 말한다.

필은 나를 찾아왔고, 나는 처방약을 클로나제팜으로 바꾸었는데, 클로나 제팜은 효력이 장기적인 벤조디아제핀이다. 장기적으로 작동하는 약물은 반동적 증상이 일어날 위험성을 낮추면서도 일일 복용량을 더 용이하게 줄여나갈 수 있게 해준다.

여기서 두 가지 현상이 발생한다. 첫째, 필은 24시간 내내 불안을 제어하기 위해서 약물을 복용할 필요가 있기 때문에 신체적으로 의존적이게 된다. 둘째, 스트레스 상황에 대처하고 모든 불안 증상을 없애기 위해서 심리적으로도 약물 사용에 의존적이다. 불안 경험을 회피하려는 욕구가 벤조디아제핀 중독을 유발하는 주된 이유다.

모든 불안 치료의 현실적 목표는 증상을 완화하려는 것이지 완벽하게 없애려는 것이 아니다. 사람들은 어느 정도의 상황적 불안을 경험한다. 관리할 수 있는 상황적 불안은 정상적인 것이기 때문이다. 만일 직장에서 힘든 하루를 보낸다면, 하루가 끝나갈 무렵 예민해지기도 한다. 그것은 정상적인 반응이다. 누구나 이 수준의 불안을 관리하기 위한 건강한 대처기술을 사용할 수 있다. 그러한 대처법은 이 책 후반부에서 다룬다.

그런데 어떤 사람의 경우에는 아주 경미한 증상조차도 참을 수 없을 정도로 벤조디아제핀이 일상적 불안에 대한 반응을 무력화시킨다. 즉각적인 호전은 상당히 기분 좋은 것이며, 특히 오랫동안 심각한 불안으로 고통받아왔을 때 더욱 그렇다. 모든 불안에서 해방되고자 벤조디아제핀을 사용하려는 유혹에 빠질 수도 있다. 그러나 불안장애가 없는 사람들도 불안에서 자유롭지만은 않다. 따라서 벤조디아제핀은 사람들을 부자연스러운 상태(불안이 없거나 불안반응이 최소화된 상태)에 놓이게 함으로써 그릇된 안도감을 제공할 수 있다.

필은 한 달 치 클로나제팜이 떨어져서 병원 예약시간을 앞당길 필요가 생긴다. 그는 올해가 그 직장에서의 마지막 해이기 때문에 지난달에는 평소보다 더 심각한 불안을 겪었다고 말한다. 증가한 스트레스 때문에 그는 2~3시간마다 클로나제팜을 복용한다. 알프라졸람보다 약이 강하다는 느낌이 들어서 때로는 반 알만 복용하기도 한다.

클로나제팜은 약효가 2시간보다 훨씬 더 지속되기 때문에 그렇게 자주 복용해서는 안 된다. 클로나제팜의 권장 복용 횟수는 하루 2~3회이다. 그런데 필은 관리 불가능한 불안 때문에 이 약물을 복용하고 있는 것이 아니었다. 모든 종류의 정서적 고통에 대처하고자 약물에 의존하고 있었던 것이다. 신경을 건드리는 무엇인가를 경험할 때마다 그의 반응은 약물을 복용하는 것이었다. 바로 그 시점에 약물 복용의 목적이 불안을 치료하기 위한 것에서 모든 부정적 경험을 제거하기 위한 것으로 바뀌어버렸다. 모든 고통을 차단하기 위하여 약물을 사용하는 것이 중독 행동인 까닭은 부정적 정서에 대처하기 위하여 심리적으로 약물에 의존하게 만들기 때문이다. 이러한 마음자세의 또 다른 사례는 어려움이 예상되는 사건이 일어나기도 전에 벤조디아제핀을 요구하는 것이다.

그렇다면 필에게는 어떤 일이 일어났는가? 그는 단지 직장에서 바쁜 시기를 무사히 넘기고 싶었을 뿐이며, 그 시기가 지나면 클로나제팜 복용을 중지하려고 했다고 말했다. 또한 하루에 여러 차례 복용하지 않겠다고 약속했다. 직장에서 바쁜 시기가 지나간 후에 부부는 다소 긴 주말여행을 떠났다. 필은 깜빡 잊고 클로나제팜을 챙기지 못했지만, 이번이 약물을 중단할 좋은 기회라고 판단했다. 여행 둘째 날, 그는 공황상태에서 잠에서 깼고 하루 종일 온몸이 떨리는 것 같은 기분이 들었다. 간밤에 마신 술 때문에 일어나는 반응이라고 생각하면서 참고 견뎌보려고 노력했다. 그러나 셋째 날에는 무의식 상태로 바닥에 쓰러져서 경련을 일으키고 있는 필을 아내가 발견했다. 그녀는 119에 전화를 걸었으며 병원으로 옮겨진 필은 벤조디아제핀 금단증상에 대한 치료를 받았다.

대부분의 약물 금단증상이 생명을 위협하지는 않는다. 벤조디아제핀의 전형적인 금단증상은 불안 증가, 떨림, 수면장애, 자극과민성, 발한, 혈압 상승, 심박수 증가 등이다. 그러나 벤조디아제핀은 극단적으로 위험한 금단증상인 발작을 초래할 수도 있다. 필이 경험한 것이 바로 이것이다.

약물을 매일 복용하지만 않는다면, 상황은 조금 달라진다. 어떤 사람은 예컨대, 비행기에 탈 때에만 복용하기 때문에, 30알이 들어 있는 한 통으로 6개월 이상을 사용하기도 한다. 규칙적이지 않은 사용의 또 다른 사례는 2주에 한두 번 복용하는 것이다. 나는 규칙적이지만 빈번하지 않은 사용을 '매주'라고 간주하며, 한 주에 두 번은 잦은 약물 복용으로 넘어가는 전환점이라고 믿고 있다. 나의 경험으로 보면, 일단 벤조디아제핀을 일주일에 3회 복용하기 시작하면, 3회는 4회가 되고, 4회는 다시 매일이 된다.

오랫동안 벤조디아제핀을 매일 복용하는 것은 심리적 예민성의 저하와 같은 인지적 변화와 연관된다. 어떤 사람의 경우에는 두 발로 똑바로 서 있기 힘든 균형 문제를 유발할 수 있다. 균형 상실은 노인에게 상당히 심각한 문제가 될 수 있으며 낙상 위험을 증가시킨다.

만일 3개월 이상 매일 약물을 복용해왔다면, 약을 끊겠다고 결정할 때 의사에게 서서히 용량을 줄여나가도록 해달라고 요청할 필요가 있다. 누구든지 복용을 갑자기 중단하고 싶지는 않을 것이다. 벤조디아제핀은 세심하게 관리할 필요가 있다. 집을 떠난 후에야 단지 두 알밖에 남지 않았다는 사실을 알게 되었다고 해서, 약이 떨어지게 놔두는 것은 좋은 생각이 아니다. 만일 출장이나 여행을 많이 다니거나 굉장히 바쁜 삶을 살고 있다면, 이 약을 처방받는 것이 여러분의 발목을 붙잡을 수 있으며, 상당한 속박을 받는다는 느낌을 줄 수 있다.

벤조디아제핀을 오랫동안 매일 복용했을수록 복용량을 더욱 서서히 줄여나가야 한다. 감량 과정에 대해 정해진 규칙은 없으며, 의사는 개별 사례에 근거한 임상적 판단을 하게 된다. 감량을 얼마나 오랜 시간에 걸쳐서 할 것이냐는 결정도 현재 복용량에 달려 있다. 나는 내담자들에게 2년여에 걸쳐 천천히 복용량을 줄여나가도록 한 적이 있다. 여러 해에 걸쳐 알약의 크기를 계속해서 줄여나갔던 것이다. 이것은 마치 신체가 약물의 양이 점점 줄어들고 있다는 사실을 알아차리지 못하도록 속임수를 쓰는 것과 같다.

이 문제를 피할 수 있도록 내가 내담자에게 도움을 주는 한 가지 방법은 그 약물을 오직 극단적이고 이례적인 상황(예컨대, 불안 증상을 심장마비로 오판하여 응급실로 달려가는 상황)에서만 복용하는 마지막 약으로 생각하도록 일깨우는 것이다. 힘든 날의 긴장을 완화하기 위해서 사용하는 것이 되어서는 안 된다.

벤조디아제핀을 불안 약물로만 복용하는 것은 적절한 일인가? 그렇다. 벤조디아제핀이 더욱 적합한 치료제가 되는 상황들이 있다. 벤조디아제핀은 과제 수행 상황에서 공황발작을 모면하도록 수행불안을 완화시키는 적절한 해결책이 될 수 있다. 만일 한 달에 몇 차례 정도로 간헐적으로만 사용할 필요가 있다면, 매일 무엇인가를 복용해야 하는 어려움에서 벗어날 수 있게 해주며 항우울제의 부작용도 피할 수 있게 해준다. 또 다른 상황은 비행기 타기와 같은 특정 공포증의 경우이다. 직업상 비행기를 타야 하지만 1년에 한두 차례만 비행기를 타게 된다면, 벤조디아제핀의 간헐적 사용이 중독, 의존성, 인지

능력 감퇴 등과 같은 문제를 유발하는 경우는 거의 없다.

항우울제와 벤조디아제핀은 가장 보편적으로 사용하는 불안 치료제다. 그러나 어떤 사람은 부작용 때문에 항우울제를 복용할 수 없거나, 약물이 제대로 효과를 발휘하지 못하기도 한다. 이 경우에는 다음과 같은 약물을 대안으로 사용하게 된다.

부스피론

부스피론(부스파)은 세로토닌을 증가시키는 약물로 항우울제와는 약간 다르게 작용하며, 범불안장애 치료제로 미국 식품의약국(FDA)의 승인을 받았다. 항우울제와 마찬가지로 매일 복용할 필요가 있으며, 불안 증세가 호전되려면 1~2주 정도 걸린다. 두뇌 세로토닌을 증가시키기는 하지만, 상이한 기제를 통해서 이루어지며 항우울제만큼 부작용이 많지 않다.

프로프라놀롤

FDA는 특정 질환에 효과가 있음이 일련의 연구를 통해서 입증된 약물을 승인한다. 제약회사는 하나의 약을 개발하고 이 약이 해당 질환에 의도한 대로 효과가 있는지를 검증하는 실험연구에 오랜 시간을 투자한다. 이러한 연구를 **임상실험**이라고 부른다. 일반적으로 제약회사는 개발한 약을 시판하기 위해 한 가지 질환에 대한 승인을 받고자 한다. 일단 범불안장애와 같은 한 가지 질환에 대해 승인을 받으면, 제약회사는 공황장애와 같은 다른 관련 장애에 대해서도 승인을 받기 위해 시간과 돈을 투자할 수도 있고 그렇지 않을 수도 있다.

제약회사가 어떻게 결정하든, 특정 질환에 대한 FDA의 공식적인 승인이 없다 하더라도, 의사들은 연구와 경험을 통해서 효과가 있다는 사실이 밝혀진 약물을 그 질환에 사용하게 된다. 예컨대, 의사들은 부스피론이 사회불안 치료제로 FDA 승인을 받지 않았더라도 사회불안에 이 약물을 사용할 수 있다. FDA가 승인하지 않은 약물의 사용을 **비인가 약물 사용**이라고 부르며, 이는 보편적인 의료 관행이다.

프로프라놀롤은 고혈압, 심장질환, 편두통 등을 포함한 신체질환을 치료하는 데 주로 사용하는 베타 차단제 약물이다. 정신과 의사는 수행불안 그리고 리튬과 같은 약물에 의한 떨림 증상을 치료하는 데 비인가 약물인 프로프라놀롤을 처방한다. 이 약물은 심장박동을 느리게 해주는 효과가 있으며, 과제를 수행할 때마다 신체증상과 함께 불안을 겪는 사람에게 가장 효과적이다. 사회불안에 대한 논의에서 '수행'이 사람들 앞에서 하는 모든 활동을 의미할 수 있다는 사실을 회상해보라.

이 약물을 처방할 때마다 나는 내담자에게 신체적 불안 증상은 완화시켜주지만 걱정거리 자체에는 별 효과가 없다고 말해준다. 이 약물은 심장이 빠르게 뛰는 것과 같은 신체증상이 나타날 때 불안이 증폭되는 사람에게 가장 효과적이다. 이 약물이 그러한 신체증상을 완화시킴으로써, 과제를 밀어붙여 나갈 수 있게 된다. 이 약물은 범불안장애나 강박장애와 함께 가지고 있는 걱정거리 증상에는 별로 효과적이지 않다.

가바펜틴과 프레가발린

가바펜틴(뉴론틴)과 프레가발린(리리카)은 둘 중 어느 것도 불안 치료제로 FDA 승인을 받지 못했다. 두 약물은 보편적으로 발작과 신경 통증에 사용된다. 프레가발린은 섬유근육통 치료제로도 처방된다. 두 약물은 두뇌의 GABA 시스템에 작용하는데, GABA 시스템은 벤조디아제핀이 작용하는 곳이기도 하다.

두 가지 약물은 어느 것도 강력한 항불안반응을 만들어내지는 못하지만,

불안 완화에 도움을 주기도 한다. 최근에는 프레가발린이 불안에 효과적임을 보여주는 연구들이 등장하면서 이 약물에 대한 관심이 증가해왔다. 그렇기 때문에 의사들이 가바펜틴보다는 프레가발린을 선호하기 시작했다.

하이드록시진과 사이프로헵타딘

두 약물은 디펜히드라민과 유사한 항히스타민제이며, 베나드릴로도 알려져 있다. 항히스타민제는 주로 알레르기 반응을 치료하는 데 사용하지만, 의사들은 비인가 약물인 항히스타민제를 다른 목적에도 사용한다. 항히스타민제는 진정 효과가 있으며 내담자를 나른하고 흥분이 가라앉게 만들 수 있다. 어떤 사람에게는 하이드록시진이 잠을 자는 데 도움을 주며, 개선된 수면이 낮동안의 불안에 도움을 준다.

의사들은 몇몇 위장장애에 사이프로헵타딘을 처방한다. 소화기와 두뇌는 긴밀한 관계를 이루고 있으며, 이에 대해서는 뒤에서 논의한다. 불안한 마음은 신경과민성 위장으로 이어진다. 내 경험으로 비춰볼 때, 사이프로헵타딘이 가장 효과적인 사람은 건강불안증이 있는 사람과 불안으로 인해서 상당한 위장장애 증상을 가지고 있는 사람이다.

항히스타민제를 처방전 없이 살 수 있다 하더라도, 그 약물에 부작용이 없다는 의미는 아니다. 보편적인 부작용은 낮 동안의 피로감, 느려진 사고, 구강건조, 소변 정체(방광을 온전히 비울 수 없는 느낌) 등이다. 소변을 본 후 조금 지나서 다시 화장실에 가고 싶은 생각이 들지만 처음 시도했을 때 빠져나오지 못한 소변밖에 나오지 않는다. 더 심각한 부작용은 QT간격 연장 증후군의 위험이 약간 있다는 것이다. 이 증후군은 심장이 비정상적인 박동 리듬을 갖게 만드는 심장전도의 문제이다. 심장 문제, 특히 심장박동 리듬의 문제가 있는 사람은 하이드록시진 사용을 피해야 한다.

구강건조증은 용어의 뉘앙스가 풍기는 것보다 더 심각한 문제이다. 어느 때는 입이 그저 약간 건조해서 물을 마시고 싶게 만든다. 그러나 어느 때는 구강건조가 말을 하지 못할 정도로 심각하기도 하다. 혹자가 이것을 '코튼 마우스(cotton mouth)'라고 부르는 까닭은 입술이 잇몸에 들러붙어 말을 할 수 없기 때문이다. 위산을 중화하고 볼이나 혀 그리고 잇몸에서 죽은 세포를 씻어내려면 적절한 양의 침이 필요하다. 따라서 보다 심각한 문제는 지독한 입냄새, 잇몸질환, 충치 등의 발생이다. 더욱 심각한 경우에는 입안에서 효모균이 제어할 수 없을 정도로 불어나서 혀와 볼에 흰색 백태가 생기는 **아구창**이 발생할 수 있다.

처방약물이 불안장애 내담자에게 신세계를 가져다줄 수도 있지만, 모든 내담자에게 효과가 있는 것은 아니다. 많은 내담자가 부작용 없이 약물을 사용하고 있으며, 부작용이 있더라도 경미하거나 그리 오래 지속되지 않는다. 처방약을 복용하려면 의사의 진단을 받아야만 하겠지만, 약물 사용의 지침으로 이 장의 내용을 사용할 수도 있겠다.

다음 장에서는 불안에 대한 보완치료와 대체치료를 살펴본다. 두 치료는 모두 처방을 요구하지 않는다.

제 6 장

보완치료와 대체치료

CAM이란 무엇인가?

CAM, 즉 **보완·대체치료**는 약물 처방과 심리치료와 같은 전통적 치료에서 벗어난 치료법이다. 보완치료는 전통적 치료법과 함께 사용하며, 대체치료는 전통적 치료의 대안으로 사용한다. CAM의 종류가 많이 있지만, 이 장에서의 논의는 많은 연구가 지지하며 널리 사용하고 있는 치료법에 국한한다. 천연보조제, 아로마세라피, 침술, 최면요법, 에너지요법 등을 살펴본다(요가나 운동요법과 같은 CAM 개입들은 이 책의 뒷부분에서 자조적 마음도구와 신체도구로 소개한다).

불행하게도 CAM의 사용과 관련해서는 많은 논란이 있다. 한편에서는 반대자들이 CAM을 평가절하한다. 그 효과를 보여주는 연구들이 부적절하게 수행되었다고 믿기 때문이다. 의사들은 내담자에게 표준화된 치료법이 아닌 방법을 사용하도록 권했다가 소송에 휘말릴 것을 두려워하기도 한다. 표준화된 치료 프로토콜이란 많은 참가자를 대상으로 엄격하게 통제한 연구를 수행함으로써 의사들이 일반적으로 인정하는 치료법을 말한다. CAM 치료법들도 연구해왔지만, 대부분의 연구가 소규모이거나 일관성 없는 결과를 내놓고 있다. 따라서 반대자들은 CAM의 치료적 가치를 인정하기보다는 CAM 개입을 완전히 배제해야 하는 이유로 이렇게 일관성 없는 연구결과를 내세운다.

다른 한편에서 CAM 지지자들은 전통의학의 우려를 묵살하고, 치료 분야 자체가 너무나 미묘하기 때문에 결과 측정에 전통적인 표준을 적용할 수 없다고 결론짓는다. 심지어 전통의학이 유발하는 위험천만한 부작용을 피하기 위해 고려할 수 있는 유일한 치료법이 CAM이라고 주장하는 이들도 있다. 실제로 전통의학에는 제한점이 있다. 선행 장에서 처방약물이 심각한 부작용으로 이끌어갈 수도 있다는 사실을 보았다. 그러나 천연원료에서 추출했다고 해서 부작용이 없는 것은 아니다. 화학적 효과가 있는 물질은 어느 것이나 약물로 간주할 수 있다.

이와 같이 극단적인 두 견해 사이에는, 반복적으로 수행된 대규모이며 엄격하게 통제된 연구에서 그 효과가 일관성 있게 입증되었는지 여부와는 관계없이, 몇몇 치료법은 효과가 있다는 인식이 존재한다. 불안에 대한 보완치료의 증거를 검증할 때, 일반적인 연구 기준은 불안장애를 가지고 있는 사람에 대한 개입의 효과를 살펴보는 것이다. 연구자들이 불안장애가 없는 사람의 불안 증상에 대한 CAM의 효과를 검증해본 적은 없었다.

불안 증상은 **상태불안**이라고 부르며, 이것은 불안을 느끼게 만드는 상황에서의 불안을 의미한다. **특질불안**은 항상 불안을 느끼지는 않더라도 불안해질 가능성이 높은 성향을 가지고 있는 것이다. 누구나 불안을 느낄 수 있으며, 불안한 감정을 느낀다고 그것이 반드시 기능손상을 유발하는 불안장애가 있다는 의미는 아니다.

이 장에서 나는 가능한 한 특정 장애에 어떤 개입이 신뢰할 만한 연구결과를 가지고 있는지를 언급하고자 한다. 그렇지만 그 개입이 특정 장애에 치료 효과가 없는 것으로 나타났다고 해서, 상황적 상태불안에도 도움이 되지 않는다는 의미는 아니다.

CAM을 사용할 때는 개입의 비용도 고려해보아야 한다. 많은 보조제가 고가이며, 처방약품과 마찬가지로 효과가 나타나기까지는 몇 개월이 걸릴 수 있다. 의료보험은 처방이 필요 없는 보조제의 비용을 충당해주지 않기 때문에, 계속해서 받아야 할 개입인지를 확인해보기도 전에 상당히 많은 비용이 들어갈 수도 있다.

보조제

이 절에서는 불안에 대한 몇 가지 보조제를 살펴본다. 내가 검토한 모든 임상실험은 성인을 대상으로 수행한 것이며, 임산부와 18세 미만의 청소년을 제외했다. 각 보조제의 설명 말미에 치료에 대한 나의 견해를 첨부했다. 나의 견해는 청소년과 임산부에게는 적용되지 않는다. 임산부라면 화학적 활성물질을 복용하기에 앞서 반드시 주치의와 상의해야 한다. 천연원료에서 추출한 물질이라고 해도 마찬가지다.

마그네슘

마그네슘이 불안 증상을 완화시킨다는 상당한 증거가 있다. 모든 천연보조제 중에서도 마그네슘은 부작용이 가장 적다. 또한 보조제로 섭취할 필요도 없이 식품을 통해서 쉽게 얻을 수 있다.

마그네슘은 300가지 이상의 다양한 신체 과정에 관여하는 필수 무기물 중의 하나이다. 심장을 계속해서 뛰게 하고 신경계의 전기적 안정성을 유지하는 데 도움을 준다. 신체도 마그네슘을 이용해서 세로토닌을 비롯한 다른 신경전달물질을 조절한다. 연구결과를 보면, 마그네슘의 저하가 우울·불안과 관련되어 있다.

마그네슘이 불안을 완화하는 두 가지 기제가 있다. 즉, 글루타민산염(글루타메이트)을 줄이는 것과 GABA를 증가시키는 것이다. 글루타민산염과 GABA는 상반된 기능을 수행하는 신경전달물질이다. 글루타민산염은 세포를 활성화하고, GABA는 세포 활동을 억제하거나 늦춘다. 다시 말해서 글루타민산염은 액셀러레이터를 밟으며 GABA는 브레이크를 밟는다. 최적의 두뇌 기능에는 둘 모두 필요하다.

NMDA는 글루타민산염 수용기이며, 마그네슘은 이 수용기를 차단함으로써 글루타민산염의 활동을 차단한다. NMDA 수용기는 편도체 속에 들어 있으며, 이 수용기들이 공포 조건형성과 회피행동을 활성화시킨다. 회피행동은 공포증이 계속 작동하게 만든다. 편도체와 다른 변연계 구조의 NMDA 수용기를 차단하면 공포 반응과 회피행동이 줄어들며, 궁극적으로 불안이 완화된다.

NMDA 차단은 BDNF라 부르는 두뇌 화학물질도 증가시키는데, BDNF는 'Brain-Derived Neurotrophic Factor(두뇌유도신경영양인자)'의 약자이다. 여기서 Neuro는 '두뇌'를 의미하고 Trophic은 '영양 공급'을 의미하는 그리스어이다. BDNF는 세포의 재생과 신경가소성을 관장하는 화학물질 중 하나다. 신경가소성이란 두뇌가 손상된 신경을 파괴하고 새로운 신경을 자라게 해서 신경 연결을 개선하는 능력을 말한다. BDNF는 이러한 방법으로 두뇌의 자양분과 같은 역할을 한다.

마그네슘 원료

미국 국립보건원(NIH)에 따르면, 미국인의 68%가 식사를 통해서 충분한 마그네슘을 섭취하지 못하고 있다. 남성의 마그네슘 일일 권장량은 400~420mg이며 여성의 권장량은 310~320mg이다.

충분한 마그네슘을 섭취하고 있더라도, 스트레스와 불안은 코르티솔을 증가시키고, 코르티솔은 신체의 마그네슘 공급량을 고갈시킨다. 이 현상을 밝히기 위한 겐들과 동료들의 2015년 연구에서는 기말고사 전과 기말고사 기간 중에 대학생들의 마그네슘 수치를 조사했다. 연구자들은 시험 전에는 학생들의 마그네슘 수치가 정상이었지만 시험 기간에는 부족해졌다는 사실을 발견했다. 스트레스가 비축된 마그네슘을 고갈시킨 것이다.

진한 녹황색 채소, 견과류, 씨앗, 아보카도와 같이 영양이 풍부한 음식을 통해서 비타민과 미네랄을 공급받는 것이 언제나 최선이다. 구운 호박씨는 마그네슘 농도가 가장 높으며, 1온스(약 28g)에 156mg이 들어 있다.

식사를 통해서 충분히 섭취할 수 없거나 만성 불안이거나 소화기관에 문제가 있다면 보조제를 섭취하는 것이 좋다. 나이가 들어가면서 위산이 줄어드는데, 이것이 마그네슘 흡수율을 저하시킬 수 있다. 더 많이 흡수할수록 화합물의 **생체이용률**이 증가한다. 생체이용률이란 신체가 화합물을 사용할 수 있는 정도를 지칭한다.

만일 보조제를 먹고 있다면, 권장량은 200mg에서 최대 350mg이다. 마그네슘과 결합해서 보조제를 제조할 때 여러 가지 화합물을 사용한다. 신체는 특정 결합체를 더 잘 흡수한다. 보편적인 보조제 배합을 생체이용률이 낮은 순서대로 배열하면 탄산염, 산화물, 염화물, 글루콘산염, 구연산염, 젖산, 아스파르트산염 등이다. 혹자는 두뇌가 트레온산 마그네슘을 더 잘 흡수한다고 주장하지만, 이 연구는 이제 시작에 불과하다. 마그네슘 구연산염이 상당한 생체이용률을 가진 인기 있는 배합이다. 흡수가 잘 되지 않고 설사를 유발할 수 있어서 산화마그네슘을 기피할 수 있다. 칼슘이 변비를 초래하기 때문에, 때로는 산화마그네슘을 칼슘과 결합한 복합정제로 만들기도 한다.

설사와 소화불량이 가장 흔한 부작용이지만 마그네슘은 진정 효과도 갖고 있어서 취침할 때 복용할 수도 있다. 때때로 마그네슘은 복용하고 있는 다른 약물, 예컨대 아연, 독시사이클린이나 시프로플록사신과 같은 항생제, 포사맥스와 보니바와 같은 골다공증 치료제의 흡수를 방해할 수 있다. 만일 이러한 약물을 복용한다면 적어도 6시간 이상 경과한 후에 마그네슘을 복용해야 한다.

마그네슘에 대한 개인적 견해

나는 마그네슘 복용이 실행하기 쉬운 개입이라고 생각한다. 만일 지속적으로 불안한 것이 아니라면 음식을 통한 마그네슘 섭취를 증가시키는 것을 고려해보라. 매일같이 불안을 겪는다면, 스트레스 상황이 마그네슘을 고갈시키기 때문에 추가 공급을 위해 보조제와 함께 식습관을 조정해볼 수 있다.

이노시톨

이노시톨은 과일, 곡물, 견과류, 콩 등에 들어 있는 설탕이다. 두뇌도 설탕을 만든다. 보조제에서 볼 수 있는 가장 보편적인 형태의 이노시톨이 미오이노시톨이다. 혹자가 이노시톨을 '비타민 B8'이라고 부르는 까닭은 몇 가지 측면에서 비타민 B와 유사하기 때문이지만 이노시톨이 비타민은 아니다.

몇몇 소규모 연구에 따르면 이노시톨은 공황장애를 앓고 있는 사람이 한 주에 경험하는 공황발작의 수를 줄여준다. 평균적으로 공황발작의 횟수가 주당 4~7회로 줄어들었다. 완전한 해결책은 아니지만 공황발작이 매일같이 찾아와서 심신이 쇠약해지고 있는 사람에게 발작 횟수가 한 번이라도 줄어드는 것은 축복이 아닐 수 없다.

이노시톨이 강박신경증(OCD) 증상을 개선시킨다는 사실을 보여준 두 가지 연구가 있다. 일반적인 불안에도 효과가 있음을 증명하기 위해서는 더 많은 연구가 이루어져야 한다. 분말 제제의 권장량은 하루 14~18g이다. 연질 겔 제제는 농축률이 더 높아서 하루 권장량은 4.2~5.4g이다. 복용량이 많을 때는 메스꺼움, 가스, 복부 팽창, 설사 등과 같은 위장 관련 부작용을 겪을 수 있다는 사실을 유념하라.

이노시톨에 대한 개인적 견해

이노시톨은 공황장애나 OCD 증상에만 도움이 되는 것으로 보인다. 연질 겔 제제를 복용하는 것이 편리한 방법이지만, 일반적인 불안 증상에도 큰 효과가 있을지에 대해서는 아직 확신할 수 없다.

아연

아연은 체내에 최저 농도로 존재하기 때문에 미량 영양소로 간주하는 필수 무기물이다. 미량 영양소는 많이 필요하지는 않지만, 결핍되면 심각한 문제에 노출될 수 있다. 아연은 DNA 합성, 유전자 발현, 조직 재생 등과 같은 중요한 신체 기능에서 일익을 담당한다. 아연은 마그네슘과 마찬가지로 NMDA 수용기의 기능을 억제함으로써 글루타민산염을 감소시킨다.

조개류, 육류, 통곡물류, 콩과 식물, 견과류, 종자류 등을 섭취하면 충분한 아연을 공급받을 수 있다. 이에 덧붙여서 아연이 강화된 시리얼도 다수 판매 중이다. 성인의 하루 권장 허용량은 8~11mg이다. 경미한 아연 결핍이 불안과 연관되어왔으며, 몇몇 연구는 아연이 OCD 및 공황장애에 효과적이라는 사실을 보여주었다.

아연을 충분히 섭취하는 것이 어려운 일은 아니지만, 특정 질환이 경미한 아연 결핍을 초래할 수 있다. ACE 억제제와 같은 고혈압 치료제, 티아지드 이뇨제, 펩시드와 같은 위산 분비 억제제 등이 아연 수치를 낮출 수 있다. 갑상선 기능 저하증 환자나 채식주의자가 낮은 아연 수치를 보이는 까닭은 콩과 식물이나 곡류 속의 피트산이 아연 흡수를 방해할 수 있기 때문이다. 만일 이러한 상황이 아니라면 아연을 보충한다고 해도 별다른 차이를 느끼지 못할 수 있다. 섭취하는 음식을 통해서 이미 충분한 양의 아연을 공급받고 있기 때문이다.

성인의 아연 최대 권장 섭취량은 하루 40mg이다. OCD 연구에서 연구자들은 아연 220mg이 첨가된 플루옥세틴을 사용하여 OCD 증상의 경미한 개선이 이루어지는 것을 확인했다. 220mg은 고용량으로 간주되며, 오랜 기간 아연을 고용량으로 복용하면 신체 내 구리 수치가 낮아지고, 면역체계가 손상되며, 신경 손상까지 초래할 수 있다.

아연에 대한 개인적 견해

아연 결핍 상태가 아니라면, 음식을 통해서 섭취하는 것이 가장 좋다고 생각한다. OCD 증상의 미미한 개선이 고용량 아연 섭취에 따른 위험을 감수할 만한 가치가 있지는 않다.

GABA

앞서 GABA가 신경세포가 만들어내는 신경전달물질이며 세포 활동을 늦추는 역할을 담당한다는 사실을 언급한 바 있다. 불안을 완화하는 많은 보조제가 GABA를 통해서 그 임무를 완수한다. 그렇다면 GABA 생성을 촉발하는 다른 물질을 사용하는 대신에, 그저 GABA를 더 복용하지 않는 까닭은 무엇인가? 제조하기에 완벽한 약물처럼 들리지 않는가?

이론상으로 그럴듯해 보이는 것이 현실에서도 항상 작동하는 것은 아니다. 아직까지는 체내 GABA와 동일한 방식으로 작동하는 경구용 GABA를 생산하지 못하고 있다. 근본적인 문제는 합성 GABA가 혈액-두뇌 관문을 통과하지 못한다는 사실이다. 이 관문을 통과해서 GABA 수용기들을 활성화시키기에 충분한 고용량의 합성 GABA를 복용하기는 어렵다. 하루 권장 섭취량은 3,000~5,000mg이지만, 보조제가 효과적이라는 증거는 충분하지 않다. 또한 많은 부작용이 뒤따른다. 가장 흔한 부작용은 소화불량, 설사, 두통, 어지럼증 등이다.

GABA에 대한 개인적 견해

불안 치료를 위한 합성 GABA 복용에 대해서 긍정적으로 말할 것이 별로 없다. 훌륭한 구상이지만 잘 작동하지 않을 뿐이다. 어느 정도 개선을 경험한다고 하더라도 부작용을 생각하면 그만한 가치가 있다고 보기 어렵다.

허브와 식물 추출물

라벤더

라벤더는 민트과에 속하는 향이 좋은 꽃식물이다. 라벤더 기름은 약효성분을 갖고 있으며, 오랫동안 아로마세라피(방향요법)에서 사용해왔다. 라벤더의 유효성분은 테르펜(3만 개 이상의 화합물로 구성된 불포화 탄화수소. 주로 식물, 특히 침엽수에서 생산된다)이라고 부르는 유기화학물질인 리날룰과 아세트산리날릴이다. 이 물질들이 라벤더 기름의 향을 만들어낸다.

2002년에 슈바베 파마슈티컬스 제약회사가 실렉산이라고 부르는 라벤더 추출물을 개발해 특허를 받았다. 범불안장애나 경미한 불안 증상을 보이는 사람들을 대상으로 실렉산을 검증하는 수많은 임상실험이 수행되었다. 2014년 캐스퍼와 동료들이 수행한 대규모 연구에서 실렉산은 처방약물 못지않은 강력한 불안 완화 효과를 나타냈으며, 심지어는 파록세틴을 능가했다. 실렉산은 (브레이크 역할을 하는) GABA 체계에 작용하고 NMDA 수용기를 억제함으로써 글루타민산염을 감소시킨다(액셀러레이터에서 발을 뗀다).

전형적으로 실렉산은 사용 2주 후에 효과가 나타나기 시작하며, 이후 3개월에 걸쳐서 효능이 배가된다. 실렉산이 진정제는 아니지만 수면의 질을 향상시킨다. 권장 복용량은 80~160mg이다. 임상실험에서는 160mg 복용자에게 효과가 더 컸지만, 처방약품의 경우와 마찬가지로 저용량으로 시작해서 충분한 효과가 나타나지 않으면 1~2주 후에 용량을 늘리는 것이 항상 최선이다.

가장 보편적인 부작용은 라벤더 냄새가 배어 있는 트림과 나른함이다. 약하게나마 에스트로겐 수치를 증가시킴으로써 청소년의 조기 가슴 발달을 초래할 수 있다. 그렇기 때문에 일반적으로 18세 이하의 청소년에게는 권장하지 않는다. 만일 에스트로겐에 반응하는 종양을 가지고 있다면, 실렉산을 복용하기 전에 의사와 상의하라.

실렉산에 대한 개인적 견해

강력하고도 긍정적인 임상실험 결과를 감안할 때, 나는 실렉산이 일반적 불안을 치료하는 최선의 자연 접근법이라고 생각한다. 실렉산은 전통의학을 보완하는 치료법일 수도 있고, 독자적인 대체치료법으로 작동할 수도 있다. 실렉산을 다른 약물과 함께 사용하는 것에 대한 경고를 들어본 적이 없다. 만일 항우울제를 복용하면서 부정적인 경험을 하고 있다면, 실렉산을 보조제로 사용해 항우울제보다 더 효과적인지 확인해볼 수 있겠다. 물론 기존 약물에 실렉산을 덧붙이거나 약물을 중단할 때는 반드시 의사와 상의해야 한다.

시계초

시계초는 미국 남동부 지역과 중남미에서 자라는 꽃이다. 이국적인 다년생 덩굴식물로 섬유질과 다른 영양소가 풍부한 보라색 또는 노란색 열매를 맺으며 약효성분을 지니고 있다. 역사적으로 아메리카 원주민은 수면에 도움을 받고 초조함을 달래는 데 이 꽃의 진정 기능을 사용해왔다.

지난 20년간 시계초가 불안을 개선시킨다는 사실을 보여주는 여러 건의 임상실험이 있었다. 아콘드자데와 동료들이 수행한 2001년 연구에서 보면, 한 달간 매일같이 시계초 45방울을 복용한 범불안장애(GAD) 내담자들이 벤조디아제핀 옥사제팜(세락스) 30mg을 매일 복용한 GAD 내담자들과 동일한 정도의 불안 완화 효과를 보였다. 그렇지만 시계초를 복용한 내담자들은 옥사제팜을 복용한 내담자들이 경험하는 인지기능 지체라는 부작용을 나타내지 않았다. 몇 번의 임상실험이 뒤따랐는데, 이 실험들은 시계초를 외과수술이나 치과수술을 위한 예비약물로 검증했다. 실험참가자들이 불안장애를 가지고 있지는 않았지만, 수술을 목전에 두고 있는 것은 높은 수준의 불안을 유발하는 상황이다. 이 연구들은 시계초가 옥사제팜이나 미다졸람(버세드) 못지 않게 수술 전 불안을 효과적으로 줄여준다는 사실을 보여주었다.

시계초는 캡슐, 정제, 액상 추출물, 차 등의 형태로 조제할 수 있다. 연구에서 사용한 용량은 액상 추출물 45방울 또는 알약이나 시럽 400~700mg이었다. 시계초의 부작용은 흔하지 않지만, 졸림, 나른함, 메스꺼움, 구토, 현기증 등을 꼽을 수 있다. 나른하게 만드는 효과 때문에 동일한 효과가 있는 다른 약물과 함께 복용해서는 안 된다.

시계초는 효과를 배가시키기 위해서 다른 약물과 결합하여 사용해왔다. 유피토스는 시계초, 쥐오줌풀, 마그네슘을 비롯한 여러 성분을 함유한 종합 캡슐제이다.

시계초에 대한 개인적 견해

나는 시계초가 벤조디아제핀과 유사한 항불안 효과를 낸다는 사실에 깊은 인상을 받았다. 대부분의 연구가 미국 밖에서 이루어졌다는 사실을 어떻게 받아들여야 할지 모르겠다. 전통적인 미국 의학은 외국의 연구를 폄하할 때가 많다. 정치가 연구 주제나 연구비 배정에 영향을 미치는데, 이것이 미국 연구가 제한적인 한 가지 이유일 수 있다. 그러한 혼입변인을 배제하면, 시계초는 일시적 불안이나 상황에 따른 불안을 완화하는 데 매우 유용해 보인다. 수술 전 불안을 완화한다는 사실을 감안할 때 수행불안을 완화하는 데도 도움이 될 수 있을 것이라고 생각한다.

비록 시계초를 한 달 동안 매일같이 복용한 GAD 환자가 도움을 받았다고 하더라도, 그것은 하나의 연구에 불과하며 그 효과가 얼마나 지속되는지에 대한 충분한 정보는 없다. 또한 이 연구들이 서로 다른 연구절차를 사용했기 때문에 복용량과 복용 기간을 고민해보아야 한다.

카바카바

카바카바 또는 줄여서 '카바'라고 부르는 이 식물은 남태평양에서 오랫동안 종교와 문화 의식에 사용해왔다. 카바는 **야코나** 또는 **그로그**로도 알려진 피지인들의 국민 음료이다. 피지를 방문하면 코코넛 용기에 담긴 카바를 마시는 의식에 참가할 수 있다. 사람들은 카바를 마신 후 입이나 목구멍이 약간 얼얼해지는 느낌과 함께 행복감을 느낀다고 보고한다.

보편적으로 카바는 차로 마시지만 알약의 형태로 복용할 수도 있다. 불면증에 대한 전형적인 용량은 125~250mg이며 잠자리에 들 때 복용한다. 카바가 두뇌에서 어떻게 작동하는지는 정확하게 알지 못하지만, 카바에 들어 있는 카바락톤이 GABA 시스템에 작동해서 노르에피네프린과 도파민 재흡수억제제로 작용한다는 제안이 있어왔다. 항우울제 부프로피온(웰부트린)도 이와 동일한 기제를 통해서 작동한다.

몇몇 통제된 임상실험을 보면, 카바가 불안을 개선하고 수면을 촉진하며 전반적인 행복감을 제공한다는 사실을 알 수 있다. GABA에 영향을 미치기 때문에 벤조디아제핀과 유사한 진정 효과가 있을 수 있다.

문제점은 카바 복용으로 인한 간 독성 사례가 여러 건 보고되었다는 것인데, 대부분 미국 이외의 지역에서 보고된 것이다. 간 손상에는 간염, 간경화, 간부전 등이 포함돼 있었다. 간 독성 사례는 희귀할 정도로 극소수에 불과하다. 그렇지만 FDA는 그 가능성에 대한 경고를 내놓고, 간 질환이 있는 사람은 무엇이든 카바가 포함된 약물을 복용하기에 앞서 주치의와 상의할 것을 강력하게 권장하고 있다. 또한 캐나다와 일부 유럽 국가는 카바의 사용을 전면 금지해왔다.

또 다른 주의사항은 카바가 상당한 약물 상호작용을 보이며, 그러한 상호작용이 복용하고 있는 다른 약물에 부정적 영향을 미칠 수 있다는 점이다. 카바를 4개월 이상 복용해온 사람은 피부 황달이나 우툴두툴한 피부 발진 등을 경험하기도 했다. 일단 카바 복용을 중단하면 황달은 사라진다.

카바에 대한 개인적 견해

불안과 수면장애에 대한 카바의 확실한 효과를 강력하게 지지하는 연구들이 있다. 그렇지만 간 독성에 대한 우려 때문에 카바를 믿을 만한 치료법으로 보기는 어려울 것 같다. 일각에서는 간 독성의 문제가 다른 약물과 병용해서 사용하기 때문이거나 카바 제제를 조제하는 방식과 관련이 있을 수 있다고 믿고 있다. 만일 간 독성이 조제 방식에 기인하는 것이라면, 피지인들이 카바를 국민 음료로 음용하는 이유를 설명할 수 있다. 그렇지만 조제 방식에 근거한 설명은 어떤 제제가 안전하며 얼마나 오랫동안 복용해야 하는지를 소비자가 아는 데는 아무런 도움이 되지 못한다. 의구심이 있을 때 나는 실수를 범하더라도 조심하는 편에 서서 안전성에 문제가 있는 제품을 피한다.

캐모마일

캐모마일은 데이지과 식물이다. 캐모마일의 진정 효과는 불안 해소와 수면에 도움을 준다. 또한 복부 경련을 차단하는 효과가 있어서 복부 통증에 대처하는 데도 사용한다. 캐모마일은 알약 형태로 복용하거나, 차로 마시거나, 정제 오일(에센셜 오일)로 흡입할 수도 있다.

오늘날까지 일반적인 불안 증상에 대한 캐모마일의 효과를 검증한 임상실험은 단 두 차례에 불과하다. 2009년에 실시한 임상실험에서 보면, 캐모마일 추출물 1,100mg을 복용한 참가자들이 불안 증상에서 어느 정도 개선을 나타냈다. 2016년에 실시한 두 번째 임상실험은 6개월에 걸쳐 1,500mg의 효과를 평가했다. 두 실험의 참가자들이 모두 캐모마일로 개선되었지만, 캐모마일을 복용하지 않은 사람들과 비슷한 수준으로 증상이 재발되었다. 임상실험은 항우울 효과가 얼마나 지속되는지를 보여주지 못했다. 이 두 연구와 무선할당 절차를 사용하지 않은(즉, 실험절차를 엄격하게 통제하지 않은) 다른 실험들도 캐모마일의 이완 효과를 보여주었다.

만일 캐모마일차를 좋아한다면, 아마도 낮 동안 여러 잔을 마셔야만 눈에 띄는 효과를 볼 수 있을 것이다. 차 한 잔에 캐모마일이 얼마나 들어 있는지를 알 방법은 없다. 500mg 알약을 하루 3번 복용하는 만큼의 농축된 양을 복용하는 것은 아니라고 생각하는 게 합리적일 것이다.

캐모마일은 돼지풀이나 국화와 같은 과에 속하는 식물이다. 이 식물들은 환경의 알레르겐(알레르기 유발 항원)에 민감한 사람에게 알레르기 반응을 유발할 수 있다. 알레르기에 취약하다면 주의해야 한다. 캐모마일이 재채기, 흉부 압박, 두드러기 등과 같은 알레르기 반응을 일으킬 수 있기 때문이다.

캐모마일의 또 다른 문제는 자연에 존재하는 혈액 희석 물질인 쿠마린을 포함하고 있다는 점이다. 쿠마린은 쿠마딘과는 다르다. 쿠마딘은 쿠마린을 비롯한 여러 물질의 합성물로 생산한 혈액 희석 물질의 상표명이다. 쿠마딘의 일반 약명은 **와파린**이며, 혈액 응고 장애를 치료하기 위한 목적으로 복용한다. 캐모마일을 규칙적으로 복용했을 때 출혈이 유발될 가능성은 없다. 그렇지만 쿠마딘, 아스피린, 고용량 비타민 E 등과 같은 혈액 희석 물질을 복용하는 사람은 캐모마일을 보조제로 사용해서는 안 된다. 두 가지가 결합될 경우 내출혈을 유발할 수 있기 때문이다.

캐모마일에 대한 개인적 견해

하루 3번 알약을 챙겨 먹기는 쉽지 않다. 3회로 나눠서 먹는 것이 필요한지 아니면 총복용량을 한 번에 다 복용해도 되는지는 분명하지 않다. 중급 수준의 일상 불안을 가지고 있으면서도 처방약 복용을 원치 않을 경우에는, 여러 차례 나눠서 복용하는 번거로움을 감수할 만한 가치가 있겠다. 그렇지 않다면 간간이 차로 마시거나 캐모마일 보조제를 복용할 수 있다.

쥐오줌풀 뿌리

쥐오줌풀은 유럽과 남아프리카가 원산지인 식물이다. 분말, 차, 팅크제(허브의 유효성분을 알코올을 이용해 추출한 것), 방향유, 캡슐 등의 형태로 조제할 수 있다. 이 식품 보조제는 쥐오줌풀의 뿌리로 만든다. 쥐오줌풀은 GABA 신호를 증폭시키는 방식으로 작용하는 것으로 알려져 있다.

불행하게도 불안에 대한 쥐오줌풀 연구는 지극히 제한적이며, 연구들도 가짜약(위약) 이상의 효과를 찾아내지 못했다. 아무튼 여전히 널리 사용하고 있으며, 일부 실험참가자들도 수면 개선 효과를 보고했다. 캡슐 보조제의 권장 복용량은 하루 500~1,000mg이며, 수면 개선을 위해서는 밤에 복용하고, 불안 완화를 위해서는 하루 2번 복용한다. 보편적인 부작용은 두통, 설사, 졸음, 현기증 등이다.

쥐오줌풀에 대한 개인적 견해

불안에 대한 이 보조제의 효과를 별로 확신하지 않는다. 하루 여러 차례 복용하는 것이 성가실 수도 있다. 쥐오줌풀은 진정 성분을 포함하고 있으며, 수면 보조제로 사용하는 것이 최선일 가능성이 크다. 만일 충분한 이완 효과를 제공해서 잠자는 데 도움을 준다면, 늘어난 수면 시간은 낮 동안에 느끼는 불안을 완화하는 데 도움을 주기 마련이다.

아슈와간다

아슈와간다는 인도, 중동, 아프리카에서 자라는 가짓과에 속하는 늘푸른 약초식물이다. 인도의 아유르베다 의학에서는 수백 년 동안 아슈와간다 뿌리의 가루를 약초로 사용해왔으며, 지력과 장수 그리고 활력을 가져다준다고 생각했다. 정신건강 측면에서는 신경쇠약과 불면증에 사용한다.

　아슈와간다의 불안 완화 효과에 관한 연구 증거들이 점증하고 있다. 그 연구에서 흥미로운 점은 아슈와간다가 불안장애보다는 만성 스트레스와 불안에 더 효과적인 것처럼 보인다는 사실이다. 많은 연구가 적은 수의 참가자를 사용했거나 연구설계에 하자를 가지고 있기 때문에 결과의 신뢰성이 매우 떨어진다. 지금까지 축적된 정보만으로는 효과적인 복용량을 알기 어렵지만, 일부 연구에서 사용한 복용량은 하루 250~600mg이었다. 밤에 복용할 경우 수면을 방해할 수 있어서 오전에 복용하는 것이 좋다. 저용량에서는 별다른 부작용을 찾아볼 수 없었지만, 1,000mg 이상의 고용량을 복용한 사람들은 메스꺼움, 구토, 설사 등과 같은 위장장애를 경험했다. 아슈와간다로 인한 것으로 의심되는 간 손상 보고도 몇 건 있었다.

아슈와간다에 대한 개인적 견해

아슈와간다는 불안장애가 없는 상태에서 일상적이며 스트레스로 인한 불안에 희망을 보여주고 있다고 생각한다. 내가 여기서 아슈와간다를 소개하는 이유는 갑상선 기능 저하증이나 체중 감소와 같은 문제에 사용하는 사례가 늘어나고 있다고 생각하기 때문이다. 그러나 불안과 스트레스에 어떻게 복용해야 하는지를 알아내기까지는 아직도 갈 길이 멀기만 하다.

대마초

삼과는 꽃식물과의 하나로 170여 종이 여기에 속하며, 대마초(카나비스)는 이 삼과 내에서 11개 속 중의 하나이다. 삼과 속에는 3개 종, **사티바, 인디카, 루데랄리스**가 포함되어 있다.

대마초는 보편적으로 '마리화나'라고 부르는 것의 식물학 용어이다. 혹자는 **사티바**가 더 활력적이고 **인디카**가 더 이완적이라고 생각하지만, 연구들은 일관성 있는 결과패턴을 보여주지 못했다. 식물종 간의 차이를 밝히는 것보다 대마초의 효과가 더 복합적인 이유가 있다. 즉, 대마초는 100가지 이상의 카나비노이드(대마에 들어 있는 화합물), 100가지 이상의 아로마 테르펜(탄소와 수소로 이루어진 화합물), 그리고 여러 가지 플라보노이드(식물의 이차대사산물)를 포함하여 500가지 이상의 화학물질을 함유하고 있기 때문이다.

가장 많이 연구된 화합물이 THC(Δ9-tetrahydrocannabinol)와 CBD(cannabidi-올)이다. THC는 정신병 증상을 유발하고 불안을 증가시킬 수 있는 향정신성 화합물이다. CBD는 이러한 효과를 가지고 있지 않으며 불안과 정신병 증상을 줄일 수 있는 잠재력을 가지고 있다. 앞서 라벤더에 대한 논의에서 언급했 듯이, 라벤더의 활성물질인 리날룰이 불안을 감소시키는 것으로 여겨지는 테르펜 화합물이다. 반면에 대마초에 들어 있는 테르펜에 대해서는 알려진 바가 거의 없으며, 그 테르펜이 제공하는 심리적 효과가 무엇인지도 모르고 있다. 대마초에는 THC와 CBD에 관해 알려진 것을 넘어서는 의학적 자질을 가지고 있는 테르펜이 있을지도 모른다.

자연발생적 대마초는 THC와 CBD를 각각 2%가량의 농도로 포함하고 있다. 그러나 오랜 세월에 걸친 선택적 교배는 THC와 CBD 중에서 하나가 압도적으로 많은 대마초를 만들어냈다. 의료용 마리화나 조제실은 THC 대 CBD의 비율이 다양한 대마초를 제공한다.

전통의학은 THC나 CBD의 합성 의약품들을 개발해왔다. 드로나비놀(마리놀)과 나빌로네(세사멧)는 화학치료가 유발하는 메스꺼움이나 구토 증상에 처방하는 합성 THC이다. 드로나비놀은 에이즈와 연관된 식욕 부진이나 체중 감소에도 사용한다. 칸나비디올(에피디올렉스)은 레녹스-가스토 증후군(아동기에 발생하는 극심한 뇌전증), 드라베 증후군(유아기에 시작하는 드문 형태의 뇌전증), 결절성 경화증(경련, 정신지체, 혈관 섬유종 등을 특징으로 하는 신경계 장애) 환자의 발작을 치료하는 데 사용하는 합성 CBD이다.

현재로서는 대마초를 치료 목적으로 사용하려는 약물로는 이 3가지가 전부이지만, THC와 CBD에 대한 많은 임상실험이 진행 중이다. 지금까지 대마초의 효능이 입증된 증상은 화학치료가 유발하는 메스꺼움과 구토, 만성 통증, 다발성 경화증에 따른 근육 경직 등이다. 정신과적 질환(심리장애) 치료를 위한 대마초 사용을 지지하는 과학적 데이터는 아직 없다. 그러나 조현병과 PTSD에 도움을 줄 수 있는 잠재력을 가지고 있다. 이 분야에서 이루어지고 있는 대다수 연구의 초점이 이 질환들에 집중되어 있다.

대마초에 대한 개인적 견해

나는 대마초가 라벤더와 같은 아로마 식물과 유사한 의학적 특성을 가지고 있다고 믿고 있다. 그러나 과학이 아직은 의학적으로 이로운 성분 그리고 치료 효과를 얻기 위해 필요한 용량을 상세화할 수 있을 만큼 발전하지 못했다. 젤리형 CBD가 매우 인기 있으며, 그 사용을 외면하기 어렵다. 아마도 통증 관리에 CBD를 사용하는 것이 최선이겠지만, 효과가 있는 상용 제품을 찾는 데는 여전히 어려움이 있다.

아로마세라피

나는 오랫동안 에센셜 오일(방향유)을 애용해왔다. 수면, 벌레 물림, 화상, 근육통 등을 포함한 거의 모든 용도에 오일 혼합물을 만들어 사용하기를 좋아하기 때문에 가족들은 나를 '묘약 조제사'라고 부른다.

나는 에센셜 오일이 경미한 불안을 진정시키는 데 효과가 뛰어나다고 생각하지만, 그 효과가 얼마나 강력한지 그리고 얼마나 오래 지속되는지는 여러 가지 변인에 달려 있다. 여기에는 오일의 품질, 노출시간, 노출방식(흡입 또는 피부 흡수), 사용빈도 등이 포함된다. 이 절에서 몇 가지 문제를 다룬다.

아로마세라피(방향요법)의 작동방식을 설명하는 것으로 시작해보자. 아로마세라피는 에센셜 오일을 사용하여 불안 감소나 이완 증진과 같은 치료 목적을 달성하려는 것이다. 에센셜 오일은 정제 과정을 통해서 식물에서 추출한다. 꽃, 잎, 줄기, 나무껍질, 과일껍질, 뿌리 등을 포함하여 식물의 여러 부분을 사용할 수 있다. 에센셜이란 용어는 이 오일들이 필수 영양소처럼 생리적 기능을 수행하는 데 반드시 필요하다는 의미는 아니다. 에센셜이라고 부르는 까닭은 오일이 식물의 정수 즉 필수적 요소를 포함하고 있기 때문이다.

에센셜 오일은 휘발성이다. 실온에서 증기가 될 수 있고 코로 들이마실 수 있다는 의미이다. 식물의 씨와 과육에서 추출한 캐리어 오일, 알코올, 로션 등과 같은 다른 물질과 섞을 수 있다. 그런 다음에 오일 혼합물을 피부에 바르거나 공기 중에 스프레이처럼 분사해서 사용할 수 있다. 또한 지속적으로 향기를 만들어내는 디퓨저에 넣어 사용할 수도 있다. 보편적으로 치료 마사지에서 아로마세라피를 사용한다.

유기화합물이 고농도로 농축되어 있기 때문에 일반적으로 에센셜 오일을 입으로 섭취하는 것은 권장하지 않는다. 단 특별히 경구용으로 제조한 실렉산(라벤더)은 예외다.

많은 오일이 진정 효과와 이완 효과를 가지고 있지만, 어떤 것은 자극적이다. 오일은 통증 완화나 위험한 미생물 박멸 가능성 등과 같은 효과도 가지고 있다. 우리의 논의에서는 오일의 이완 효과에 초점을 맞춘다.

치료 효과가 있는 에센셜 오일의 중요한 화학성분은 테르펜 화합물이다. 앞서 라벤더가 어떻게 리날룰과 아세트산리날릴이라는 테르펜을 보유하고 있는지를 언급한 바 있다. 다른 오일에도 리모넨, 게라니올, 시트로넬롤 같은 테르펜이 존재한다. 이러한 화학 화합물이 오일에 향을 제공한다.

에센셜 오일의 치료 효과를 입증하는 수십 편의 과학논문이 존재한다. 대부분의 연구가 동물을 대상으로 수행되었지만, 인간을 대상으로 엄격한 연구 절차를 준수한 임상연구들도 아로마세라피를 불안에 대한 합법적인 대안으로 만들어주기에 충분하다.

오일의 흡입이 어떻게 두뇌에 영향을 미치는지를 보자. 냄새는 인간의 오감 중 하나이며, 후각신경이 제어한다. 후각신경 경로는 비강 상부에서 시작해 두개골 하부를 통과한 다음, 곧바로 해마와 편도체에 연결된다. 해마와 편도체는 정서의 기억과 반응을 제어한다.

「스타트렉」 유추로 되돌아가보면, 화학물질의 흡입은 함선의 함교에 곧바로 광선총을 쏘는 것과 같다. 코에서 두뇌로 통하는 직통 경로가 있기 때문에, 가스나 연기의 직접 흡입은 심각한 문제이다. 그렇지만 흡입하는 모든 것이 약리학적 효과를 가진 분자를 포함하고 있는 것은 아니기 때문에, 냄새 맡는 모든 것을 걱정할 필요는 없다. 흡입이 소화보다 신속한 흡수경로인 까닭은 화학물질이 소화기관을 건너뛰고 곧바로 두뇌로 직행하기 때문이다.

많은 에센셜 오일이 이완 기능을 가지고 있다. 다음은 내가 개인적으로 가장 좋아하는 10가지 에센셜 오일이다.

라벤더

라벤더 오일은 식물의 꽃과 줄기에서 증기 증류 과정을 통해 추출한다. 달콤한 꽃향기를 가지고 있으며 가장 널리 사용하고 많이 연구한 오일이다. 라벤더 향은 다른 오일들과도 잘 섞인다. 중요 성분은 리날룰과 아세트산 리날릴이다.

샌들우드

샌들우드 오일은 상록수인 인디안 샌들우드의 껍질에서 추출한다. 나무줄기에서 나오기 때문에 달콤한 나무 향기를 가지고 있다. 핵심 성분은 알파 산타롤과 베타 산타롤이다. 샌들우드는 프리미엄급 에센셜 오일이며 대중적인 라벤더보다 훨씬 비싸다.

네롤리

네롤리 오일은 광귤나무의 감귤꽃에서 증류하여 추출한다. 오렌지 오일과 유사한 꽃향기와 감귤 향이 난다. 핵심 성분은 리날룰, 리모넨, 베타 피넨 등이다. 오일을 제조하는 데 무수히 많은 꽃잎이 필요하므로 네롤리도 매우 비싸다. 다행히도 향이 강력해서 많이 사용할 필요가 없다.

베티버

베티버는 풀의 일종으로, 오일은 뿌리에서 증류 방식으로 추출한다. 베티버 향은 흔히 연기 향이나 숲 향으로 표현한다. 핵심 성분은 소발렌세놀, 쿠시몰, 베타 베티본 등이다. 대부분의 뿌리 오일은 꽃향기보다 오래 지속되는 무거운 향을 가지고 있다. 이렇게 오래 지속되는 향을 **베이스 노트**라고 부른다. 식물의 꽃에서 추출하는 가벼운 오일을 **톱 노트**와 **미들 노트**라고 부른다. 이 향들은 베이스 노트보다 빠르게 사라진다.

로만 캐모마일

약초 보조제를 다룬 절에서 캐모마일 꽃잎을 말려 차로 우려낼 수 있다고 언급한 바 있다. 캐모마일 꽃을 증기 증류해서 만든 에센셜 오일이 로만 캐모마일이다. 내가 로만 캐모마일을 여기에 포함시킨 까닭은 이완 효과에 있어서 차보다 오일이 훨씬 더 효과적이기 때문이다. 핵심 성분은 안젤레이트와 피노카베올이다.

스파이크나드

그 향을 크게 좋아하지는 않지만, 스파이크나드를 내가 가장 좋아하는 오일 중 하나로 포함시켰다. 스파이크나드는 발라리안과 같은 인동덩굴과의 꽃식물이다. 스파이크나드 오일은 증기 증류를 통해 뿌리에서 추출하며, 숲 향이면서 매캐한 향이 난다. 핵심 성분은 자타만손, 베타 구르유넨, 발레라논 등이다.

혹자는 스파이크나드 향에서 흙냄새를 맡기도 하는데, 불행하게도 나는 욕실 타일에 이 오일을 엎지른 적이 있다. 오일이 타일에 스며들어 그 향이 몇 주간 사라지지 않았다. 남편과 나는 향이 지독하다고 생각했지만, 잠자리에 들 때는 지나치게 이완되어 불어 터진 국수가락이 된 느낌을 갖게 만들었다.

내가 스파이크나드에 관심을 갖게 만든 흥미진진한 사실은 베다니의 마리아가 예수의 발에 바른 성유가 바로 이것이었다는 점이다.

파출리

파출리는 민트과에 속하는 꽃식물이다. 파출리 오일은 잎과 줄기에서 증류를 통해 추출하는데, 숲 향과 흙 향이 난다. 핵심 성분은 패출롤, 불네센, 알파 구아이엔 등이다. 파출리는 1960년대 보디 오일로 인기가 높은 향이 되었으며, 히피 문화와 연계되어 있다.

프랑킨센스

프랑킨센스 오일은 북아프리카의 보스웰리아 카르테리 나무의 송진에서 추출하며, 고대 성경에 등장하는 또 다른 오일이다. 프랑킨센스는 동방박사들이 아기 예수에게 가져온 선물 중 하나였다. 고대 이집트인도 종교 의식에서 이 오일을 사용했다. 나무 송진에서 추출하기 때문에 숲 향을 가지고 있다. 핵심 성분은 알파 피넨, 리모넨, 알파 투젠 등이다.

발레리안

발레리안도 인동덩굴과의 꽃식물이다. 발레리안 오일은 뿌리에서 추출한다. 핵심 성분은 보르닐 아세테이트, 캄펜, 베타 피넨 등이다. 나는 마침내 스파이크나드 향을 좋아하게 됐지만(아마도 욕실에서 그 향이 날아갈 때까지 적응할 수밖에 없었기 때문이었을 것이다), 발레리안 오일의 강력한 머스크 향에는 여전히 적응하지 못하고 있다. 다행스럽게도 소량만 사용해도 향이 오래간다. 또한 꽃향기를 가진 오일과 혼합하면, 상당히 기분 좋은 향기 조합을 경험할 수 있다.

일랑일랑

일랑일랑은 열대지역에서 자라는 나무다. 오일은 이 나무의 꽃에서 추출하며, 달콤하면서 이국적인 향을 가지고 있다. 핵심 화합물로는 제르마크렌 D와 알파 파네센 등이다. 이 오일은 알레르기 반응을 일으키기 쉬운 사람의 피부를 자극하거나 민감하게 만들 수 있다.

그리고 한 가지 언급할 가치가 있는 오일이 있다.

베르가모트

베르가모트는 베르가모트 오렌지의 껍질에서 추출한 감귤 오일 중의 하나다. 얼그레이 차의 독특한 맛은 바로 베르가모트 때문이다. 이 오일은 달콤하고 행복감을 주는 향을 지니고 있다. 핵심 성분은 리모넨과 아세트산리날릴이다.

베르가모트를 목록에 포함시키지 않은 까닭은 피부에 바르면 광독성이 있기 때문이다. 특정 약물을 복용하거나 광독성 물질을 피부에 바르고 햇빛에 노출하면 광독성 반응이 일어난다. 화상, 피부 자극, 물집 등이 생길 수 있다. 만일 이 오일을 피부에 바른다면, 햇빛을 보기 전에 18시간은 기다려야 한다(오일을 흡입했을 때는 이 경고가 적용되지 않는다).

아로마세라피 사용 방법

에센셜 오일을 사용하는 한 가지 방법은 향을 발산하는 디퓨저에 몇 방울을 넣는 것이다. 이 방법은 실내 전체에 향이 퍼지게 하는 장점이 있지만, 두 가지 단점을 가지고 있다. 첫째, 넓은 실내에서는 충분한 농도의 오일 성분에 노출되지 않을 수 있다. 둘째, 다른 사람들이 그 향을 불쾌하게 느끼거나 부정적으로 반응할 수 있다.

향에 잘 노출될 수 있게 해주는 방법으로는 싱글 흡입기를 사용하는 방법, 캐리어 오일과 섞어서 피부에 바르는 방법, 외출할 때 소지할 수 있는 흡수성 액세서리에 몇 방울 떨어뜨리는 방법, 또는 목욕물에 첨가하는 방법 등이 있다.

싱글 흡입기

오일을 흡수하는 코튼 심지를 집어넣는 구멍이 있는 튜브인 아로마세라피 흡입기를 구매해서 사용할 수 있다. 튜브 끝에는 오일 향을 맡을 수 있게 해주는 구멍이 있다. 또한 튜브에 오일과 향기를 유지시키는 뚜껑이 달려 있다. 빅스(Vicks)사는 베이포인헤일러라고 부르는 휴대용 흡입기를 제작해서 판매하고 있다. 자신만의 흡입기를 만들려면, 선호하는 오일 10~15방울 또는 몇 가지 오일을 혼합한 것(총 10~15방울)을 코튼 심지에 떨어뜨리고, 하루 종일 필요할 때 사용하면 된다. 흡입기의 뚜껑을 닫아두면, 6개월까지도 지속될 수 있다.

피부 도포

에센셜 오일은 흡입(가장 빠른 경로)이나 피부 흡수를 통해서 작동할 수 있다. 대부분의 경우, 에센셜 오일을 피부에 직접 발라서는 안 된다. 화상 부위에 라벤더 몇 방울을 바르는 것과 같은 몇 가지 예외가 있기는 하다. 에센셜 오일은 농도가 진해서 피부를 자극할 수 있다. 이런 일이 일어나지 않도록 캐리어 오일로 에센셜 오일을 희석해서 사용한다. 캐리어 오일이란 피부에 발라도 안전한 비휘발성 오일을 말한다. 캐리어 오일의 몇 가지 예로는 해바라기 오일, 호호바 오일, 아보카도 오일, 코코넛 오일, 시어버터 등을 꼽을 수 있다. 알로에 베라 겔도 훌륭한 캐리어 오일이며 핸드크림이나 얼굴용 크림에 많이 사용한다.

일반적인 희석 가이드라인은 옅은 농도 1%, 순한 농도 2%, 중간 농도 3%, 강한 농도 5%이다. 농도를 산출하는 방법은 다음과 같다. 1mL는 에센셜 오일 약 20방울에 해당한다. 만일 캐리어 오일 30mL(1온스)로 시작한다면 에센셜 오일 5~6방울이 1% 희석 오일을 만들게 된다. 2% 희석 오일을 만들려면 10~12방울의 에센셜 오일을 캐리어 오일에 첨가한다. 15~18방울은 3% 농도가 되며, 25~30방울은 5% 농도가 된다.

〈에센셜 오일 희석〉

1% 희석 오일. 아동에게 사용. 노인이 목욕할 때 또는 얼굴이나 민감한 피부에 사용. 임산부(오일 사용이 안전한 경우)가 사용	30mL(1온스) 캐리어 오일에 에센셜 오일 5~6방울
2% 희석 오일. 건강한 성인이 장기적으로 사용	30mL(1온스) 캐리어 오일에 에센셜 오일 10~12방울
3% 희석 오일. 급성 질환이나 국소영역에 3~4주 단기적으로 사용	30mL(1온스) 캐리어 오일에 에센셜 오일 15~18방울
5% 희석 오일. 특정 신체부위(전신 마사지 불가)에 초단기적(1~2주)으로 사용	

불안, 스트레스, 수면장애의 경우에는 반드시 2% 희석 오일을 롤온형 용기(액체를 담은 용기와 공 모양의 노즐로 구성된, 액체를 바르거나 마사지하는 도구)나 스프레이 병에 담아서 사용하라. 일반적으로 에센셜 오일 병은 한 번에 한 방울씩 떨어뜨릴 수 있는 뚜껑과 함께 판매한다. 큰 병은 뚜껑 안에 점적기가 달려 있기도 하지만, 그렇지 않다면 오일 점적기를 별도로 구매해서 사용할 수 있다.

피부 민감도와 관련해서는 희석 오일 소량을 국소부위에 테스트해보고 반응이 일어나는지 확인해봐야 한다. 희석할 경우 대부분의 오일이 피부에 안전하지만, 어떤 오일은 피부에 더 자극적이다. 또한 오랜 시간 사용할 경우 에센셜 오일에 민감해질 수 있다. 농축 오일을 희석하지 않은 채 정기적으로 직접 피부에 사용할 경우 이 민감성이 발생할 가능성이 더 높다. 이러한 방식으로 에센셜 오일을 사용하는 것을 가리켜 '원액'으로 사용한다고 말한다.

피부를 자극하거나 민감하게 만들 가능성이 가장 높은 에센셜 오일은 다음과 같다.

- 베르가모트 오일
- 시나몬 바크 오일
- 시나몬 리프 오일
- 클로브 오일
- 자스민 앱솔루트
- 레몬 리프 오일
- 레몬그라스 오일
- 멜리사 오일
- 머틀 오일
- 오레가노 오일

- 티트리 오일(레몬 향 품종)
- 일랑일랑 오일

광독성으로 알려진 에센셜 오일은 다음과 같다.

- 안젤리카 루트 오일
- 베르가모트 오일
- 쿠민 오일
- 자몽 오일
- 레몬 오일
- 라임 오일
- 만다린 리프 오일
- 오렌지 오일
- 루 오일

이 목록이 모든 오일을 포함하고 있는 것은 아니다. 완전한 목록을 보려면 Tisserand & Young의 논문(2014)을 참고하라.

일단 오일을 사용하기로 결정했다면, 이완을 위한 몇 가지 방법은 다음과 같다.

- 저녁에 오일로 발마사지를 한다.
- 잠자리에 들기 전 베개에 몇 방울 떨어뜨린다.
- 흡입기를 들고 다니다가 스트레스가 많은 날 한두 차례 흡입한다.
- 샤워부스 벽이나 문 또는 욕실 선반 위 수건에 몇 방울 발라놓는다.

- 1~2% 희석 오일을 만들어서 엡솜염(황산과 마그네슘의 무기화합물로 황산마그네슘이라고도 부른다. 이름과 달리 실제 소금은 아니다)이나 천일염과 섞은 다음, 그 소금을 욕조에 첨가한다.*
- 롤온형 용기에 약간의 오일을 넣어서 손목에 문질러 바른다.
- 명상에 도움이 되도록 흡입기나 디퓨저를 사용한다.
- 잠자기 전 목에 피스풀 슬립 오일(편안한 수면을 위한 에센셜 오일)을 바른다 (부록 C에 수록된 레시피 참조).

  [*만일 오일을 욕조에서 소금 없이 사용하고 싶다면, 오일이 물과 섞일 수 있게 해주는 고정액과 섞어줄 필요가 있다. 오일을 목욕물에 직접 넣어서는 안 된다. 오일이 희석되지 않은 채 물 위에 떠다니면서 피부에 마구 닿게 된다. 아니면 고정액 대신에 식물성 글리세린을 캐리어 오일로 사용해서 오일과 섞은 다음에, 그 혼합 용액을 목욕물에 붓는다. 목욕에 사용하려면 식물성 글리세린을 섞은 1% 희석 오일을 만들어야 한다.]

아로마세라피는 불안을 관리하는 훌륭한 다목적 보완치료법이다. 나는 전통의학이 아로마세라피를 충분히 활용하지 못하고 있다고 생각하는데, 우선 아로마세라피를 사용하려는 의도가 있어야 한다. 알약과 달리 아로마세라피는 상당한 준비와 자신의 감정 변화에 대한 지속적인 통찰을 필요로 한다. 쉽게 사용할 수 있도록 선호하는 향의 오일을 흡입기나 롤온형 용기에 담아둔다면, 원할 때 언제나 즉시 사용할 수 있다. 후속하는 여러 장에서 논의하는 다른 도구들과 함께 사용해도 안전하다.

침술

침술은 수천 년 동안 한의학의 중요한 부분이었다. 서양 문화는 1800년대가 되어서야 처음으로 침술을 도입했다. 침술의 인기가 높아진 시기는 퓰리처상을 수상한 기자 제임스 프레스턴이 대통령 행사를 취재하기 위해 당시 국무부장관 헨리 키신저를 동행했던 1970년대이다. 당시 프레스턴은 급성 충수염에 걸려서 긴급 수술을 받아야 했다. 수술은 성공적이었으나 수술 며칠 후 그는 극심한 통증에 시달렸다. 침술치료를 받은 후 이 통증은 사라졌다. 프레스턴은 1971년 7월 26일 자 「뉴욕타임스」에 '침술과 한방'을 칭송하는 기사를 썼다.

침술은 통증 치료에 사용하기 십상이지만, 상태불안, 범불안장애, PTSD 등에도 치료 효과가 있음을 보여주는 연구들이 있어왔다. 침술 의학을 훈련받은 사람이 침술을 수행한다. 침술치료는 신체의 경혈에 근거를 둔다. 한의학에 따르면 신체의 경락 통로를 따라 정렬된 에너지 흐름(氣)이 존재한다. 최적의 건강상태를 위해서는 이 경락 통로가 정렬될 필요가 있으며, 에너지 통로의 붕괴는 질병을 초래한다. 침술은 신체의 특정 지점에 바늘을 꽂아 음양의 상반된 힘 사이에서 에너지 흐름을 재조정한다.

한의학은 영성과 에너지 치료를 침술에 통합시킨다. 서양 문화는 침술을 바늘, 압박(예컨대, 지압), 구슬이나 씨앗과 같은 물체, 전류 등을 이용해서 신경을 자극하는 방법으로 설명한다. 과학자들은 감각신경을 자극하면 엔도르핀, 세로토닌, 노르에피네프린 등이 활성화되며 이러한 화학물질들이 임상효과에 도움이 된다고 제안하고 있다.

전통적인 침술과 지압은 치료하려는 질환과 대응하는 신체의 특정 지점을 자극한다. 이러한 지점은 경락 에너지 통로를 따라 위치한다. 몇몇 불안 연구는 **귓바퀴 자극하기**라고 부르는 경로에만 국한시켰다. 일반적으로 침 놓기는 20분에서 1시간까지 지속된다. 대다수 보완·대체요법이 그렇듯이, 필요한 치료 횟수나 효과의 지속 기간에 대해 확정된 절차가 없다. 어떤 연구에서는 참가자들이 단지 몇 차례만 침을 맞은 반면, 다른 연구에서는 2~3개월에 걸쳐 여러 차례 침을 맞았다.

최면

내가 최면을 생각할 때는, 흔들리는 회중시계를 들고 있는 최면술사 앞에 어떤 사람이 앉아 있는 장면이 떠오른다. 최면술사가 회중시계를 주시하라고 지시하는 동안 그 사람은 졸기 시작한다. 그 사람은 잠이 들며, 언어적 지시에 쉽게 조종될 수 있는 상태에 빠진다. 최면술사가 "개처럼 짖으세요"라고 말하면 짖는다. 최면술사가 손가락을 튕기면 그 사람은 수면 상태에서 깨어나지만 자면서 무슨 짓을 했는지 아무것도 기억할 수 없다. 이러한 묘사는 최면에 대한 텔레비전 버전이며, 최면이 실제로 작동하는 방식이 아니다. 적어도 치료 장면에서는 그렇다.

최면은 1700년대 후반 독일 의사 프란츠 안톤 메스머의 연구에서 출발했다. 메스머는 중력이 제어하는 보이지 않는 체액이 인간에게 영향을 미친다고 믿었다. 그는 이 힘을 '동물 자기력'이라고 불렀다. 그는 체액의 움직임이 신체 건강에 영향을 미치며 훈련받은 사람은 이 자기력을 조작해서 임상질환을 치료할 수 있다고 믿었다.

의료계의 많은 사람은 메스머가 주장하는 제다이 마스터(『스타워즈』 세계에서 힘과 지혜를 모두 갖춘 제다이 기사의 최고 등급)가 해낼 수 있는 것과 같은 힘의 조작이 과학적 지지를 받지 못했다고 생각했다. 그럼에도 불구하고 그의 방법은 **메스머주의**라는 대중적 운동으로 발전했다. 이 메스머주의에서 단단히 사로잡혔다는 의미의 'mesmerized(최면에 걸린)'라는 표현이 나왔다.

최면은 메스머주의라는 이름으로 초라하게 시작했지만, 1843년 스코틀랜드 외과 의사 제임스 브레이드가 가수(假睡) 상태를 지칭하기 위해 '최면'이라는 용어를 도입했다. 오늘날 최면은 극도의 신체적 이완과 정신적 이완이 초래하는 의식 변성 상태를 나타낸다. 정서 처리를 억압하는 무의식적 저항을 차단하는 방식으로 선택적 집중을 하게 된다. 그것은 마치 방어 수단을 내려놓은 것과 마찬가지이다.

일반적으로 최면은 최면치료 훈련을 받은 사람이 수행한다. 최소한 보건 관련 분야에서 취득한 학사학위를 요구하는 자격증 프로그램들이 있다. 스스로 최면 상태를 유도하는 방법을 익힐 수도 있지만, 최면치료자와 몇 차례 훈련회기를 가지면 더 좋은 결과를 얻게 된다. 최면치료자는 피훈련자가 선정한 최면의 목표를 확인하고 그 목표에 적합한 시나리오를 만들어내는 데 도움을 줄 수 있기 때문이다. 또한 녹음된 최면치료 오디오 자료를 사용하는 것도 최면 상태에 들어가고, 암시하는 내용을 받아들이도록 도와줄 수 있다.

최면 과정

유도단계와 암시단계가 있다. 유도단계는 감각을 이용해서 정신을 한곳으로 집중시키는 것이며, 시각적이거나 청각적이거나 운동감각적이거나 상상적일 수 있다.

시각적 유도의 경우, 시선을 벽시계와 같이 방 안에 있는 어떤 것에 고정시킨다. 청각적 유도의 경우에는 음악이나 두드리는 소리와 같은 음향에 귀를 기울일 수 있다. 운동감각적 유도는 점진적 근육 이완과 같은 움직임을 수반한다. 이 방법을 사용할 때는 신체 한쪽 끝, 즉 머리나 발에서부터 시작하여 근육을 수축했다가 이완한다. 신체 반대쪽 끝으로 이동하면서 계속해서 근육을 수축하고 이완한다. 상상적 유도는 심상을 사용한다. 마치 백일몽을 꾸는 것처럼 과거의 경험에 스스로 빠져들어간다.

다음 단계는 최면 피암시성을 수반한다. 한 가지 사례는 최면치료자가 내담자에게 팔다리가 무겁다고 상상하라고 말하는 것이다. 그렇게 되면 내담자의 사지는 무겁게 느껴지기 시작할 수 있다. 자세 진동 기법을 사용하여 맞바람을 맞으면서 무거운 여행가방을 들고 있는 척할 수도 있다. 만일 이 암시에 반응을 보이게 되면, 바람에 의해 앞뒤로 흔들리고 있는 것처럼 아주 미묘하게 움직이게 된다.

스스로 이완하고 이러한 암시에 굴복하기 위해서는 훈련을 받아야 한다. 일단 가수 상태에 도달하면 최면이 작동하기 시작한다. 이 상태에서는 마음이 개방적이고 변화에 수용적이다. 여전히 주변을 자각하고 있지만, 외부 세계와 분리되어 자신의 생각과 감정에만 선택적으로 집중하게 된다. 마치 극단적인 터널 시야나 터널 의식을 갖는 것과 같다. 주변 환경에 대한 자각을 줄였기 때문에 통제된 해리 상태로 진입한 것이다.

어떤 사람은 다른 사람보다 더 피암시적이다. 피암시적일수록 최면에 잘 걸린다. 피암시성을 측정할 수 있는 질문지들이 있지만, 몇몇 연구자는 피암시성을 신뢰할 수 있게 수량화할 수 있을 만큼 최면을 연구해오지 않았다고 생각한다. 일반적으로 상상력이 풍부해서 멍하니 다른 생각을 하거나 몽상에 자주 젖는 사람이 최면 피암시성 수준이 높다.

최면의 목표는 다양하다. 트라우마에서 기인한 불안 증상을 다루고 있다고 가정해보라. 이 경우에 최면이 덜 위협적인 방법으로 트라우마 상황으로 되돌아가서 고통스러운 감정을 처리하도록 해줄 수 있다. 가령 그 트라우마 경험이 너무 끔찍해서 그중 일부를 기억해낼 수 없다고 해보자. 이것은 일어난 모든 일을 의식적으로 떠올리지는 못하지만, 마음이 깡그리 망각한 것은 아니라는 사실을 의미한다. 마음은 위협을 자각하는 책무를 수행하면서 과거에 일어났던 사건과 유사한 것들을 살피고 있다. 유사한 사건은 극심한 불안을 유발할 수 있다. 그러나 기억은 무의식적인 것이기 때문에, 반드시 불안을 그 촉발자극과 연결시킬 수 있는 것은 아니다.

여기서 최면을 사용하여 사건에 집중한 의식 상태에 도달해서는 기억을 회복하고 그 기억과 관련된 감정을 관리할 수 있다. 기억을 회복하길 원하는 까닭은 무엇인가? 그 기억들을 치워버리고 잊고자 애쓴다고 해서 트라우마가 치유되는 것이 아니기 때문이다. 오히려 이렇게 처리하지 않은 기억은 마음을 좀먹게 만들고 아무 때나 불쑥 나타나 불안을 유발한다. 따라서 최면은 마음이 트라우마 사건을 탐색하는 데 개방적인 동안 억압된 정서와 기억에 대처하여 그 정서를 처리하도록 해주는 방법일 수 있다.

최면치료는 공포증과 연관된 불안을 극복하는 데도 도움을 줄 수 있다. 일단 최면 상태에 도달하면 목표는 공포증의 근원을 이해하는 데 도움을 주는 것이다. 또 다른 목표는 공포 대상이나 상황에 대한 혐오감을 없애는 방법을 익히는 것이다.

최면치료 회기의 길이는 해결하려는 문제에 따라 달라지지만, 전형적인 회기 시간은 30분에서 1시간 정도이다. 이완된 가수 상태에 오랜 시간 머무르면 졸음이 오게 된다. 자신의 문제와 관련된 암시를 처리한 후, 마지막 단계는 가수 상태에서 빠져나와 완전한 의식 상태로 돌아오는 것이다. 이러한 전환 단계에서 치료자 또는 오디오 녹음 자료가 자신이 처리한 문제에 적용되는 최면 후 암시를 제공하게 된다. 예컨대 만일 호루라기 소리가 수반된 트라우마 경험을 했다면, 최면 후 암시는 다음번에 호루라기 소리를 듣더라도 안전하다는 것일 수 있다. 만일 이 최면 회기와 암시가 효과적이라면, 나중에 호루라기 소리를 듣게 될 경우 여전히 불안함을 느낄 수는 있지만 공황발작 수준까지는 아닐 것이다.

수많은 연구가 최면치료의 효능을 입증했지만, 연구의 질이 떨어진다는 비판도 많다. 고품질 연구의 부재는 전문가들이 최면치료 사용에 대한 명확한 지침을 구성하는 것을 어렵게 만든다. 그러나 현장에서는 통증, 불안, 우울,

손톱 물어뜯기 습관 등과 같은 다양한 문제에 대한 독자적인 치료법으로 최면치료를 사용해왔다. 최면치료는 인지행동치료(CBT)와 같은 전통 치료법과 함께 사용할 수도 있다. 스스로 최면치료를 시도해보고 싶다면, 유도와 시나리오를 제공하는 책과 오디오 그리고 비디오 제품이 시중에 많이 나와 있으니 참고하기를 바란다.

기치료

기(氣)치료는 19세기 중반 일본에서 시작한 에너지 치료의 한 유형이다. 기치료 과정 중에 치료자는 자신의 손을 치료받는 사람의 몸이나 몸 바로 위에 위치시킨다. 치료자는 이러한 움직임을 통해서 치료받는 사람의 내부 에너지를 조작하고, 에너지를 자신의 신체로부터 치료받는 사람의 신체로 전이시킨다.

이 치료 과정은 기치료 기법을 훈련받은 치료자를 필요로 한다. 기치료 훈련에는 1급, 2급, 그리고 마스터 등 3단계가 존재한다. 1급 치료자는 자신을 치료하고 면대면 상황에서 다른 사람을 치료하는 힘을 가지고 있다. 2급 치료자는 진작에 1급을 취득한 사람이며, 직접 대면하지 않고도 원거리에서 다른 사람을 치료할 수 있다. 마스터는 진작에 1급과 2급을 획득하고 다른 사람을 가르칠 수 있다.

기치료는 영적인 경험이지만 종교적인 것은 아니다. 상징을 사용해서 치료 과정을 이어가는 영적인 측면 때문에 기치료를 받는 것을 불편해하는 사람들도 있다. 기치료 기법을 지지하는 사람들은 기치료의 이점을 누리기 위해서 자신의 믿음을 포기할 필요는 없다고 말한다.

기치료가 불안 증상을 완화하는 데 도움을 준다는 연구의 증거는 제한적이다. 하지만 현재까지 어느 연구도 불안장애가 있는 사람들을 대상으로 그 효과를 평가하지 않았다. 기치료의 원리를 믿든 믿지 않든 간에, 이것은 이완을 증진시키는 하나의 명상요법이다. 일반적으로 이완 경험은 불안 증상에 도움을 준다.

다음 장에서는 심리치료법과 신경자극치료를 살펴본다.

제 7 장

심리치료

심리치료란 무엇인가?

'대화치료'라고도 부르는 심리치료는 정서적 문제를 파악하고 해결하기 위해 내담자와 치료자 간의 대화를 수반하는 모든 형태의 치료를 말한다. 심리치료는 자기자각을 증가시키고 대처기술을 개선함으로써 변화를 촉진한다.

다양한 문제에 대처하기 위한 다채로운 형태의 심리치료가 존재한다. 어떤 치료는 트라우마와 같은 특정 문제를 다루며, 다른 치료는 성격 개조와 같이 광범위한 문제에 초점을 맞춘다. 집중적인 치료일수록 일반적으로 치료기간이 짧으며, 주 1회의 회기가 12~16주 동안 지속된다.

정신분석치료와 정신역동치료

이것은 수년간 지속될 수 있는 장기 치료법이다. 지그문트 프로이트가 창시한 정신분석은 가장 오래된 형태의 심리치료법 중 하나다. 이 치료의 목적은 무의식적 사고와 행동을 의식적인 것으로 만들어 수정하거나 더 적응적인 것으로 만들려는 것이다(심리적 방어기제는 무의식적 동기가 주도하는 부적응적 행동의 사례이다).

오늘날에도 여전히 건재한 전통적 정신분석은 매주 1~5회 치료회기를 갖는다. 어떤 경우에는 내담자가 분석가를 마주 보고 있지 않은 상태에서 장의 자에 누워 있기도 하며, 다른 경우에는 면대면으로 마주 보고 앉기도 한다. 이 유형의 치료는 아동 초기에 시작되었기 십상인 무의식적 갈등을 해소하는 데 초점을 맞춘다. 치료 과정은 자유연상을 수반하는데, 분석가가 가능한 한 채근하지 않고 내담자도 자기검열을 하지 않는 상태에서 마음에 떠오르는 것을 무엇이든 이야기한다. 치료는 꿈의 해석, 전이(권위가 있는 인물에 대한 감정을 치료자에게 투영하는 것)의 분석, 저항(거리를 두거나 관여하지 않으려고 애쓰는 것)의 확인 등도 포함한다.

매 회기의 대부분을 내담자가 말하며, 분석가는 가끔씩만 거들게 된다. 치료 과정이 마무리되는 데는 여러 해가 걸릴 수도 있기 때문에, 회기가 진행되면서 분석가는 내담자가 자신의 무의식적 공포와 환상을 자각하도록 도와줌으로써 그 공포와 환상을 제어할 수 있게 해준다.

상당한 시간과 돈이 요구되기 때문에, 오늘날에는 정신분석이 주도적인 심리치료 형태가 아니다. 또한 소도시나 농촌 지역에 개업하는 정신분석가를 찾아보기 어렵다. 그 결과로 정신역동적 심리치료라고 부르는 덜 집중적인 형태의 치료법이 개발되었다. 치료자는 정신분석을 훈련받을 수도 받지 않을 수도 있지만, 정신분석 이론은 이들이 정신건강과 치료 관계를 바라보는 렌즈 역할을 한다. 이 치료의 회기는 많아야 주당 1~2회이거나 비정기적으로 2~4주에 한 번 정도이다. 치료자는 내담자가 말을 하도록 촉발하고 대인관계 갈등에 대한 직접적인 피드백을 제공하는 데 더 많이 관여한다.

정신역동 심리치료도 여전히 내담자가 무의식적 공포와 동기를 이해하도록 도와주는 것을 목표로 삼으며, 불안에도 도움이 될 수 있다. 그러나 두 치료는 모두 성격 유형을 변화시키고, 관계를 개선하며, 낮은 자존감과 같은 개인적 문제를 다루는 데 초점이 더 많이 맞춰져 있다. 이 치료는 공포증, 공황발작, 강박증, 트라우마 등을 다루는 데는 효과적이지 않다. 이러한 증상의 경우에는 불안 치료에 초점을 맞추고 있는 치료법이 필요하다.

인지행동치료

인지행동치료(CBT)는 심리치료의 선구자이다. 불안과 우울의 독자적인 치료법으로 가장 많은 증거를 가지고 있다. CBT는 모든 불안장애, OCD, PTSD를 치료하는 데 효과적이며, 인지적인 부분과 행동적인 부분을 가지고 있는 종합적 접근법이다. 치료는 두 부분 중에 하나 또는 둘 모두에 초점을 맞출 수 있다. 인지적 부분에 초점을 맞출 경우에는, 자신의 사고 스타일, 그리고 그 스타일이 행동이나 자기평가에 어떤 영향을 미치는지를 살펴보게 된다. 행동적 부분에 초점을 맞출 경우에는, 부적응적 조건행동의 굴레를 깨뜨리고 새로운 적응행동을 강화하는 활동을 하게 된다.

CBT는 정신분석·정신역동 치료와 달리 현재에 초점을 맞추며, 아동 초기에 겪은 양육자와의 경험을 반드시 살펴보지는 않는다. CBT에는 다양한 유형이 존재하므로, CBT를 치료에 대한 접근방법이라고 생각할 수도 있다.

다음은 CBT를 포함하는 몇몇 치료법이다.

- 합리적 정서행동치료
- 인지적 재구조화
- 반응방지와 결합한 점진적 노출
- 변증법적 행동치료
- 체계적 둔감화
- 이완 치료
- 행동 활성화

- 인지처리치료

이 치료법들은 상당히 집중적이고 구체적이며, 집에서 수행해야 하는 과제를 수반하기 십상이다. 내가 만나본 내담자 중에는 숙제를 좋아하는 사람들이 있었는데, 숙제를 하면서 치료에 적극적으로 참여한다는 기분이 들고 치료에 대한 책임감을 느끼기 때문이었다. 반면에 숙제를 지극히 싫어하고 치료활동을 치료회기에만 국한하려는 내담자들도 있다. 이런 사람은 일단 상담실을 벗어난 후에는, 다음에 해야 할 일로 수렁에 빠진 것과 같은 느낌을 원하지 않는다.

이 모든 치료법은 전문적 훈련을 요구하며, 대부분은 치료 과정을 매뉴얼로 규정하고 있다. 즉, 치료자가 지켜야 할 세부적인 치료 과정이 존재한다. 자격증이 있는 치료자는 모두 이 치료법을 훈련받을 수 있으며, 석사학위 수준의 치료자와 심리학자는 자신들의 서비스 목록에 여러 가지 치료법을 포함시켜놓기 십상이다.

인지행동치료 전문가를 찾으려고 할 때, 정신과 의사를 선택하는 것은 제한적일 수밖에 없다. 정신과 훈련 프로그램이 레지던트들에게 어떤 치료법을 가르칠 것인지에 있어서 차이가 많기 때문이다. 이에 덧붙여서 심리치료에 대한 낮은 의료보험 환급금과 같은 경제적인 요인들 때문에 정신과 의사는 어쩔 수 없이 심리치료보다는 약물치료에 초점을 두기 십상이다.

이 책의 뒷부분에서는 불안 증상에 대처하는 도구들을 살펴보는데, 대부분의 도구가 CBT 원리에 바탕을 두고 있다.

수용전념치료

수용전념치료(ACT)는 인지행동치료의 몇몇 요소를 포함하고 있는 비교적 새로운 치료 모형이다. 이것은 심리적 유연성, 즉 정서적으로 고통스러운 경험을 회피하거나 제어할 필요 없이 그 경험에 적응하는 능력을 함양시킨다. 자신의 가치관에 근거해 어려운 상황을 재구성함으로써 그 상황에 맞서는 방법을 배우는 것이다. 다시 말해서, 심리적 유연성은 역경에 직면했을 때조차도 계속해서 목표를 추구할 수 있게 해준다.

공포증 논의에서 언급한 바와 같이, 어떤 대상을 회피하려고 할수록 그 대상은 점점 더 위협적인 것이 되어버린다. ACT는 제8장에서 논의하는 마음챙김 기술을 사용해서 자신의 고통스러운 사고와 감정을 판단하지 않은 채 평가하고 관찰하는 방법을 가르친다. 열린 마음과 수용의 자세로 공포와 마주하는 것은 그 공포의 부정적 측면을 제거하는 데 도움을 주어 덜 고통스럽게 만들어준다.

고통을 마주한다는 것이 불안한 감정을 즐기라는 의미는 아니다. 친구의 사교모임 초대를 거절해야 할 정도로 사회불안이 당혹스러운 상황을 두려워하게 만든다고 상상해보라. 여러 사람과 어울리는 자리를 회피할수록, 사교모임에 참석하는 일은 점점 더 어려워진다. 결국 사교모임에 대한 두려움은 점점 커져서 모임 생각만 해도 심각하게 강렬한 흉통을 경험하게 된다. 그러나 공포와 불안 반응이 처음부터 그렇게 강력한 것은 아니었다. 사람들과 어울리는 자리가 불편한 정도로 시작되었지만, 회피를 반복하면서 그 불편함이 신체증상으로 발전한 것이다.

이 사례에서는 ACT가 내담자로 하여금 당혹스러움에 대한 두려움을 마주하고, 그 당혹스러움을 마음이 만들어내는 정서적 반응으로 간주하도록 도와줄 수 있다. 자신이 바보 같다고 생각하는 것은 사실이 아니다. 그렇게 결론짓고 다른 사람들로부터 자신을 소외시키는 것은 바로 자신에 대한 부정적 평가인 것이다. 긴밀한 우정을 나누는 것은 중요하기 때문에, 친구의 초대를 고심하게 될 때 그러한 관계를 형성하는 것이 우선순위를 갖게 된다. 관계를 중시하는 가치관이 친구들과의 모임에 대한 저항감을 극복하도록 촉발하는 것이다.

몇몇 사례에서는 CBT와 같은 전통적 치료법보다 ACT가 더 효과적인 것으로 나타났다. ACT의 마음챙김 요소가 과거나 미래에 집착하기보다는 현재에 초점을 맞추도록 도와준다. 과거에 대한 후회와 미래에 대한 걱정이 불안에서 가장 중요한 주제다.

트라우마 치료

트라우마(심적 외상)는 불안을 포함한 매우 복합적인 반응을 유발한다. 복합 증상에 대처하는 데는 그 증상을 목표로 하는 치료법이 요구된다. 제3장에서 외상후 스트레스 장애(PTSD)에 따른 불안을 논의했다. PTSD는 급작스러운 고통 사건에서 기인하지만, 집단 따돌림이나 아동기 학대와 같은 트라우마 사건에 만성적으로 노출되어도 트라우마를 경험할 수 있다. 부모의 죽음이나 이혼의 목격과 같은 어린 시절의 부정적 사건도 트라우마 반응을 초래할 수 있으며, 숙달된 트라우마 전문가가 이러한 반응을 가장 잘 다룬다.

스스로 트라우마 전문가임을 내세우는 사람은 일반적으로 대부분의 상담 시간을 트라우마 내담자를 치료하는 데 투여한다. 이들의 훈련에는 보훈병원과 같이 트라우마 병동이 있는 시설에서의 근무를 포함하기도 한다. 치료가 트라우마를 충분하게 처리하기 위해서는 대처기술을 증진시키는 일 이상의 것을 포함해야 한다. 대처기술에 초점을 맞추는 것도 도움이 될 수 있지만, 트라우마 증상을 전면적으로 다루기에는 충분하지 않다.

오늘날에는 트라우마에 대처하는 다음과 같은 3가지 증거기반치료가 존재한다.

1. 안구운동 둔감화와 재처리(EMDR)

2. 인지처리치료(CPT)

3. 지속노출치료(PET)

이러한 치료 중의 하나를 찾아볼 수 있는 한 가지 사례를 살펴보자.

주유소 총기강도 사건

여러분이 주유를 하려고 주유소에 들어간다. 연료탱크에 주유기를 끼운 후 휘발유가 채워지는 동안 차 안에 앉아 있다. 휴대전화를 들여다보고 있는데, 누군가 여러분의 머리에 총을 겨누고 차에서 내리라고 말한다. 뒷좌석에는 아이 두 명이 타고 있으며, 여러분은 권총강도가 아이들을 태운 채 차를 몰고 달아날까봐 두렵다. 여러분은 어찌할 바를 몰라 몸이 얼어붙는다. 강도는 칭얼대는 아이들에게 총을 겨누면서 "입 닥쳐!"라고 소리 지른다. 여러분은 총이 앞에 있는 창문에 지갑을 끼워놓고는, 강도가 만족해서 총을 쏘지 않기를 희망하고 있다. 숨이 막힌다. 비명도 지를 수 없어 겨우 작은 소리로 말한다. "제발 쏘지 마세요." 강도는 지갑을 낚아채고 다시 여러분에게 총을 겨눈다. 만일 강도가 여러분을 쏜다면, 여전히 그는 아이들을 데리고 갈 수 있다. 차를 몰고 달아나고 싶지만, 시동을 걸 때 총을 쏠지도 모른다. 여러분이 이것저것 궁리하고 있을 때 또 다른 차가 주유소로 진입하고 강도는 내 지갑을 가지고 달아난다.

경찰이 도착하고 사건에 대한 여러분의 설명을 듣는다. 강도는 스키 마스크로 얼굴을 가리고 있었기 때문에, 경찰에게 강도의 인상착의를 설명할 수 없다. 그의 눈은 기억하지만 무슨 옷을 입었는지 체격은 어땠는지 기억해낼 수가 없다. 도대체 경찰은 무슨 근거로 강도가 힘없는 애들에게 총을 겨눈 상황에서 여러분이 강도의 옷차림을 눈여겨볼 것이라고 기대할 수 있단 말인가? 경찰은 여러분에게, 주유소 직원이 고작 6m 정도밖에 떨어져 있지 않았는데 도움을 요청하지 않은 이유를 묻는다. 운전면허증과 집 주소가 포함된 신분증이 든 지갑을 강도에게 내어준 이유도 묻는다. 조사가 끝날 무렵 여러분은 온 가족을 위험에 빠뜨린 무모하고 멍청한 부모가 된 기분이 든다.

여러분은 그 강도가 집으로 찾아올지도 모른다고 두려워하면서 몇 주를 보낸다. 보안카메라를 지켜보기 위해 밤에 잠자는 것을 포기한다. 밧줄에 결박되어 총살당하는 아이들 꿈을 꾼다. 여러분의 얼굴을 향한 총구가 보이는 침투적 사고가 불쑥불쑥 일어난다. 강도가 차를 빼앗아 가도록 두었을 때 일어났을 수도 있는 여러 가지 시나리오를 곱씹는다. 아이들을 학교에 데려다주기 위해 카풀 라인에서 기다리는 동안 공황발작을 경험한다.

다음은 안구운동 둔감화와 재처리, 인지처리치료, 지속노출치료가 이 문제를 어떻게 해소하는지 보자.

안구운동 둔감화와 재처리

안구운동 둔감화와 재처리(EMDR)는 트라우마 기억이 일반적 기억과는 다르게 두뇌에 저장된다는 이론에 바탕을 둔다. 경험을 둘러싼 강력한 부정적 정서가 기억을 충분히 처리하는 능력을 차단하는 것처럼 말이다. 정보를 불완전하게 처리함으로써 경험에 대한 기억을 부정적 인지와 선택적으로 연합한다는 것이다. 예컨대 주유소 사건을 생각할 때, 다른 사람의 주의를 환기시키도록 소리를 지르지 못한 것이나 지갑과 신분증을 건네준 것과 같이, 아이들을 든든하게 지키지 못하고 서투르게 결정하고 행동한 것에 초점을 맞춘다. 사건에 대한 기억이 압도적으로 부정적이고 자기비판적이다. 이처럼 처리되지 않은 기억은 마음에 맴돌며 상당한 고통을 초래한다.

자신의 모든 행동이 아이들을 지키기 위한 것이었음을 생각하지 못한다. 대신에 자신을 비난하고, (다른 손님이 주유소에 들어오면서 위험에서 빠져나온 것과 같이) 사건과 관련된 긍정적인 것들을 모두 잊어버린다. 또한 트라우마 기억이 다 그렇듯, 회상하는 사건을 마치 실시간으로 일어나고 있는 것처럼 느낀다. 마치 지금 위험에 빠진 것처럼 사건 당일 느꼈던 것과 똑같은 수준의 공포를 느낀다. 그날의 안전감과 오늘의 안전감 간의 차이를 구분하지 못하는 것이다.

EMDR은 트라우마 기억을 둔감화시키고 기억과 연관된 부정적 생각을 재구성하며 그 사건을 떠올릴 때 느끼는 신체적·심리적 각성을 감소시키는 방식으로 작동한다. 표준 절차에서는 정서적으로 격앙된 기억 그리고 관련 정서에 초점을 맞춘다. 내담자가 그 기억을 떠올릴 때, 치료자는 두뇌의 좌우반구를 모두 활성화시키는 치료 과정을 실시한다. 이러한 두뇌 자극하기는 시각적으로 일어날 수 있는데, 좌우로 움직이는 치료자의 손가락이나 벽에 비춘 불빛을 눈으로 따라가는 것이다. 어떤 치료자는 오른쪽 귀나 왼쪽 귀에서 재생되는 음이나 두드리는 소리와 같은 청각 자극을 사용한다. 이론적으로는 양측 두뇌 자극하기가 정서 처리를 강화하며 긍정적 연상을 포함하는 온전한 기억을 형성하게 해주는 것으로 생각하고 있다.

EMDR에는 준비단계와 처리단계가 있다. 준비단계에서는 내담자가 사건에서 고통스러운 기억을 떠올리고 부정적 생각을 확인해내도록 도와준다. 부정적 사고는 자기 자신(결함이 있거나 무능함), 책임감의 수준(자기비판), 현재의 안전 수준, 제어력 수준에 대해서 어떻게 생각하고 있는지에 초점을 맞춘다.

주유소 사건에서 최악의 기억은 강도가 아이들에게 총부리를 겨누는 장면을 본 것이라고 해보자. 그 장면이 마치 슬로모션으로 일어난 것처럼 보인다. 이와 연관된 부정적 생각을 밝혀내기 위해서 "이 기억이 나에게 알려주는 최악의 사실은 무엇인가?"라고 자문해볼 수 있다. 여러분의 답변은 아이를 지키지 못했다고 생각한다는 것일 수 있다. 또한 자신이 압박감에 너무 쉽게 무너지며, 이러한 나약함으로 아이들의 안전을 책임지기에는 역부족이라고도 생각한다.

고통스러운 기억과 부정적인 생각을 찾아내는 과정은 사건 장면을 시각화할 때 경험하는 감정과 신체감각을 인식하는 데도 도움을 준다. 주유소 사건에서 여러분은 수치심, 당혹스러움, 자기혐오, 메스꺼움, 흉부 압박 등을 느끼게 된다.

처리단계에서는 눈을 좌우로 움직이거나 좌우에서 들리는 소리를 들으면서 고통스러운 장면을 상상하고 부정적인 신념들을 떠올린다. 고통스러운 장면은 여러분이 얼어붙은 채 앉아서 움직일 수 없거나 도움 요청을 외칠 수도 없는 상태에서 강도의 총부리가 아이들을 겨냥한 것이다. 그렇게 되면 어느 것이든 머릿속에 떠오르는 다른 것을 생각하도록 스스로를 이끌어간다.

처리단계는 긍정적인 생각을 기억 속에 통합하는 작업을 포함한다. 이를 위해서 치료자는 여러분에게 "총을 머릿속에 떠올리면서 어찌해서 강도질을 중지시킬 수 없었는지를 생각할 때, 지금 어떤 말을 할 수 있게 되었으면 좋겠다고 생각합니까?"라고 물을 수 있다. 여러분의 답은 "반격해야만 하는 그 짧은 순간에 나는 최선을 다했다. 나는 아이들의 안전을 최우선시했다"일 수도 있겠다.

치료자는 내담자에게 자신의 진술을 얼마나 신뢰하는지에 관한 질문을 하고, 메스꺼움과 흉부 압박을 비롯한 부정적인 신체감각을 처리하기 위한 보디 스캔 운동을 사용한다. 치료회기의 길이는 다양하지만 평균 90분 정도 지속된다. 필요한 회기의 수는 처리할 필요가 있는 기억과 부정적인 생각이 얼마나 많은지에 달려 있다.

EMDR은 여러 가지 트라우마에 노출되었을 때도 사용할 수 있다. 개별 경험은 각기 독특한 기억과 부정적인 사고와 연관되어 있을 수 있다. 그러므로 여러 가지 트라우마를 경험했을 때는 더 많은 치료회기가 필요하게 된다.

EMDR은 단지 몇 차례의 회기에서 증상을 개선시킬 수 있는 치료 표적이 매우 제한된 치료법이다. 연구들은 PTSD 증상을 해소하는 데 요구되는 치료 회기의 수를 살펴보았다. 그 결과를 보면, 한 가지 트라우마를 가지고 있는 사람의 90%가 3차례 회기 후에 증상의 해소를 경험했으며, 다중 트라우마를 가지고 있는 사람의 77%가 6차례 회기 후에, 그리고 참전용사의 77%가 12차례 회기 후에 PTSD에서 회복했다.

EMDR은 PTSD에 효과가 있음이 입증되어왔지만, 많은 연구들은 트라우마에 뿌리를 두지 않은 일반적인 불안장애에서도 개선 효과를 보여주고 있다.

인지처리치료

인지처리치료(CPT)는 CBT의 한 유형으로, 경험한 트라우마에 대한 쓸데없는 생각과 신념을 바꾸도록 도와준다. CPT는 트라우마 사건을 경험한 사람이 트라우마 증상을 강화하는 잘못된 생각을 펼친다는 전제에 기초하고 있다. 미국 보훈청은 CPT를 PTSD의 일차 치료법으로 사용하고 있다.

CPT는 고도로 구조화되어 있으며, 치료자는 12회의 치료회기(주당 1회)를 통해 내담자들을 이끌어가는 매뉴얼을 사용한다. 우선 숙제를 내주는 것으로 시작한다. 즉 사건에 대해서 그리고 그 사건이 내담자를 어떻게 느끼게 만들었는지를 상술하는 평가보고서를 작성하는 것이다. 그런 다음 그 보고서를 치료자에게 읽어주면, 치료자는 내담자가 빠져나오지 못하고 있는 막다른 골목, 즉 트라우마에서 회복되는 것을 방해하는 생각과 믿음이 무엇인지를 찾아내는 데 도움을 주게 된다. 막다른 골목은 다음과 같은 5가지 트라우마 주제에 집중되어 있다.

- 안전
- 신뢰
- 힘 또는 제어력
- 자존감
- 친밀감

주유소 사건에서 몇 가지 막다른 골목은 자신이 결코 안전하지 않으며(안전), 언제 이런 일이 다시 일어날지 모르고(제어력), 자신은 비상 상황에서 현명한 결정을 내릴 수 없는 믿지 못할 사람이며(자존감), 부모로서 실패작이라는(자존감) 신념이다. 이러한 신념이 내담자를 공황상태에 빠뜨리고 자존감을 무참히 뭉개버린다.

다음 단계는 ABC 작업표를 이용해서 이러한 생각에 도전장을 내미는 것이다. 여기서 'A'는 사건의 활성화(Activating)를, 'B'는 신념(Belief)이나 막다른 골목을, 그리고 'C'는 신념에서 비롯한 결과(Consequence)나 감정을 말한다. 이 작업표를 완성하기 위해서 내담자의 정서를 활성화하는 사건 그리고 그 사건에 대한 자신의 생각과 느끼는 감정을 기술하게 된다. 그런 다음에 자신의 생각이 현실적인지 살펴보는데, 만일 현실적이지 않다면 미래에 그런 상황이 다시 발생한다면 어떻게 대처할 것인지를 생각해본다. 사건의 유발 요인에 초점을 맞추는 것에 덧붙여서, 여러 회기에 걸쳐 5가지 트라우마 주제에 대한 자신의 생각을 살펴보게 된다.

CPT 접근법에서는 잘못된 생각 그리고 그 생각이 다양한 상황에서 어떻게 발현되는지에 대한 심층적 분석을 수행한다. 그리고 자동적인 부정적 사고가 자신의 행동을 주도하는 것을 차단하는 방법을 배우게 된다. 이 접근방법은 과거 경험을 회고하는 동안 양측 두뇌를 활성화시킴으로써 부정적 사고와 정서의 강도를 완화하도록 작동하는 EMDR과는 다르다.

어떤 면에서 CPT와 일반적 인지치료는 삶의 다른 상황에도 적용할 수 있는 장기적인 마음도구를 제공한다. EMDR은 트라우마에 대해서 이야기함으로써 그 경험을 재생시키기 때문에 노출치료에 더 가깝다.

지속노출치료

지속노출치료(PET)는 PTSD의 회피 증상을 다루는 행동치료법이다. 앞서 언급했듯이, 불편한 것을 회피하는 행위는 공포를 더욱 강화시키고, 그것의 부정적 영향을 더욱 심화시킨다. PTSD를 겪는 사람은 트라우마를 생각나게 만드는 사건이나 대상의 기억을 회피한다. 회피하고 있는 대상에 자신을 노출시킴으로써 그 대상이 가지고 있는 불안 촉발 효과에 점차 둔감해지게 되는 것이다.

PET는 내담자를 불쾌한 경험에 직면하게 만들고 그 경험에 수반된 불안을 통제하는 방법을 알려준다. 이러한 방식으로 내담자는 그 사건이나 기억이 자신에게 미치는 영향을 점차 제어하게 된다.

두 가지 유형의 노출기법이 있다. 하나는 실제노출이고 다른 하나는 가상노출이다. 실제노출은 자신을 실제상황에 노출시키는 것을 수반한다. 가상노출은 상상 속에서 자신을 노출하는 것이다. 실제노출은 회기 사이에 수행하는 숙제이며, 가상노출 훈련은 치료회기 중에 실시한다. PET는 회기의 수 그리고 치료자가 각 회기를 수행하는 방식 등에서 CPT에 비해 덜 구조화되어 있다. 그러나 일반적으로 PET는 12~16회기 후에 완료된다.

만일 주유소 사건으로 PET를 받는다면, 치료자는 그 경험에 대해 여러분에게 말을 걸 것이고 그 사건 때문에 여러분이 회피하는 것이 무엇인지 판단하게 된다. 첫 번째 회기 후에 여러분은 그 사건 이후 모든 주유소를 회피해왔다는 사실을 깨달을지 모른다. 또다시 트라우마를 겪지 않도록 주유하는 일을 배우자가 대신해온 것이다.

운전을 회피하는 일에는 익숙해졌지만, 아이들의 카풀 책임마저 회피할 수는 없다. 아이들을 학교까지 차로 데려다주는 고통을 견디고 있지만, 차에 오래 앉아 있을 필요가 없도록 마지막 순간까지 기다렸다가 운전석에 앉는다. 그렇지만 이 시간을 맞추는 것이 늘 성공적이지는 않아서, 아이들은 이제 적어도 일주일에 한 번은 지각한다. 또한 반경 5km 내에 있는 식료품점이나 다른 장소까지만 어찌어찌 운전을 한다. 그러나 병원이 이것보다 더 멀리 있으며 주유소의 협소한 장소를 생각나게 하는 주차타워가 있기 때문에 중요한 진료 약속을 미뤄왔다.

실제노출에서 숙제는 카풀 라인에 종전보다 일찍 도착해서 다른 차량과 함께 줄을 서서 기다리는 것일 수 있다. 불안을 관리하기 위해서 불편함을 참아내는 동안 호흡 조절을 하라는 지시를 받는다. 시간이 경과하면서 그 상황은 불안을 덜 유발하게 된다. 카풀 라인에 숙달한 후 다음 과제는 병원 또는 주차타워가 있는 다른 장소까지 운전해서 가는 것이다. 마지막 단계는 차를 운전해서 주유소에 가는 것이다.

가상노출에 참여할 때는 치료회기 중에 경험에 대한 기억을 반복해서 말한다. 치료자는 내담자가 말한 것을 녹음해 집에서 듣도록 할 수도 있다.

이 치료에서 보는 바와 같이, 내담자는 트라우마에 대한 생각을 직접 다루는 것이 아니라 두려움과 공포를 적게 느끼면서 실제 삶과 마음속에서 그 사건을 재경험하는 방법을 배운다. 그 경험이 유발한 감정을 제어하게 되면서 트라우마와 관련된 부정적인 생각이 서서히 소멸된다. 증상을 완화하기 위해서 트라우마와 관련된 행동을 바꾼다는 점에서는 CPT보다는 EMDR에 더 가깝다.

3가지 치료법 모두 트라우마 반응을 치료하는 데 효과적으로 작동한다는 사실이 입증되어왔다. 어느 것을 선택하느냐는 치료 선호도와 적합도에 달려 있다. CPT와 PET는 모두 내담자에게 과제를 부여한다. CPT 작업표는 분석적이며 일상의 유발 요인과 이에 상응하는 감정에 관심을 기울일 것을 요구한다. 만일 이러한 반추적 훈련을 좋아하지 않는다면, 행동 훈련이나 EMDR을 선호할 수 있다. 반면에 어떤 사람은 기억과 감정을 집중적으로 처리하는 EMDR이 지나치게 추상적이라고 생각한다. 그 경우에는 CPT나 PET의 구조화된 훈련을 통해서 자신의 개선 정도를 측정하고자 할 수도 있다.

신경조절

이 장의 마지막에서는 중급에서 심각 수준까지의 강박장애에 사용하는 비의료적 치료법인 **심두개 자기자극법**(deep TMS, dTMS)에 대해서 논의하고자 한다.

심각한 OCD의 경우 약물치료만으로는 충분히 개선되지 않을 때가 많다. 이때 선호되는 치료법이 노출과 반응방지이다. 이 치료의 경우 내담자는 강박적 사고를 수반하는 상황에 점진적으로 노출되며, 불안을 악화시키는 강박적 행동을 나타내지 못하게 된다. 예컨대, 세균 공포증이 있는 사람은 쓰레기통에 손을 대고 있다가 15분간 손을 씻지 말라는 지시를 받기도 한다.

이러한 종류의 행동치료는 강박적 사고로 인해서 두문불출하거나 치료자에게 말을 하지 않는 내담자에게는 사용이 불가능할 수 있다. 심각한 회피 행위는 두뇌 자극하기로 보다 잘 대처할 수 있다.

심두개 자기자극법은 자기장을 이용해서 내측 전전두피질과 전측 대상피질을 자극한다. 연구자들은 대뇌의 이 영역에 위치하는 신경회로들이 잘못 흥분해서 스스로 가라앉지 않는 제어 불능의 공포를 유발한다고 믿고 있다. 이 자기자극은 신경 신호를 다시 조절해서 경로를 최적화하는 리셋 버튼의 역할을 수행한다. 이 과정은 자기공명영상법(MRI)을 이용해서 두뇌 영상을 얻는 것과 비슷하다. 처음에는 경두개 자기자극법(TMS)이 치료 불가능한 우울증에 사용 인가를 받았지만, 오늘날에는 **고주파 심두개 자기자극법**이라 부르는 OCD를 위한 치료법이 존재한다.

치료회기가 진행되는 동안 내담자는 자석 코일이 내장된 헬멧을 착용한다. 회기는 대략 20분간 지속되며 이 절차가 진행되는 내내 내담자의 의식은 깨어 있다. 표준화된 치료 과정은 6주 동안 일주일에 5회 치료를 받는 것이다. TMS는 약물치료나 심리치료 등과 같은 다른 치료와 결합될 수도 있다.

TMS 시술은 안전하며, 마취가 필요하지 않기 때문에 의식장애나 기억상실과 같은 위험으로부터도 자유롭다. 헬멧 속에 장착된 자석 코일이 시술 후에 일시적인 두피 통증이나 두통을 경험하게 만들기도 한다. 그렇지만 몇 번의 회기 후에는 두피가 코일에 점차 둔감해지고 부작용도 점차 약화된다. 가장 심각한 부작용은 시술 후에 발작을 겪을 가능성이 있다는 점이다. 그러나 발작은 드물고, 회기 후 일회성으로 나타나는 경향이 있으며, 영구적인 발작장애로 발전될 위험은 없다.

임상실험을 보면, dTMS가 항우울제 못지않게 강박장애 증상을 줄여준다. 그러나 dTMS는 약물 부작용 없이 신속한 치료 효과를 보인다는 이점을 갖고 있다. 이 치료의 또 다른 장점은 치료가 끝나고 몇 주가 지난 후에도 계속해서 증상이 호전된다는 사실을 임상실험들이 보여주었다는 점이다. 따라서 dTMS 치료회기가 끝난 후에도 시간이 지나면서 장애 증상이 더욱 개선될 여지가 있다.

지금까지 훈련받은 전문가의 개입을 요구하는 심리치료와 처치에 대해서 알아봤다. 후속 장에서는 불안을 개선하기 위해서 사람들이 직접 사용할 수 있는 마음도구, 신체도구, 그리고 행동도구를 살펴본다.

제 8 장

마음도구

사람들은 다양한 방식으로 불안과 정신적 고통에 맞서 싸운다. 때로는 반응 자체가 적응적이다. 이는 즉 도움을 준다는 뜻이다. 다른 경우에는 반응이 부적응적이고 문제를 유발한다.

향후 3장에 걸쳐서 불안을 관리하는 데 사용할 수 있는 다양한 도구를 살펴본다. 어떤 도구도 독자적으로는 불안의 모든 측면을 해결하지 못한다는 사실을 명심하라. 자연적인 접근법을 사용할 때는 표적증상(정신적 고통을 유발하는 증상)을 완화하거나 제거하기 위해서 여러 가지 도구를 함께 사용하기를 원하기도 한다.

표적증상 인지하기

우선 표적증상을 어떻게 확인할 것인지를 생각해보기로 하자. 여러분이 업무와 관련된 중요한 모임에 가지 못하거나 회의에서 말을 하지 못하는 심각한 사회불안장애를 앓고 있다고 가정해보자. 어쩔 수 없이 그런 모임에 가게 되면, 호흡곤란, 두근거리는 심장, 메스꺼움 등을 경험한다. 불안 때문에 예정된 회의를 앞둔 전날 밤 잠을 이룰 수 없다. 회의가 끝난 후에는 다른 사람들이 자신을 어떻게 생각하는지 그리고 자신이 얼마나 바보 같았는지 곱씹으면서 많은 시간을 허비한다.

이 사례에서 여러분이 완화하거나 제거하고 싶은 표적증상은 다음과 같다.

- 사교모임 회피
- 심장 두근거림, 호흡곤란, 메스꺼움 등의 형태로 나타나는 일시적이며 자율적인 각성
- 회의나 만남을 앞두고 겪는 불면증
- 수행에 대한 걱정
- 다른 사람들이 자신에 대해서 어떻게 생각할지에 대한 반추

이 모든 증상을 한꺼번에 해소할 수 있는 유일한 개입은 아마도 없을 것이다. 그리고 특정 도구는 특정인에게서 더 잘 작동한다. 다양한 표적증상을 인지하고 그 증상에 개별적으로 대처하는 것이 중요하다. 예컨대 이 증상들을 모두 '불안'이라고 치부하는 것처럼, 만일 모든 것들을 하나로 마구 묶어버리게 되면, 문제를 해결하지도 못하는 엉뚱한 도구를 사용하는 것으로 막을 내릴 수 있다.

행동도구는 특정 상황에서 도움이 되거나 일반적인 불안을 낮추는 것을 도와줄 수 있다. 왜곡된 사고와 관련된 걱정거리와 불안은 전형적으로 마음도구에 반응을 더 잘 보인다. 반면에 신체증상과 수면 문제는 신체도구에 반응을 더 잘 보인다.

위에서 나열한 표적증상들에 사용할 수 있는 몇 가지 도구는 다음과 같다.

- **회피**: 일기 쓰기와 틀 다시 만들기, 점진적 노출, 신체감각 노출, 자기최

면, 정서 명명하기

- **자율신경계 각성**: 응용 이완법, 심호흡, 미주신경 조작, 그라운딩(현실감을 유지하기 위한 오감 느끼기), 요가, 가중담요(수면을 돕고 불안을 감소시키는 데 사용하는 무거운 담요)
- **불면증**: 응용 이완법, 보조제(마그네슘, 라벤더 등), 아로마세라피, 걱정 시간 정하기, 명상, 자율감각쾌락반응(ASMR), 음악, 가중담요
- **걱정거리**: 일기 쓰기와 아울러 틀 다시 만들기, 긍정하기, 정서 명명하기 등
- **반추**: 일기 쓰기와 아울러 틀 다시 만들기, 긍정하기, 명상, 걱정 시간 정하기 등

보는 바와 같이, 상당히 다양한 도구들이 있다. 이것은 정신건강을 위한 자연적인 해결책들에 다층적으로 접근할 수 있는 방법을 보여주기 위한 하나의 사례에 불과하다. 만일 하나의 도구로 모든 증상을 제거할 것을 기대한다면, 아무것도 효과가 없다고 믿어버리게 될 것이다. 다면적 개입은 규율과 인내심이 필요하다.

이제 불안을 증폭시키는 심적 불안과 부정적 사고를 완화하는 데 사용할 수 있는 마음도구들을 살펴보자. 심적 불안은 다음과 같은 두 가지 성분을 가지고 있는 것으로 생각할 수 있다. 하나는 위협이나 공포에 대한 선택적 집중이고 다른 하나는 부정적 생각에 근거한 행동이다. 마음도구는 걱정거리와 공포로부터 주의의 초점을 다른 곳으로 전환하는 방법 그리고 부정적 사고를 바꾸는 방법을 알려준다.

이러한 도구들을 다음과 같이 분류할 수 있다.

주의집중 도구

마음챙김

명상

그라운딩

사고내용 도구

일기 쓰기

감사하기

정서 명명하기

긍정적 표현 하기

걱정 시간 정하기

틀 다시 만들기

마음챙김

마음챙김이 구조화된 명상 훈련이라는 오해가 있다. **마음챙김**이라는 용어는 사람들이 세상을 경험하게 해주는 훈련된 마음자세를 지칭한다. 마음챙김은 개방적이고 비판하지 않는 방식으로 현재 경험에 집중하는 것이다.

지금 이 순간에 집중하는 데 노력이 필요한 까닭은, 사람들이 의식하든 아니든 간에 항상 과거나 미래에 대해서 생각하고 있기 때문이다. 예컨대, 지금 여러분은 근무를 하고 있는 동안 퇴근시간을 고대하고 있거나 주말 계획을 세우고 있을지 모른다. 과거에 했던 말을 후회하면서 시간을 보내고 그 말이 자신의 명성에 어떤 영향을 미칠까 걱정하기도 한다. 이러한 유형의 사고과정은 많은 사람에게 자동적이다. 마음챙김은 사람들을 과거나 미래가 아닌 현재에 집중하도록 해준다. 이러한 기제를 통해서 자기비판적 사고를 줄일 수 있다.

순간을 경험하는 것은 그 순간에 대해서 생각하는 것과 다르다. 사람들은 순간을 경험하는 것보다는 그 순간을 생각하고 처리하는 데 더 많은 시간을 쓴다. 사고가 창의적이거나 계획을 세우고 문제를 해결하는 데 도움을 줄 때는 그 사고가 여러분의 친구일 수 있다. 반면 사고가 여러분으로 하여금 걱정하거나 반추하거나 자신에 대한 부정적 이야기를 만들게 할 때는 여러분의 적이 될 수도 있다.

확실히 과거와 미래를 성찰하는 데는 이점이 있다. 행복한 기억을 즐기고 미래 사건에 대한 계획을 효율적으로 세우는 것이 중요하다. 그러나 걱정거리는 대부분의 시간을 미래에 소비하게 만들며, 반추는 대부분의 시간을 과거에 탕진하게 만든다. 마음챙김 훈련은 오롯이 현재를 경험하는 데 쓰는 시간을 확장시켜준다.

미국 매사추세츠대학교 병원의 명예교수인 존 카밧-진은 자신의 마음챙김 기반 스트레스 감소(MBSR) 프로그램을 통해서 마음챙김을 미국 의학계에 소개했다. 오늘날 마음챙김은 마음챙김-기반 인지치료, 수용과 전념 치료, 변증법적 행동치료, 마음챙김-기반 섭식 자각 훈련 등과 같은 다른 치료법과 통합되고 있다.

다음과 같은 성분들은 마음챙김이 어떻게 작동하는지를 이해하는 데 도움을 준다.

- **주의집중**: 마음챙김은 순간적으로 어떤 것에 주의를 집중할 때 시작된다. 어떤 것이란 대화와 같은 상황이나 설거지와 같은 작업일 수 있다. 사람들은 내적 감각과 외적 감각 모두를 자각하고 싶어 한다. 이를 달성하려면 자신의 사고, 정서, 신체감각에 집중하라.
- **자각**: 자각은 판단하지 않은 채 대상을 관찰하는 것을 수반한다. 좋고

나쁨의 표지를 붙이지 않은 채 이 순간 존재하는 것으로 보기만 한다. 그렇다고 해서 어떤 견해를 가져서는 절대 안 된다는 말은 아니며, 누구나 견해를 갖게 된다. 아무튼 마음챙김의 경우에는 개인적 견해조차도 호기심을 가지고 그저 바라보는 대상이 된다.

- **수용**: 이것은 현재 상황을 바꾸고 싶어 하거나 바꾸려고 애쓰지 않은 채, 있는 그대로 받아들이는 것을 말한다. 예컨대, 슬프다고 하더라도 그 정서를 바꾸려고 애쓰거나 억누르지 않는다. 슬픔을 다양한 감정 중 하나로 경험하고 있다는 사실을 인정한다.

- **거리두기**: 거리두기를 통해서 사람들은 자신의 감정이나 경험이 자신을 규정하지 않는다는 사실을 깨닫게 된다. 자신이 화가 났다는 사실을 알아차렸을 때, ("나는 그저 화를 내는 사람일 뿐이야"처럼) 자신을 그 분노로 축소시키지 않으면서 그 감정을 인식할 수 있다. 분노와의 동일시는 그 감정에 따라 충동적으로 행동하도록 촉발시킨다. 자기 생각과의 동일시를 중단할 때 비로소 자신의 생각이 참이 아니라는 사실을 볼 수 있게 된다. 왜곡되고 불안한 사고는 개별적인 사고가 주관적이고 일시적일 뿐이라는 사실을 보기 어렵게 만든다.

- **의식적 반응**: 잠시 멈추고 자신의 생각과 정서를 관찰함으로써 반응을 지연시킨다. 이러한 지연이 자동적(생각이 없는) 반응의 리듬을 깨뜨리고 충동적 반응을 줄여준다.

생각 없이 행동하기는 굉장히 쉽다. 현재의 경험에 의도적으로 주의를 집중하지 않은 채 행동하는 보편적 방법 중 하나가 멀티태스킹이다. 생각 없이 하는 행동의 또 다른 사례들은 다음과 같다.

- 서로 인사를 나눈 지 몇 분 후 상대방의 이름을 잊어버리는 것
- 어떤 장소를 스쳐 지나가고 나중에 그곳을 기억하지 못하는 것
- TV를 보며 과자를 다 먹고도 과자 봉지가 비었음을 깨닫지 못하는 것
- 부주의해서 물건을 깨뜨리는 것

마음챙김을 훈련할 수 있는 여러 가지 방법이 있다. 한 가지 비공식적 방법은 설거지하기, 양치질하기, 식사하기, 주유하기, 식료품 구입하기 등과 같은 일상적인 활동을 마음에 챙기는 것이다. 마음에 챙기는 식사하기는 덜 먹고 섭취하는 음식의 질에 좀 더 집중하도록 도와주기 때문에 체중 감량 전략이기도 하다.

정박점을 이용하여 사고를 제어하기

마음챙김은 사람들이 TV나 휴대전화 알림음과 같은 방해자극에 둘러싸여 있을 때조차도 집중하도록 만드는 훈련이다. 방음실에 틀어박히지 않는 한, 이러한 방해자극의 영향을 항상 받게 마련이다. 마음챙김의 목표는 주의집중력을 제어하는 방법을 획득하는 것이다.

방해자극이 없을 때조차도 생각이 과거와 현재 사이를 왔다 갔다 하는 것은 자연스러운 일이다. 이럴 때 주의의 방향을 돌리는 한 가지 방법은 정박점으로 사용할 수 있는 사물이나 경험에 초점을 맞추는 것이다. 이 정박점은 호흡이나 물건 또는 어떤 냄새나 소리와 같은 감각적인 것일 수 있다.

설거지하면서 무엇인가를 걱정하고 있을 때, 정박점이 어떻게 작동하는지를 들여다보자. 설거지는 많은 신체 움직임을 수반하기 때문에, 호흡 패턴과 같이 일정하게 유지할 수 있는 정박점을 선택한다. 그런 다음에 감각을 사용해 설거지 행위를 관찰하라. 물의 온도, 세제 거품의 질감, 접시의 매끄러움

등에 주목하라. 식기들을 건조대에 배열할 때 접시가 내는 소리에 주목하라. 이것들은 대부분 잘 인식하지 못하고 지나치는 아주 사소한 세부사항들이다. 만일 마음이 설거지를 마치고 걸어야 할 전화 또는 내일 해야 하는 발표 생각에 오락가락하고 있다면, 생각의 방향을 정박점으로 틀고 현재 진행하고 있는 설거지 과정의 다른 모든 측면을 관찰하는 것으로 되돌아가라. 설거지에 15분이 걸린다면 여러분은 15분짜리 마음챙김 훈련에 참가한 것이다.

의식적 듣기

마음챙김을 일상적 활동에 포함시키는 또 다른 방법은 의식적 듣기를 수행하는 것이다. 의식적 듣기란 누군가 말하는 것에 열심히 귀를 기울이는 것이다. 마치 상대방이 한 말을 나중에 그 자리에 없던 사람에게 반복해야 하거나, 말한 것에 대하여 나중에 퀴즈시험을 보게 될 것처럼 경청하라. 만일 다른 사람들과 이야기를 많이 하지 않는 편이라면 TV에서 누군가 말하는 것을 지켜보거나 팟캐스트를 의식적으로 들을 수도 있다.

듣고 있는 동안은 말의 핵심을 미리 예측해보려는 충동에 저항하라. 마음은 사람들이 말하는 속도보다 훨씬 빠르게 언어정보를 처리하기 때문에, 여러분은 이렇게 저항하는 것이 생각보다 훨씬 어렵다는 사실을 알게 될지도 모른다. 따라서 (나처럼) 느리게 말하는 사람의 말을 들을 때는 대화에 계속 집중하거나 예컨대, 상대방의 아이섀도가 무슨 색인지 궁금해하지 않기가 상당히 어렵다. 다른 마음챙김 훈련에서와 마찬가지로 사람들의 마음은 어쩔 수 없이 의도하는 초점에서 벗어나 이리저리 방황하기 마련이다. 그런 일이 일어나면 주의를 다시 대화로 되돌려라. 이렇게 하는 과정에는 판단이 없으며, 그 과정을 수행할 완벽한 방법도 없다. 훈련을 통해서 심적 과정을 보다 잘 제어할 수 있게 되는 것이다.

그라운딩

그라운딩은 마음챙김과 약간 다르다. 마음에 떠오르는 것을 무엇이든 판단하지 않고 관찰하는 것 이상을 수행하기 때문이다. 그라운딩에서는 지금 이 순간 안전하다고 느끼는 데 도움을 주는 사물에 선택적으로 초점을 맞춘다. 다시 말해서, 마음챙김은 현재를 자각하는 태도이며, 그라운딩은 현재에 머무르기 위해서 사용할 수 있는 기제이다.

공황발작에서 자신을 진정시키거나 트라우마 기억이 촉발하는 공포를 완화시키는 데 그라운딩을 사용할 수 있다. 그라운딩의 또 다른 용도는 해리 상태에 사용하는 것이다. 그라운딩은 사람들이 해리된 상태를 벗어나 지금 이 순간으로 되돌아오도록 도와준다. 그라운딩은 사람들의 주의를 지금 이 순간의 중립적 대상이나 행위에 집중시킴으로써 작동한다.

그라운딩 기법으로 사용할 수 있는 다양한 훈련법이 있다. 어떤 훈련은 심상의 형성을 수반하고, 다른 훈련은 사람들을 이완 활동에 몰두하게 만든다. 여기 몇 가지를 소개한다. 더 많은 사례는 부록 D에 나와 있다.

5-4-3-2-1

이 훈련은 감각을 사용해서 주변 환경을 인식하도록 도와준다.

5. 눈에 보이는 다섯 가지 사물의 이름을 말하라.

방 안을 둘러보고 처음 눈에 들어온 다섯 가지 사물을 말하라. 소리 내어 이름을 말하거나 아니면 마음속으로만 불러도 된다. 일반적으로 사람들은 불안할 때 매우 활동적이기 때문에, 더 큰 효과를 내기 위해서는 소리 내어 말하는 것이 최선이라고 생각한다. 비록 속삭이듯이 말하더라도 말이다.

4. 느낄 수 있는 네 가지 사물의 이름을 말하라.

손에 쥐고 있는 것, 피부에 느껴지는 옷, 앉아 있는 의자 등이 될 수 있다. 또한 심장박동이나 숨 쉴 때 아래위로 움직이는 흉부와 같은 신체감각일 수도 있다.

3. 들을 수 있는 세 가지 사물의 이름을 말하라.

몇몇 사례로는 째깍거리는 시계 소리, 밖에서 들리는 차 소리, 옆방에서 들리는 TV 소리 등을 꼽을 수 있다.

2. 냄새 맡을 수 있는 두 가지 사물의 이름을 말하라.

만일 주변에 어떤 냄새도 없다면, 자신을 확인해보라. 향수나 탈취제를 사용하고 있는가? 옷에서 세제 냄새나 땀 냄새가 나는가? 야외에 있다면 흙 냄새나 꽃 냄새를 맡을 수 있는가?

1. 맛볼 수 있는 한 가지 사물의 이름을 말하라.

새로운 맛이 필요한 것은 아니다. 치약이나 마지막 먹은 음식의 냄새를 포함할 수도 있다. 특징적인 맛을 느끼는 것이 항상 쉬운 일은 아니므로 맛보고 싶은 어떤 것의 이름을 말할 수도 있다. 어떤 사람은 미각 대신에 자신의 장점 한 가지를 말하기도 한다.

반짝이 병

반짝이 병은 눈이 내려앉는 모습을 보기 위해 흔드는 스노우볼과 비슷하다. 떠다니는 눈(이 경우에는 반짝이)은 산란한 마음이 결국에는 진정됨을 보여주는 일종의 은유다. 불안을 느낄 때 이 병을 흔들어서 반짝이를 휘저어놓는다. 그런 다음 가만히 있으면 액체가 맑아지면서 반짝이가 아래로 내려앉는다.

반짝이가 아래로 떨어지는 현상이 멈추기를 끈기 있게 기다리는 것이 사람들을 마음챙김 자각상태로 이끌어갈 수 있다. 반짝이가 바닥으로 떨어지는 것을 보는 행위도 빠르게 오락가락하는 생각이 심안(心眼)을 얼마나 방해하는지를 생각나게 할 수 있다. 심안이 명료해지기 위해서는 잡생각들이 가라앉을 때까지 가만히 있을 필요가 있다. 병 바닥에 가라앉아 있는 반짝이는 불안한 생각들이 완전하게 사라지지 않는다는 사실을 보여주는 비유다. 그러한 생각들이 옆으로 비켜남으로써 사람들은 그 사이로 세상을 바라볼 수 있는 것이다.

반짝이 병을 사용하는 또 다른 방법은 마음챙김 연습의 타이머로 사용하는 것이다. 병을 흔들고 반짝이가 가라앉을 때까지 호흡에 집중한다. 그런 다음에 명료한 마음상태로 다음 과제로 차분하게 넘어가고자 시도한다.

반짝이 병을 만드는 방법은 여러 가지가 있지만 여기 간단한 제작법을 소개한다.

재료

잘 맞는 뚜껑이 있는 유리병(아이들과 함께 사용한다면 플라스틱 병)

반짝이(서로 다른 속도로 내려가도록 상이한 형태와 크기이면 더 좋다)

투명 풀 또는 식물성 글리세린

물(증류수면 더 좋다)

식용 색소(선택적)

제작 방법

1. 물과 풀(또는 글리세린)을 2 대 1의 비율로 준비한다. 절반의 물은 온수여

야 하며, 나머지 절반은 냉수 또는 실온의 물이면 된다. 원하면 풀을 더 넣어도 되지만 용액이 너무 툭툭하게 되지 않도록 조심하라. 그렇지 않으면 반짝이가 가라앉지 않고 계속해서 떠 있게 된다.

2. 온수를 풀과 함께 병에 붓고 섞는다. 온수는 풀이나 글리세린이 뭉치는 것을 예방하는 데 도움을 준다.

3. 나머지 찬물을 더하고, 충분히 섞이도록 흔든다.

4. 반짝이를 원하는 만큼 넣되, 한 번에 조금씩만 넣는다.

5. 원한다면 식용 색소 몇 방울을 한 번에 한 방울씩 첨가한다. 반짝이가 보이지 않을 정도로 너무 진해지지 않도록 조심하라.

6. 혼합물이 너무 툭툭하다면, 액체비누 한두 방울을 첨가해서 묽게 만든다.

7. 뚜껑을 닫으면, 사용할 준비가 된 것이다.

심적 도전거리

이것은 주의집중과 문제해결을 요구함으로써 불안한 생각에서 벗어나게 하는 훈련이다. 다음은 몇 가지 사례이다.

- 미국의 주 이름을 가능한 한 많이 말해보기
- 1월부터 12월까지 거꾸로 말해보기 (영어로는 생각보다 어렵다)
- 구구단 외워보기
- 좋아하는 노래의 가사 외워보기

안심시키는 말

자신은 안전하다는 사실을 되뇌라. 늘 그렇듯이 불안은 지나갈 것임을 되뇌라. 불안은 마음이 장난치는 것이며 어떤 신체적 문제가 있음을 의미하는 것이 아니라는 사실을 되뇌라.

이러한 그라운딩 기법이 효과를 발휘하게 하는 최선의 방법은 자신이 안정되어 있어서 그 기법이 필요하지 않을 때 훈련하는 것이다. 일단 훈련의 흐름에 익숙해지면 심적 고통을 당할 때마다 그 기법이 자동적 반사처럼 작동할 수 있다.

명상

명상은 심적 명료성과 정서적 안정을 얻기 위하여 주의와 자각을 특정한 물체, 사고, 행위 등에 집중시키는 공식적 훈련의 하나이다. 명상은 힌두교와 불교의 관조 수련에 그 뿌리를 둔다. 그러나 19세기 이래 다른 지역으로 확산되어 비종교적 정신훈련이 되었다.

명상을 수련하는 많은 방법이 존재하는데, 이 방법들은 세 범주, 즉 집중명상, 구성적 명상, 그리고 해체적 명상으로 묶일 수 있다. 이 방법들은 기초에서 상급까지의 스펙트럼을 갖는다.

집중 명상

가장 기본적인 유형의 명상이며 생각, 행동, 감정, 지각 등을 자각하는 데 집중한다. 두 가지 간단한 집중 명상은 호흡 명상과 보디 스캔이다.

호흡 명상

외견상 매우 간단해 보이지만, 호흡 명상은 집중력 제어를 훈련하는 강력한 방법이다. 이 훈련에서는 오직 자신의 호흡에 집중하면 된다. 마음이 방황할 때는 그 마음을 호흡으로 되돌려라. 복부와 흉부가 오르락내리락하는 것에 주목하라. 얼마나 깊이 호흡하고 있는지를 판단해보라. 폐가 충분히 팽창하는가? 콧구멍으로 공기가 들락날락하는 소리가 들리는가? 주변에 보이는 것에 방해받지 않도록 눈을 감아라. 자신의 호흡에 5~10분 동안 계속해서 집중하라.

보디 스캔

이 훈련에서는 신체의 각 부분을 자각하게 된다. 앉거나 눕는 등 편안한 자세에서 시작해서 체계적으로 다양한 신체부위에 집중한다. 발에서 시작해서 머리로 올라가거나 그 반대로 이동할 수도 있다. 각 신체부위에서 신체감각에 집중하라. 예컨대 발의 온도는 얼마인가? 발이 바닥이나 구두와 같은 딱딱한 표면과 접촉하고 있는가? 그런 다음에 종아리로 올라가고 다시 허벅지로 올라가는 식으로 계속하라. 만일 의자에 앉아 있다면 구두가 닿아 있는 바닥의 느낌이나 팔뚝이 놓여 있는 팔걸이의 촉감에 주목하라. 그저 관찰하면서 각 신체부위에 1~2분 정도 머물러라.

처음에는 산만해지기 십상이다. 만일 다리에 대해 생각하고 있는데 배가 꼬르륵거리면, 그 신체감각에 주목한 다음에 다시 주의를 다리로 되돌려라. 이 훈련은 생각을 제어하고 방해자극에 지배받기보다는 계속해서 의도적으로 집중하는 방법을 가르쳐준다.

이러한 집중 명상 훈련은 심적 방해자극을 자각하고 다시 현재 순간으로 주의를 적극적으로 되돌리는 것을 요구한다. 미묘한 신체기능에 의도적으로 집중하고 다른 모든 무관한 생각을 차단하는 훈련이 필요하다. 처음 시작할 때는 마음이 시도 때도 없이 방황한다는 사실을 알아차릴지도 모르겠다. 아니면 특정 신체부위와 관련된 모든 감각을 신중하게 알아차리지도 못한 채, 신체부위를 빠르게 이동하는지도 모른다. 다시 말해서 심상에 다른 감각정보를 첨부하지도 않은 채 마음속에서 재빠르게 시각적 조사를 해버리고 싶은 유혹을 받게 된다. 이러한 일이 일어날 때는 방금 머물렀던 신체부위로 주의를 되돌리면 된다. 시간이 지나면서 여러분은 마음이 덜 방황하며 주의를 더 오랫동안 집중할 수 있다는 사실을 알아차리게 된다.

이 책의 앞부분에서 마음이 방황할 때 활성화되는 두뇌영역인 디폴트 모드 네트워크(DMN)를 소개한 바 있다. 불안에 취약한 사람은 DMN에 숨으려는 경향이 있다. DMN은 금지된 벽장이나 (『해리포터』 시리즈에 나오는) 비밀의 방이라고 생각할 수 있다. 즉, DMN은 여러분을 집어삼킬 힘을 가지고 있는 수많은 부정적 생각이 들어 있는 방이다. 그 방에 들어가면 부정적 생각들이 융단폭격 하듯이 합리적 마음을 쫓아낸다. 합리적 마음은 이러한 생각들이 쓸데없는 것임을 알고 있는 것이다.

무엇인가에 적극적으로 집중하고 있는 한, 여러분은 이 방에 들어가지 않을 수 있다. 명상이 가능하게 해주는 것이 바로 이것이다. 명상은 DMN의 활동을 감소시킨다. 또한 실행기능(즉, 계획하기, 결정하기, 작업기억, 자기제어, 심적 유연성 등과 같은 상위수준의 사고과정)을 제어하는 두뇌영역인 전두두정 신경망도 강화한다. 그러므로 명상은 불안을 완화하는 것에 덧붙여 상위수준의 심적 기능도 개선한다.

구성적 명상

복잡성에서 한 걸음 더 나아간 것이 구성적 명상으로, 적응적 사고방식을 함양하는 데 초점을 두고 있다. 구성적 명상은 단순히 부정적인 사고로부터 주의를 다른 곳으로 돌리기보다는 생각을 보다 긍정적인 것으로 바꿀 수 있게 도와준다. 두뇌를 중앙처리장치라고 생각한다면, 이 유형의 명상은 프로세서를 새로 꾸며주는 것이다.

구성적 명상의 사례에는 자비심 명상, 웰빙 치료, 연민 함양 훈련 등이 있다. 아마도 여러분은 이러한 것들에 대해서 들어본 적이 없을 것이다. 대부분이 어느 정도의 훈련이나 치료자의 도움을 요구하기 때문이다. 자비심 명상을 하는 사람은 자신과 타인을 향한 사랑과 연민의 감정과 연결된다. 어린 아기, 반려동물, 자신에게 친절했던 사람, 안전하고 다정하다고 생각하는 장소(행복한 장소) 등과 같이, 이러한 감정을 불러일으키는 어떤 것을 상상하는 일로부터 시작할 수 있다.

마음속에 그 이미지를 떠올린 후, 상상한 이미지에서 얻는 따뜻하고 포근한 감정에 부합하는 자신에 대한 긍정적이고 다정한 말을 되풀이한다. 예컨대, "나는 안전할 거야. 나는 행복할 거야. 나는 건강할 거야"라고 말할 수 있다. 이러한 진술은 그러한 이미지와 긍정적인 정서를 확립시킨다.

다음에는, 마치 친절이라는 바통을 다음 주자에게 넘기듯이 이러한 긍정적인 감정을 다른 사람에게로 확장한다. 그렇게 하려면 친한 사람을 떠올리고는, "너는 안전할 거야. 너는 행복할 거야. 너는 건강할 거야"라고 말하면 된다.

일단 이런 진술이 편안해지면, 갈등을 겪고 있거나 여러분이 부정적으로 생각하고 있는 사람의 이미지를 떠올린다. 그 사람의 이름을 사용하여 "조앤은 안전할 거야. 조앤은 행복할 거야. 조앤은 건강할 거야"라고 말한다. 그렇게 말하면서 조앤이 안전하고, 행복하면서 건강하게 지내는 모습을 상상한다. 만일 특정한 사람이 떠오르지 않는다면, 이 방법을 온 인류에 적용할 수도 있다. 이 과정은 연민을 무관심이나 못된 감정을 희석하는 해독제로 사용해서 부정적 감정을 제거하는 데 도움을 준다. 부정적 정서가 자신을 향한 것일 때조차도 그렇다. 연민으로 생각을 씻어내는 것은 영혼에도 좋은 일이다.

해체적 명상

해체적 명상은 여러분의 사고와 정서가 어떻게 지금의 여러분을 형성하는지 그리고 여러분을 둘러싼 현실이 어떻게 여러분의 사고와 정서를 형성하는지를 풀어헤치는 데 도움을 주는 상위수준의 명상 훈련이다. 이 명상은 자기탐구를 통해서 통찰력을 향상시키는 방법이다.

해체적 명상은 일반 수련자를 위한 것은 아니지만 효과는 엄청나게 강력하다. 실제 변화는 여러분의 사고방식과 행동, 그 행동이 타인에게 미치는 영향, 다른 사람의 행동이 여러분에게 미치는 영향 등을 이해하는 것으로부터 출발한다. 일단 이러한 것들을 파악하고 이해하게 되면, 한 번에 하나씩 자신을 바꾸어갈 수 있다.

일반적으로 해체적 명상은 지금 수준의 자기자각을 더욱 증진시키는 물음을 독자적으로 자신에게 던질 수 있는 일정 수준의 훈련, 교육, 치료 등을 필요로 한다. 해체적 명상의 사례로는 마음챙김 기반 인지치료와 **비파사나**라고 부르는 불교 기법을 들 수 있다.

명상은 마음자세를 재구축하고 장기적 이점을 제공하는 효과적인 도구임에 틀림없다. 명상은 극도로 불안을 느끼지 않을 때 수행하는 것이다. 명상을 정신력 훈련으로 생각하라. 여러 가지 모바일 앱과 녹음 자료를 명상 훈련의 길잡이로 사용할 수 있다.

명상은 얼마나 오래 해야 하는가? 내가 개관했던 많은 연구에서는, 참가자들이 한 번에 30분에서 1시간 동안 명상했다. 나는 하루 30분이나 1시간이 너무 길다고 생각하며, 처음부터 그렇게 시작할 필요는 없다. 5~10분의 마음챙김도 도움이 되며, 보다 규칙적인 훈련으로 발전해가는 방법일 수 있다.

마음챙김 훈련이 언제나 방에 앉아서 눈을 감고 조용히 명상해야 하는 것은 아니라는 사실을 명심하라. 일상적인 활동을 하면서도 마음챙김 상태를 유지할 수 있다. 초심자는 하루에 5~10분부터 시작하는 것이 적당하다. 상급 명상 수련자라면 몇 시간 동안이라도 이 훈련을 할 수 있다.

카타르시스나 분석을 위한 일기 쓰기

불안을 처리하는 또 다른 방법은 일기 쓰기 훈련을 통해서 자신의 생각과 감정을 글로 쓰는 것이다. 일기 쓰기는 사후 자기성찰을 위해서 자기 생각을 글로 작성하는 것이다. 나중에 자신이 쓴 것을 다시 보지 않는 경우조차도, 자신의 생각을 머리 밖으로 끄집어내서 종이에 적는 과정은 치료 효과를 가지고 있다.

마치 여러분을 집어삼키거나 마음을 빼앗아갈 것처럼 느껴지는 답답한 감정을 경험해본 적이 있는가? 친구가 어떻게 지내느냐고 물을 때 마음속에 있는 모든 것을 쏟아내고 나면 기분이 훨씬 나아지는가?

심리학에서는 이것을 **카타르시스**라고 부른다. 카타르시스의 어원은 '정화하다'를 의미하는 그리스어 kathairein이다. 카타르시스는 신체, 특히 대장에서 불필요한 물질을 제거하는 과정을 지칭하는 의학용어로 영어에 도입되었다. 마침내 사람들은 이 용어를 감정 해소와 영적 정화를 지칭하는 은유적 용어로 사용하기 시작했다.

일기 쓰기에는 여러 가지 접근방법이 존재한다. 나는 부정적 생각을 몰아내거나 자신의 생각을 분석하고 재구축하기 위하여 일기를 쓰는 5가지 방법에 초점을 맞춘다. 그 5가지는 다음과 같다.

1. 감사하기
2. 정서 명명하기
3. 긍정적 표현 하기
4. 걱정거리 일기 쓰기
5. 자동적인 부정적 사고의 틀을 재구성하기

감사일기 쓰기

감사에 초점을 맞추면 행복감과 삶의 만족도가 높아진다. 당연하다고 생각하는 많은 것에서 도움을 받을 수 있다. 불안을 부정적 사고에 집착하는 것이라고 생각한다면, 감사해야 할 것들을 찾아서 고맙게 생각하는 것은 부정적 생각과 긍정적 생각이 균형을 이루는 데 도움을 준다.

매일 출근하는 것을 싫어한다고 해보자. 직장동료들도 좋아하지 않으며, 회사가 요구하는 업무량도 비현실적이라고 생각한다. 매일 아침, 지루하기 그지없는 8시간의 근무를 떠올리면서 긴장감과 분노의 감정으로 잠에서 깬다. 심지어는 과중한 업무로 녹초가 되더라도 품위를 잃지 않고 어떻게 하루를 버텨낼 수 있을지 걱정한다.

우선 이렇게 강렬한 정서의 경우에는, 아마도 일기 쓰기 이외의 다른 것도 필요하겠다(다음 장에서 몇 가지 유용한 신체도구를 논의한다). 마음도구로 이러한 정서에 대처하기 위해서는 우선 자비심 명상을 첨가할 수 있다. 매일 아침 10분을 할애해서 명상을 통해 마음을 진정시킬 수 있다. 먼저 자신을 향한 연민에 초점을 맞춘 다음에 그 연민을 직장으로 확장할 수 있다.

진정성을 가지고 친절한 말을 할 수 있도록, 전날 밤 감사의 말을 일기에 쓰는 것을 두 번째로 첨가할 수 있다. 일기 쓰기 습관을 들이기 위해서 특별히 감사의 말만 써두는 메모장을 준비할 것을 제안한다. 페이지 상단에 날짜와 일기 쓰기 훈련의 유형을 적는 것으로 시작하라. 일기 쓰기 훈련을 위해 자리에 앉을 때마다 새로운 페이지에서 시작하라.

감사일기 쓰기 훈련에서는 여러분이 고마움을 느끼고 있거나 여러분의 삶에 긍정적 영향을 미치는 사람, 사물, 사건 등에 초점을 맞추어라. 호흡할 수 있는 공기나 오늘 아침에 잠자리에서 깨어난 것과 같은 일반적인 감사를 넘어선 어떤 것을 생각하기가 어렵다고 느낄는지도 모르겠다. 그렇지만 연습할 수록, 구체적인 것들이 더 많이 생각나게 된다.

직장 상황과 관련이 없는 것들로 시작하라. 이 사례에서는 매일 저녁 마음에 떠오르는 감사할 모든 것을 기록하는 데 10분을 할애할 수 있다. 구체적으로 적어라. 첫 문장은 "나는 ~에 감사한다"라는 문장으로 시작하라. 시간이 경과함에 따라 불안을 유발하는 직장 상황과 관련된 것들을 일기에 적을 수 있게 된다.

일기 쓰기에서 생각의 단서가 되는 몇 가지 질문은 다음과 같다.

- 내가 기대했던 것을 경험하거나 받았는가?
- 새롭게 알게 된 것이 있는가?
- 나를 웃게 만든 사람이나 상황이 있었는가?
- 오늘 하루 중 가장 좋았던 부분은 무엇이고, 그 이유는 무엇인가?

다음은 몇 가지 예시적 진술이다.

- 나는 잠들기가 어려웠지만 편안한 마음으로 아침에 눈을 뜰 수 있다는 사실에 감사한다.
- 나는 어디에 가고 싶을 때마다 내 차가 안전하게 잘 굴러가주는 것에 감사한다.
- 나는 내 친구가 자신의 성 정체성을 솔직하고 편안하게 말해준 것에 감사한다.
- 나는 휴가 기간이 길다는 것에 대해, 그리고 동료의 휴가 일정과 조율하지 않고도 언제든 휴가를 낼 수 있다는 사실에 감사한다.

단서질문으로 시작하든 감사의 말로 시작하든, 구체적으로 적어라. "나는 숨 쉴 공기가 있는 것, 먹을 음식이 있는 것, 전쟁 지역에 살지 않는 것에 감사한다" 등과 같이, 자신에게 별 의미가 없는 피상적인 진술문을 여러 개 적는 것보다는 구체적이고 깊이 있는 진술문을 적는 것이 더 좋다.

별다른 말이 떠오르지 않을 경우에는 피상적인 것들도 훌륭한 첫 진술문이 될 수 있다. 이 진술문을 일기에 적어도 무방하며, 다음 일기 쓰기 회기에서 그 진술문을 확장해보라. 하지만 이러한 일반적 진술문을 여러분의 상황에 좀 더 구체적으로 적용해볼 수도 있다.

- **숨 쉴 공기**: 나는 동료들을 견디기 힘들지만, 그들이 개인위생에 힘써준 덕분에 그들과 함께 있어도 내가 편안하게 숨을 쉴 수 있다는 데 감사한다.
- **먹을 음식**: 나는 오늘 별다른 복통 없이 음식을 소화시킬 수 있었음에 감사한다.
- **전쟁 지역**: 나는 적군이 내 집을 폭격할 것을 걱정하지 않아도 되는 곳에서 산다는 사실에 감사한다.

감사일기 쓰기는 여러분이 직면한 역경을 넘어설 수 있게 해주며, 일기를 쓰지 않았더라면 간과했을 긍정적인 것들을 발견하게 해준다. 역경 중에도 감사를 경험하는 훈련은 심리적 유연성을 증가시킨다.

이것은 마음을 챙겨서 대상을 바라보는 것과 유사하다. 마음을 챙겨 자각할 때는, 사건이나 상황을 관찰하면서 그 사건이나 상황과 관련된 정서나 판단에서 벗어나게 된다. 감사할 때는 역경을 경험하면서 동시에 대상이나 사건에 대한 긍정적 정서를 받아들이게 된다. 다시 말해서 오늘 아침에 눈을 뜬 것에 감사한다고 해서 직장이 싫다는 사실을 부정하는 것은 아니다. 그렇지만 부정적인 대상에 대해 긍정적인 감정을 유도하는 것은 부정적 대상의 충격을 완화시키고 그 상황을 잘 견뎌내도록 해준다.

매일 일기를 쓰는 것이 많은 사람에게 좋은 습관이지만, 생각을 신선하게 유지하기 위한 감사일기 쓰기를 일주일에 한두 번 정도로 국한하기를 원할 수도 있다.

정서 명명하기

제1장에서 두뇌의 하부에 위치한 편도체가 활성화되면 어떻게 공포 반응을 일으키는지에 대해서 살펴봤다. 과학 연구는 사람들이 어떤 것에 대해서 느끼는 바를 합리화하고 추론하며 명명하는 것과 같은 고등 두뇌과정을 통해서 이러한 본능적이고 자동적인 정서를 제어할 수 있다는 사실을 보여주었다. 감정에 이름을 부여하는 것을 **정서 명명하기**라고 부른다. 두뇌 연구를 보면, 정서 명명하기가 편도체 활성화를 감소시킨다는 사실을 알 수 있다. 정서 명명하기는 일기 쓰기에만 국한되지 않는다. 대화치료와 노출치료에서도 사용할 수 있다.

몇몇 연구자는 정서 명명하기가 자기성찰 과정을 통해서 정서를 조절해준다고 제안해왔다. 자신의 경험을 자각하는 것이 마음챙김의 한 가지 자질이다. 제안된 또 다른 기제는 어떤 정서에든 이름을 붙이면 심적 고통의 원천이기 십상인 불확실성이 줄어든다는 것이다. 불확실성을 참지 못하는 것이 불안의 보편적 자질 중 하나이다.

자신의 감정에 이름을 붙이는 데 어려움을 겪는다면 어떻겠는가? 기분 나쁘다는 감정을 넘어선 상당한 복잡성이 존재한다. '나쁘다'는 '화나는, 혐오스러운, 기만당한, 착취당한, 피해 입은, 수치스러운, 당혹스러운' 등을 의미할 수 있다. 이 모든 정서는 부정적인 것이지만, 전혀 다른 상황에서 유래하는 경향이 있다. 일기 쓰기는 자신을 더 잘 알도록 도와주며, 궁극적으로는 자신이 느끼는 정서를 상당히 세부적으로 찾아내게 된다.

다시 직장 상황으로 돌아가보자. 여러분이 참석하지 않은 프로젝트 회의에서 직장동료인 제인이 여러분의 연구결과를 발표한다. 그 결과로 프로젝트 팀은 제인을 팀장으로 지목하는데, 여러분은 프로젝트에 온갖 노력을 쏟아부은 자신이 마땅히 팀장 자리를 차지할 것이라고 생각하고 있었다. 팀원들이 어떻게 여러분이 아닌 제인을 팀장으로 승진시킬 수 있는지 도저히 이해할 수 없다. 제인이 그 발표를 자신의 결과물인 것처럼 발표하지 않았다면 말이다. 여러분은 제인이 그랬을 것이라고 생각하니 몹시 화가 난다. 제인은 여러분이 전달해준 대로 발표만 했을 뿐인데 어떻게 자신을 팀장으로 선택했는지 모르겠다고 말한다. 제인에게 화가 나지만, 그녀의 잘못을 입증할 수 없다는 사실에 더욱 화가 난다. 동료들은 제인이 팀을 이끌 능력을 가지고 있지 않다는 사실을 알고 있었어야만 했다고 생각하기 때문에, 여러분은 직장동료들과 거리를 둔다. 이런 '나쁜' 감정은 몇 주간 지속되며, 직장동료들과 거리를 두고 아침마다 삶의 비애를 느끼면서 잠에서 깬다.

이 사례에서는 한 가지 사건이 직장 전체와 자신의 미래 경력에 대한 부정적 감정으로 이어졌다. 특정한 상황에 정확한 정서를 부여할 수 있다면, 정서가 삶의 모든 측면이 아니라 불쾌한 사건에만 국한해 영향을 미칠 수 있는 것이다.

이 상황에서 여러분은 일기장의 새로운 페이지를 열고 자신의 정서를 가능한 한 구체적으로 적는다. 만일 부정적 감정들이 곪아 터지게 내버려둔다면, 각 정서의 출처를 규명할 수 있을 만큼 상황을 명확하게 볼 수 없게 된다. 일단 일기 쓰기 습관이 자리를 잡으면, 특정 대화나 상황에 대한 자신의 감정을 좀 더 개별적으로 빠르게 파악할 수 있다. 하지만 지금은 직장과 관련된 일반적인 '나쁜' 감정으로 출발해보자.

다음은 시작하는 데 도움을 줄 몇 가지 단서질문이다.

- 나는 무엇을 두려워하는가?
- 나는 내 삶의 어떤 부분이 달라지기를 바라는가?
- 나는 나에게 일어날 수 있는 일들 중에서 무엇이 최악의 일이라고 생각하는가?
- 만일 최악의 사태가 일어난다면 나는 어떤 기분일까?

일기를 쓸 때는 자신의 상황을 가능한 한 상세하게 기술한다. 만일 시간이 부족하거나 글쓰기를 좋아하지 않는다면, 감정을 반추할 때 그 상황을 떠올릴 수 있도록 주요 항목만을 기록해도 된다. 이 훈련에서 보다 중요한 것은 감정을 명명하는 진술문을 작성하는 것이다.

다음은 직장에서 제인과 같이 있는 상황에 관한 단서질문들에 어떻게 답할 수 있는지를 보여주는 사례들이다.

- 직장에서 아무도 나를 존중하지 않거나 나를 좋은 사람으로 보지 않을 것이 두렵다.
- 나는 이 상황이 잘 해결되어서 내가 받아야 마땅한 인정을 받게 되기를 바란다.
- 일어날 수 있는 최악의 일은 내가 결코 승진하지 못하고 멍청이 제인이 나의 상사가 되는 것이다.
- 그렇게 되면 나는 제인에게 기만당하고, 동료들에게는 조롱거리가 되며,

경영진의 인정을 받지 못한 기분이 들 것이다. 나는 화나고, 신뢰받지 못하며, 인정받지 못하고, 눈에 띄지도 않으며, 제대로 평가받지 못한 기분이 들게 된다.

기분을 글로 쓴다고 해서 제인이 팀장이 된 사실이 바뀌는 것은 아니다. 그러나 연구들을 보면, 어떤 상황에서든 자신의 정서를 정확하게 인식하는 것이 그 정서를 보다 잘 처리하고 그 정서가 여러분에게 미치는 영향을 줄이도록 도와준다.

신뢰받지 못하고 인정받지 못하며 눈에 띄지도 않고 제대로 평가받지 못한다는 기분은 모두 회사가 여러분의 노력을 알아주지 않고 응당한 보상을 해주지 않은 것을 여러분이 어떻게 느끼는지를 예시해주는 것이다. 그러한 마음의 상처가 여러분의 정신적 고통과 나쁜 감정의 원천이다. 자신의 감정이 정확히 무엇이고 왜 그런 감정을 느끼는지를 이해하게 되면, 여러분은 부정적 정서를 더 잘 견뎌낼 수 있고 감사와 자비심의 긍정적 감정을 강화할 수 있다. 그렇게 해서 긍정적 정서와 부정적 정서 간에 균형을 잡게 되면, 정신적 고통을 덜 느끼면서 근무하며, "그래서 뭐가 중요한데?" 또는 "난 왜 이 짓을 하는 거지?"와 같은 실존적 질문에 빠져드는 것을 막을 수 있다.

여러분이 자기성찰적일수록, 이렇게 세련된 듯 보이는 결론을 성급하게 내리지 않는다. 그러기 위해서는 연습이 필요하다.

긍정적 표현 하기

긍정적 일기 쓰기는 일종의 자기보호로서, 부정적 혼잣말에 이의를 제기하는 긍정적 진술을 쓰는 것이다. 부정적 혼잣말은 자신이 생각하는 것이 참이라고 확신시키는 힘을 갖고 있다. 부정적 생각에 지배당하면 그 생각을 반박하는 말을 생각해내는 데 어려움을 겪을 수 있다. 긍정적 표현은 여러분에게 부정적 사고를 긍정적 사고로 바꿀 서사를 제공한다.

기능적 자기공명영상(fMRI)을 사용한 연구들을 보면, 긍정적 진술을 할 때 (복내측 전전두피질에 있는) 특정 신경통로가 강화된다는 사실을 알 수 있다. 긍정적 표현은 자존감을 회복시키고 자긍심을 강화한다. 위협을 바라보는 시야를 좁히고 전체 상황에 대한 조망을 확대함으로써 위협 지각을 감소시킨다.

긍정적 표현은 낙관적 생각을 부추긴다. 그렇지만 긍정적 표현은 이미 건강한 수준의 자존감을 가지고 있으며 단지 궤도 수정만이 필요한 사람에게 가장 효과가 크다는 사실도 밝혀져왔다. 자존감이 낮고 자기혐오적 생각에 매몰된 사람에게는 자신에 대한 긍정적 표현이 오히려 감정을 악화시킬 수도 있다. 아마도 긍정적 표현이 자신의 기본 신념에 근사한 것일 때라야 그 표현을 쉽게 받아들일 수 있기 때문이겠다. 만일 긍정적 표현이 자신의 생각과 지나치게 떨어져 있다면, 자신이 원하는 것과 현재 가지고 있는 것 간의 괴리만을 부각시키게 된다.

만일 자신에게 호의적이지 않은 생각을 가지고 있다면, 지나치게 긍정적인 표현을 거부하는 것이 당연하다. 자신에 대한 현재 관점을 유지하고 싶은 것도 자연스러운 일이다. 따라서 부정적 생각에 직면할 때 바람직한 접근은 자신이 아니라 상황에 대해서 긍정적 표현을 만들어내는 것이다.

프로젝트 회의 후에 자신은 직장에서 무시당할 만하다고 믿는다고 상상해보라. 이러한 믿음에도 불구하고 무시당하는 것에 화가 난다. "그 자리에는 내가 적임자야", "나는 천부적 지도자야"와 같은 진술로 자신을 긍정해보고자 해도, 거짓이라고 느껴지기 때문에 아무런 효과가 없다. 그 진술이 자신을 더욱 못났다고 생각하게 만들어서 오히려 역효과를 내기도 한다. 자신이 지도자감은 아니라는 사실을 알고 있기 때문이거나, 적어도 여러분이 그 사실을 알고 있는데 회사가 그 믿음을 확인시켜주었기 때문이다.

이 상황에서는 자신의 품성에 대한 긍정적 표현을 작성하는 대신에, 이미 달성한 것이나 잘할 수 있는 것을 생각하라. 예컨대, "나는 매사에 유능해서, 직장생활이 편안하지" 또는 "나는 유능해서 과업을 제시간에 마칠 수 있어"가 "나는 전문가이며, 이 팀 누구보다도 경쟁력이 있다"보다 좋은 진술이다. 자신을 부정적으로 생각하기 때문에, 자신이 정말로 더 유능하다고 믿지 않는다. 따라서 자신이 얼마나 일을 빨리 끝낼 수 있는지 또는 문제를 얼마나 쉽게 파악할 수 있는지에 초점을 맞추는 것이 자신의 진술에 더욱 공감할 수 있게 만들어주고 자신이 유능한 전문가라고 믿도록 도와준다.

따라서 긍정적 표현이 최대 효과를 내려면, 현실적이고 믿을 만하며 자신에게 적용 가능한 것이어야 한다. 예컨대, 만일 사회불안으로 어려움을 겪고 있다면, "나는 사회적 상황에서 편안하고 자신감이 넘친다"라는 진술은 참이 아니기 때문에 효과가 없다. 이 진술이 여러분의 목표를 반영할 수는 있지만, 아직 그 목표에 도달하지 못했다는 사실을 강조함으로써 더욱 불안하게 만들 수 있다. "나는 무슨 일이 일어나든 대처할 수 있어" 또는 "나는 대화를 나누고 있는 그 누구보다 이 주제를 잘 알고 있어"라는 진술이 더 믿을 만한 까닭은 여러분의 불안함을 특정적으로 언급하고 있기 때문이다.

다음은 믿을 만한 긍정적 표현을 만들어내는 방법이다.

- **특정적으로 표현하라**: 특정적 진술이 일반적 진술보다 믿음직하고 효과적이다. 긍정적 표현을 쓸 때 가능한 한 상세하게 작성한다. "나는 부자다" 대신에 "나는 내 욕구를 만족시키기에 충분한 돈을 갖고 있다"라고 쓰라. "난 성공한 사람이야" 대신에 "나는 나의 목표를 달성했어"라고 쓰라.

- **현재시제를 사용하라**: 긍정적 표현은 현재시제로 써야 한다. 마치 이미 참인 것처럼 말이다. 예컨대, "나는 만족하게 될 것이다" 대신에 "나는 만족하고 있다"라고 써야 한다.

- **긍정적 단어를 사용하라**: 부정적 단어를 피하고 긍정적 단어를 사용해 진술의 틀을 세워야 한다. 예컨대 "나는 인색해"보다는 "나는 친구들에게 관대해"가 더 좋다.

- **현실적으로 표현하라**: 긍정적 표현은 믿을 수 있을 만큼 현실적이고 공감할 수 있어야 한다. 예컨대 체중 감량으로 고생하고 있다면, "나는 날씬하고 건강해"가 그렇게 효과적일 가능성은 없다. 그러나 "나는 살을 빼기 위해서 열심히 노력하고 있는데, 그 결과를 기다리고 있어"라고 쓰는 것이 더 믿음직스럽고 좋은 결과를 낼 가능성도 높다.

- **개인적 경험을 사용하라**: 긍정적 표현은 "누군가 나를 사랑해"와 같이 일반적이거나 "내 남편은 나를 사랑해"와 같이 개인적 경험에 기초할 수도 있다. 여러분은 자신의 삶에서 중요한 사람들의 목록을 만들고, 사랑받고 있음을 떠올리기 위하여 그들이 여러분에게 해주었던 일을 기록한다. 그런 다음 "내 친구는 나를 사랑해"라고 말할 때, 그 친구가 여러분의 생일을 기억해준 유일한 사람이었던 때를 떠올릴 수 있다. 이렇게 친절한 행동을 회상해보는 것은 긍정적 표현을 강화하도록 도와주며, 목록을 살펴보면서 마음대로 떠올릴 수 있는 긍정적 경험의 데이터베이스를 작성하도록 도와준다.

긍정적 진술을 만드는 많은 방법들이 존재한다. 예컨대, 자신에 대한 긍정적인 말로 빈칸을 채울 수 있는 단서 문장으로 시작할 수 있다.

나는 _____이다.

나는 _____을 가지고 있다.

나는 _____을 할 능력이 있다.

나는 _____을 고대한다.

나는 _____을 희망한다.

나는 _____을 즐긴다.

나는 _____에서 자유롭다.

진술문을 모두 작성한 후에 소리 내어 읽어보라. 때로는 거울 속에서 자신을 바라다보면서 말해보는 것이 훨씬 효과적이다. 이는 자기 자신에게 이런 말들을 해주면서 그 말을 받아들이는 거울 속의 아바타를 보고 있는 것과 같다. 바보 같다고 느낄 수도 있지만, 이미 부정적인 생각을 하면서 이런 짓을 하고 있지는 않은가 생각해보라. 불안할 때, 사람들은 하루도 거르지 않은 채 자신의 외모, 대인관계, 수행실적, 미래 등에 대해서 오만 가지 부정적인 말을 한다. 들으면 기분이 좋은 말보다 이렇게 부정적인 말을 더 쉽게 받아들이는 까닭은 무엇인가?

다음은 몇 가지 일반적인 긍정적 표현이다.

- 나는 내가 제어할 수 있는 것에 집중하겠다.
- 내가 허용하기 때문에 나의 확신은 증가한다.
- 나의 노력이 내 삶을 점진적으로 향상시킨다.
- 나는 나 자신이 불완전함을 인정한다.
- 나 자체에 문제가 있는 것이 아니다. 나의 실수는 다음번에는 바꿀 수 있는 잘못된 선택이다.

- 불안은 불쾌하지만 나를 지배하지는 못한다.

- 나를 진정시킬 수 있는 도구를 가지고 있다.

- 나의 가치를 다른 사람이 결정하게 두지 않는다.

- 매일 불안을 해결하기 때문에 나는 강한 사람이다.

- 나의 호흡이 내 안의 긴장을 없애준다.

- 나는 늘 하루에 한 번씩 힘든 시간을 극복할 수 있다.

- 나는 필요할 때 해결책을 찾을 수 있는 능력이 있다.

- 나의 믿음이 나를 흔들리지 않게 해주고 안전감을 준다.

- 친구가 나보다 먼저 성공한다고 하더라도 괜찮다. 나 역시 때가 되면 성공할 것을 믿기 때문이다.

걱정거리 일기 쓰기

어느 정도의 걱정은 도움이 된다. 유용한 걱정거리에는 미리 생각하기, 문제 예상하기, 문제를 해결하고자 시도하기 등이 포함된다. 해로운 걱정거리는 바꿀 수 없는 결과에 대해 전전긍긍하기 또는 걱정거리를 걱정하기 등이다. 일반화된 불안을 가지고 있다면 거의 모든 것을 걱정할 수도 있다.

걱정거리를 위한 한 가지 일기 쓰기 개입은 시간을 내서 걱정거리를 글로 적는 것이다. 이것은 걱정을 구획화하는 방법이다. 사람들은 걱정거리가 있으면 그것을 잊지 않으려고 생각의 가장 꼭대기에 위치시키기 십상이다. 걱정 시간을 할애한다는 것은 걱정거리에만 완전히 몰두할 수 있는 시간을 마련해 두었기 때문에 걱정거리에 대한 생각을 중지할 수 있음을 의미한다.

걱정은 침투적이기 때문에 걱정 시간이 될 때까지 미뤄두기 위해서는 훈련이 필요하다. 걱정거리가 아무 때나 불쑥 튀어나올까 걱정하고 있다면, 튀어나온 걱정거리를 메모하고 나중에 다루겠다고 스스로 다짐하라. 그런 다음 그 생각에서 멀어질 수 있도록 마음챙김을 실시한다.

걱정을 미뤄두었을 때, 걱정 시간이 되면 그 걱정이 그다지 심각하거나 고통스럽지 않을 가능성이 있다. 지나간 걱정거리들을 다시 들여다보면서 걱정했던 일들이 어떻게 일어나지 않았는지 보는 것도 불안을 없애줄 수 있다. 종이에 적어놓은 걱정거리를 보는 것도 걱정이 얼마나 비현실적인지 깨닫게 해준다. 걱정거리 일기 쓰기는 이러한 방식으로 세상을 바라보는 관점에 현실성을 부여하는 역할을 한다.

자동적인 부정적 사고의 틀을 재구성하기

불안은 마음속에 반사와 같이 자동적이기 십상인 부정적 사고를 만들어낸다. 이러한 자동적인 부정적 사고는 자신과 세상에 대한 신념에서 유래한다. 침투적으로 아무 때나 마음에 떠오르거나 반복 재생되는 오디오 테이프처럼 배경에 도사리고 있다. 어떤 방식이든 부정적 사고는 행동, 정서, 의사결정에 영향을 미치는데, 그 사실을 깨닫지 못하기 십상이다.

예컨대, 공황발작이 심각할 경우에는 심장마비로 이어질 수 있다고 믿고 있다면, 여러분은 불안이 수명을 단축할 것을 걱정하게 된다. 그렇게 되면 불안을 증가시키고 궁극적으로는 죽음을 초래할 공황발작을 촉발시킬지도 모른다고 의심하는 상황을 피하게 된다. 만일 여러분의 불안한 모습을 모든 사람이 알아차리고 존경심을 버릴 것이라고 믿는다면, 여러 사람 앞에서 말하는 상황을 피하게 된다. 심지어는 다른 사람들과 함께 있는 것조차 회피하게 된다.

인지행동 모형에서는 이러한 생각을 **인지왜곡**이라고 부른다. 대부분의 경우에 사람들은 인지왜곡을 깨닫지 못하고 그 생각이 참이라고 생각한다. 이렇게 왜곡된 생각에 도전장을 내고 인지치료 기법을 사용하여 틀을 재구성할 수 있다. 일단 그러한 생각에 도전하게 되면, 그 생각은 덜 자동적이고 덜 지배적인 것으로 바뀐다.

다음은 틀 재구성을 일기 쓰기 훈련으로 전환하는 단계들이다.

단계 1. 생각을 확인하라

불안 유발 상황을 한 가지 생각한 다음에 다음과 같이 자문하라. "무슨 생각이 머리에 떠오르는가?" 불안하다면 일어날 수 있는 일에 대해 당연히 부정적 결론을 내리게 된다. 따라서 무슨 일이 일어날 것이라고 생각했었는지를 생각해보라.

그 생각을 질문이 아니라 진술로 적는 것이 최선이다. 제인이 여러분을 곤경에 빠뜨리고 승진 기회를 빼앗아 가버린 직장 상황으로 되돌아가보자. 그 상황을 되돌아볼 때 머리에 떠오르는 생각은 아마도 '회사에서 나를 절대로 승진시켜주지 않으면 어떻게 하지?'일 것이다. 일기 쓰기 훈련에서는 "절대로 나를 승진시키지 않을 것이다"와 같은 진술문으로 쓴다.

만일 불안을 촉발했던 특정 상황을 생각할 수 없다면, 부정적 정서를 경험했던 때를 생각할 수도 있다. 혼자 있었던 때라도 말이다. 이러한 부정적 감정을 경험했을 때 머리를 스치고 지나간 것을 생각해보라. 예컨대, 침대에 누워 있으면서도 잠을 이룰 수 없다고 가정해보라. 피곤을 느끼지 못하면서 몇 시간 동안 잠들지 못할 것을 두려워한다. 과거에 잠들기를 방해했음에 틀림없는 어떤 것을 인식할 수는 없지만, 지금은 잠자리에 든 지한 시간이 지났으며 불안이 쌓여가는 것을 느끼고 있다.

만일 이 상황에서 머리를 스치는 것이 무엇인지 생각해보면, 산더미처럼 늘어나는 부정적 생각을 발견하게 될지도 모른다. 그것은 아마도 다음과 같은 것이겠다.

- 나는 잠들 수 없다는 사실이 믿기지 않는다.
- 나는 내일 제대로 기능할 수 없을 것이다.
- 내가 공부한 것을 생각할 수도 없고 기억할 수도 없기 때문에 내일 시험을 망칠 것이다.
- 나는 성적을 올릴 수 없을 것이고 결국 장학금을 받지 못할 것이다.
- 나는 등록금 마련을 위해서 한 학기 휴학하고 일을 찾아야 할 것이다.
- 복학한다고 하더라도 나를 제외한 친구들이 상급 학년으로 진급했기 때문에 친구들을 잃게 될 것이다.
- 나는 우울해질 것이다.
- 나는 왜 다른 사람들처럼 정상적일 수 없을까?

이러한 부정적 사고의 소용돌이는 잠들지 못하는 것에 대한 좌절에서 시작해 학교생활의 실패, 나아가 자기결함과 결코 행복해질 수 없는 정서적 외톨이로까지 발전했다. 여러분은 이 사례를 사용해 나중에 이러한 생각들에 도전해볼 수 있겠다. 마지막 생각을 의문문에서 "나를 제외한 모두가 정상이다"라는 진술문으로 바꾼다.

단계 2. 인지왜곡을 인지하라

1976년에 정신과 의사 에런 벡은 인지치료에 관한 자신의 연구를 담은 기념비적 저서인 『인지치료와 정서장애』를 출간했다. 1989년에는 의학박사인 데이비드 번즈가 자신의 저서 『필링 굿』에서 인지왜곡의 개념을 확장하고 많은 인지왜곡의 명칭을 정립했다. 이후 인지왜곡 목록에 다른 항목들이 추가됐지만, 나는 흔히 불안과 함께 발생하는 10가지 인지왜곡으로 제한하여 논의하고자 한다.

이 왜곡들은 SCALPED MOP이라는 두문자어를 만들어낸다.

"A scalped mop is useless(직역하면, 머리 가죽을 벗겨낸 대걸레는 쓸모가 없다)"라고 생각할 수 있겠다. 벗겨낸다는 것은 대걸레의 핵심인 흡수성 천을 제거하는 것으로 생각할 수 있는데, 그 천을 제거하면 걸레질에 쓸모가 없는 막대만 남게 된다.

부모님이 직장에서 일하는 동안 할머니가 나를 돌봐주시던 시절에, 나는 시간을 보내기 위해서는 상상력을 동원할 수밖에 없었다. 함께 놀 친구가 없었으며, 할머니는 자기 '이야기'라고 부르는 일일 드라마를 시청하면서 대부분의 오후 시간을 보냈다. 나는 그 이야기들이 지독하게 지루하다는 것을 깨닫고는 누군가 나를 구해주기만을 소망하면서 반대쪽 소파에 비참한 모습으로 앉아 있곤 했다. 내가 새로운 친구 멜라니를 만나기 전까지는 그랬다. 멜라니는 바로 대걸레였다.

나는 다용도실 뒤쪽에 숨어서 나처럼 친구를 기다리고 있던 멜라니를 발견했다. 내가 멜라니를 좋아했던 까닭은 움직일 때 앞뒤로 흔들리는 기다란 회색 헤어스타일을 가지고 있었기 때문이었다. 거친 실로 만들어진 멜라니의 머리는 마치 나의 말총머리 같은 굵은 밧줄들을 배열해놓은 모양새였다. 나는 멜라니의 머리를 비틀고 뒤로 잡아당겨서 고무줄로 묶어 다양한 스타일을 연출했다. 멜라니와 나는 함께 노래하고 춤추며 오후 시간을 보냈다. 어느 날 나는 다용도실에서 멜라니를 찾을 수 없었다. 미친 듯이 집 안을 뒤져봤지만 어디에도 멜라니는 없었다. 할머니에게 대걸레가 어디 갔는지 물었다. 그러자 할머니는 "그 너덜너덜해진 걸레 말이냐? 네 아빠가 새것을 사 왔어. 네가 고무줄로 계속 묶어놓는 바람에 헝겊이 빠지기 시작했잖아"라고 말씀하시곤 내게 물을 짤 수 있는 스펀지 헤드가 장착된 반짝이는 새 걸레를 자랑스럽게 보여주셨다. 나의 헤어스타일 놀이 때문에 멜라니의 머리카락이 빠지기 시작했고 결국 버림을 받게 됐다고 생각하니 구역질이 날 것 같았다. 버려진 대걸레는 이미 쓰레기 수거 업체에서 가져갔기 때문에 나는 멜라니를 마지막으로 볼 기회마저 놓치고 말았다. 멋진 밧줄 같았던 머리카락이 모두 빠져버린 멜라니를 보는 것이 내게는 굉장히 힘든 일이었을 것이기 때문에, 그렇게 된 것이 차라리 잘된 일인지도 모르겠다. 그렇게 나의 헤어스타일 놀이는 끝이 났고, 나는 소파로 되돌아갈 수밖에 없었다.

대걸레에서 물을 흡수하는 천을 제거하면 쓸모가 없어지는 것처럼, 인지왜곡은 정신적 유연성과 상황을 객관적으로 볼 수 있는 능력을 망가뜨린다.

다음은 자신과 상황에 대한 관점을 왜곡시킬 수 있는 SCALPED MOP 인지왜곡들이다.

'S'는 당위적 진술(Should statement)을 의미한다. "마땅히 …해야만 한다" 식의 당위적 표현을 사용해 생각하는 것이다. 당위적 진술의 사용은 사람들을 비현실적인 기준에 집착하게 만든다. 반추하기의 경우, 당위적 진술은 사람들이 다른 결과를 낼 수 있고 더 나은 결정을 내릴 수 있었던 지식과 자원이 있었음을 전제로 한다. 이러한 진술은 불가능한 기대를 조장하여 실망, 분노, 실패를 초래한다.

'C'는 파국화(Catastrophizing)를 의미한다. 어떤 시나리오에서든지 최악의 결과를 기대하는 것이다. 이러한 생각에 도전장을 내밀기 위해서는 한 가지 가능한 결과보다 더 많은 가능성이 존재하며 대부분의 경우 최악의 결과는 일어나지 않는다는 사실을 명심해야 한다.

'A'는 실무율적 사고(All-or-nothing thinking)를 의미한다. 혹자는 이것

을 '이분법적 사고'라고 부른다. 이러한 사고를 할 경우에는 모두 좋거나 모두 나쁘다는 식으로 모든 것을 양극단 중의 하나로만 생각한다. '항상'이나 '결코'와 같은 부사를 자주 사용하기도 한다. 이것은 경직된 사고이다. 이 왜곡에 대처하는 한 가지 방법은 자신의 견해에 대한 예외를 찾아보는 것이다.

'L'은 명명하기(Labeling)를 의미한다. 명명하기의 경우에는 바람직하지 않은 행동을 인지하는 대신에 누군가에게(또는 자신에게) 판단을 부여한다. 예컨대, 자신을 기회를 놓친 사람이라고 부르는 대신 '봉'이라고 부르는 것이다.

'P'는 성급한 결론(Premature conclusion)을 의미한다. 이것을 '속단'이라고도 부른다. 자신의 의견에 토대가 되는 충분한 정보가 없는 상황에서 무엇인가에 성급하게 반응하는 것이다. 이 왜곡은 독심술이나 점괘와 같은 엉터리 생각을 수반하기 십상이다. 예컨대, 여러분이 누군가에게 부탁하는 이메일을 보냈다고 해보자. 몇 시간 안에 답을 받지 못하면 그 사람이 돕고 싶은 생각이 없으면서도 곧바로 거절할 용기가 없어서 답을 하지 않은 것이라고 생각한다. 아니면 그 사람이 여러분을 무시해서 거절 의사를 밝힐 필요가 없다고 생각한다고 믿는다. 이메일이 그 사람의 스팸 메일함에 들어가서 그 사람이 읽을 수 없었을 가능성은 생각하지 않는다.

'E'는 정서적 추론(Emotional reasoning)을 의미한다. 정서적 추론이란 직감적으로 참이라고 느끼기 때문에 참이라고 받아들이는 신념을 말한다. 예컨대, 불안을 느끼기 때문에 재앙이 곧 닥칠 것이라고 믿는 것이다. 만일 죄책감을 느낀다면, 특정한 잘못을 확인할 수 없을 때조차도 무엇인가 잘못을 저질렀음을 의미할 수밖에 없다.

'D'는 긍정 절감하기(Discounting the positive)를 의미한다. 긍정적인 것을 깎아내림으로써, 선행을 평가절하고 긍정적 사건의 공을 자신이 아닌 다른 사람이나 어떤 것에 돌린다. 예컨대, 나는 지나치게 칭찬을 받으면 이런 방식으로 생각하는 경향이 있다. 나는 '저 사람의 말이 사실일까? 혹시 그냥 예의상 하는 말은 아닐까?'라고 생각한다. 또 다른 예는 긍정적 표현 일기 쓰기 훈련을 하고는 공황발작의 횟수가 줄어들었다면, 증상의 개선이 우연의 일치라고 생각하는 것이다. 일기 쓰기가 불안을 줄이는 데 효과적이었다고 결론짓지 않는다.

'M'은 극대화(Magnifying)와 극소화(Minimizing)를 의미한다. 극대화와 극소화의 경우에는 자신의 약점을 과장하고 자신의 장점을 과소평가한다. 극대화가 파국화와 약간 다른 까닭은 극대화의 경우에는 사람들이 주로 자신에게 초점을 맞추기 때문이다. 반면 파국화는 어떤 상황이 어떻게 파국적인 결과로 이어지는지에 초점을 맞춘다. 한 가지 사례는 노래를 부르다가 고음 한 군데에서 목소리가 갈라졌기 때문에 서투른 가수처럼 느껴지는 것이다. 어려운 노래를 불렀으며 나머지 음들은 완벽하게 소화했다는 사실에는 신경도 쓰지 않는다. 한 번의 실수가 자아상을 망친 것이다.

'O'는 과잉일반화(Overgeneralization)를 의미한다. 과잉일반화는 어떤 일이 기껏해야 한두 번밖에 일어나지 않았음에도 불구하고, 항상 일어날 것이라고 믿는 것이다. 예컨대 친구에게 책을 빌려주었는데, 친구가 그 책을 잃어버렸다. 이제 그 친구는 물건을 안전하게 지킬 능력이 없다고 믿기 때문에, 그에게 어떤 것도 믿고 빌려주지 않는다. 이 유형의 사고를 인식하는 한 가지 방법은 "항상", "결코", "매사", "어느 누구도"와 같은 말을 자주 하는지를 알아보는 것이다.

'P'는 개인화(Personalization)를 의미한다. 개인화란 부정적 상황과 아무런 관계가 없음에도 불구하고 자신이 책임을 지고 자신을 비난하는 것을 말한다. 학대 피해자들은 가해자의 행동이 자기 탓이라고 생각할 때가 많다. 예컨대, "내가 그렇게 화나게 만들지 않았다면 그가 나를 때리지 않았을 것이다"라고 말한다.

이것들이 SCALPED MOP 사고이다. 단계 2에서는 단계 1에서 기록한 생각들을 살펴보면서 그 생각들 중 어떤 것이 이러한 왜곡에 해당하는지 확인해본다. 여러분이 다른 것보다 더 많이 사용하는 인지왜곡이 있는가?

자신의 사고 패턴을 파악하는 것은 도움이 된다. 다른 상황에서도 그러한 사고 패턴을 반복할 것이기 때문이다. 일단 사고 패턴을 파악하고 그 왜곡을 분석하는 방법을 학습하게 되면, 그러한 방식으로 생각하는 자신을 포착하고는 비이성적 사고에 따라 행동하기 전에 그 사고를 교정할 수 있다.

단계 3. 생각에 도전하라

이 단계에서는 비합리적인 측면을 확인하려는 질문을 통해서 왜곡된 생각에 도전한다. 이러한 도전은 다른 관점을 채택하도록 도와준다.

다음은 사고에 도전장을 내미는 단서질문들이다. 왜곡에 따라서 어떤 단서질문이 다른 것보다 더 효과적일 수 있다.

증거 단서질문:

- 내가 믿는 것이 사실이라는 증거는 무엇인가? 그 증거는 얼마나 믿을 만한가?
- 내가 믿는 것이 거짓이라는 증거는 무엇인가? 그 증거는 얼마나 믿을

만한가?

- 그 증거는 이 상황에서 누가 했던 말이나 행동에 근거한 것인가, 아니면 추론이나 육감 또는 과거 경험에 근거한 것인가?
- 다른 가능성은 없는가?

<증거 검증>

신뢰성이 높은 증거	신뢰성이 낮은 증거
누군가 했던 말	관련 진술에 근거한 추론
누군가 했던 행동	직관에 근거한 육감
누군가 썼던 글	그 사람과의 경험이나 과거 상황에 근거한 가정

조망 단서질문:

- 친구가 내게 이 말을 했다면 나는 그에게 무슨 말을 할 것인가?
- 내 생각에 대해 친구는 내게 무슨 말을 할 것인가?
- 내가 믿은 것이 참이라면 일어날 수 있는 최악의 사건은 무엇인가?
- 내가 믿은 것이 참이라면 부정적인 결과에 어떻게 대처해야 하겠는가?

편향적 사고 단서질문:

- 나는 어느 누구에게서도 기대하지 않는 비합리적 기준에도 가만히 있는가?
- 나는 다른 사람에게 지나치게 많은 것을 요구하고 있는가?
- 내가 예상하는 것만큼 나쁘지 않은 다른 결과도 있는가?
- 나는 극단적인 이분법적 사고를 하고 있는가? 중간의 회색지대는 어떤

모습인가?

- 나는 자신에게 별명을 붙이고 있는가? 만약 그렇다면 내가 별명을 붙인 행동은 무엇인가?

- 나는 이 결론을 내리기 전에 다른 가능성들도 고려했는가?

- 내가 느끼는 것이 논리적인가? 내 기분과 무관한 또 다른 결과나 결론이 있을 가능성이 있는가?

- 나는 이미 일어난 기분 좋은 일이나 내가 받은 칭찬의 중요성을 일축하고 있는가?

- 나는 나의 단점만을 파악하고 나의 장점을 최소화하고 있지는 않은가?

- 내가 믿었던 것이 참이 아니거나 내가 예상했던 일이 일어나지 않았던 때가 있었는가?

- 나는 나의 통제권 밖에 있던 일에 대해 자책하고 있지는 않는가?

개인적 관심사 단서질문:

- 그 생각에서 어떤 긍정적인 결과가 나오는가?

- 그 생각은 내가 목표에 도달하는 데 어떤 도움을 주겠는가?

- 그 생각이 나의 일상적인 대인관계를 방해하는가(예컨대, 중요한 결정에 영향을 미치는가)?

일단 자신의 생각들에 도전장을 내민 후에 단계 4로 이동하라.

단계 4. 생각을 다시 적어라

이제 단계 3에서의 도전에 비추어, 부정적 편견이 줄어든 현실적인 조망을 반영하도록 생각들을 다시 작성하라. 이제 문제에 대한 새로운 이해가 생졌다면, 덜 고통스럽게 경험하게 될 다른 진술문은 무엇이겠는가?

단계 5. 새로운 사고에 대해서 깊이 숙고하라

여러분은 재구성된 생각 속에 오랫동안 남아 있기를 원할 것이다. 상황에 대해 생각하고 나서 수정된 반응에 대해서 생각하라. 이것에 대해 생각하고 있을 때 어떤 기분이 드는가? 과거나 미래의 유사한 상황에 적용할 수 있는 것이라고 느껴지는가?

단계 6. 보너스: 긍정적 표현을 개발하라

비록 긍정적 표현에 초점을 맞추는 것이 또 다른 일기 쓰기 연습이라고 하더라도, 부정적 생각의 틀을 재구성하는 것은 긍정적 표현을 만들어낼 절호의 기회이다. 긍정적 표현은 특정적이고 개인적일 때 가장 잘 작동하기 때문에, 부정적 사고를 낱낱이 해부해보는 것은 긍정적 사고 목록을 확장할 수 있는 기회를 제공한다.

한 가지 사례가 있다. 내가 사람들 앞에서 공황발작을 일으킬 것을 걱정하고 있다고 해보자. 나는 늘 불안하고 공황상태를 경험하고 있기 때문에 사회적 패배자라고 생각한다. 나의 생각들을 분석한 후 나는 그 생각들이 과잉일반화(나는 늘 불안하다), 명명하기(나는 패배자다), 긍정 절감하기(공황발작이 일어나지 않은 날들을 무시한다) 등의 왜곡에 근거한다는 사실을 깨닫는다.

나는 진술의 틀을 재구성해 다음과 같이 말한다. "불안한 것이 나를 패배자로 만들지 않는다. 나는 나 자신에게 매우 엄격하다. 내가 늘 불안한 것은 아니다. 공황발작 없이 이틀을 보냈다." 그런 다음 나는 제안된 긍정적 표현의 단서질문을 사용해 몇 가지 긍정적 진술을 첨가한다.

- 나는 사람들이 내게 말을 할 때 편안하게 느끼게 만드는 재주가 있다.

- 나는 누군가의 말에 완벽하게 집중하는 능력이 있다.

- 나는 사람들과 개인적으로 연계하는 능력이 있다.

- 나는 누군가에게 존중받고 있다는 느낌을 주는 사교적 자산을 개발하게 될 것을 기대한다.

- 나의 사교 기술을 계속해서 발전시킬 수 있기를 기대한다.

- 나는 사람들이 자신의 이야기를 말하는 것을 듣기 좋아한다.

- 나는 불안을 겪는 나 자신에 대한 자기비판을 하지 않는다.

긍정적 진술을 작성할 때는 단서질문을 사용할 필요가 없다. 다시 쓴 진술이 충분히 긍정적임을 알게 될 것이다.

이 장에서는 인지적 조망에서 불안에 대처하는 도구로 사용할 수 있는 여러 가지 기법을 살펴보았다. 마음챙김과 명상 그리고 그라운딩을 정신력을 강화하고 진정시키는 훈련으로 생각할 수 있다. 이 도구들을 다음 장에서 논의하는 신체 중심의 도구들과 함께 사용하면 도움이 될 것이다. 이 장에서는 또한 자신의 생각을 기록하는 여러 가지 방법도 살펴봤다. 일기 쓰기는 더욱 적극적인 대처 전략으로, 불안을 감소시키도록 사고와 감정을 처리하는 데 도움을 준다.

제 9 장

신체도구

앞 장에서는 마음자세와 조망을 바꿈으로써 불안을 완화하는 데 사용할 수 있는 도구를 살펴보았다. 이 장에서는 신체를 이용해서 불안을 완화하는 도구에 초점을 맞춘다. 신체에 초점을 맞춘 몇몇 도구는 특질불안을 감소시키는 것으로 알려져왔다. 즉, 이 도구들은 사람들이 불안한 상태에 있을 때 이완시키는 것 이상의 역할을 할 수 있다. 특질불안을 감소시킴으로써 생래적 불안의 강도를 줄이고 장기적인 개선을 도모할 수 있다.

혹자는 신체도구가 마음도구보다 활동적이기 때문에 더 쉽게 받아들이며, 마음도구는 상당한 노력과 수련이 필요할 수 있다. 다음은 신체도구가 가장 잘 작동하는 상황들이다.

- 스트레스의 영향을 줄일 때
- 긴장의 강도를 낮출 때
- 급성 불안, 공황발작, 극도의 상황적 불안을 줄일 때
- 힘든 하루로 예민해진 신경을 누그러뜨릴 때
- 잠자기 위해 이완을 도모할 때

- 깊은 수면을 해야 할 때
- 스트레스와 관련된 노화의 영향을 늦출 때

모두 좋은 일이지 않은가? 모든 신체도구의 가장 근본인 호흡하기로 바로 시작해보자.

호흡하기

호흡에 집중하는 것 자체가 명상, 마음챙김, 요가, 아로마세라피 등과 같은 다른 도구의 일부가 될 수 있다. 몇몇 유형의 명상은 호흡에 초점을 맞추기 때문에, 마음도구이자 동시에 신체도구로도 간주할 수 있다. 즉, 호흡하기는 그 자체가 이완 훈련일 수 있으며, 이완하기 위한 다양한 호흡법이 존재한다.

나는 호흡하기 훈련을 좋아해본 적이 결코 없다. 호흡하기 훈련은 항상 숨이 턱까지 차도록 만들었기 때문이다. 지금은 내가 호흡하기를 올바르게 하지 않았었다는 사실을 깨닫고 있다. 내 수준보다 훨씬 고급단계의 호흡하기 기법을 사용하는 훈련을 흉내만 내었던 것이다. 여기서는 다양한 호흡하기 패턴과 초심자 수준에서 상급자 수준으로 발전해가는 방법을 설명한다. 그 전에 우선 호흡하기의 해부학적 구조를 분해해보자.

대부분의 경우에 호흡은 의식적인 노력 없이 일어나는 수동적이고 자동적인 과정이다. 호흡을 제어하는 중추는 뇌간에 들어 있으며, 후뇌에 속하는 뇌간은 혈압과 같이 생명 유지에 핵심적인 여러 가지 기능을 제어한다. 뇌간에서 발생하는 문제해결이나 추론은 존재하지 않는다. 그러한 고차적 과제는 두뇌의 상부 즉 전뇌에서 일어나며, 전뇌는 자동적인 호흡 과정을 의식적으로 무시할 수 있게 해준다. 호흡은 자율주행 자동차의 작동과 유사하다. 자동차가 스스로 주행하도록 허용할 수도 있지만, 운전자가 운전대를 잡고 자신이 주행을 제어할 수도 있다.

호흡은 흉부와 복부를 분리하는 흉곽 아래 위치한 큰 근육인 횡격막을 수반한다. 숨을 들이쉴 때는 횡격막을 아래로 당겨 흉부 안에 음압을 만들어낸다. 이 음압이 코와 입으로 들이마신 공기로 하여금 폐의 공간을 부풀리게 만든다. 숨을 내쉴 때는 횡격막을 위로 당겨 공기를 폐 밖으로 밀어 내보낸다. 폐의 조그마한 공간이 공기와 혈류 사이에서 산소 교환이 이루어지는 곳이다. 세포는 규칙적인 활동의 폐기물인 이산화탄소를 만들어내는데, 신체는 혈관을 통해 이 폐기물을 제거한다. 혈액은 폐를 통과하면서 산소를 가져가고 이산화탄소를 버린다. 이산화탄소는 숨을 내쉴 때 공기 중으로 방출된다.

만일 (불안발작이 일어났을 때처럼) 숨이 가빠져서 과호흡을 하게 되면 이산화탄소 수치가 지나치게 낮아지게 된다. 그 결과로 사지 저림, 메스꺼움, 현기증, 그리고 때로는 흉통을 경험할 수도 있다. 이런 일이 일어나면, 종이봉지에 숨을 내쉬고 내뱉은 이산화탄소를 다시 들이마시기를 반복함으로써 호흡 속도를 늦출 수 있다. 또한 이를 통해 이산화탄소 수치를 올리고 정상적인 호흡을 되찾을 수 있다.

불안, 스트레스, 염증, 특정 약물, 질병 등은 모두 사람들이 안정을 취하고 있을 때 기저 호흡률을 증가시킨다. 심장박동을 늦추기 위한 약물을 복용하고 있지 않은 한, 심장박동과 호흡은 하나의 패키지처럼 움직인다. 교감신경계의 활동이 증가하면, 심장박동과 호흡의 횟수가 모두 증가한다. 만일 매일 커피를 마시거나 기저 심박률을 증가시킬 수 있는 어떤 흥분제 역할을 하는 물질을 섭취하고 있다면, 호흡률도 증가하게 된다. 반면에 규칙적이고 왕성한 심혈관 운동은 안정 상태의 심박률과 호흡률을 모두 감소시킬 수 있다. 이에 더해 아드레날린 수치의 소폭 상승에 따라 혈압도 다소 상승하게 된다.

이것이 중요한 까닭은 무엇인가? 심장박동과 호흡은 긴밀하게 연결되어 있기에 호흡을 이용해서 모든 시스템의 속도를 늦출 수 있기 때문이다. 심장박동을 직접 조절할 수는 없지만 호흡은 의식적으로 멈추거나 더디게 할 수 있으며, 이것이 다시 심박률을 낮추고, 혈압을 낮추며, 염증 물질을 줄이고, 불안을 완화시킨다. 호흡을 통제하는 것은 자율주행차의 운전대를 잡고 있는 것과 마찬가지이다.

심박률 변산성

심장은 시곗바늘처럼 완벽하게 같은 속도로 뛰지 않는다. 숨을 들이쉴 때는 빨라지고 내쉴 때는 느려지며, 박동 간격도 매번 달라진다. 이러한 심박률의 변화를 **심박률 변산성**(HRV)이라고 부른다.

　누적된 연구결과를 보면, 심박률의 변화가 클수록 정서적 탄력성을 포함한 전반적인 건강상태가 양호하다는 사실을 알 수 있다. 정말로 그렇다. 심박률 변산성은 정서적 건강과 신체적 건강을 반영한다. 변산성이 클수록 더 좋은 것이다. 그리고 심박률 변산성을 증가시키는 한 가지 방법이 바로 일정한 속도로 느리게 호흡하는 것이다.

공명호흡

심박률과 호흡은 대략 0.1Hz의 주파수에서 공명한다. 이 주파수는 평균 1분당 6회 호흡에 해당하며, 공명호흡률이라고 부른다. 심박률 변산성은 바이오피드백 기법을 사용해 측정할 수 있다. 각각의 사람은 심장이 얼마만큼의 혈액을 신체로 내보내느냐에 근거한 독자적인 공명주파수를 가지고 있지만, 호흡수는 대부분 4.5~7회이다. 연구결과를 보면, 일반적으로 키 큰 사람과 남성의 혈액량이 더 많고, 분당 6회보다 적은 공명주파수를 가지고 있다.

　공명주파수가 중요한 까닭은 심박률을 늦추고 심박률 변산성을 늘리는 최상의 결과를 내는 호흡률이기 때문이다. 따라서 심박률을 측정하지 않았다면, 분당 6회의 호흡을 일정한 페이스의 호흡 훈련 목표로 사용할 수 있다. 훈련을 통해서 다양한 페이스를 사용해 더욱 느린 호흡으로 나아갈 수 있다. 상급 요가 수행자는 **프라나야마**라고도 부르는 호흡 제어법을 통해 분당 1회 미만으로 호흡수를 줄이기도 한다.

호흡 훈련이 처음이라면, 훈련을 시작해 일정한 느린 호흡으로 나아가는 방법은 다음과 같다. 호흡하고 있는 동안 공기 흐름을 극대화할 수 있는 자세를 유지하는 것이 중요하다. 기대지 않은 채 똑바로 앉음으로써 그렇게 할 수 있다. 아니면 반듯하게 누울 수도 있다. 심호흡을 하려면 가슴이 아니라 배로 복식호흡을 해야 한다. 한 손은 배 위에 올려놓고 다른 한 손은 가슴에 올려놓으면 얼마나 복식호흡을 하고 있는지를 알 수 있다. 호흡을 하면서 어느 손이 더 많이 움직이는지를 확인하고 복식호흡이 되도록 호흡을 조절한다.

규칙적 호흡을 통해서 단계별로 훈련을 진행해야 한다. 첫 번째 단계에서는 편안하게 느끼는 시간 동안 숨을 균일하게 들이쉬고 내쉰다. 분당 6회 호흡하는 공명호흡은 1회 호흡 주기가 10초라는 의미이다. 균일 호흡에서는 숨을 5초간 들이쉬고 5초간 내쉰다.

처음부터 그렇게 긴 호흡을 하는 것이 어려울 수 있다. 전형적인 출발점은 들숨과 날숨의 시간을 각각 3~4초로 잡는 것이다. 만일 3초를 선택한다면 호흡 주기는 6초가 되며, 이것은 분당 10회 호흡에 해당한다. 만일 4초를 선택한다면 호흡 주기는 8초가 되며, 이것은 분당 7.5회 호흡에 해당한다. 둘 모두 평균 공명호흡률인 분당 6회보다 빠르기는 하지만, 분당 12~20회이기 십상인 정상적인 안정 호흡률보다는 여전히 훨씬 느리다. 이 속도에서는 각기 1.5~2.5초마다 숨을 들이쉬고 내쉰다. 이것이 자동적 호흡률이기는 하지만, 꽤나 빠른 호흡 속도이다. 출발점을 결정할 때는 이 자동적 호흡률을 참조점으로 사용하라.

일단 균일 호흡이 편안해지면, 날숨이 들숨보다 긴 불규칙 호흡으로 리듬을 바꿔보도록 시도하라. 처음 시작할 때의 전형적인 비율은 4초 동안 들이쉬고 6초 동안 내쉬는 것이다. 이 비율을 표기하는 전통적인 방법은 4-6 또는 1:1.5로 기록하는 것이다. 시간을 표시할 때는 대시(-)를 사용하고, 비율을 표시할 때는 콜론(:)을 사용하라.

호흡 패턴을 개선하는 다음 단계는 들숨과 날숨 사이에 잠시 멈춤 시간을 갖는 것이다. 이 멈춤을 **호흡보류**라고 부른다. 이 호흡 패턴의 좋은 출발점은 1:0.5:1의 비율이다. 따라서 4초 들숨의 경우, 4초간 숨을 들이쉬고, 2초간 숨을 참은 다음에 4초간 숨을 내쉰다. 이 호흡 패턴의 표기는 4-2-4이다. 한 단계 더 올라가면, 그 비율은 1:1:1이 된다. 즉 4초간 숨을 들이쉬고, 4초간 숨을 참은 후에 4초간 숨을 내쉰다. 이 호흡 주기에서는 1분당 5회 호흡하는 것이다.

복잡한 호흡으로 나아가는 마지막 단계는 날숨 뒤에 멈춤을 더함으로써 호흡을 네 부분으로 나누는 것이다. 이러한 상급 패턴은 1:2:2:1의 비율로 출발할 수 있다. 즉, 들숨 4초, 멈춤 8초, 날숨 8초 그리고 다시 멈춤 4초가 되는 것이다(4-8-8-4). 이 호흡 주기에서는 분당 2.5회 호흡을 하게 되는데, 이것은 평균적인 공명호흡보다 훨씬 느린 호흡이다. 요가 전문가나 호흡 훈련 치료자로부터 정식 훈련이나 지도를 받지 않고는 이러한 상위단계까지 호흡을 늘리기 어렵다.

심박률 변산성을 증가시키려면 하루에 2번씩 10분 동안 호흡을 연습하는 것이 좋다.

들숨의 정점과 날숨의 최저점에서 숨을 참는 시간을 더욱 늘리는 고급단계의 호흡법들이 있다. 전형적으로는 들숨 후 호흡보류 시간이 날숨 후 호흡보류 시간보다 더 길다. 이러한 호흡 패턴으로 곧바로 뛰어들어서는 안 된다.

〈호흡 단계〉

단계	설명	호흡률	호흡시간(초)
1	호흡보류(숨참기) 없는 호흡. 균일 호흡으로 출발해 불규칙 호흡으로 진행	1:0:1, 1:0:1.5, 1:0:2	4-0-4, 4-0-6, 4-0-8
2	들숨 후 호흡보류	1:0.5:1, 1:1:1, 1:1:2	4-2-4, 4-4-4, 4-4-8
3	들숨 후 더 긴 호흡보류	1:2:1, 1:2:2	4-8-4, 4-8-8
4	들숨과 날숨 후에 모두 호흡보류	1:2:2:1, 1:2:2:2	4-8-8-4, 4-8-8-8

내가 저지른 실수가 바로 이것이었으며, 결국 공기 부족과 어지럼증을 자초하고 말았었다. 호흡 훈련 경험이 전혀 없는 주제에 나는 5초간 숨을 들이쉬고, 호흡을 보류한 다음에 5초간 숨을 내쉬며, 안내 음성이 다음 호흡 주기를 시작하라는 말을 할 때까지 다시 호흡을 보류하는 음성 안내 명상 훈련에 곧장 돌입했다. 따라서 나는 의도치 않게 날숨 마지막에 몇 초간 호흡을 중지했으며, 들숨의 정점에서도 얼마간 숨을 참고 있어야만 했다. 그 당시 나는 5-3-5-3의 패턴으로 호흡했던 것으로 보인다. 매번 숨을 참을 때마다 '숨참기를 오래 하지 못할 거야'라고 생각했다. 위의 숫자 패턴은 16초 호흡 주기로 1분당 3.75번 호흡에 해당한다. 초급자인 내가 그렇게까지 호흡을 늦춰서는 결코 안 되었던 것이다.

콧구멍 교대 호흡

규칙적인 공명호흡은 호흡 패턴을 구축하는 좋은 방법이지만, 변형된 방법들도 있다. 규칙적 호흡에 결합할 수 있는 두 가지 다른 방법은 콧구멍 교대 호흡과 단일 콧구멍 호흡이다. 몇몇 연구는 한 번에 하나의 콧구멍으로 호흡하는 것이 이완에 더 효과적이라고 제안하고 있다. 왼쪽 콧구멍 호흡은 진정 효과가 큰 반면, 오른쪽 콧구멍 호흡은 활성화 상태와 관련이 있다. 콧구멍은 콧구멍일 뿐일 텐데, 어떻게 둘은 차이를 보이는 것일까?

두뇌의 두 반구, 두 경험

두 콧구멍은 얼마나 많은 공기가 통과하는지 그리고 어떤 종류의 냄새를 맡는지의 측면에서 서로 다르게 기능한다. 이렇게 비대칭적 기능이 발생하는 까닭은 두뇌가 주기적으로 한쪽 반구의 활동은 증가시키고 다른 쪽 반구의 활동은 감소시키기 때문이다. 두뇌는 1.5~3시간마다 활동적인 반구를 교대한다.

어떻게 이런 일이 일어나는지를 예시하기 위해서 두뇌의 특정 반구를 들여다보자. 좌반구의 활동이 증가하면, 오른쪽 콧구멍의 아드레날린 수치를 증가시킨다. 아드레날린은 교감신경계를 자극해 오른쪽 콧구멍의 혈관을 수축하게 만들고 코선반이 주름지게 만드는데, 코선반은 비강을 형성하는 주름진 벽을 말한다. 이러한 혈관수축으로 콧구멍이 넓어지고 공기 흐름은 극대화된다. 한편 부교감신경계는 왼쪽 콧구멍의 혈관에 작용해서 확장하게 만든다. 이렇게 팽창된 혈관이 좌측 코선반에 울혈을 유발시켜서 부풀어 올라 막히게 만든다. 이러한 상태에서 대부분의 공기 흐름은 우측 콧구멍에서 이루어지지만, 좌측 콧구멍에서도 여전히 약간의 공기 흐름은 이루어진다. 두 콧구멍은 25분에서 3시간 동안 이 상태를 유지한 후에 활성화 상태를 교대한다.

이러한 막힘/뚫림 주기는 모두 자각하지 못하는 상태에서 자동적으로 일어난다. 주도적이지 않은 콧구멍에서는 정상적인 수준의 코막힘이 일어나는데, 이것은 감기나 축농증으로 인해 발생하는 병리적 코막힘과는 다르다. 병리적 코막힘의 경우, 비강이 완전히 막히게 되어 코를 통해서는 전혀 숨을 쉴 수 없을 수도 있다. 감기나 알레르기로 인한 병리적 코막힘도 여전히 좌우 콧구멍의 활성화가 교대되는 패턴을 따르며, 코막힘 현상을 더욱 악화시킨다. 만일 이러한 종류의 코막힘을 경험하고 있다면, 비강이 정상적으로 작동할 때까지 기다렸다가 콧구멍 교대 호흡 또는 단일 콧구멍 호흡을 시도하는 것이 최선이겠다.

콧구멍 교대 호흡이나 단일 콧구멍 호흡에서 막힘없는 공기 흐름이 가능하게 해주는 자세를 유지하는 것은 여전히 필요하다. 한쪽 콧구멍을 막고, 다른 쪽 콧구멍으로 숨을 들이쉬고 내쉬어보라. 호흡 훈련을 하는 동안 한쪽 콧구멍만을 계속해서 사용하거나, 다음 호흡을 할 때는 교대해서 반대쪽 콧구멍으로 숨을 들이마시고 내쉴 수 있다.

호흡 훈련 시 주의할 점

호흡 운동은 대부분의 사람에게 안전하지만, 명심해야 할 사항이 몇 가지 있다. 앞서 언급한 바와 같이, 정상 호흡을 불가능하게 하는 코막힘이 있다면 심호흡 훈련을 피하라. 만일 임산부라면, 호흡을 참거나 빠르게 호흡하기 훈련은 어느 것이든 피하라. 만일 공황장애를 앓고 있다면, 오른쪽 콧구멍 호흡과 같이 자극을 가하는 호흡에 조심해야 한다. 심호흡의 증가는 불안을 야기하고 과호흡을 촉발할 수 있다. 또한 폐쇄성 폐질환이나 폐기종과 같은 심장질환이나 호흡기질환을 앓고 있다면, 고급의 호흡 훈련을 받기에 앞서 주치의와 상의하라.

만일 속도 조절 호흡 훈련을 견뎌내기 어렵다면, 자각호흡을 훈련할 수 있다. 이것은 호흡을 바꾸지 않으면서 그 호흡에 집중하는 마음챙김 훈련이다. 이 훈련은 보디 스캔 명상과 유사하지만, 다양한 신체 부분의 자각에 집중시키는 대신에 호흡에만 주의를 집중한다.

요가

나는 오랫동안 요가를 이해하지 못했다. 요가에 열광하는 사람들을 알고 있었지만, 특정 자세를 취하는 것이 어떻게 기분을 좋게 만드는지를 도저히 이해할 수 없었다. 나는 요가의 효과가 마음에 마술처럼 작용하는 영적 요소 때문일 것이라고 생각했기 때문에, 동양종교를 따르는 사람들이 갖는 종교적 경험의 하나라고 치부하고 말았다. 그러나 시간이 흐를수록 나는 요가를 우울과 불안에 대처하는 대체적 접근방법으로 받아들일 수 있을 만큼 긍정적으로 생각하기에 이르렀다. 나는 내담자들과 요가 경험에 대해 이야기를 나누기 시작했으며, 요가의 혜택이 운동이나 스트레칭이 제공하는 긍정적 기분과 유사한 것임에 틀림없다고 결론짓게 되었다.

그래서 요가를 시도해봤다. 내가 다니는 체육관에 파워요가 수업이 있어서 등록했다. 나는 '파워'라는 단어를 그저 '건강에 좋다'라는 의미 정도로 생각했다. 그 단어가 요가의 강도와 관련이 있다는 사실을 몰랐던 것이다. 요가 수업에서 실시한 버트 킥(서서 발뒤꿈치가 엉덩이에 닿도록 다리를 뒤로 차는 동시에 팔을 굽혀 위아래로 움직이는 운동)으로 며칠간 엉덩이가 뭉치고 아팠다. 나는 '이게 어떻게 이완이야? 아무런 효과를 모르겠는데, 내가 뭐 잘못한 건가?'라고 생각했다. 나는 읽을거리를 통해 요가의 종류가 다양하며, 파워요가는 초심자나 긴장을 풀려는 사람을 위한 훈련이 아니라는 사실을 알게 되었다.

다른 수업을 시도해보려고 했지만, 내가 읽은 정보가 적합한 수업을 선택하기에는 충분하지 않았다. 이번 시도는 핫요가였는데, 이것 또한 끔찍한 경험이었다. 핫요가는 여러 해 동안 나를 요가에서 멀어지게 만들었다. 꽤 괜찮은 체력을 갖고 있다고 자부했지만, 요가를 견뎌낼 만하지는 못하다고 결론지었다.

이것은 정신적 이점과 신체적 이점이 그토록 많은 것으로부터 도출한 불행한 결론이었다. 나는 계속해서 내가 무엇인가를 놓치고 있다는 의심을 가지고 있었으며 다시 한번 시도해볼 필요가 있었다. COVID-19 팬데믹이 발발해서 모두가 집에 갇히는 신세가 되었을 때, '젠틀요가'라는 온라인 수업을 듣게 됐다. 마침내 나는 희망을 보았으며, 요가와 사랑에 빠지고 말았다.

미국에서 가장 보편적인 유형의 요가인 하타요가는, 명상과 호흡에 덧붙여 신체 움직임에도 초점을 맞춘다. 하타요가에는 아쉬탕가, 아헹가, 쿤달리니, 비크람 등과 같은 많은 스타일이 존재한다. 몇몇 형태의 요가는 신체적 성분을 전혀 가지고 있지 않으며 오로지 심적 웰빙에만 초점을 맞춘다. 예컨대, 라자요가는 전적으로 명상 훈련이다.

요가의 마법은 각각 개별적인 장점이 있는 여러 가지의 구성요소를 결합한다는 데 있다. 마치 부분의 합이 개별 부분의 효과를 확대시키는 것처럼 보인다. 다양한 유형과 스타일의 요가가 존재하지만, 요가가 지닌 장점의 토대는 3가지 핵심 성분, 즉 신체 자세(아사나스), 호흡 조절(프라나야마), 그리고 명상/이완 기법(드야나)으로 요약할 수 있다. 어떤 요가 스타일은 이 성분들 중에서 하나를 강조하기도 한다. 예컨대, 내가 참여했던 파워요가 수업에서 가장 강조한 것은 근력과 지구력을 키우기 위한 공격 자세를 잡는 것이었다. 호흡은 그렇게 강조하지 않았던 것으로 기억하는데, 아마도 내가 다치지 않고 수업을 따라가는 데만 급급했기 때문일 것이다.

요가 자세(아사나스)는 근육을 강화하고 유연성을 증가시키며, 균형감과 신체 자각을 향상시킨다. 긴장된 근육을 풀어주고 긴장된 관절을 이완시키는 자세를 취하고는 호흡과 명상으로 이완 상태를 유도하게 된다.

호흡 조절(프라나야마)은 요가의 중추적 성분이다. 요가는 호흡을 이용해서 자세를 취하게 하고 하나의 자세 안에서 움직임을 만든다. 예컨대, 도마뱀 자세는 둔부를 늘리는 자세이다. 마치 푸시업을 하는 것처럼 두 손으로 바닥을 짚은 자세로 시작한다. 두 손은 그대로 바닥을 짚은 채, 한쪽 다리의 무릎을 구부리고 발이 바닥에 닿도록 한다. 나머지 다리는 뒤쪽으로 쭉 펴고 발등이 바닥을 향하도록 한다. 체중은 자세를 유지시키고, 호흡은 근육을 이완시키며 자세에 더욱 몰입하도록 도와준다.

젠틀요가에서는 대부분의 호흡이 느리고 규칙적이지만, 더 강력한 요가는 마치 풀무의 바람소리나 불꽃의 타는 소리처럼 활동적인 호흡을 필요로 한다. 그러한 호흡은 들숨과 날숨에서 횡격막을 강도 높게 사용하는 활력이 넘치는 호흡이다.

콧구멍 교대 호흡은 **나다 손드하나**라고 부르는 차분한 요가 호흡이며, 왼쪽 콧구멍 호흡은 **찬드라 나디**라고 부른다. 이러한 호흡법들은 호흡 명상의 일환이나 요가 훈련 중에 연습할 수 있다. 요가 호흡에만 있는 또 다른 호흡법은 **심바사나**라고도 부르는 사자 호흡이다. 이 호흡에서는 숨을 깊게 들이쉰 다음에 입을 크게 벌리고 혀끝이 턱을 향하게 하고는 숨을 내쉰다. 이때 "아아아" 소리가 나도록 숨을 크게 내쉰다. 긴장을 풀기 위해서는 이 호흡을 2~3번 반복할 수도 있다. 이 사자 호흡은 성대를 활용하기 때문에, 직접적으로 미주신경을 활성화하며 다음 절에서 논의하는 미주신경자극법 중의 하나이기도 하다.

명상/이완 기법(드야나)은 요가 수련의 미묘한 부분이다. 예컨대, 요가 자세를 취할 때 신체가 어떻게 느껴지는지에 주목해보라는 지시를 받을지도 모른다. 신체를 자각하는 것은 마음챙김 훈련의 하나다. 몇몇 요가 프로그램은 한 회기가 끝날 무렵에 시각적 안내 훈련을 포함하기도 한다. 또한 이완 훈련의 일환으로 다양한 근육들을 수축하고 이완하라는 지시를 받기도 한다.

요가는 얼마나 오래 해야 하는가? 많은 연구에서 보면, 참가자들은 일주일에 한 번 90분에서 120분 동안 수련에 참여했다. 여러분이 수련을 이제 막 시작했으며 수련회기를 바쁜 일정에 끼워 넣으려고 한다면, 단일 회기로는 너무긴 시간이다. 나는 20~30분 회기를 일주일에 2~3번 하는 것으로 시작할 것을 제안한다. 이 일정이라면, 일주일에 40~90분 동안 요가를 수련하는 누적 효과를 얻게 된다. 만일 수련회기가 명상도 포함하고 있다면 이 시간도 명상 시간으로 계산한다.

미주신경의 위력

제1장에서 교감신경계가 어떻게 위협을 감지하고 투쟁-도피 반응을 촉발하도록 자동적으로 작동하는지를 설명했다. 위협에 대한 반응으로 심장박동과 호흡을 촉진하는 코르티솔과 아드레날린 수치가 치솟는다. 위협이 지나가면 신체는 모든 것을 위협 전의 상태로 되돌리는 부교감신경 반응을 내놓는다. 교감신경계를 가속페달로, 휴식 상태로 되돌려놓는 부교감신경계를 브레이크로 간주할 수 있다. 스트레스를 받거나 불안할 때는 명백한 위협이나 촉발 자극이 없더라도 가속페달을 밟고 있는 상태를 유지할 수 있다.

미주신경은 아세틸콜린을 분비함으로써 안정 상태로 회복시키는 브레이크 시스템이다. 즉, 미주신경은 요가와 호흡 수련을 효과적으로 만들어주는 커튼 뒤의 마법사인 것이다.

미주신경은 두개골 가장 하부에 있는 뇌간에서 시작하는 기다란 신경이다. 미주신경을 '방랑자 신경'이라고도 부르는 까닭은 두개골에서 시작해서 목을 지나 흉강과 복부까지 뻗어 있기 때문이다. 미주신경은 성대, 심장, 폐, 장 등과 같은 내부 기관에 신경동력을 공급한다. 따라서 말하기, 심장박동, 호흡, 소화 등을 제어하는 데 도움을 준다. 또한 사이토카인이라 부르는 염증 유발 물질을 줄여서 불안도 감소시킨다.

앞 절에서는 호흡을 느리게 하는 것이 어떻게 심박률을 떨어뜨리는지를 보았다. 이러한 지연 행동은 미주신경이 활성화됨으로써 일어난다. 미주신경을 활성화시키는 다른 방법들도 있는데, 이것들을 미주신경자극이라고 부르며, 다음과 같은 기법들을 포함하고 있다.

- **콧노래**: 미주신경이 머리를 떠나서 가슴으로 들어오는 중간에 성대로 분기한다. 콧노래를 부를 때 성대가 진동하고 미주신경을 자극한다. 산스크리트어로 브라마리라고 부르는 벌소리 호흡은 성대를 자극하는 요가 호흡법이다. 성대를 진동시키는 또 다른 방법은 "옴~" 소리를 내는 것이다. 어떤 요가와 명상 훈련은 수련의 일부로 이 소리를 내도록 지시한다.
- **얼굴에 차가운 물 뿌리기 또는 찬물로 샤워하기**: 피부온도의 급격한 변화는 이완 효과가 있는 부교감신경 반응을 촉발한다. 만약 얼굴에 물 뿌리기를 원하지 않는다면(예컨대, 직장에 있다거나 화장을 엉망으로 만들고 싶지 않을 때), 목뒤에 차가운 압박붕대를 놓을 수도 있다.
- **발살바 기법**: 심장병 전문의는 심장박동을 느리게 해야 하는 내담자에게 이 기법을 처방하기도 한다. 만일 심장에 문제가 있거나 머리 안쪽의 압력 상승과 같은 심각한 질병이 있다면 이 기법 사용에 신중을 기해야만 하며, 사용하기 전에 의사와 상의하라.

  두 가지 유형의 발살바 기법이 있다. 첫째는 코를 잡고 코 밖으로 공기를 강제로 내보내고자 시도하는 것이다. 이 동작을 1~2초 동안만 한다. 이 기법은 비행기에 탑승한 후 귀가 먹먹할 때 추천하는 방법이다. 이 동작은 머리에 압력을 증가시켜 미주신경을 자극하며, 호흡이나 콧노래 또는 얼굴에 찬물 뿌리기보다 공격적인 방법이다. 일반적으로 심장박동이 빠를 때 이 기법을 사용한다.

  둘째는 숨을 참아서 흉부의 압력을 증가시키는 것이다. 숨을 참는 것은 코를 잡고 공기를 내보는 것만큼 공격적이지 않으며, 물속에 있을 때처럼 가끔 자연스럽게 숨을 참을 때가 있다. 이 동작 역시 몇 초 정도만 한다.

이러한 미주신경자극 기법은 심장이 빠르게 뛰거나 식은땀이 나거나 어지러울 때와 같이 신체적으로 느끼는 불안에 가장 잘 작동한다. 그러나 공황발작이 극에 달할 때는 의미가 없다. 긴장되고 평정심을 찾고 싶을 때도 사용할 수 있다. 평정심을 되찾고 싶을 때, 나에게는 "옴~" 하는 콧노래가 유용하다.

프로바이오틱스와 마이크로바이옴

미주신경 이야기는 호흡 훈련과 요가에서 끝나지 않는다. 알려진 바와 같이, 미주신경은 장내 박테리아와의 상호작용을 통해서 정신건강에 엄청난 영향을 미친다.

내장은 내부 기관을 외부 세계와 분리하는 장벽이다. 음식을 처리하고 신체 밖으로 내보낼 폐기물을 만든다. 내장을 몸 안의 쓰레기봉투라고 상상해 보라. 어느 누구도 썩은 음식으로 가득 찬 쓰레기봉투가 터져서 바닥으로 모든 내용물이 쏟아지거나 구멍이 나서 유독성 폐기물이 집 안 전체에 새어 나가는 것을 원하지 않을 것이다. 이런 일이 일어나는 것을 방지하려면 좀 더 튼튼한 쓰레기봉투를 사야 한다. 마찬가지로 장 속 박테리아가 내장 벽의 강도를 조절한다.

내장 벽은 단단하게 연결된 세포들로 이루어진 선택적 투과성의 막이다. 선택적 투과성이란 모든 것이 이 막을 통과할 수는 없다는 의미다. 장이 건강하면, 비타민과 무기질은 통과시키지만 박테리아와 독성물질을 막아주는 다양한 군집의 미생물이 장 속에 산다. 염증이나 자가면역 질환은 세포들 사이의 결합 강도를 느슨하게 만들어 폐기물이 장에서 배 속으로 새어 나오게 만든다.

대략 10조에서 100조 마리의 미생물이 내장에 살고 있다. 이 미생물 집단을 마이크로바이옴이라고 부르며, 바이러스와 균류도 존재하지만 박테리아가

주종이다. 마이크로바이옴의 전체 무게는 약 3파운드(약 1.36kg)로 두뇌 무게와 비슷하다. 중추신경계는 뇌와 척수로 이루어져 있다. 이 마이크로바이옴을 흔히 **장신경계** 또는 '제2의 두뇌'라고 부른다.

이러한 박테리아 생태계에는 대략 1,000가지의 상이한 종이 서식하며, 어떤 것은 유익하지만 어떤 것은 유해하다. 음식을 소화시키고 질병을 유발하는 유해 박테리아를 퇴치하며 신체의 항상성을 유지하기 위해서는 유익 박테리아가 필요하다.

유익 박테리아는 신경전달물질인 GABA, 세로토닌, 도파민 등을 생성한다. 이 미생물들은 미주신경을 통해서 이 화학물질들을 두뇌로 보내기 때문에, 미주신경은 마이크로바이옴이 두뇌에 직접 접속할 수 있게 해주는 전달자이다.

모든 박테리아가 유익한 것은 아니다. 유해 박테리아는 염증 단백질을 방출해서 장내 세포들의 결합을 느슨하게 만들고 구멍이 나게 만든다. 이러한 구멍은 커다란 단백질과 박테리아가 장과 혈류를 통과하게 만든다. 또한 독성 물질이 신체 안으로 침투하도록 허용해서, 자가면역 장애 그리고 불안과 우울과 같은 정신질환으로 이끌어간다. 이러한 상태를 '장 누수'라고 부른다.

무엇이 유해 박테리아를 초래하는가?

장에 유익 박테리아가 있을지 아니면 유해 박테리아가 있을지는 여러 요인이 결정한다. 유해 박테리아는 가공성분이 다량 포함된 음식, 설탕, 튀김, 술, 붉은 살코기 등에서 번성한다. 항생제는 유익 박테리아와 유해 박테리아 모두를 죽이며, 몇몇 연구는 항생제에 의한 마이크로바이옴의 변화 효과가 수년간 지속될 수 있다는 사실을 보여준다. 변비약은 박테리아 다양성에 부정적 영향을 미친다. 묽은 변이 여러 가지 박테리아 종을 포함하기 때문이다. 마이크로바이옴에 부정적 영향을 미치는 의약품으로는 오메프라졸(브랜드명 프릴로섹)과 같이 위산을 감소시키는 양성자 펌프 억제제, 아토르바스타틴(브랜드명 리피토)과 같은 지질 저하제, 당뇨병 치료제 메트포민, 베타 차단제, 일종의 혈압 치료제인 ACE 억제제, 선택적 세로토닌 재흡수 억제제(SSRI) 등을 꼽을 수 있다.

마이크로바이옴에 영향을 미치는 다른 요인으로는 연령, 수면, 활동수준 등이 있다. 나이가 들면서 박테리아 종의 다양성이 점차 줄어든다. 박테리아는 생물학적 주기 변화에 민감하기 때문에, 수면 부족은 유해 박테리아를 증

〈마이크로바이옴에 부정적 영향을 미치는 약물〉

종류	주 용도	사례
양성자 펌프 억제제	위산 감소	오메프라졸*, 에소메프라졸*, 란소프라졸*, 라베프라졸, 판토프라졸, 덱스란소프라졸
지질 저하 스타틴	콜레스테롤과 중성지방 수준을 낮춤	아토르바스타틴, 플루바스타틴, 피타바스타틴, 프라바스타틴, 로수바스타틴, 심바스타틴
ACE 억제제	혈압 낮춤	베나제프릴, 캡토프릴, 에날라프릴, 포시노프릴, 리시노프릴
베타 차단제	혈압, 심장질환, 편두통, 공황발작에 사용	메토프로롤, 핀돌롤, 프로프라놀롤
완화제(변비약)	배변 활동 증진	비사코딜*, 폴리에틸렌 글리콜 3350*, 세나 글리코시드*
선택적 세로토닌 재흡수 억제제	우울과 불안 치료	플루옥세틴, 파록세틴, 세르트랄린, 플루복사민, 에스시탈로프람, 시탈로프람
메트포르민	제2형 당뇨병의 혈당 수치 낮춤	글루코파지(브랜드명)

* 처방전 없이 구매 가능

가시킨다. 유산소운동은 긍정적인 효과가 있으며 마이크로바이옴의 다양성을 향상시킨다. 한 가지 언급할 만한 요인은 스트레스와 불안의 영향이다. 박테리아가 미주신경을 통해서 두뇌로 메시지를 전달할 수 있는 것과 마찬가지로, 두뇌 역시 장에 메시지를 전달할 수 있다. 그렇기 때문에 스트레스와 불안은 유익 박테리아와 유해 박테리아의 균형에 부정적인 영향을 미칠 수 있다.

이제 마이크로바이옴의 다양성이 신체건강과 정신건강에 얼마나 필수적인지 알게 되었다. 어떻게 하면 장을 유익 박테리아로 가득 채울 수 있겠는가? 몇몇 부정적 요인은 연령과 같이 의도적으로 바꿀 수 있는 것이 아니며, 의약품의 선택에서도 그다지 융통성을 발휘하지 못할 수 있다. 그렇지만 식이요법과 프로바이오틱스에 의존하여 유익한 미생물의 증가를 도모할 수 있다.

마이크로바이옴 개선을 위한 4단계를 보자.

단계 1. 식습관을 개선하라

제일 먼저 할 일은 가공식품, 설탕, 붉은 살코기 등을 식단에서 제거하거나 줄이는 것이다. 지중해식, 케톤체 생성식, 팔레오 식단, 채식, 채식 다이어트 등과 같은 다양한 대안들 중에서 선택할 수 있다. 지중해식 식단은 우울을 해소하는 데 도움을 주는 것으로 알려져왔으며, 불안에 대처하는 데도 탁월한 선택일 수 있다. 그러나 불안에 도움을 주는 것으로 지목된 특정 식단은 존재하지 않는다. 식단은 자신의 생활방식과 지속 가능성에 근거한 개인적 결정이어야 한다. 어떤 식단을 선호하는지와 무관하게 모든 식단에는 두 가지 공통점이 있다. 첫째는 설탕과 가공식품 섭취를 줄이는 것이다. 둘째는 보존제나 경화지방이 없는 원래 형태에 최대한 가까운 자연식품으로 섭취하는 것이다.

단계 2. 프로바이오틱스를 섭취하라

다음 단계는 프로바이오틱스로 박테리아 개체수를 증가시키는 것이다. 프로바이오틱스는 장에 도움이 되는 유익 박테리아가 포함된 식품이나 보조제를 말한다. 식품 프로바이오틱스의 몇 가지 예로는 요거트, 사우어크라우트(유럽에서 유래한 김치로, 양배추를 발효시켜 만든 음식), 김치, 피클, 콤부차(녹차나 홍차 등을 사용해 만든 발효차) 등과 같은 발효식품을 꼽을 수 있다. 이러한 식품에는 살아 있는 박테리아가 들어 있으므로, 면역력이 극도로 저하된 상태라면 섭취 전에 의사와 상의하라.

프로바이오틱스 보조제를 통해서도 박테리아 다양성을 증가시킬 수 있다. 프로바이오틱스 캡슐에는 위를 통과해서 장에 진입하면 원래 상태가 되는 동결건조 박테리아가 들어 있다. 이러한 보조제들이 정신건강에 긍정적인 영향을 미치기 때문에, 혹자는 프로바이오틱스를 '사이코바이오틱스'라고 부르기도 한다.

만일 여러분이 이전에 프로바이오틱스 보조제를 복용한 경험이 있다면, 그것들의 복용 시간에 대한 다양한 권장사항이 있다는 사실을 알고 있을 것이다. 어떤 브랜드는 식사 30분 전에 먹을 것을 권장하는 반면, 다른 브랜드는 식사와 함께 또는 식후 곧바로 섭취할 것을 권한다. 언제 섭취해야 하느냐의 문제는 박테리아가 위의 거친 환경을 얼마나 오랫동안 살아서 통과하느냐와 관련이 있다.

위는 산이 상당히 많은 환경으로 pH의 범위가 1.5~3.5이다. pH 척도는 0부터 14까지이며, 7은 중성을 나타낸다. pH 지수가 7 미만인 물질은 산성이고, 7 이상인 물질은 염기성 또는 알칼리성으로 분류된다. 체액의 pH는 대략 6.5~7.5이다. 위의 낮은 pH는 섭취한 음식에서 단백질을 분해하는 데 필요하기 때문이지만, 음식이나 프로바이오틱스 보조제에 포함된 살아 있는 박테리아도 죽일 수 있다.

어떤 박테리아는 위산에 저항한다. 가장 보편적인 유익 박테리아 균주는 **비피도박테리아와 락토바실리**이며, 이 균주들은 산에 너무 오래 노출되지 않는 이상 위산에서 살아남을 수 있다. 여러분은 "그렇다면 식중독은 어떻게 된 거지? 어떻게 그 박테리아가 살아남는 거야?"라는 궁금증이 생길 수도 있다. 식중독을 유발하는 대장균과 살모넬라 균주와 같은 특정 박테리아는 위산에서 살아남아서 구토나 설사를 유발하는 독성물질을 방출한다.

프로바이오틱스를 음식과 함께 섭취하는 것과 음식 없이 섭취하는 것이 균주의 생존 가능성에서 차이가 있는지에 관해서는 연구결과가 확정적이지 않다. 그렇지만 유익 박테리아의 생존율을 높일 수 있는 몇 가지 방법이 존재한다. 첫째, 어느 정도의 지방이 포함된 식사는 박테리아가 위를 통과할 때 일종의 완충 역할을 할 수 있다. 둘째, 공복일 때 위의 통과 속도가 빠르다. 과식을 하게 되면, 공항 검색대를 통과하기 위해 줄을 서서 기다려야 하는 것처럼 음식 소화에 정체가 일어난다. 정체가 일어나면, 박테리아가 위에서 대기하는 동안 죽어버리고 만다. 따라서 공복일 때나 아주 가벼운 식사와 함께 프로바이오틱스를 섭취하면 생존율을 높일 수 있다. 셋째, 만일 섭취하는 보조제가 장코팅(정제 또는 캡슐제가 장에 도달하기 이전에는 내용물이 방출되거나 흡수되지 못하도록 겉을 싼 특수한 코팅)된 것이라면, 위산으로부터 보호받을 수 있다.

단계 3. 유익 박테리아에 프리바이오틱스를 공급하라

장에 유익 박테리아 균주가 많아지면, 균주들이 번식할 수 있게 건강한 먹이를 제공해주어야 한다. 프리바이오틱스란 위에서 완전히 분해되지 않는 고섬유질 식품을 말한다. 위가 분해 시도는 하지만 완벽하게 성공하지 못한 채 음식을 장으로 보낸다. 이렇게 부분적으로 소화가 된 섬유질은 장내 미생물이 양껏 먹을 수 있는 먹이가 된다.

프리바이오틱스의 예는 이눌린, 과당, 폴리페놀, 다가불포화지방산 등을 풍부하게 함유하고 있는 음식이다. 채소, 과일, 통곡물 등과 같은 대부분의 식물성 식품은 폴리페놀을 포함하고 있다. 예컨대 양파, 마늘, 바나나, 호두, 와인, 기름기 많은 생선, 귀리 등이다.

단계 4. 신체 활동량과 수면 시간을 늘려라

그다음으로 증가시켜야 하는 것은 유산소운동이다. 미국 질병통제예방센터는 매주 150분의 중급 유산소운동 또는 75분의 격한 유산소운동을 권장하고 있다.

중간 강도의 운동을 할 때는 말을 할 수 있지만 쉽지 않으며, 노래를 부를 수는 없다. 호흡이 너무 빨라져서 음을 맞추는 것이 어렵기 때문이다. 만일 말을 하고 있다면, 씩씩거리고 숨이 차는 것 같은 기분이 들 것이다. 중급 운동으로는 시속 4.8km의 속도로 경쾌하게 걷기, 서행으로 자전거 타기, 춤추기, 테니스 등을 꼽을 수 있다. 만일 노래를 흥얼거리면서 반려 견을 산책시키거나 정원 가꾸기를 하고 있다면, 충분한 운동을 하고 있는 것이 아니다.

강도 높은 운동을 하고 있을 때는 너무 숨이 차서 말을 할 수가 없다. 사례로는 시속 10km 정도의 속도로 뛰거나 조깅하기(10분에 1.6km 정도를 달리는 속도), 기록을 재는 수영, 에어로빅 운동 등을 꼽을 수 있다. 물론 얼마나 강도 높은 운동을 하느냐가 관건이다.

운동 시간을 원하는 대로 쪼갤 수 있지만, 일주일 동안 균등하게 나눠서 하는 것이 최선이다. 예컨대, 중급 유산소운동의 경우에는 30분의 트레드밀(러닝머신) 걷기나 15분의 빠른 자전거 타기를 일주일에 5회 하는 것이다. 이 장 말미에서 운동의 장점을 더 자세하게 다룬다.

수면을 최적화하려면 매일 밤 7~9시간 잘 수 있도록 일정한 취침시간을 설정하라. 몸의 움직임을 멈추거나 휴대전화를 손에서 내려놓는 시간이 잠을 자는 시간이 되어서는 안 된다. 졸음이 올 때만 잠자리에 드는 것도 좋지 않다. 밤에 영화를 시청하게 되면 신체가 잠들 수 있는 시간을 훨씬 지나서도 깨어 있을 수 있다. 신체는 빛과 체온의 24시간 생체리듬에 잘 반응하도록 되어 있다. 따라서 매일 밤 같은 시간에 잠을 잘 수 있도록 신체를 훈련시킬 수 있다.

취침시간을 1시간 일찍 설정하는 것으로 시작하라. 처음 30분은 취침 준비를 하는 데 사용하고(양치질, 세수 등), 나머지 30분은 불을 끄고 잠을 청하는 데 사용하라. 잠들기까지 걸리는 시간은 평균적으로 10분에서 30분 사이이다. 잠드는 데 어려움을 겪는다면 어떻게 해야 하는가? 이완 운동을 시도해보거나 가중담요를 사용해볼 수 있으며, 이 두 가지는 다음 절에서 설명한다.

이완 운동

유도심상

혹자는 유도심상을 명상의 한 유형으로 간주한다. 내가 이것을 신체도구에 포함시키는 까닭은 유도심상의 최대 효과가 심적 제어력을 강화시키는 데 있는 것이 아니라 이완시키는 데 있다고 생각하기 때문이다. 그렇지만 이것은 명상 훈련이자 이완 훈련으로 간주될 정도로 중복되는 부분이 많다.

유도심상에서는 모든 감각을 이용해서 기분 좋은 장면이나 상황을 시각화한다. 전형적인 시각화에는 해변이나 산에 있는 모습을 상상하는 것이 있다.

상상한 장면 속에서 얼마간 시간을 보내면서 즐거움에 흠뻑 취해보라. 그런 다음에 이완되었다고 느끼면 현실로 되돌아오라.

남편은 혈압을 측정할 때마다 안락의자에 앉아서 마치 명상을 하듯 눈을 감는다. 어느 날 나는 남편에게 혈압계 커프가 부풀어 오를 때 무슨 생각을 하느냐고 물었다. 그는 우리의 신혼여행 때로 돌아가서 자메이카의 식당 테라스에 앉아서 보냈던 행복한 오후를 머리에 그려본다고 말했다. 그곳은 그에게 행복한 장소이다. 남편이 그 장소를 마음속으로 그릴 때마다, 그의 혈압은 정상이다. 만일 남편이 눈을 뜨고 혈압계 수치를 읽는다면, 그의 혈압은 상승한다.

행복한 장소의 효과가 영원히 지속되지는 않지만, 일시적 불안상태를 극복하는 데는 도움이 된다. 예컨대, 시험을 치르기 직전에 불안감을 느낀다고 해보자. 시험 직전의 시간을 두려움에 떨면서 보내기보다는 모든 문제를 이해하고 공부한 모든 것을 기억해낼 준비가 되었다고 느끼면서 시험을 무사히 통과하는 장면을 머릿속에 그려보라. 그런 다음에는 무사히 시험을 마치고 시험 결과에 대한 걱정 없이 나머지 시간을 즐기는 자신의 모습을 상상해볼 수 있다. 시각화는 자신의 능력을 넘어서는 어떤 것을 달성할 것이라고 자신을 기만하는 속임수가 아니다. 이러한 유형의 시각화는 불안한 생각을 흐트러뜨리고, 보다 긍정적인 마음자세로 시험에 임할 수 있게 해준다.

점진적 근육 이완

점진적 근육 이완(PMR)은 근육 긴장을 줄이는 데 사용하는 기법이다. 구부정한 자세로 끊임없이 컴퓨터나 스마트폰을 들여다봄으로써, 하루 종일 점진적으로 근육 긴장이 누적된다. 사람들은 아주 경미한 신체 활동 후에 신체적으로 피곤하다고 느낄 수는 있지만 자신의 긴장된 근육을 깨닫지 못하기 십상이다. 만성적 긴장도 근육을 피로하게 만든다.

근육이 긴장하면 뻐근한 목이나 등과 같이 근육에서 통증을 직접 느끼는 경향이 있다. 그렇지만 두피나 얼굴 근육의 긴장은 두통, 불안, 과민성 등으로 발현된다.

처음으로 근육이 긴장한다면 쉽게 이완시킬 수 있다. PMR은 체계적으로 일군의 근육을 긴장시켰다가 이완시키는 단순한 과정이다. PMR을 하는 한 가지 방법은 신체의 한쪽 끝에서 시작해서 점진적으로 반대쪽 끝으로 옮겨 가는 것이다. 예컨대, 몇 초 동안 두 손을 꽉 쥐었다가 푸는 것으로 시작할 수 있다. 그런 다음 다른 근육, 예컨대 팔뚝으로 이동해서 같은 행동을 반복한다. 그런데 팔뚝을 어떻게 긴장시키겠는가? 팔뚝 근육은 손목을 움직이는 데 도움을 주기 때문에, 손이나 주먹을 몇 초 동안 안쪽으로 잡아당겼다가 풀어 주면 된다.

권장하는 이완 순서는 다음과 같다: 손, 팔뚝, 상부 팔, 어깨, 목, 턱이나 뺨, 눈, 두피, 흉부, 복부, 둔부, 허벅지, 종아리, 발.

PMR은 상당히 안전하지만, 근육 긴장이 근육 경련이나 허리 통증 등과 같은 특정 질병을 악화시킬 수 있다. 만일 이러한 유형의 질병을 가지고 있다면 PMR을 실시하기 전에 의사와 상의하는 것이 바람직하다.

PMR은 취침 준비의 일환으로 잠자리에 들기 전에 30분가량 할 수 있는 운동 중 하나다. 낮에도 점심시간에 활력을 채우기 위해서 할 수도 있다. PMR을 어떻게 하는지 알게 되면 언제든 쉽게 할 수 있다.

응용 이완법

응용 이완법은 PMR을 모니터링 장비나 치료자가 제공하는 바이오피드백과 결합한 것이다. 그렇지만 여러분이 직접 수정한 형태의 응용 이완법을 시도해 볼 수도 있다. 응용 이완법에서는 특정 상황에서의 불안 촉발자를 확인하는 것으로 출발한 다음에, 그러한 상황에서 일반적으로 느끼는 불안에 대처하는 이완 기법을 사용한다. 응용 이완법의 기본 생각은 정서적으로 불안해지면 그 불안이 생리적 스트레스 반응으로 인한 도미노 효과를 초래한다는 것이다. 따라서 생리적 긴장을 줄이면, 불안반응을 중지시킬 수 있다. 사람들은 불안 유발 상황을 걱정할 때를 제외하고는 그 상황에 대한 생각을 회피하는 경향이 있다. 그러한 불쾌한 생각이나 상황을 의도적으로 마음에 떠올려서 이완과 짝을 지음으로써, 그 위협에 둔감해지게 된다.

이 접근법에서 제일 먼저 할 일은 불안을 촉발하는 상황들을 기록하는 것이다. 다음과 같은 4가지 영역 모두에 부정적 영향을 미치는 것들을 인지하는 훈련을 하라.

- **생각**: 여러분을 걱정하게 만드는 것들
- **감정**: 여러분을 조급하게 만들거나 지나치게 예민하게 만드는 상황
- **신체감각**: 흉부 압박, 속쓰림, 두통 등
- **행동**: 지나친 약물 의존이나 자해

다음으로 할 일은 앉든 눕든 편안한 자세를 취하고 나서 여러분을 불안하게 만드는 상황 하나를 머리에 떠올리고는 마치 그 상황을 누군가에게 이야기하고 있거나 동영상으로 만드는 것처럼 되새겨보는 것이다. '그 일은 언제 어디에서 일어났지? 함께 있었던 사람은 누구였지? 무슨 일이 일어났었고 나를 불편하게 만드는 것은 무엇이었지? 만일 두려워하는 일이 일어난다면, 최악의 시나리오는 무엇이지? 만일 그런 최악의 시나리오가 발생한다면 어떻게 반응하지?'

마음속에서 그 장면을 걸어 지나가면서 근육군들을 긴장시키고 이완시켜

라. 호흡에 주의를 집중하라. PMR과 함께 특정한 호흡법을 수행하는 것은 매우 어려울 수 있기에 굳이 그렇게 하지 않아도 된다. 그렇지만 충분한 공기 흐름을 확보해야 하고 근육을 긴장시키는 동안 숨을 참아서는 안 된다. 일단 이 훈련이 편안해지면 숨을 내쉴 때 "편안해"와 같은 단어를 반복하는 마지막 단계를 추가한다. 이완하고 있는 동안 불안한 생각을 떠올리는 이러한 수련은 불안 촉발자극의 힘을 약화시킨다.

심부촉각압력과 가중담요

심부촉각압력(DTP)은 누가 자신을 붙잡고 있거나, 쓰다듬거나, 감싸 안거나, 강하게 건드릴 때 경험하는 촉각 자극의 한 형태다. 자폐증 치료법으로 집중적으로 연구해왔지만, 불안에도 도움을 주는 것으로 알려져왔다.

피부는 조금 떨어진 거리에서 가하는 압박조차도 감지할 수 있는 촉각 수용기를 가지고 있다. 이 수용기는 누군가 여러분을 만지려고 하거나 상당히 근접한 것을 감지할 수 있게 해준다. 피부의 이러한 압력 수용기는 두뇌의 변연계(정확하게는 뇌섬피질)에 피드백을 보내는데, 변연계는 그 촉각의 정서 정보를 처리한다. 예컨대, 여러분이 좋아하는 누군가의 피부에 닿을 때의 반응은 휴대전화 고무 케이스에 닿을 때의 반응과 전혀 다르며 매우 즐거운 것이다.

DTP는 두뇌 속의 세로토닌과 도파민을 자극하고 미주신경을 통해서 부교감신경을 촉발하는 방식으로 작동한다. 이러한 두뇌 활성화의 이중 기제가 심장박동과 호흡을 늦추고 정서를 누그러뜨린다.

가중담요는 DTP를 제공하는 방식으로 영향력을 행사한다. 가중담요는 단순히 무거운 담요가 아니다. 유리구슬이나 작은 알갱이와 같은 물질이 담요 전체에 골고루 들어 있어서 무겁게 만드는 것이다.

가중담요는 다양한 크기와 무게로 출시되지만, 일반적인 규칙은 한 사람이 사용한다는 전제하에 사용자 체중의 10% 정도인 담요를 선택한다는 것이다. 예컨대, 가중담요의 표준무게는 각각 10, 15, 20, 25, 30파운드이다. 만일 체중이 140파운드(약 63.5kg)라면, 이상적인 담요의 무게는 14파운드(6.34kg)이다. 이 중량은 보통 무게에 해당하기 때문에, 10~15파운드(4.5~6.8kg) 사이의 담요를 선택하면 된다. 턱에서부터 발끝까지 덮을 수 있는 크기의 담요를 선택해야 한다. 만일 침대를 공유하는 사람과 함께 사용할 담요를 원한다면, 30파운드(13.6kg) 무게의 담요를 선택하는 것이 바람직하다. 담요의 무게가 한 사람의 몸에만 국한되지 않고 침대 전체에 분산되기 때문이다.

나의 개인적 경험에 비춰볼 때, 내 몸 크기에는 15파운드가 딱 맞음에도 15파운드 가중담요는 꽤나 무겁다. 만일 남편도 사용하고 싶어 한다면, 담요를 하나 더 구입할 것이다. 한 침대에서 두 사람이 각자 별개의 담요를 사용할 때의 장점은 담요를 몸에 감았을 때 감싸 안거나 포옹하는 것 같은 느낌을 더 받을 수 있다는 것이다. 담요 한 장을 두 사람이 잡아당겨 덮으면 두 사람의 몸 사이에 공간이 생기면서 그러한 효과는 줄어든다.

잠자는 데 도움을 받기 위해서 사용할 수도 있지만, 담요가 가하는 압박을 통해서 기분이 진정되는 느낌을 받고 싶을 때에도 언제든지 사용할 수 있다. 호흡이나 명상 훈련을 하는 동안 사용하기도 한다. 만일 이러한 용도로 사용하고자 한다면, 담요의 무게가 옥죄는 느낌을 주지 않도록 10파운드(4.5kg) 정도의 가벼운 담요를 선택하는 것이 좋다.

가중담요를 변형시킨 것이 가중무릎패드다. 두 무릎 위에 걸쳐놓을 수 있도록 만든 작은 크기의 담요다. 자기 체중의 5% 미만인 무릎패드를 구하는 것이 바람직하다. 가중담요보다 가볍고 작기 때문에 휴대하기 매우 편리하다. 무릎패드는 직장이나 집이 아닌 곳에서 차분하게 정신을 집중하는 데 도움을 받고 싶을 때 사용하기에 아주 이상적이다.

담요를 혼자 들 수 없을 만큼 어린 아동이나 허약한 성인, 호흡이나 피부 또는 순환기 계통에 문제가 있는 사람에게는 가중담요를 권하지 않는다.

간헐적 단식

제6장에서 마그네슘에 대해 언급할 때, 마그네슘이 두뇌유도신경영양인자(BDNF)를 증가시킨다고 했다. BDNF는 해마를 비롯한 여러 두뇌영역에서 신경세포의 성장을 촉진한다. 그러한 새로운 신경 연결은 변화에 잘 적응할 수 있게 해준다. BDNF는 세로토닌도 증가시킨다. 항우울제가 세로토닌을 증가시켜 불안을 치료하는 것으로 알려져 있는데, 간헐적 단식도 세로토닌 수치를 높이는 BDNF를 증가시킨다.

간헐적 단식을 실행하는 다양한 방법이 존재한다. 어떤 사람은 일주일에 하루씩 단식을 실시하는 반면(24시간 동안 음식을 전혀 섭취하지 않는다), 어떤 사람은 하루씩 교대로 단식한다. 간헐적 단식을 실천할 수 있는 보다 보편적인 방법은 식사시간대(한 사람이 하루 동안 모든 칼로리를 섭취하는 기간)를 6~8시간으로 제한하는 것이다. 간헐적 단식이 어떻게 작동하는지 보여주는 한 가지 사례를 보자.

여러분이 오전 9시부터 오후 5시까지 근무한다고 해보자. 오전 7시에 일어나 7시 30분경 아침식사를 하고 8시에 출근한다. 오후 6시경에 귀가해서 7시에 저녁식사를 한다. 이 일정의 경우, 식사하는 데 30분이 걸린다고 가정하면, 식사시간대는 오전 7시 30분부터 오후 7시 30분까지이며, 이는 12시간에 해당한다. 단식시간대 역시 12시간이다. 만일 소파에 앉아 긴장을 풀고자 와인 한 잔을 9시 30분까지 홀짝댄다면, 식사시간대가 14시간으로 늘어나며, 단식시간대는 10시간으로 줄어든다. 와인은 비록 고형식품은 아니지만 신체가 음식으로 취급하는 탄수화물을 포함하고 있다. 저녁식사 후에 칼로리가 포함된 음식이나 음료의 섭취는 식사시간대를 연장시킨다. 아마도 이렇게 긴 식사시간대가 대다수의 식사 패턴이겠다.

BDNF의 효과를 증가시키려면, 식사시간대를 6~8시간으로 제한하라. 만일 식사시간대가 6시간이라면 18시간 단식하는 것이며(18/6), 식사시간대가 8시간이라면 16시간 단식하는 것이다(16/8).

이것이 이상적인 식사시간대와 단식시간대이지만, 그 시간대를 점진적으로 늘려갈 필요가 있다. 따라서 첫 단계는 하루 일과를 살펴보고 일상의 식사시간대를 설정하는 것이다. 불편하지 않은 빈도에서 식사시간대를 한두 시간 줄일 수 있다. 앞서 소개한 12시간 식사시간대의 사례에서 식사시간대를 즉각적으로 8시간으로 바꾸는 것은 지나치게 극단적일 수 있다. 그 사례에서 10시간 식사시간대로 시작한다면, 아침식사를 2시간 뒤인 오전 9시 30분으로 미루고 저녁식사는 똑같은 시간에 할 수 있다. 저녁식사 후에는 그 어떤 간식이나 칼로리가 포함된 음료도 섭취해서는 안 된다. '칼로리가 포함된'을 명시한 이유는 그러한 종류의 음료를 물이나 무설탕 음료와 구분하기 위해서다. 저녁에 긴장을 완화하는 데 따뜻한 캐모마일차가 와인을 대체하는 훌륭한 대안이 될 수 있다.

일단 10시간 식사시간대에 익숙해지면, 8시간이나 더 짧은 식사시간대로 줄여나갈 수 있다. 업무 일정에 맞춰 일하기 때문에 식사시간을 조정하는 것이 힘들 수 있다. 예컨대, 아침 9시에 근무를 시작하며, 점심시간과 같이 지정된 휴식시간을 제외하고는 사무실에서 식사를 하는 것이 불가능하다고 해보자. 이 경우, 아침식사를 1시간 뒤인 오전 8시까지만 미룰 수 있으며, 심지어 식사시간대를 지키기 위해서는 차 안에서 식사를 해야 할 수도 있다.

여러분이 6시간 식사시간대를 원한다고 해보자. 첫 번째 식사를 낮 12시 30분으로 미루지만, 저녁 6시 30분 이전에 귀가해서 저녁식사를 준비하고 먹는 것은 불가능하다. 휴식시간까지 정해져 있는 비탄력적 근무시간은 이상적인 식사계획에 적합하지 않을 수 있기 때문에, 단식은 난제일 수밖에 없다. 이 경우에는 격일제 단식이나 일주일에 하루 단식 계획을 선택할 수 있다. 자신의 일정을 좀 더 원활하게 관리할 수 있을 때, 일주일에 불과 며칠만 단식을 실천하더라도 간헐적 단식의 효과를 볼 수 있다.

간헐적 단식이 모두에게 적합한 것은 아니다. 간헐적 단식이 요구하는 주의집중도가 ADHD나 OCD를 앓는 사람에게는 맞지 않을 수 있다. 또한 먹는 것에 신중해지거나 먹는 것을 제한하는 것은 섭식장애 내담자에게 해로운 식습관을 촉발할 수 있다. 임산부, 18세 이하 청소년, 당뇨병이나 저혈당증을 앓는 사람들 역시 간헐적 단식을 피하는 것이 좋다. 특정 만성질환 역시 간헐적 단식을 불가능하게 하는 요인이다. 만성질환을 앓고 있다면, 단식을 시작하기에 앞서 의사와 상의하라.

단식하고 있을 때는 물을 많이 마셔야 한다. 물 대신 설탕을 넣지 않은 커피나 차를 마실 수도 있지만, 탈수 효과를 상쇄하기 위해서는 반드시 물을 마셔야 한다.

간헐적 단식은 다이어트가 아니라 일정 조정이라는 사실을 인식하는 것이 중요하다. 에너지를 소비하는 동안 먹고 심신의 휴식을 취한 다음에, 단식을 중지하고 다시 먹는 것이다. 이렇게 식사시간대와 단식시간대를 설정하는 것은 깨어 있는 동안 먹거리에 매달리지 않도록 먹는 시간을 압축시키게 된다.

식사시간대에 건강한 음식을 선택해서 먹는 것은 여전히 필요하다. 어떤 사람은 최대 효과를 얻을 것이라 기대하면서 아주 짧은 식사시간대를 유지하려고 애쓴다. 그래서 하루에 규칙적으로 2~3시간 동안만 음식을 섭취하는 일정을 선택한다. 그런데 식사시간대가 되면, 몹시 굶주렸으며 무엇이든 먹을 수 있는 권리를 얻었다고 느끼기 때문에 엄청난 양의 해로운 음식을 마구 구겨 넣게 된다. 만일 이렇게 한다면 해로운 음식이 유발하는 염증이 단식을 통해서 얻는 이점들을 모두 상쇄해버릴 수 있다.

운동

운동이 신체와 마음에 좋다고는 알고 있는데, 좋은 이유는 무엇인가? 어떻게 운동이 우울이나 불안을 개선하는 것인가?

아마도 여러분은 '러너스 하이'라는 말을 들어보았을 것이다. 이 용어는 달리기와 같이 강렬한 유산소운동 후에 경험하는 희열과 전반적인 행복감을 느끼는 흔치 않은 현상을 나타낸다. 오랫동안 신체의 천연 아편인 엔도르핀의 분비 때문에 이 현상이 일어난다고 생각했다. 아편 그리고 합성물질인 오피오이드(아편 비슷한 작용을 하는 합성 진통·마취제)는 통증을 완화시키고 기분을 좋게 만든다. 누구나 중급 정도의 격한 운동을 한 후 이완된 느낌을 경험할 수 있다. 그러나 오늘날의 과학은 그렇게 이완된 느낌을 제공하는 물질이 엔도르핀이 아니라 엔도카나비노이드라고 결론짓고 있다.

엔도카나비노이드는 신체가 자연적으로 만들어내는 카나비노이드(대마초와 같은 식물에서 발견되는 화합물의 일종)이다. 엔도카나비노이드는 THC와 CBD와 유사한 방식으로 카나비노이드 수용기를 활성화시키며, THC와 CBD는 대마초로 만드는 카나비노이드이다. 가장 많은 연구가 이루어진 엔도카나비노이드는 AEA와 2-AG이며, 이렇게 신체가 자생적으로 만들어내는 카나비노이드는 기분을 좋게 만들고 불안을 완화하는 효과가 있다.

강렬한 활동을 하고 있거나 끝마친 직후에 통증 지각을 낮추어주는 엔도르핀이 분비된다. 그렇지만 그 엔도르핀이 두뇌나 기분에 영향을 미치지는 못한다. 혈관-두뇌 관문을 통과할 수 없기 때문이다. 반면에 엔도카나비노이드는 그 관문을 통과할 수 있다.

잠깐 기다려라. 속단은 금물이다. 엔도카나비노이드가 즉각적으로 기분을 좋게 만들어주지만, 규칙적 운동은 BDNF를 촉발함으로써 기분과 불안 모두에 광범위한 영향을 미친다. 즉, 규칙적인 운동은 신경 생성을 초래하고 손상된 신경세포를 재생시킨다.

연구자들은 규칙적으로 운동하는 사람이 상대적으로 큰 해마를 갖고 있다는 사실을 확인해왔다. 두뇌에서는 큰 해마가 좋은 것이며, 작은 해마는 우울증의 징표로 간주된다. 제1장에서 다루었던 두뇌의 해부학을 회상해보면, 해마는 측두엽 아래에 위치하며 기억과 학습에 관여한다. 해마는 문제해결과 같은 학습 과제 그리고 정서를 처리하고 심적 통찰을 얻는 능력을 제어한다. 또한 과학자들은 신경 생성이 도파민과 세로토닌을 증가시키는 부수효과를 만들어낸다고 믿고 있으며, 두 신경전달물질은 모두 기분과 불안을 개선시키는 것으로 알려져 있다.

어떤 유형의 운동이 이렇게 건강하고 커다란 해마를 만들어낼 수 있는가? 앞서 내가 장내 마이크로바이옴의 개선을 논의하면서 언급한 바 있는 미국 질병관리센터(CDC)의 권장 운동법들을 따라 하면 된다. 근력운동과 저항력운동이 신체운동에서 중요한 부분이기는 하지만, 심장박동을 증가시키고 신경 생성의 유익한 효과를 제공하는 것은 바로 유산소운동이다.

마지막 장에서는 불안에 대처하는 데 사용할 수 있는 행동 개입을 살펴본다.

제 10 장

행동도구

앞선 두 장(제8장과 제9장)에서는 마음과 신체를 가지고 불안을 줄이거나 관리하기 위해 할 수 있는 일들을 살펴보았다. 이 마지막 장에서는 '행동수정'으로 간주하는 개입을 살펴본다. 몇몇 전략은 행동치료에서 유래한 것이며, 치료자의 지도 아래 가장 잘 익힐 수 있다. 그렇다고 하더라도, 자신만의 수정된 전략을 실시해도 여전히 도움이 될 수 있다.

기분을 조절하고 주변에서 일어나고 있는 일을 해석하는 데 핵심 역할을 담당하는 것이 감각이다. 두뇌의 인지영역이 사고를 처리하지만 그러한 사고는 두뇌로 유입되는 주변 환경에 대한 감각 입력의 영향을 받는다. 5가지 감각 모두가 세상을 경험하는 방식에 영향을 미치며, 이 감각을 이용해서 불안 완화에 도움을 받을 수 있다.

앞서 아로마세라피를 통해서 어떻게 후각이 기분과 정서에 영향을 미칠 수 있는지를 보았다. 촉각은 가중담요를 포함한 심부 압력 촉각 자극하기에서 효과를 발휘한다. 두 눈은 안내를 받으면서 수행하는 시각화와 색채화에서 중요한 역할을 담당하는데, 잠시 후에 살펴보기로 한다. 안내된 심상을 형성할 때 눈을 감고 있지만, 마음속에 장면을 재현하는 과정에서 시각피질이 활동하고 있다. 이 장에서 보는 바와 같이, 청각과 소리도 불안을 줄이는 데 매우 효과적이다.

소리

여러분은 음악이 정서에 영향을 미친다는 사실을 직관적으로 알고 있을 것이다. 어떤 음악은 기분을 좋게 하는 반면, 어떤 음악은 슬픈 감정이 들게 만든다. 사람들은 음악을 기억 속에 끼워놓기 때문에 음악이 과거의 특정 시기를 생각나게 만들 수 있다. 과거의 경험이 불러내는 정서가 바로 지금 느끼고 있는 정서이다.

음악 청취는 어디서나 가능하고 듣기만 하면 되기 때문에 사용하기 용이한 도구다. 음악 청취는 유도심상, 이완, 호흡, 명상, 요가 등과 같은 다른 도구와 결합할 수 있다.

음악치료는 훈련된 전문가가 제공하는 검증된 치료법이다. 음악치료자는 음악을 창의적 방법으로 활용해 다양한 심리장애와 신체장애를 치료한다. 음악치료자는 내담자에 따라서 음악을 치료적으로 사용하는 수동적 방법과 능동적 방법을 포함한 맞춤식 프로그램을 만들게 된다. 음악치료자가 없더라도 사람들은 음악을 활용해 정신건강을 개선할 수 있다.

자연의 소리

자연의 소리는 음악과 유사한 진정 효과를 지닌다. 자연의 소리란 동물이나 자연의 다른 요소들이 만들어내는 환경의 소리를 말한다. 혹자는 사람들이 본능적으로 자연의 소리에서 편안함을 찾아내는 까닭은 자연을 인간의 개입 없이 기능하는 알력이 없는 시스템으로 지각하기 때문이라고 가정하고 있다. 교통소음, 건설소음, 고함소리 등에서 비롯되는 인간 사회의 소리는 산다는

소리가 효과적인 이유는 무엇인가?

듣는 소리가 정서적 효과를 갖는 이유 이면에는 과학이 존재한다. 연구에 따르면 음악은 두뇌에서 신경가소성의 변화를 촉발한다. 영향을 받는 두뇌영역은 해마나 편도체와 같이 정서에 관여하는 구조들이다. 신경학적 음악치료는 급부상 중인 연구 분야로, 두뇌 손상, 뇌졸중, 언어장애 내담자 등을 재활하는 데 음악을 사용한다. 음악의 리듬과 박자는 새로운 정보가 지도로 만들어지고 부호화될 수 있는 틀을 만든다.

이것을 시멘트 타설 방식에 유추해 생각해볼 수 있다. 최근에 나는 우리 동네에 근사한 새 콘크리트 차도가 생기는 것을 보았다. 나는 여러 겹의 철망이 콘크리트를 강화한다는 사실을 이전에는 알지 못했다. 철망의 기초 위에 콘크리트를 붓는다. 이 비유에서 음악의 리듬은 두뇌가 부호화하고 필요할 때 접속할 수 있는 새로운 정보(콘크리트)를 쏟아부을 수 있는 철망이다. 멜로디가 없는 가사를 외우는 것보다 멜로디가 있는 가사를 기억하는 것이 더 쉽다는 사실을 깨달은 적이 있는가? 음악이 정보를 집단으로 묶어서 나중에 용이하게 인출할 수 있도록 기억의 부담을 줄여주기 때문이다.

요컨대, 음악은 매우 강력하다는 말이다.

것이 복잡하고 정신적으로 힘든 일이라는 사실을 상기시킨다.

벅스톤과 동료들이 2021년에 수행한 연구는 자연의 소리가 건강을 증진시키고, 긍정적 감정을 고조시키며, 스트레스와 짜증을 완화시킨다는 사실을 입증했다. 연구자들은 물소리가 건강과 정서 반응에 가장 유의하고 긍정적인 영향을 미치는 한편, 새소리는 스트레스와 짜증을 줄여준다는 사실을 발견했다. 이 연구가 바람 소리와 같은 자연의 다른 소리들을 구체적으로 평가하지는 않았지만, 그들의 결론은 일반화시킬 수 있다. 즉, 대부분의 자연의 소리는 불안을 완화할 가능성이 있다.

불안을 완화하는 음악 사용법

어떤 종류의 음악을 선택해야 하는가? 집중적으로 연구해 불안에 최선이라고 확정된 음악은 없다. (불협화음에 반대되는) 협화음의 느린 노래가 가장 효과적이다. 기분 좋게 들리기 때문이다. 마음을 달래준다고 광고하는 노래가 그럴 가능성이 있지만, 궁극적으로는 자신이 즐길 음악은 스스로 선택해야 한다. 만일 스타일 변화를 원한다면, 폭포수, 비, 바람, 새, 혹은 다른 동물의 소리 등과 같은 자연의 소리를 시도해볼 수 있다.

편안한 장소에 앉거나 누워서 시작하라. 3번의 심호흡을 통해서 마음을 비워라. 음악을 틀어서 방 안을 가득 메우게 하거나 헤드폰을 통해서 음악을 들어라. 유념하면서 음악을 들어라. 즉, 모든 주의를 음악에 집중하라. 음에 주목하라. 음이 빠르거나 느린가? 반복되는 멜로디가 있는가? 음악이 어떤 기분을 만들어주는가?

이 훈련의 한 가지 변형은 음악을 들으면서 평온한 장소를 떠올려보는 것이다. 시나리오에 걸맞은 음악을 선택하라. 예컨대 해변 장면을 떠올리고 싶다면, 그 경험을 고양시키는 파도 소리를 들어보라. 섬 음악을 들을 수도 있다. 이완에 추가적인 도움을 받고자 한다면, 점진적 근육 이완, 심호흡, 마음 챙김 등을 훈련하라.

ASMR

자율감각쾌락반응(ASMR)은 새롭게 정의된 감각 현상으로, steadyhealth.com의 한 온라인 포럼에서 조명을 받게 되었다. 이 포럼에서 사람들은 특정한 소리, 장면, 또는 경험에 대한 반응으로 겪었던 이례적이고 기분 좋은 감각에 대해서 이야기했다. 2010년에 포럼 참가자 중의 한 명인 제니퍼 알렌은 그 경험에 신뢰성을 부여하고 과학계의 관심을 유도하기 위해 ASMR이라는 용어를 만들었다. 또한 그녀는 이러한 경험을 공유한 사람들을 위한 ASMR 페이스북 그룹도 만들었다. ASMR에 대한 관심이 점차 늘어났으며, 오늘날에는 ASMR

촉발자극을 시범 보이는 수천 개의 온라인 비디오와 팟캐스트가 존재한다.

ASMR은 반사 반응이다. 그 반사는 머리 꼭대기에서 시작해서 어깨와 척추를 타고 내려가는 얼얼한 감각이다. ASMR은 전율과 비슷하다. 혹시 누군가 말을 하거나 노래하는 것을 듣고는 감명을 받은 나머지 얼얼한 기분이 들거나 피부에 닭살이 돋는 경험을 해본 적이 있는가? 그것이 전율이다. 전율은 극도로 유쾌하거나 흥미진진한 것을 듣거나 본 것에 대한 생리적 반응이다.

지난 10년간 ASMR에 관한 연구들이 크게 늘어났다. 어떤 연구들은 ASMR이 진정 효과를 지니고 있으며, 미주신경 반응과 유사하게 심박률을 늦출 수 있다는 사실을 보여주었다.

많은 종류의 ASMR 촉발자극이 있으며, 한 사람에게 효과가 있는 것이 다른 사람에게는 효과가 없을 수도 있다. 다음은 몇몇 보고된 촉발자극들이며, 4가지 범주로 분류한 것이다.

1. 입소리
씹는 소리
속삭이는 소리

2. 반복적인 소리
두드리는 소리
긁는 소리
사물이 바스락거리거나 쭈그러지거나 치직거리는 소리
빗소리

3. 행위 바라보기

누군가 페인트칠을 하거나 그림을 그리는 모습 바라보기

누군가 머리를 빗거나 매니큐어를 손톱에 바르는 모습 바라보기

누군가 포장을 여는 모습 바라보기

누군가 요리하는 모습 바라보기

4. 개인적 서비스 받기와 시뮬레이션

머리 깎기

시력검사 받기

얼굴 마사지 받기

느린 신체동작과 미소 짓기

보는 바와 같이, 꽤나 다양한 촉발자극이 존재한다. 앞의 두 범주는 청각 자극에 의존한다. 나머지 둘은 시각 자극에 의존하는 한편, 비디오를 제작하는 사람('ASMRtist'라고 부른다)은 자주 속삭이며 시뮬레이션과 관련된 다른 소리를 첨가하기 십상이다.

개인적 서비스 받기 비디오는 시청자를 비디오의 중심에 배치한다. 일반적으로 ASMRtist는 대개 카메라에 아주 가깝게 있거나 카메라를 마주하고 있다. 이것이 보는 사람으로 하여금 그들과 한 방에 있는 것 같은 착시를 불러일으킨다. 그들은 머리를 빗겨주거나 얼굴을 쓰다듬는 것과 같이, 보는 사람에게 어떤 행위를 수행하면서 긍정적인 말을 속삭인다.

혹자는 이러한 종류의 자극을 불편하게 느낀다. 한 연구는 입소리가 양극화된다는 사실을 발견했다. 즉, 연구참가자들은 입소리를 기분 좋게 받아들이거나 짜증 나는 것으로 받아들였다. 모든 촉발자극이 똑같이 만들어지는

것은 아니며, 이완 효과가 있는 소리나 경험을 찾아내기 위해서는 어느 정도의 시행착오가 필요하다(심지어 ASMR을 경험하지 못했을 때조차도 그렇다).

ASMR 촉발자극에 관해서 주의할 사항이 하나 있다. 비록 여러분은 어떤 소리가 불쾌하다고 느낄 수 있지만, 소수의 사람들은 특정 소리에 극도의 불안이나 분노로 대응할 수 있다. 이러한 반응은 **청각과민증**이라 부르는 신경학적 질환에서 기인할 수 있다. 어떤 연구자들은 ASMR이 청각과민증과 정반대되는 곳에 위치할 수 있다고 믿고 있다.

청각과민증이 있는 사람은 숨소리나 먹는 소리와 같이 평범한 소리에 부정적으로 반응한다. 이 질환이 있는 사람은 다른 사람들이 거의 알아차리지 못하는 소리를 들을 때 이성을 잃고 극도로 화가 나서 자해를 시도할 수도 있다. 이 질환은 일반적으로 12살 정도에 나타나며, 때로는 OCD와 관련된다. OCD를 앓고 있는 사람은 어떤 소리를 듣고는 그 소리가 불러일으키는 불안에 대처하는 의식절차를 수행하게 된다. 만일 여러분이 이런 문제를 안고 있다면 아마도 ASMR 촉발자극들로부터 벗어나야 한다는 사실을 이미 알고 있을 것이다.

중립적이거나 긍정적인 ASMR 촉발자극을 찾았다고 하더라도, 여러분은 여전히 다른 사람들이 경험할 수 있는 얼얼한 느낌이나 환희를 경험하지 못할 수 있다. 여러분이 그러한 생리적 반응을 나타낼 가능성을 높일 수 있는 한 가지는 몰입감 상태에 빠지는 것이다. 몰입감 상태란 주변에 있는 다른 것들을 모두 차단하고 심지어는 시간의 흐름도 알아차리지 못할 정도로 어떤 것에 극도로 집중하는 상태를 말한다. 'being in the zone'이라는 영어 표현이 이에 해당하겠다. 몰입감은 강렬한 마음챙김의 한 형태로 생각할 수 있다. 소리나 시각적 자극에 모든 정신을 집중해서 그 경험으로부터 최대한의 것을 얻고자 시도해보라. 예컨대 누군가 종이를 부스럭거리고 있다면, 종이에서 어떤 소리가 나는지에 집중해보라. 만일 여러분의 마음이 그 사람의 손톱 색깔로 옮겨가서는 비디오 촬영을 위해 매니큐어를 발랐는지가 궁금해진다면, 집중력을 잃고 있는 것이다. 그저 여러분의 주의를 다시 비디오에 집중시켜라.

ASMR 연구는 시작에 불과하기 때문에 아직 해결하지 못한 물음들이 상당히 많다. 비록 ASMR을 한 번도 달성하지 못했다고 하더라도, 시각 활동에 몰입하거나 소리에 침잠하는 것에서 진정 효과를 발견할 수 있다. 가장 기본적인 단계의 ASMR은 감각을 마음챙김 경험에 관여하게 만드는 것이다.

색칠하기

어린 시절 대걸레 친구였던 멜라니가 더 이상 존재하지 않게 되었을 때, 나는 할머니가 자신의 '이야기'라 불렀던 연속극을 계속해서 시청하고 있는 동안 나를 바쁘게 만들어줄 또 다른 활동을 찾아야만 했다. 미술과 소묘가 나의 탈출구가 되어주었다. 수십 장의 가족 초상화를 그리고 그림책에 색칠을 한 후에야 부모님은 나에게 스피로그래프를 사주셨다. 스피로그래프는 색연필, 도화지, 다양한 크기의 플라스틱 원이 여러 개 들어 있는 미술 키트다. 원들은 가장자리가 톱니처럼 되어 있어서 기어처럼 서로 이가 맞는다.

이 키트는 분명 내 그림 솜씨를 한 단계 높여주었다. 한 가지 디자인을 만들기 위해 나는 틀로 사용할 원 하나를 선택한 다음에, 이 원 안에 색연필을 꽂을 수 있는 구멍이 있는 작은 원을 놓았다. 바깥쪽 원을 고정시킨 채 작은 원에 꽂힌 색연필을 사용해 선을 그렸다. 그 결과는 독특한 나선형 디자인이었다. 나는 원의 크기와 색연필의 위치를 다양하게 변화시킴으로써 무한한 디자인을 만들어낼 수 있었다.

그 당시에 내가 모르고 있었던 것은 내가 만다라 디자인을 만들고 있었다는 사실이었다. 만다라는 전형적으로 사선과 다채로운 모양이나 패턴을 포함하고 있는 복잡한 대칭 디자인이다. 만다라는 색깔과 형태가 매우 다양할 수 있지만, 일관된 주제는 대칭과 원형 배치이다. 만다라 색칠하기는 오랫동안 미술치료와 영적 수행의 일부로 사용되어왔다.

색칠하기가 어떻게 스트레스를 완화시키는지에 대한 생각은 음악의 작동 원리에 대한 생각과 유사하다. 앞서 언급한 바와 같이, 음악의 리듬 패턴은 새로운 기억을 부착할 수 있는 격자 틀에 유추할 수 있다. 마찬가지로 만일 불안을 정신적 혼란으로 생각한다면, 마음챙김 색칠하기에 사용하는 복잡한 디자인은 마음을 활짝 열어젖히기 위한 구조물을 제공한다.

복잡한 디자인에 색칠을 할 때, 사람들은 평안하고 안정된 명상 상태로 빠져든다. 이 행위의 이점을 최대한 얻으려면, 색칠하기 행위에 주의를 온전히 집중하라. 색연필의 촉감, 종이의 질감, 색을 칠하는 연필 소리 등에 주목하라.

다양한 유형의 색칠하기를 분석한 연구를 보면, 무엇이든 원하는 것을 그리고 색칠하는 프리스타일 색칠하기는 만다라와 같이 복잡한 디자인을 색칠하는 것만큼 사람들의 주의를 집중시키지 못한다. 최근에 색칠하기가 인기를 끌고 있기 때문에, 다양한 유형의 만다라 색칠하기 책과 펜을 구할 수 있다. 만일 색칠하기가 여러분의 취향에 맞지는 않지만 만다라 디자인에는 흥미를 느낀다면, 온라인 ASMR 비디오를 통해서 사람들이 만다라를 그리고 색칠하는 모습을 볼 수 있다.

웃음

웃음치료가 존재한다. 농담이 아니다. 여러분은 '불안할 때 마지막으로 생각할 수 있는 것이 웃는 것이다'라고 생각할는지도 모르겠다. 너무나 경직되어 있고 불편해서 무엇인가 재미있는 것을 찾을 여유가 없다고 느낄지 모른다. 나는 과학이 웃음에 대해서 알려주는 사실과 웃음을 삶의 방식에 통합시킬 수 있는 방법을 언급하고자 한다(실제로 통합시켜야만 한다).

연구자들은 자발적 웃음(유머러스한 웃음이라고도 부른다)과 유머러스하지 않은 강요된 웃음(가장한 웃음이라고도 부른다)을 구분한다. 자발적 웃음이 긍정적 기분과 더 연관되어 있지만, 두뇌와 신체는 두 유형의 웃음을 구분하지 못한다. 자발적 웃음에서 얻을 수 있는 이점을 강요된 웃음에서도 얻을 수 있다.

연구들은 웃음에 여러 가지 치료 효과가 있다는 사실을 보여주었다. 웃음은 스트레스 호르몬인 코르티솔과 에피네프린을 감소시켜 혈압을 낮춘다. 엔도르핀 분비를 통해 통증지각도 낮춘다. 엔도르핀은 기분을 좋게 만들어주는 신체의 화학물질이며 오피오이드(통증) 수용기에서 작동한다. 감염에 맞서 싸우도록 도와주는 면역세포의 활동을 촉발함으로써 면역체계도 강화한다.

만일 자발적으로 웃기를 원한다면, 코미디 프로그램을 시청하는 시간을 정해놓을 수 있다. 이렇게 하는 것의 장점은 몇몇 연구가 웃음을 기대하는 것만으로도 스트레스를 줄일 수 있다는 사실을 밝혔다는 데 있다. 따라서 코미디 프로그램을 보고 박장대소하지는 않더라도, 웃을 수 있는 시간을 기다리고 기대하는 것만으로도 도움이 될 수 있다.

사람들을 웃게 만드는 것이 무엇인지는 성격과 경험에 달려 있다. 웃는 이유에 대한 몇 가지 이론이 존재한다.

방출 이론에 따르면, 사람들은 억압된 욕망과 동기를 나타내는 것을 접할 때 웃는다. 한 가지 사례는 회의 중에 한 직원이 방귀를 뀌는 장면에서 웃는 것이다. 방귀를 뀌는 것은 사회적으로 부적절하지만, 누구나 바짝 긴장한 사람들 앞에서 방귀를 뀔 수 있는 자유를 소망하기도 한다.

다른 사람의 자존감을 다치게 하면서 자신의 자존감을 높여줄 수 있는 것을 보고 웃는다고 제안하는 우월감 이론이 있다. 인종차별이나 성차별 농담에 지나치게 의존하는 스탠드업 코미디에서 그 예를 볼 수 있다. 어떤 사람은 다른 사람을 모욕하는 말에서만 즐거움을 얻으며, "그냥 농담이잖아"라는 말로 그 유머를 정당화한다.

마지막 유머 이론은 상황의 불합리성을 깨달을 때 웃는다고 상정하는 부조화 이론이다. 한 가지 사례는 발레리나 의상을 입은 서커스 코끼리를 보고 웃는 것이다. 만약 동물 권익 운동가라면 이 장면이 즐겁지 않을 수 있다. 이 사례는 개인적 가치관이 재미 판단에 중요한 영향을 미친다는 사실을 예증하고 있다.

강요된 웃음

웃을 기분이 들 때까지 기다릴 필요는 없다. 언제든지 기분을 향상시키거나 스트레스를 줄이는 도구로 웃음을 사용할 수 있다. 웃음요가는 강요된 웃음에 몰두하는 인기 있는 운동치료법이 되었다.

웃음요가는 요가 회기 동안에 웃는 것과는 다르다. 요가 호흡에 웃음 훈련을 결합한 것이다. 웃음요가를 수행하는 사람이 웃음 훈련 중에 활발하게 움직이기는 하지만 요가 자세를 취하지는 않는다. 웃음요가는 유머가 없이도 지시에 따라 웃을 수 있는 능력을 강화시킨다.

웃음요가의 기본 작동원리는 다음과 같다. 집단으로 지도를 받는 훈련을 위해 웃음클럽에 가입하거나 아니면 혼자서 연습할 수도 있다. 집단 훈련에서는 훈련장에 모인 다른 사람들의 에너지를 빌릴 수 있다는 장점이 있다. 다른 사람들 앞에서 강제로 웃는 것이 처음에는 어색하고 불편할 수 있지만, 일단 웃기 시작하면 곧바로 긴장이 풀리기 십상이다.

온라인 비디오가 혼자 하거나 다른 사람들과 함께 하는 웃음요가 훈련을 이끌어갈 수 있다. 만일 혼자서 훈련하는 것을 선택한다면, 다음과 같은 4가지 단계를 따라가면 된다.

1. 손뼉 치면서 소리 내기

손바닥과 손가락이 모두 서로 닿도록 손뼉을 치는 준비운동이다. 손바닥을 펴는 것은 손의 지압점들을 이용할 수 있도록 도와준다. 손뼉 치면서 소리 내기는 '1-2, 멈춤, 1-2-3' 리듬을 따른다. 이 리듬을 반복한다. 예컨대, "호호", (멈춤), "하하하"라고 말하면서 손뼉을 친다.

손뼉 치면서 소리 내기를 두 번씩 세 세트 수행한다(총 6차례 손뼉을 친다).

2. 요가 호흡 하기

두 번째 단계에서는 복식호흡을 한다. 처음 두 번의 호흡 주기는 들이쉬고 내쉬는 정상적인 호흡을 포함한다. 그러고 나서 날숨을 웃음으로 전환한다. 일반적으로 사람들은 자신의 웃음을 "하하", "호호" 또는 "히히"로 발성한다. 이 호흡 주기를 두 번 반복하라.

날숨의 한 가지 대안은 요가의 사자 호흡을 사용하는 것이다. 사자 호흡에서는 숨을 들이마신 후에 입을 크게 벌리고 혀를 밖으로 쭉 빼고는 날숨을 쉬면서 웃는다("하하하").

3. 어린이 놀이

손뼉을 두 번 치는데, 손뼉을 칠 때마다 "아주 좋아, 아주 좋아"라고 말하라. 그런 다음 손바닥이 바깥쪽을 향하도록 한 채 팔을 머리 위로 올리고는 "야호"라고 외쳐라. 이것을 두 번 반복하라.

4. 웃음요가 훈련

입을 크게 벌리고 "호호, 하하"라고 말하면서 마치 누군가를 밀치는 것처럼 가슴 앞으로 두 손을 밀어라. 왼쪽과 오른쪽으로 회전하고 이것을 반복하라. 두 번째 할 때는 조금 빠르게 하고, 세 번째는 거의 숨을 헐떡거릴 정도로 훨씬 더 빠르게 수행하라. 그러고 나서 팔을 다시 머리 위로 올리고 "하, 하, 하, 하, 하…" 하면서 강제로 웃어라.

동료가 있다면 웃음인사 훈련을 할 수 있다. 동료의 눈을 들여다보라. 그리고 악수를 하거나 악수를 하는 시늉을 하면서 "안녕하세요"라고 말하는 대신에 웃어젖혀라. 집단 장면에서는 사람들 사이를 옮겨 다니면서 웃음인사를 나눈다. 이 웃음은 전염성을 갖게 되어 결국에는 자발적인 것이된다.

다른 몇 가지 웃음 훈련은 다음과 같다.

- **운전 웃음**: 두 손을 운전대에 얹은 것처럼 들고 걸으면서 웃어라. 웃으면서 운전대를 돌린다.
- **휴대전화 웃음**: 휴대전화를 귀에 대고 있거나 (스피커폰으로 전화할 때처럼) 손에 들고 있는 척하면서 말하는 대신 웃어라. 대화의 다양한 측면을 반영하듯이 웃음의 톤이나 언어표현("하하", "호호", "히히")을 바꿔보라.
- **훌라후프 웃음**: "우! 야!"라고 말하면서 동시에 (마치 허리에 훌라후프를 끼고 돌리는 것처럼) 엉덩이를 원형으로 움직인 다음에 웃어라. 골반을 지나치게 휙휙 움직일 필요 없이 부드러운 원형 운동을 하면 된다.

짜증이 날 때 웃는 것은 어렵다. 하지만 강제로라도 웃으면 긴장이 분산되고 날이 선 감정이 누그러진다. 어린이 같은 행위도 방어기제를 벗어버리고 열린 마음을 갖게 만들어준다. 정서적 개방성은 웃기는 기준을 낮춘다. 이러한 연습에 웃게 할 유머가 필요하지 않지만, 강제로 유도한 웃음이 자발적 웃음을 이끌어낸다고 생각한다. 자발적 웃음은 긍정적 기분을 이끌어내며 훈련 과정이 즐겁다고 느끼게 해준다.

노출 훈련

마지막으로 논의할 행동도구는 노출 훈련이다. 행동치료는 인지행동치료 (CBT) 접근법의 한 부분이다. 특정 공포증, 사회 공포증, 강박장애 등과 같은 불안장애가 노출치료에 잘 반응한다. 불안장애의 경우에는 내담자의 요구에 맞추어서 맞춤식 훈련을 할 수 있는 치료자가 실시하는 노출치료가 가장 잘 작동한다.

그러나 경미하거나 중급 정도인 상황 불안에 대해서는 행동 기법을 적용해 공포에 의한 불안 상황을 극복하도록 도와줄 수 있다. 다양한 행동 기법이 존재하지만, 여기서는 단계적 노출과 내부감각 노출에 국한하여 논의한다.

단계적 노출

이 기법에서는 공포 촉발자극을 쉬운 것에서부터 어려운 것까지 순위를 매기고는 점차적으로 더 어려운 촉발자극에 노출시키게 된다.

앞서 언급한 바와 같이, 불안한 사람은 보편적으로 불안하게 만드는 상황을 회피하려고 한다. 불행하게도 회피행동은 공포를 강화하고 점점 더 커지게 만든다. 공포를 유발하는 대상이나 상황에 단계적으로 노출시키게 되면, 그 대상이나 상황의 부정적 영향에 둔감해지게 된다.

노출 전략의 하나는 안전행동, 즉 불안을 차단하기 위한 행동을 확인해 제거하는 것이다. 안전행동은 득보다 실이 더 클 수 있다. 안전행동을 할 때 사람들은 자신이 두려워하는 부정적인 결과를 그 행동이 막아줄 것이라고 믿는다. 불안에 대처하는 데 그러한 행동이 불필요하다는 사실을 결코 학습하지 못한다. 또한 불안이 불쾌한 것이기는 하지만 일상적 활동과 공존할 수 있다는 사실도 학습할 수 없게 만들어버린다.

어떻게 안전행동을 확인해내는가? 몇 가지 사례는 불안을 불러일으키는 상황이나 장소에서 멀리 떨어져 있는 것, 동료를 이용하는 것, 반복 확인하는 것, 사람들로부터 안도의 말을 구하는 것, 술이나 약물을 이용해 불안을 완화하는 것 등이다. 만일 어떤 것이 안전행동인지 결정하는 데 어려움을 겪는다면, 자신이 행하는 행동들을 생각해보고 다음과 같이 자문해보라. "이것이 상황을 더 편안하게 느끼도록 만들어주는가? 이렇게 하지 않으면 얼마나 불안해지겠는가?" 그 행동을 하지 않는 것이 자신을 더 불안하게 만든다면, 아마도 그것은 안전행동이겠다.

사회불안의 전형적인 사례 하나를 살펴보자. 여러분은 사람들이 이야기를 나누면서 자신들에 대한 세세한 내용을 공유하는 집단에서 극도로 불편함을 느끼고 있다. 여러분의 일차적 공포는 다른 사람들과 교류할 때 비난받거나 모욕당하는 것이다.

다음은 여러분이 예상하는 부정적 결과를 피하기 위해서 사용할 수 있는 몇 가지 전략이다.

- 불편한 침묵을 피하려고 빠르게 말하거나 쉬지 않고 말한다.
- 사람들이 질문하지 못하도록 고개 숙인 채 휴대전화만 내려다본다.
- 사람들이 들을 수 없도록 아주 조그만 소리로 말한다.
- 피상적인 답변으로 개인적 정보의 공유를 피하고는, 곧바로 주제를 바꾼다.
- 팔짱을 끼거나 옆구리에 어정쩡하게 손을 얹어 떨고 있는 손을 감춘다.

노출 훈련을 진행하기에 앞서, 안전행동을 확인해 제거하도록 한다. 안전행동은 진전을 저해할 뿐이며, 훈련을 효과적이지 않게 만든다. 안전행동들을 단번에 제거할 수 없다고 하더라도 걱정하지 말라. 단계적 제거법으로 해낼 수 있을 것이다.

다음 단계는 공포의 위계를 만들어서 공포 사다리에 배치하는 것이다. 사다리의 맨 아래 발판은 최소한의 공포를 유발하는 상황이고, 맨 위 발판에는 최대 위협이 되는 상황이 위치한다.

한 가지 사례를 보자. 여러분이 무수히 많은 잡담을 나누게 되는 소규모 사교 행사에 가는 것을 두려워한다고 가정해보자. 업무상 인적 네트워크가 필요하므로 그런 자리에 가지 않을 수는 없다. 이 상황을 여러 단계로 분할하려면, 사다리 최상단에 여러분이 도달하고 싶은 합리적인 최종 목표를 설정하라. 이 사례에서 여러분은 네트워크 형성을 위한 행사에 참여해서 최소한 3명과 대화를 나누고 싶어 한다.

다음은 여러분의 사다리가 어떤 모습일지를 보여준다.

1. 파티에서 담소를 나눌 사람들의 사진을 들여다본다.
2. 상점에서 낯선 사람에게 시간을 물어본다.
3. 낯선 사람의 눈을 바라보면서 칭찬한다.
4. 계산대 직원에게 신변에 관한 질문을 한다.
5. 동료나 같은 반 친구에게 주말을 어떻게 보낼지 물어본다.
6. 사교모임에 나가서 대화를 나누고 있는 사람들과 눈을 맞춘다.
7. 대화를 나누고 있는 무리에 끼어들어서는 무슨 말이든 한다.
8. 친교 모임을 위해서 사람들을 집으로 초대하거나 식당으로 초대한다.

단계들이 전혀 위협적이지 않은 것에서부터 가장 위협적인 것으로 나아가고 있음에 주목하라. 단계 1은 사람들과의 직접적인 접촉이 없으며, 궁극적 목표, 즉 여러 사람과 편안하게 어울리는 모습의 이미지일 뿐이다. 단계 2에서는 낯선 사람에게 말을 하지만 거슬리지 않는 일반적인 질문을 하고 있다. 단계 3과 단계 4에서는 낯선 사람과 제한적인 잡담을 나누고 있다. 만일 그 상점의 단골손님이라면, 여러분은 계산원에게 낯선 사람이 아닐 수도 있다. 계산원이 개인적 질문을 받는 것은 이러한 친숙함 때문이다. 계산원을 다시 만날 것이기 때문에 이 단계도 위험하다. 두 사람의 상호작용이 계획한 대로 진행되지 않으면 부정적인 결과의 위험성을 증가시키게 된다.

단계 5는 다시 만날 것이 확실한 사람에게 개인적인 질문을 하는 것이기 때문에 위험이 더욱 높아진다. 단계 6은 목표에 좀 더 가까워지게 해주지만, 여러분이 해야 할 일은 눈을 맞추는 것뿐이다. 이 단계와 단계 7의 가장 큰 도전거리는 안전행동을 하지 않은 채 과제를 수행하는 것이다. 단계 7에서는 자발적으로 한마디만 말하면 된다. 물론 누군가 여러분을 집중적인 대화로 끌어들일 수도 있지만 말이다. 단계 8에서 모임을 주관함으로써 네트워킹을 형성한다는 최종 목표에 도달하게 된다. 모임을 주관하는 여러분이 전면에 나서게 되고 안전행동 뒤에 숨을 수 없게 된다.

자신의 행위가 편안하게 느껴질 때까지 각 단계에서 시간을 지체해도 괜찮다. 각 단계를 시작할 때는 불편할 것이라고 예상하지만, 결국에는 그 불안이 잦아들 것임을 알게 된다. 사다리를 올라감에 따라, 각 단계는 더 많은 불안을 유발하게 된다. 그러나 그 불안이 통제 불가능할 정도로 압도적이지는 않다. 이미 숙달한 전 단계에 약간의 변화만 가했기 때문이다. 만일 불안이 훨씬 악화되어 다음 단계로 올라가는 데 어려움을 겪는다면, 어려움을 제공하는 단계만큼 위협적이지 않은 중간 단계를 만들 필요가 있을 수도 있다.

이 사례에서 계산원에게 말을 거는 단계 4를 끝마쳤지만, 동료와 사적인 대화를 나누려고 할 때 숨이 막힐 지경이라고 해보자. 이때는 동료를 칭찬하는 단계 하나를 추가할 수 있다. 이 단계를 눈을 맞추면서 칭찬하는 단계와 눈을 맞추지 않고 칭찬하는 단계로 분할할 수도 있다. 누군가를 칭찬하는 것과 질문을 하는 것은 다르다. 반드시 대화를 이어갈 필요가 없는 칭찬이 포함된 마무리 진술을 하면 된다.

여러분이 "그 셔츠 색깔 정말 잘 어울리네요"라고 말하고, 상대방이 "고마워요, 세일을 해서 샀어요"라고 응답한다고 가정해보라. 대화 준비가 되어 있다면, 여러분은 그 셔츠를 어디에서 샀고 얼마나 싸게 샀는지를 물어볼 수 있다. 그런 다음 물건을 싸게 사는 것을 굉장히 좋아하는데, 쇼핑할 시간이 정말 없다고 말하는 것으로 대화를 이어나갈 수 있다. 아니면 "잘 샀네요"라는 말로 대화가 이어지는 것을 재빨리 차단하고 그 자리를 떠나거나 자신의 일을 계속하면 된다. 칭찬은 대화가 너무 사적으로 흐르는 것을 막으면서 누군가에게 말을 걸 수 있는 쉬운 방법이다. 또한 칭찬은 사람들을 기분 좋게 만들며 앞으로의 대화도 수용적이게 만든다.

아마도 여러분은 자연스럽게 느낄 때까지 각 단계를 연습할 필요가 있을 것이다. 전형적인 권장사항은 하루에 한 번의 노출 훈련을 해보라는 것이다.

내부감각 노출

이것은 또 다른 유형의 노출 훈련으로, 불안이 주도하여 상당한 고통을 초래할 수 있는 신체감각에 초점을 맞춘다. 내부 수용 감각이란 '신체 내부 상태의 자각'을 의미하는 용어이다. 불안으로 인한 신체증상을 가지고 있을 때는 불안한 느낌과 연합시킬 수 있는 모든 신체감각에 과민해질 수 있다. 이러한 연합을 **조건화**(또는 조건형성)라고 부른다. 신체감각은 불안을 더욱 촉발하는 조건자극이 된다. 이러한 신체감각을 경험하게 되면, 그 감각들을 어떤 두려운 상황과 연합시키는 조건화가 이루어지며, 불안은 급증할 수 있다.

예컨대 공황발작을 경험하고 있다면, 그 공황발작과 함께 경험하는 어지럼 증과 같은 특정 신체감각을 예상하도록 조건화될 수 있다. 그렇게 되면 머리에 조금이라도 이상한 느낌이 들 때마다, 불안이 공황발작으로 급발진하게 된다. 마치 불안해질 가능성에 불안해지는 것처럼 말이다. 심지어는 비정상적 감각이 있는지 신체를 살펴볼 때, 극도로 긴장하는 것이 습관이 될 수도 있다. 결국 신체적 각성이 공황발작을 유발하게 된다.

어떤 사람은 신체감각을 무엇인가 불길한 일이 일어날 전조증상이라고 착 각하며, 그 공포가 공황발작으로 이어진다. 가슴 두근거림을 심장마비의 전 조증상이라고 생각하고, 가슴에서 느껴지는 모든 감각은 심장마비가 닥칠 것 이라는 공황상태로 이끌어갈 수도 있다.

내부감각 노출은 의도적으로 신체감각을 유발하고 그 감각이 초래하는 고 통을 이겨내는 노출 훈련의 한 유형이다. 신체감각이 유발한 고통을 견뎌냄 으로써 예상했던 파국적 결과에 대한 잘못된 생각을 반증하게 된다. 또한 신 체감각에 대한 극단적인 반응에도 둔감해지도록 만든다. 어지럼증은 여전히 성가신 경험이지만, 둔감화(탈민감화)는 어지럼증을 무엇인가 위험한 것의 전조 증상으로 받아들이지 않고 단지 성가신 것으로만 경험하도록 해준다.

내부감각 노출을 연습하려면, 상당히 문제가 있다고 생각하는 신체감각들 을 확인해야 한다. 다음은 그러한 감각들을 확인하는 데 도움이 되는 몇 가 지 질문이다.

- 심각한 질병에 걸렸다고 믿게 만드는 신체감각은 무엇인가?
- 공황발작의 전조증상이라고 생각하는 신체감각은 무엇인가?

- 상당히 부정적인 결과로 이어질 것이라는 공포 때문에 경험하기가 두려운 신체감각은 무엇인가?

일단 신체감각 목록을 작성했다면, 그것들을 신체 계통이나 감각 유형별로 분류하라. 다음은 여러분이 사용할 수 있는 범주들이다.

머리	현기증, 어지러움, 아찔함
심장	두근거림, 흉부 압박
위	메스꺼움
폐	숨 가쁨, 질식, 인후 폐쇄
신경	사지 저림
신체	발한
마음	비현실적인 느낌, 비현실적인 환경

그다음에는 두려워하는 감각을 촉발하는 행위 하나를 선택하라. 그 행위는 심각한 질병을 앓고 있지 않은 사람에게는 전혀 위험하지 않다는 사실을 지적하는 것이 중요하겠다. 이 훈련으로 악화될 것이라고 느껴지는 질병을 앓고 있다면, 그 행위를 수행해도 되는지를 주치의와 상의하라.

행위를 수행한 후, 기분이 어떤지에 주목하라. 자신의 신체에서 주목한 것을 기록하고 그 행위를 하는 동안 어떤 생각이 스쳐 지나갔는지 적어보라. 그다음 주관적 고통지수 척도(SUDS)를 사용해 불안의 강도를 평가하라. 이 척도는 조셉 울프가 1969년도 저서 『행동치료의 실천』에서 개발한 것이다. 0점은 불안이 전혀 없다는 의미이고, 10점은 견딜 수 없는 극도의 불안을 경험하고 있다는 의미다. 이 척도에 대한 몇몇 참고문헌은 0부터 100까지의 숫자 체계

유발하는 증상	행위와 지속시간
현기증, 어지러움	회전의자에 앉아서 1분간 돈다. 30초 동안 머리를 좌우로 흔든다. 30초 동안 서서 돈다.
두근거림, 흉통, 발한	1분 동안 제자리에서 뛴다.
질식	1분 동안 코를 막고 빨대를 통해서 호흡한다. 코를 막고 최대한 숨을 참는다. 만일 1분 정도 숨을 참았다면 재빨리 숨을 한 번 쉬고 다시 숨을 참는다.
숨 가쁨	1분 동안 코를 막고 빨대를 통해서 호흡한다. 코를 막고 최대한 숨을 참는다. 만일 1분 정도 숨을 참았다면 재빨리 숨을 한 번 쉬고 다시 숨을 참는다. 1분 동안 제자리에서 뛴다.
아찔함	30초 동안 머리를 다리 사이에 묻은 채로 앉아 있다가 빠르게 일어난다. 1분 동안 똑바로 누웠다가 재빨리 일어난다.
인후 폐쇄	빠르게 삼키는 행위를 연속 10회 한다(아무것도 마시지 않아야 한다). 1분 동안 코를 막고 빨대를 통해서 호흡한다.
메스꺼움	회전의자에 앉아서 1분간 돈다. 30초 동안 서서 돈다.
사지 저림	1분 동안 빠르고 깊게 숨을 들이쉬고 내쉰다.
비현실감	1분 동안 빠르고 깊게 숨을 들이쉬고 내쉰다. 2분 동안 눈 깜빡거림 없이 거울을 응시한다(가능한 한 오랫동안 눈을 깜빡이지 않도록 한다). 1분 동안 벽의 한 지점을 응시한다.

를 사용한다. 어느 숫자 체계를 사용하든, 정확성을 걱정할 필요는 없다.

이 훈련에서 글쓰기 부분은 경험하는 동안 자신의 생각과 감정을 알아차리도록 도와주며 불안의 강도를 측정할 수 있게 해준다. 이 훈련을 계속해나감에 따라서 불안의 강도가 사그라지는 것을 알아차리게 된다. 제8장에서 논의한 바와 같이, 감정에 정서 표지를 붙이는 것은 불안반응을 제거하는 데 도움을 준다.

내부감각 노출은 신체감각이 촉발하는 불안을 겪는 사람에게 가장 잘 작동한다. 즉, 공황장애, 건강불안 그리고 범불안장애에 효과적이다. 단계적 노출치료를 비롯한 일반적인 노출치료는 불확실성의 공포가 주도하는 불안에 잘 작동한다. 미지의 결과에 대한 공포는 불안을 겪고 있는 사람으로 하여금 무력감을 느끼게 하며, 회피행동의 근거가 된다. 노출 훈련은 두려움을 느끼는 불안 증상에 익숙해지도록 만들고 최악의 공포는 오지 않을 것임을 확신시켜준다.

이 장에서는 음악, ASMR 촉발자극, 색칠하기, 웃음, 노출을 사용하여 불안을 해소하는 방법 등을 논의했다. 비록 이러한 접근법들이 행동도구들이기는 하지만, 각 행위 전과 후에 SUDS 평가를 통해서 일기 쓰기 도구로 전환시킬 수 있다. 또한 안전행동들을 기록하고, 더 이상 그 행동에 의존하지 않을 때 그것들에 '극복했음'이라는 표지를 붙일 수도 있다. 이러한 행위들의 일기는 어떻게 그 도구들을 사용하고 있는지, 어느 것이 효과가 있고 어느 것이 효과가 없는지, 어떤 개선을 달성했는지 등을 파악할 수 있게 해준다.

지금까지 여러분이 불안이라는 미로를 빠져나오도록 인도하고, 무엇을 경험하고 있으며, 느끼는 것을 어떻게 글로 표현할 것인지를 도와주는 흥미로운 여정이었다. 나는 여러분이 자신의 도구를 준비하는 데 도움을 주기 위해 부록에 몇 가지 조견표와 작업계획표를 수록했다. 이 정보가 여러분의 인생 여정에 도움이 되는 동반자가 되기를 희망한다.

이제 작별해야 할 시간이지만, 언제든지 나의 유튜브 채널 DrTraceyMarks를 방문할 수 있다. 그곳에 들러 인사말을 남겨주기 바란다. 앞으로 여러분에게 좋은 일만 가득하길 바란다.

표적증상을
인지하는 방법

스스로 물음을 던지기 위한 단서

정상이 아닌 어떤 증상을 신체에서 느끼고 있는가?

다음 증상들은 신체도구가 도움을 줄 수 있다.

- 심계항진(심장박동이나 가슴이 쿵쾅거리는 것을 느낌)
- 휴식 상태에서의 발한
- 메스꺼움
- 어지러움(불안정한 느낌)
- 실신할 것 같은 느낌(빛이 점점 희미해지는 것 같음)
- 구갈(입이 바짝바짝 마름)
- 순간적 열감이나 냉감
- 흉부 압박
- 숨이 참(충분히 깊게 호흡할 수 없음)
- 기도가 막히는 감각
- 다리에 힘이 없음
- 몸이 떨림
- 뿌연 시야 또는 복시(하나의 물체가 여러 개로 보이는 증상)
- 배가 부글부글 끓음
- 설사
- 얼굴이나 손가락의 마비나 저림
- 부동감(떠 있는 것 같은 느낌)
- 이마 압박
- 비현실적인 느낌

- 전신에 긴장감이 느껴지거나 긴장을 풀 수 없음
- 망상

어떤 생각이 여러분을 괴롭히는가?

다음 증상들은 마음도구가 도움을 줄 수 있다.

- 미래의 부정적 사건에 대한 두려움
- 위험하거나 혐오스러운 것과의 접촉에 대한 두려움
- 다른 사람들이 불합리하거나 비현실적이라고 생각할 수 있는 믿음이나 생각
- 떨쳐버릴 수 없는 생각이나 이미지
- 의지를 갉아먹는 자아상

정상적이지 않거나 문제를 유발하는 여러분의 행동은 무엇인가?

다음 행동들은 행동도구나 신체도구가 도움을 줄 수 있다.

- 안절부절못하고 서성거림
- 금식이나 과식(특히 정크푸드)
- 과제를 마무리하지 못하거나 책무에 뒤처짐
- 피부 자상이나 물어뜯기 등의 자해 행위
- 부정적인 생각이나 감정을 떨쳐내기 위해 술과 같은 물질에 지나치게 의존함
- 다른 사람에게 시비 걸기
- 자신의 걱정거리로 주변 사람들을 화나게 하거나 신경이 곤두서게 만듦

- 일상적 활동에 방해가 될 정도의 강박행동(확인하기, 숫자 세기, 씻기 등)에 몰두함
- 회피가 부정적인 결과로 이어짐에도 불구하고 자신을 불안하게 만드는 사람, 장소, 상황 등을 회피함
- 바람직하지 못한 결정으로 이어지는 결론에 성급하게 도달함

여러분이 해낼 수 없는 것이나 잘할 수 없는 것은 무엇인가?

다음 증상들은 행동도구와 신체도구가 도움을 줄 수 있다.

- 집중력 부족
- 불면
- 성욕 부족
- 서투른 사회적 관계
- 사람들 앞에서의 발표와 같이, 수행과 관련된 책무를 완수하지 못함
- 운전 능력 부족
- 사회적 고립

작업계획표

자신의 증상을 목록으로 만들어라. 이 목록의 항목은 여러분이 개선을 원하는 것이다. 그런 다음에 **부록 B. 어떤 도구가 어떤 증상에 도움을 주는가?** 표를 살펴보면서, 각 증상에 대처하기 위해서 어떤 도구를 사용해야 하는지를 파악하라. 만일 한 가지 증상에 사용할 수 있는 도구가 둘 이상이라면, 그 도구들을 시도해보고 가장 효과가 있는 것을 확인하라. 하나의 도구가 두 가지 이상의 증상에서 작동한다면, 그 도구를 우선적으로 사용해보고 싶을 것이다.

표적증상	사용할 도구	효과 (1-놀라운 효과, 3-부분적 효과, 5-전혀 효과 없음)

어떤 도구가
어떤 증상에
도움을 주는가?

다음은 불안을 유발하는 증상이나 상황 그리고 그러한 증상이나 상황에서 가장 잘 작동하는 도구들이다. 아로마세라피를 제외하고 약물, 심리치료, 보조제, 보완치료와 대체치료 등은 포함시키지 않았다.

증상/상황	도구
스트레스	식이요법, 프로바이오틱스, 간헐적 단식, 운동, 마음챙김, 명상, 심호흡, 요가, 이완 훈련, 색칠하기, 웃음
극도의 긴장감	마음챙김, 명상, 심호흡, 요가, 이완 훈련, 음악, ASMR, 색칠하기, 웃음, 아로마세라피, 가중담요
건강불안 (건강과 신체증상에 대한 걱정)	응용 이완법, 내부감각 노출, 심호흡, 마음챙김, 긍정적 일기 쓰기, 걱정거리 일기 쓰기, 자동적인 부정적 사고 재구성하기
공황발작과 같이 강력한 불안(신체적 증상이 있거나 없음)이나 심각한 상황적 신경과민	미주신경자극, (예방을 위한) 응용 이완법, 그라운딩, 심호흡, (이완을 위한) 에센셜 오일 흡입기
나쁜 일진에 따른 심신의 피로	마음챙김, 심호흡, 요가, 색칠하기, 웃음, 가중담요, 아로마세라피, 음악
잠들기의 어려움	아로마세라피, 가중담요, 명상, 요가, 이완 훈련, 음악, ASMR
숙면의 어려움	아로마세라피, 운동, 가중담요, 프로바이오틱스, 요가
회피를 수반하는 사회불안과 수행불안	단계적 노출, 정서 명명하기, 긍정적 일기 쓰기, 걱정거리 일기 쓰기, 자동적인 부정적 사고 재구성하기
불안한 반추(걱정거리와 공포)	감사일기 쓰기, 정서 명명하기, 긍정적 일기 쓰기, 걱정거리 일기 쓰기, 자동적인 부정적 사고 재구성하기, 마음챙김, 명상, 그라운딩

증상/상황	도구
강박행동	단계적 노출*, 자동적인 부정적 사고의 재구성, 정서 명명하기
망상	마음챙김, 명상, 감사일기 쓰기, 긍정적 일기 쓰기, 걱정거리 일기 쓰기, 아로마세라피, 음악, ASMR, 색칠하기, 요가
스트레스에 의한 노화	식이요법, 프로바이오틱스, 간헐적 단식, 운동, 마음챙김, 명상, 요가
집중력 결함	간헐적 단식, 자극적인 에센셜 오일 흡입기(예: 오렌지, 박하), 명상
비현실적이거나 환경과 분리된 느낌	그라운딩, 마음챙김, 명상, 요가, 에센셜 오일 흡입기(그라운딩의 일환)

* 충동행동을 위한 단계적 노출은 반응방지와 함께 수행할 때 가장 잘 작동한다. 불안하게 만들고 충동행동을 나타나게 만드는 촉발자극들을 사용하여 공포의 사다리를 구성하라. 그런 다음에 충동행동에 몰두하지 않은 채 촉발자극에 자신을 노출시켜라. 만일 충동행동을 완전하게 억제할 수 없다면, 일정 시간 동안 기다린 다음에 다시 시작하면서 충동행동 횟수를 줄여라. 충동행동을 제거할 수 있을 때까지 계속해서 촉발자극에 자신을 노출하라.

아로마세라피
처방전과 조언

단일 오일

- 흡입기를 사용할 때는, 코튼 심지에 10~15방울을 바른다.
- 디퓨저, 샤워실 벽, 또는 침대 시트에 한두 방울을 떨어뜨린다.
- 플라스틱 재질의 일회용 흡입기나 재사용이 가능한 금속 용기를 구한다. 흡입기는 6개월간 사용할 수 있다.
- 흡입기로 사용할 수 있는 오일: 라벤더, 샌들우드, 네롤리, 베티버, 로만 캐모마일, 스파이크나드, 파출리, 일랑일랑, 베르가모트

혼합 오일

(피부에 도포해서 흡입하거나 진정시키는 마사지 용도로 사용하라.)

- 단위환산: 1온스 = 2티스푼 = 30mL
- 에센셜 오일을 피부에 도포할 때, 캐리어 오일을 사용해 희석시켜라. 가능한 한, 식물이나 씨앗 또는 견과류에서 추출한 유기농 냉압착·비정제 오일을 사용하라.
- 좋은 캐리어 오일로는 살구, 코코넛, 포도씨, 잇꽃, 참깨, 시어버터, 감편도, 해바라기 등을 꼽을 수 있다(코코넛 오일과 시어버터는 상온에서 고형이므로 에센셜 오일을 첨가하기 전에 녹여서 사용한다).
- 롤온형 도포용 기구나 스프레이병을 이용하여 오일을 피부에 도포한다. 1온스 캐리어 오일과 에센셜 오일 12방울을 혼합한 2% 희석 오일을 사용하라.

방향유 혼합물

최적의 시너지를 얻을 수 있도록 오일을 배합하는 한 가지 방법은 오일의 증발률을 고려하는 것이다. 탑 노트는 신속하게 증발하고 미들 노트는 중간 속

도로 증발하며, 베이스 노트는 가장 오래 남아 있고 서서히 증발한다. 탑 노트는 대체로 향이 가벼우며, 발향 후 곧 증발한다. 탑 노트가 증발하고 난 후 미들 노트 향이 나며, 이 두 향이 오일에 보디감을 더한다. 베이스 노트는 상대적으로 무거운 향이며 오일 혼합의 토대가 된다. 혼합할 오일을 5:4:3의 비율로 섞는다. 따라서 2%로 희석할 때는, 1온스의 캐리어 오일에 탑 노트 5방울, 미들 노트 4방울, 베이스 노트 3방울을 섞는다.

다음은 증발률에 따라 분류한 방향유들이다. 이 표를 사용하여 여러분만의 오일 블렌드를 만들 수 있다.

탑 노트(5방울)	미들 노트(4방울)	베이스 노트(3방울)
베르가모트*	로만 캐모마일 혹은 저먼 캐모마일	세다
카르다몸	사이프러스	프랑킨센스
클라리 세이지	퍼	진저
자몽	진저	네롤리
만다린	라벤더	파출리
머틀*	마조람	샌들우드
팔마로사	멜리사*	발레리안
페티그레인		베티버
스윗 오렌지		일랑일랑*
티트리		
타임		

*피부 자극을 유발할 수 있으므로 욕조에서 사용할 때는 조심하라.

피스풀 슬립 오일(숙면 오일)

나는 매일 밤 이 오일을 손가락, 목 앞쪽과 가슴에 살짝 발라준다. 때때로 나는 이 오일을 바른 직후 (텔레비전을 시청하다가) 잠이 들었다. 그러므로 잠자리에 들기 전에 사용하는 것이 좋다.

숙면 오일은 4% 희석 오일로, 장기간 사용하는 일반 오일의 권장 희석 농도 2%보다는 진하다. 이 오일을 장기간 사용한다고 하더라도, 피부의 아주 작은 부위에만 사용하기 때문에 4%라도 그렇게 진한 것은 아니다. 만일 전신 마사지용으로 매일 사용하려고 한다면, 1~2% 희석 오일을 고려해보아야 한다.

해바라기 오일	1온스
클라리 세이지	8방울
스파이크나드	4방울
그린 만다린	6방울
일랑일랑	6방울

스프레이형 뚜껑이나 점적기 또는 개방형 마개가 달린 유리병 안에 모든 오일을 넣고 섞어라. 유리병 입구가 작은 경우에는 손가락으로 구멍을 막고 병을 거꾸로 뒤집어서 손가락 위에 소량을 묻힌다. 그런 다음 손가락을 사용해서 목이나 손바닥에 문지른다.

주의사항: 일랑일랑은 피부 자극을 일으킬 수 있는 오일 중 하나다. 만일 피부가 민감하다면, 일랑일랑을 다른 미들 노트나 진저와 같은 베이스 노트로 대체할 수 있다.

이완용 배스솔트(목욕용 소금)

소금 반 컵 + 에센셜 오일 12방울 + 캐리어 오일 2티스푼.

    소금의 종류로는 엡솜 소금, 사해 소금, 히말라야 소금 등을 꼽을 수 있다. 엡솜 소금은 황산마그네슘이다(마그네슘의 이완 효과를 기억하고 있는가?). 사해 소금은 중동지역 사해에서 나는 소금이다. 사해는 일반 바닷물에 비해 나트륨 농도가 낮다. 또한 마그네슘 농도가 높으며 다른 미네랄도 함유하고 있다. 히말라야 소금은 파키스탄 펀자브 지방에 있는 작은 히말라야 산줄기에서 채굴한다. 식탁용 일반 소금으로도 사용하며 나트륨 농도가 낮다. 또한 마그네슘을 포함한 여러 가지 미량원소들도 포함하고 있어서 분홍빛을 띠고 있다.

    캐리어 오일에 단일 오일이나 합성 오일을 섞어서 소금에 넣은 다음에 잘 저어준다. 만일 소금 결정체가 미세하다면, 스크럽제로 사용할 수 있다. 만일 결정체가 크고 거칠다면, 욕조 물에 타서 사용한다.

목욕 오일

물과 오일은 섞이지 않으므로 에센셜 오일을 식물성 글리세린이나 알로에 베라와 같은 수용성 정착액에 첨가할 필요가 있다. 피부에 사용할 오일 혼합물을 제조할 때와 동일한 방식으로 혼합액을 만든다. 오일을 글리세린과 섞은 후에 그 혼합액을 목욕물에 넣는다. 목욕 오일은 1% 희석액을 사용해야 한다. 1% 희석 농도를 얻으려면 식물성 글리세린이나 알로에 베라 1온스에 에센셜 오일 6방울을 섞는다.

실내용 스프레이

식물성 글리세린 정착액과 오일을 스프레이병에 넣고 섞어준다. 스프레이병에 물을 채우고 잘 흔들어준다(실내용 스프레이는 3% 희석액이다).

정서 표

만일 자신의 정서를 인지하는 데 어려움이 있다면, 다음 표가 도움이 될 수 있다. 행복이나 공포와 같은 일차 정서와 연관된 정서들을 약, 중, 강으로 분류해보았다(영어와 한국어의 정서 형용사들이 일대일 대응되지 않는 경우가 많기 때문에, 원서의 영어 단어를 병기했다).

행복하다(happy)		
약	중	강
흡족하다(content)	행복에 겹다(blissful)	들뜨다(excited)
평온하다(peaceful)	흥겹다(cheerful)	짜릿하다(thrilled)
만족하다(satisfied)	기껍다(delighted)	황홀하다(ecstatic)
고맙다(glad)	의기양양하다(elated)	신난다(stoked)
기쁘다(pleased)	흐뭇하다(gratified)	도취하다(euphoric)
유쾌하다(joyful)	낙관적이다(optimistic)	휘황찬란하다(radiant)

두렵다(fearful)		
약	중	강
수줍다(shy)	염려하다(afraid)	두렵다(terrified)
긴장하다(nervous)	겁먹다(scared)	주눅들다(intimidated)
불안하다(anxious)	위협적이다(threatened)	섬뜩하다(horrified)
겸연쩍다(self-conscious)	불신하다(mistrustful)	허둥지둥하다(panicked)
걱정하다(worried)	방어적이다(defensive)	몹시 두렵다(dread)
초초하다(edgy)	놀라다(alarmed)	이성을 잃다(unglued)

상처받다(hurt)

약	중	강
무시되다(neglected)	업신여기다(belittled)	망가지다(destroyed)
얕보다(minimized)	비난받다(criticized)	모욕당하다(degraded)
인정받지 못하다(unappreciated)	폄하하다(disparaged)	상처받다(wounded)
업신여김 당하다(slighted)	조롱당하다(ridiculed)	굴욕적이다(humiliated)
무례하다(disrespected)	학대받다(exploited)	버림받다(forsaken)
무시당하다(insulted)	감정이 상하다(aggrieved)	퇴짜 맞다(rejected)

슬프다(sad)

약	중	강
불행하다(unhappy)	속상하다(upset)	절망적이다(hopeless)
실망하다(disappointed)	비참하다(miserable)	우울하다(depressed)
하찮다(low)	비관적이다(pessimistic)	공허하다(empty)
풀죽다(downcast)	암울하다(blue)	비참하다(miserable)
침침하다(somber)	침울하다(gloomy)	상심하다(broken)
외롭다(lonely)	의기소침하다(crestfallen)	실의에 빠지다(dejected)

부적절하다(inadequate)		
약	중	강
확신 없다(unsure)	패배하다(defeated)	무가치하다(worthless)
비효과적이다(ineffective)	실력이 모자라다(incapable)	무력하다(powerless)
약하다(weak)	부족하다(deficient)	무기력하다(helpless)
자신 없다(nonconfident)	수치스럽다(shamed)	쓸모없다(useless)
무능하다(incompetent)	치욕스럽다(humiliated)	열등하다(inferior)
당황스럽다(embarrassed)	변변찮다(lame)	모멸스럽다(mortified)

화나다(angry)		
약	중	강
초조하다(uptight)	원망스럽다(resentful)	격분하다(furious)
언짢다(offended)	짜증나다(irritable)	격노하다(enraged)
짜증스럽다(irked)	약오르다(annoyed)	분개하다(irate)
분하다(chagrined)	발끈하다(miffed)	비통하다(bitter)
좌절하다(flustered)	분개하다(indignant)	안색이 변하다(livid)
동요하다(perturbed)	역겹다(disgusted)	격앙하다(incensed)

그라운딩 훈련

그라운딩 훈련은 두려움을 느끼거나 해리 경험을 하거나 공황상태를 느낄 때 도움이 된다. 진정 효과가 있는 몇 가지 훈련을 찾아보고, 필요할 때 사용할 수 있도록 준비하라.

오리엔테이션 훈련

자신에 대한 신원확인 정보를 암송하라.

나는 [이름]이다. 나는 [나이]살이다. 나는 [시, 군, 구 등]에 산다.
오늘은 [요일, 날짜]이다. 나는 현재 [장소]에 있다. 나는 안전하다.

5-4-3-2-1 환경 자각

이 기법은 오감을 활용해서 주변 환경을 인식하는 데 도움을 준다.

- 눈에 보이는 것 5가지 이름을 말하라.
- 느낄 수 있는 것 4가지 이름을 말하라.
- 들리는 것 3가지 이름을 말하라.
- 냄새 맡을 수 있는 것 2가지 이름을 말하라.
- 맛볼 수 있는 것 1가지 이름을 말하거나 자신의 1가지 장점을 말하라.

신체 자각

- 주먹을 꽉 쥐었다 풀어라. 이 동작을 5번 실시하라.
- 발가락을 꼼지락거려라.
- 두 손바닥을 비비면서 이때 나는 소리와 마찰에 의한 온기에 주목하라.
- 입을 크게 벌리고 불편하지 않을 만큼 턱을 최대한 내려라. 그런 다음

힘을 풀고 입을 다물어라. 얼굴 아래쪽의 긴장이 풀리는 것에 주목하라.

호흡 자각

호흡 패턴을 바꾸려고 하지 말고 그 패턴에 주의를 기울여라.

- 숨을 천천히 쉬고 있는가, 아니면 빠르게 쉬고 있는가?
- 입으로 숨을 쉬고 있는가, 아니면 코로 쉬고 있는가?
- 숨을 쉴 때 몸이 움직이는 것이 보이는가?

색깔 자각

색 하나를 고르고 그 색을 가지고 있는 주변 물체의 이름을 모두 말해보라.

냄새 자각

강하지만 기분 좋은 냄새를 지니고 다녀라. 선택한 향의 냄새는 아로마세라피 흡입기에서 나는 것일 수도 있고, 핸드로션과 같이 향이 포함된 다른 물질일 수도 있다.

심호흡

들이마실 때 다섯을 세고, 내쉴 때 다섯을 세면서 깊고 느리게 호흡하라. 내 쉴 때 호흡이 몸 안의 모든 긴장을 방출한다고 상상하라.

맨땅 감각

맨발로 흙바닥(혹은 풀밭) 위에 서보라. 두 눈을 감고 땅의 질감과 발밑에서 그 질감이 어떻게 느껴지는지에 주목하라.

정신훈련

- 가능한 한 많은 국가의 이름을 대보라.
- 열두 달의 영어 이름을 역순으로 말해보라.
- 구구단을 외어보라.
- 좋아하는 노래의 가사를 외어보라.
- 100부터 카운트다운을 해보라.

알파벳 지리

각 알파벳에 해당하는 국가나 주 또는 도시 등의 지명을 말해보라. 예컨대, A
는 아프가니스탄, B는 벨기에, C는 콜롬비아, D는 덴마크 등등으로 말이다.
국가, 주, 도시를 마음대로 섞어도 된다. 일차적으로 국가로 시작하지만, 해당
하는 국가가 생각나지 않으면 주나 도시의 이름을 시도하라. 이 훈련의 변형
은 여러분의 답을 한 국가 안의 지명으로 국한시키는 것이다.

감각적 물건

표면이 매끈한 돌이나 말랑말랑한 스트레스볼(스트레스를 풀려고 손으로 주물럭거리
며 갖고 노는 고무 장난감)과 같이 흥미로운 질감의 물건을 지니고 다니거나 쉽게
사용할 수 있게 준비하라. 불안할 때 그 물건을 손에 쥐고 만지작거리면서 지
금 이 순간 당신이 안전하다는 사실을 상기하라. 그 물체가 지금 이 순간에
어떻게 느껴지는지 생각하라. 불안이나 마음의 동요는 과거나 미래에 관한 것
임을 알게 된다.

의미 있는 물건

쳐다보면 따뜻하고 유쾌한 느낌을 주는 감상적인 의미가 있는 물건을 지니고

다녀라. 그 물건은 사랑하는 사람의 사진일 수도 있고 과거에 즐기던 활동의 기념물일 수도 있다.

고무밴드

허리에 고무밴드를 차고 살짝 잡아당겼다가 놓는다.

신체 움직임

천장을 향해서 팔을 위로 쭉 뻗은 다음에 허리를 구부려서 손이 바닥에 닿도록 하라.

시원한 감각

손 위로 찬물을 흘려보내거나 얼굴에 찬물을 뿌려라. 목에 차가운 수건을 올려놓을 수도 있다. 또 다른 대안은 차가운 음료를 마시면서 입안, 목구멍, 가슴에서 느껴지는 시원한 감각에 주목하라.

안심시키는 말

자신은 안전하다는 사실을 상기하라. 늘 그랬던 것처럼 불안은 지나가버린다는 사실을 상기하라. 불안은 마음이 자신에게 마술을 거는 것이며, 자신의 어떤 신체적 결함을 의미하는 것이 아니라는 사실을 상기하라.

대처하는 진술 반복하기

"이 또한 지나갈 것이다", "이것도 대처할 수 있는 삶의 일부일 뿐이야", "난 할 수 있어" 등과 같은 긍정적 진술을 하라.

반짝이 유리병

반짝이 유리병을 흔들고 반짝이가 가라앉음에 따라 자신의 생각도 차분해지는 것을 느껴라. 또한 호흡에 집중하는 동안 반짝이를 타이머로 사용할 수도 있다.

내부감각 노출
작업계획표

이 작업계획표를 사용해서 내부감각 노출 훈련을 실시하라. 각 증상에 대해 둘 이상의 행위를 수행할 수 있다. 주관적 고통지수 척도(SUDS)의 점수가 2 이하가 될 때까지 연습을 계속하라.

증상	행위	관련 정서	SUDS(1~10)
어지럼증	회전의자에 앉아 1분간 회전하기	불안, 공포	5

신체조직별 증상

머리	어지럼증, 현기증, 아찔함
심장	심계항진, 흉부 압박
위	메스꺼움
폐	숨참, 질식, 인후 막힘
신경	사지 저림
신체	발한
마음	환경이 비현실적이라는 느낌

내부감각 훈련

유발하는 증상	행위와 지속시간
현기증, 어지러움	회전의자에 앉아서 1분간 돈다. 30초 동안 머리를 좌우로 흔든다. 30초 동안 서서 돈다.
두근거림, 흉통, 발한	1분 동안 제자리에서 뛴다.
질식	1분 동안 코를 막고 빨대를 통해서 호흡한다. 코를 막고 최대한 숨을 참는다. 만일 1분 정도 숨을 참았다면 재빨리 숨을 한 번 쉬고 다시 숨을 참는다.
숨 가쁨	1분 동안 코를 막고 빨대를 통해서 호흡한다. 코를 막고 최대한 숨을 참는다. 만일 1분 정도 숨을 참았다면 재빨리 숨을 한 번 쉬고 다시 숨을 참는다. 1분 동안 제자리에서 뛴다.
아찔함	30초 동안 머리를 다리 사이에 묻은 채로 앉아 있다가 빠르게 일어난다. 1분 동안 똑바로 누웠다가 재빨리 일어난다.
인후 폐쇄	빠르게 삼키는 행위를 연속 10회 한다(아무것도 마시지 않아야 한다). 1분 동안 코를 막고 빨대를 통해서 호흡한다.
메스꺼움	회전의자에 앉아서 1분간 돈다. 30초 동안 서서 돈다.
사지 저림	1분 동안 빠르고 깊게 숨을 들이쉬고 내쉰다.
비현실감	1분 동안 빠르고 깊게 숨을 들이쉬고 내쉰다. 2분 동안 눈 깜빡거림 없이 거울을 응시한다(가능한 한 오랫동안 눈을 깜빡이지 않도록 한다). 1분 동안 벽의 한 지점을 응시한다.

주관적 고통지수 척도

	평가의 예
0	불안 없음: 삶은 멋진 해변이다.
1	경계심은 있으나 고통스럽지 않음
2	분명치 않은 불편함과 함께 약간의 긴장을 느낌
3	어떤 심적이거나 신체적 증상과 함께 미약하게 불안하지만 여전히 일상과제를 수행하고 있음
4	약~중 정도의 불안: 문제가 되어가고 있으며 주의집중을 방해함
5	중급 불안: 상당히 불편하지만, 여전히 일상과제를 수행할 수 있음
6	과제 수행에 영향을 미침: 일정에 뒤처지거나 아무 일도 할 수 없음
7	매우 불안하고 집중하는 것이 어려움: 극도로 예민함
8	극도로 불안하고 혼란스러움
9	불안에 압도당하고 완전히 붕괴되기 직전임
10	극심한 불안: 재앙이 빤히 내려다보고 있음. 입원이 필요할지도 모름

참고문헌

제 1 장

Aktar, E., and Bögels, S. M. (2017). Exposure to Parents' Negative Emotions as a Developmental Pathway to the Family Aggregation of Depression and Anxiety in the First Year of Life. *Clinical Child and Family Psychology Review*, 20(4), 369–390. https://doi.org/10.1007/s10567-017-0240-7.

Al-Ezzi, A., Kamel, N., Faye, I., and Gunaseli, E. (2021). Analysis of Default Mode Network in Social Anxiety Disorder: EEG Resting-State Effective Connectivity Study. *Sensors* (Basel, Switzerland), 21(12), 4098. https://doi.org/10.3390/s21124098.

Banerjee, A., Sarkhel, S., Sarkar, R., and Dhali, G. K. (2017). Anxiety and Depression in Irritable Bowel Syndrome. *Indian Journal of Psychological Medicine*, 39(6), 741–745. https://doi.org/10.4103/IJPSYM.IJPSYM_46_17.

Bansal, T., and Hooda, S. (2016). Hyperventilation syndrome after general anesthesia: Our experience. *Journal of Anaesthesiology, Clinical Pharmacology*, 32(4), 536–537. https://doi.org/10.4103/0970-9185.168192.

Bansal, T., and Hooda, S. (2013). Teena Bansal, Sarla Hooda, Hyperventilation causing symptomatic hypocalcaemia during labour in a parturient: *Egyptian Journal of Anaesthesia*, 29,(4), 333-335.

Constantino, J. N., Cloninger, C. R., Clarke, A. R., Hashemi, B., and Przybeck, T. (2002). Application of the seven-factor model of personality to early childhood. *Psychiatry Research*, 109(3), 229–243. https://doi.org/10.1016/s0165-1781(02)00008-2.

Crosby Budinger, M., Drazdowski, T. K., and Ginsburg, G. S. (2013). Anxiety-promoting parenting behaviors: a comparison of anxious parents with and without social anxiety disorder. *Child Psychiatry and Human Development*, 44(3), 412–418. https://doi.org/10.1007/s10578-012-0335-9.

Etkin, A., and Wager, T.D.: Functional neuroimaging of anxiety: a meta-analysis of emotional processing in PTSD, social anxiety disorder, and specific phobia. *American Journal of Psychiatry* 2007; 164:1476–1488.

Fountoulakis, K. N., and Gonda, X. (2019). Modeling human temperament and character on the basis of combined theoretical approaches. *Annals of General Psychiatry*, 18(1). https://doi.org/10.1186/s12991-019-0247-1.

Fox, A. S., Harris, R. A., Rosso, L. D., Raveendran, M., Kamboj, S., Kinnally, E. L., Capitanio, J. P., and Rogers, J. (2021). Infant inhibited temperament in primates predicts adult behavior, is heritable, and is associated with anxiety-relevant genetic variation. *Molecular Psychiatry*, 26(11), 6609–6618. https://doi.org/10.1038/s41380-021-01156-4.

Garcia, K. M., Carlton, C. N., and Richey, J. A. (2021). Parenting Characteristics among Adults With Social Anxiety and their Influence on Social Anxiety Development in Children: A Brief Integrative Review. *Frontiers in Psychiatry*, 12, 614318. https://doi.org/10.3389/fpsyt.2021.614318.

Grillon, C., Robinson, O. J., Cornwell, B., and Ernst, M. (2019). Modeling anxiety in healthy humans: a key intermediate bridge between basic and clinical sciences. *Neuropsychopharmacology: official publication of the American College of Neuropsychopharmacology*, 44(12), 1999–2010. https://doi.org/10.1038/s41386-019-0445-1.

Gusnard, D.A., Akbudak, E., Shulman, G.L., and Raichle, M.E. Medial prefrontal cortex and self-referential mental activity: relation to a default mode of brain function. *Proceedings of the National Academy of Sciences* March 2001, 98 (7) 4259-4264; DOI: 10.1073/pnas.071043098.

Hermann, R., Lay, D., Wahl, P., Roth, W. T., and Petrowski, K. (2019). Effects of psychosocial and physical stress on lactate and anxiety levels. *Stress* (Amsterdam, Netherlands), 22(6), 664–669. https://doi.org/10.1080/10253890.2019.1610743.

Hettema, J. M., Neale, M. C., and Kendler, K. S. (2001). A review and meta-analysis of the genetic epidemiology of anxiety disorders. *American Journal of Psychiatry*, 158(10), 1568–1578. https://doi.org/10.1176/appi.ajp.158.10.1568.

Holzschneider, K., and Mulert, C. (2011). Neuroimaging in anxiety disorders. *Dialogues in Clinical Neuroscience*, 13(4), 453–461. https://doi.org/10.31887/DCNS.2011.13.4/kholzschneider.

Hyland, P., Shevlin, M., Elklit, A., Christoffersen, M., and Murphy, J. (2016). Social, familial and psychological risk factors for mood and anxiety disorders in childhood and early adulthood: a birth cohort study using the Danish Registry System. *Social Psychiatry and Psychiatric Epidemiology*, 51(3), 331–338. https://doi.org/10.1007/s00127-016-1171-1.

Jokela, M., Keltikangas-Järvinen, L., Kivimäki, M., Puttonen, S., Elovainio, M., Rontu, R., and Lehtimäki, T. (2007). Serotonin receptor 2A gene and the influence of childhood maternal nurturance on adulthood depressive symptoms. *Archives of General Psychiatry*, 64(3), 356–360. https://doi.org/10.1001/archpsyc.64.3.356.

Kagan J. (2002). Childhood predictors of states of anxiety. Dialogues in clinical neuroscience, 4(3), 287–293. https://doi.org/10.31887/DCNS.2002.4.3/jkagan.

Lamm, C., Walker, O. L., Degnan, K. A., Henderson, H. A., Pine, D. S., McDermott, J. M., and Fox, N. A. (2014). Cognitive control moderates early childhood temperament in predicting social behavior in 7-year-old children: an ERP study. *Developmental Science*, 17(5), 667–681. https://doi.org/10.1111/desc.12158.

Lebowitz, E. R., Leckman, J. F., Silverman, W. K., and Feldman, R. (2016). Cross-generational influences on childhood anxiety disorders: pathways and mechanisms. *Journal of Neural Transmission* (Vienna, Austria: 1996), 123(9), 1053–1067. https://doi.org/10.1007/s00702-016-1565-y.

LeDoux, Joseph E. and Daniel S. Pine. Using Neuroscience to Help Understand Fear and Anxiety: A Two-System Framework. *American Journal of Psychiatry* 2016. 173:11, 1083-1093 doi: 10.1176/appi.ajp.2016.16030353.

Li, X., Sundquist, J., and Sundquist, K. (2008). Age-specific familial risks of anxiety. A nationwide epidemiological study from Sweden. *European Archives of Psychiatry and Clinical Neuroscience*, 258(7), 441–445. https://doi.org/10.1007/s00406-008-0817-8.

Lieb, R., Wittchen, H. U., Höfler, M., Fuetsch, M., Stein, M. B., and Merikangas, K. R. (2000). Parental psychopathology, parenting styles, and the risk of social phobia in offspring: a prospective-longitudinal community study. *Archives of General Psychiatry*, 57(9), 859–866. https://doi.org/10.1001/archpsyc.57.9.859.

Parasa, M., Saheb, S. M., and Vemuri, N. N. (2014). Cramps and tingling: A diagnostic conundrum. *Anesthesia, Essays and Researches*, 8(2), 247–249. https://doi.org/10.4103/0259-1162.134524.

van Laere, K., Goffin, K., Bormans, G., Casteels, C., Mortelmans, L., de Hoon, J., Grachev, I., Vandenbulcke, M., and Pieters, G. (2009). Relationship of type 1 cannabinoid receptor availability in the human brain to novelty-seeking temperament. *Archives of General Psychiatry*, 66(2), 196–204. https://doi.org/10.1001/archgenpsychiatry.2008.530.

van Tilburg, M. A., Palsson, O. S., and Whitehead, W. E. (2013). Which psychological factors exacerbate irritable bowel syndrome? Development of a comprehensive model. *Journal of Psychosomatic Research*, 74(6), 486–492. https://doi.org/10.1016/j.jpsychores.2013.03.004.

Weissman, M. M., Leckman, J. F., Merikangas, K. R., Gammon, G. D., and Prusoff, B. A. (1984). Depression and anxiety disorders in parents and children. Results from the Yale family study. *Archives of General Psychiatry*, 41(9), 845–852. https://doi.org/10.1001/archpsyc.1984.01790200027004.

제 2 장

Aktar, E., and Bögels, S. M. (2017). Exposure to Parents' Negative Emotions as a Developmental Pathway to the Family Aggregation of Depression and Anxiety in the First Year of Life. *Clinical Child and Family Psychology Review*, 20(4), 369–390. https://doi.org/10.1007/s10567-017-0240-7.

Balaram, K., Marwaha, R., *Agoraphobia*. Treasure Island, Florida: StatPearls Publishing; 2021. https://www.ncbi.nlm.nih.gov/books/NBK554387/.

Blair, K., Geraci, M., Devido, J., McCaffrey, D., Chen, G., Vythilingam, M., Ng, P., Hollon, N., Jones, M., Blair, R. J. R., and Pine, D. S. (2008). Neural Response to Self- and Other Referential Praise and Criticism in Generalized Social Phobia. *Archives of General Psychiatry*, 65(10), 1176. https://doi.org/10.1001/archpsyc.65.10.1176.

De Cort, K., Griez, E., Büchler, M., and Schruers, K. (2012). The role of "interoceptive" fear conditioning in the development of panic disorder. *Behavior Therapy*, 43(1), 203–215. https://doi.org/10.1016/j.beth.2011.06.005.

Eaton, W. W., Bienvenu, O. J., and Miloyan, B. (2018). Specific phobias. *The Lancet, Psychiatry*, 5(8), 678–686. https://doi.org/10.1016/S2215-0366(18)30169-X.

Handley, A. K., Egan, S. J., Kane, R. T., and Rees, C. S. (2014). The relationships between perfectionism, pathological worry and generalised anxiety disorder. *BMC Psychiatry*, 14, 98. https://doi.org/10.1186/1471-244X-14-98.

Hanisch, L. J., Hantsoo, L., Freeman, E. W., Sullivan, G. M., and Coyne, J. C. (2008). Hot flashes and panic attacks: a comparison of symptomatology, neurobiology, treatment, and a role for cognition. *Psychological Bulletin*, 134(2), 247–269. https://doi.org/10.1037/0033-2909.134.2.247.

Hirsch, C. R., and Mathews, A. (2012). A cognitive model of pathological worry. *Behaviour Research and Therapy*, 50(10), 636–646. https://doi.org/10.1016/j.brat.2012.06.007.

Hoffman, Y., Pitcho-Prelorentzos, S., Ring, L., and Ben-Ezra, M. (2019). "Spidey Can": Preliminary Evidence Showing Arachnophobia Symptom Reduction Due to Superhero Movie Exposure. *Frontiers in Psychiatry*, 10, 354. https://doi.org/10.3389/fpsyt.2019.00354.

Jarcho, J. M., Romer, A. L., Shechner, T., Galvan, A., Guyer, A. E., Leibenluft, E., Pine, D. S., and Nelson, E. E. (2015). Forgetting the best when predicting the worst: Preliminary observations on neural circuit function in adolescent social anxiety. *Developmental Cognitive Neuroscience*, 13, 21–31. https://doi.org/10.1016/j.dcn.2015.03.002.

Kessler, R. C., Chiu, W. T., Jin, R., Ruscio, A. M., Shear, K., and Walters, E. E. (2006). The epidemiology of panic attacks, panic disorder, and agoraphobia in the National Comorbidity Survey Replication. *Archives of General Psychiatry*, 63(4), 415–424. https://doi.org/10.1001/archpsyc.63.4.415.

Kessler, R. C., Petukhova, M., Sampson, N. A., Zaslavsky, A. M., and Wittchen, H. (2012). Twelve-month and lifetime prevalence and lifetime morbid risk of anxiety and mood disorders in the United States. *International Journal of Methods in Psychiatric Research*, 21(3), 169–184. https://doi.org/10.1002/mpr.1359.

Kessler, R. C., Stein, M. B., and Berglund, P. (1998). Social phobia subtypes in the National Comorbidity Survey. *American Journal of Psychiatry*, 155(5), 613–619. https://doi.org/10.1176/ajp.155.5.613.

Lieb, R., Wittchen, H. U., Höfler, M., Fuetsch, M., Stein, M. B., and Merikangas, K. R. (2000). Parental psychopathology, parenting styles, and the risk of social phobia in offspring: a prospective-longitudinal community study. *Archives of General Psychiatry*, 57(9), 859–866. https://doi.org/10.1001/archpsyc.57.9.859.

Manicavasagar, V., Silove, D., Wagner, R., and Hadzi-Pavlovic, D. (1999). Parental representations associated with adult separation anxiety and panic disorder-agoraphobia. *The Australian and New Zealand Journal of Psychiatry*, 33(3), 422–428. https://doi.org/10.1046/j.1440-1614.1999.00566.x.

Milrod, B., Markowitz, J. C., Gerber, A. J., Cyranowski, J., Altemus, M., Shapiro, T., Hofer, M., and Glatt, C. (2014). Childhood separation anxiety and the pathogenesis and treatment of adult anxiety. *American Journal of Psychiatry*, 171(1), 34–43. https://doi.org/10.1176/appi.ajp.2013.13060781.

Mitchell, J. P., Banaji, M. R., and Macrae, C. N. (2005). The link between social cognition and self-referential thought in the medial prefrontal cortex. *Journal of Cognitive Neuroscience*, 17(8), 1306–1315. https://doi.org/10.1162/0898929055002418.

Nakamura, M., Sugiura, T., Nishida, S., Komada, Y., and Inoue, Y. (2013). Is nocturnal panic a distinct disease category? Comparison of clinical characteristics among patients with primary nocturnal panic, daytime panic, and coexistence of nocturnal and daytime panic. *Journal of clinical sleep medicine: JCSM: Official Publication of the American Academy of Sleep Medicine*, 9(5), 461–467. https://doi.org/10.5664/jcsm.2666.

Olatunji, B. O., and Sawchuk, C. N. (2005). Disgust: Characteristic features, social manifestations, and clinical implications. *Journal of Social and Clinical Psychology*, 24(7), 932–962. https://doi.org/10.1521/jscp.2005.24.7.932.

Pickering, L., Hadwin, J.A. and Kovshoff, H. The Role of Peers in the Development of Social Anxiety in Adolescent Girls: A Systematic Review. *Adolescent Res Rev* 5, 341–362 (2020). https://doi.org/10.1007/s40894-019-00117-x.

Pini, S., Abelli, M., Troisi, A., Siracusano, A., Cassano, G. B., Shear, K. M., and Baldwin, D. (2014). The relationships among separation anxiety disorder, adult attachment style and agoraphobia in patients with panic disorder. *Journal of Anxiety Disorders*, 28(8), 741–746. https://doi.org/10.1016/j.janxdis.2014.06.010.

Polák, J., Sedláčková, K., Landová, E., and Frynta, D. (2020). Faster detection of snake and spider phobia: revisited. *Heliyon*, 6(5), e03968. https://doi.org/10.1016/j.heliyon.2020.e03968.

Ruscio, A. M., Brown, T. A., Chiu, W. T., Sareen, J., Stein, M. B., and Kessler, R. C. (2008). Social fears and social phobia in the USA: results from the National Comorbidity Survey Replication. *Psychological medicine*, 38(1), 15–28. https://doi.org/10.1017/S0033291707001699.

Silove, D., Alonso, J., Bromet, E., Gruber, M., Sampson, N., Scott, K., Andrade, L., Benjet, C., Caldas de Almeida, J. M., De Girolamo, G., de Jonge, P., Demyttenaere, K., Fiestas, F., Florescu, S., Gureje, O., He, Y., Karam, E., Lepine, J. P., Murphy, S., Villa-Posada, J., and Kessler, R. C. (2015). Pediatric-Onset and Adult-Onset Separation Anxiety Disorder Across Countries in the World Mental Health Survey. *American Journal of Psychiatry*, 172(7), 647–656. https://doi.org/10.1176/appi.ajp.2015.14091185.

Simons, M., and Vloet, T. D. (2018). Emetophobia - A Metacognitive Therapeutic Approach for an Overlooked Disorder. *Zeitschrift für Kinder- und Jugendpsychiatrie und Psychotherapie*, 46(1), 57–66. https://doi.org/10.1024/1422-4917/a000464.

Stöber, J., Joormann, J. Worry, Procrastination, and Perfectionism: Differentiating Amount of Worry, Pathological Worry, Anxiety, and Depression. *Cognitive Therapy and Research* 25, 49–60 (2001). https://doi.org/10.1023/A:1026474715384.

Tybur, J. M., Çınar, Ç., Karinen, A. K., and Perone, P. (2018). Why do people vary in disgust?. *Philosophical transactions of the Royal Society of London. Series B, Biological Sciences*, 373(1751), 20170204. https://doi.org/10.1098/rstb.2017.0204.

Ziemann, A. E., Allen, J. E., Dahdaleh, N. S., Drebot, I. I., Coryell, M. W., Wunsch, A. M., Lynch, C. M., Faraci, F. M., Howard, M. A., Welsh, M. J., and Wemmie, J. A. (2009). The amygdala is a chemosensor that detects carbon dioxide and acidosis to elicit fear behavior. *Cell*, 139(5), 1012–1021. https://doi.org/10.1016/j.cell.2009.10.029.

제 3 장

Agarwal, S., Guntuku, S. C., Robinson, O. C., Dunn, A., and Ungar, L. H. (2020). Examining the Phenomenon of Quarter-Life Crisis Through Artificial Intelligence and the Language of Twitter. *Frontiers in Psychology*, 11, 341. https://doi.org/10.3389/fpsyg.2020.00341.

Clarke C. Can Occupational Therapy Address the Occupational Implications of Hoarding?. *Occupational Therapy International*, 2019; 2019:5347403. Published 2019, March 4. doi:10.1155/2019/5347403.

Davidson, E. J., Dozier, M. E., Pittman, J., Mayes, T. L., Blanco, B. H., Gault, J. D., Schwarz, L. J., and Ayers, C. R. (2019). Recent Advances in Research on Hoarding. *Current Psychiatry Reports*, 21(9), 91. https://doi.org/10.1007/s11920-019-1078-0.

Davidson, E. J., Dozier, M. E., Pittman, J. O. E., Mayes, T. L., Blanco, B. H., Gault, J. D., Schwarz, L. J., and Ayers, C. R. (2019). Recent Advances in Research on Hoarding. *Current Psychiatry Reports*, 21(9). https://doi.org/10.1007/s11920-019-1078-0.

Foa, E. B., Kozak, M. J., Goodman, W. K., Hollander, E., Jenike, M. A., and Rasmussen, S. A. (1995). DSM-IV field trial: obsessive-compulsive disorder. *American Journal of Psychiatry*, 152(1), 90–96. https://doi.org/10.1176/ajp.152.1.90.

Frost, R. O., Patronek, G., and Rosenfield, E. (2011). Comparison of object and animal hoarding. *Depression and Anxiety*, 28(10), 885–891. https://doi.org/10.1002/da.20826.

Grant, J. E., Odlaug, B. L., Chamberlain, S. R., Keuthen, N. J., Lochner, C., and Stein, D. J. (2012). Skin picking disorder. *American Journal of Psychiatry*, 169(11), 1143–1149. https://doi.org/10.1176/appi.ajp.2012 12040508.

Grisham, J.R., Baldwin, P.A. Neuropsychological and neurophysiological insights into hoarding disorder. *Neuropsychiatric Disease and Treatment*, 2015;11:951-962. Published 2015 Apr 2. doi:10.2147/NDT.S62084.

Gu, Y., Gu, S., Lei, Y., and Li, H. (2020). From Uncertainty to Anxiety: How Uncertainty Fuels Anxiety in a Process Mediated by Intolerance of Uncertainty. *Neural Plasticity*, 2020, 8866386. https://doi.org/10.1155/2020/8866386.

Jenike, M. A. (2004). Clinical practice. Obsessive-compulsive disorder. *The New England Journal of Medicine*, 350(3), 259–265. https://doi.org/10.1056/NEJMcp031002.

Keefer, L. A., Landau, M. J., Rothschild, Z. K., and Sullivan, D. (2012). Attachment to objects as compensation for close others' perceived unreliability. *Journal of Experimental Social Psychology*, 48(4), 912-917. https://doi.org/10.1016/j.jesp.2012.02.007.

Keshen A. (2006). A new look at existential psychotherapy. *American Journal of Psychotherapy*, 60(3), 285–298. https://doi.org/10.1176/appi.psychotherapy. 2006.60.3.285.

Koch, K., Reeß, T. J., Rus, O. G., Gürsel, D. A., Wagner, G., Berberich, G., and Zimmer, C. (2018). Increased Default Mode Network Connectivity in Obsessive-Compulsive Disorder During Reward Processing. *Frontiers in Psychiatry*, 9, 254. https://doi.org/10.3389/fpsyt.2018.00254.

Mackin, R. S., Vigil, O., Insel, P., Kivowitz, A., Kupferman, E., Hough, C. M., Fekri, S., Crothers, R., Bickford, D., Delucchi, K. L., and Mathews, C. A. (2016). Patterns of Clinically Significant Cognitive Impairment in Hoarding Disorder. *Depression and Anxiety*, 33(3), 211–218. https://doi.org/10.1002/da.22439.

Maheu, C., Singh, M., Tock, W. L., Eyrenci, A., Galica, J., Hébert, M., Frati, F., and Estapé, T. (2021). Fear of Cancer Recurrence, Health Anxiety, Worry, and Uncertainty: A Scoping Review About Their Conceptualization and Measurement Within Breast Cancer Survivorship Research. *Frontiers in Psychology*, 12, 644932. https://doi.org/10.3389/fpsyg.2021.644932.

Moritz, S., Rufer, M. Movement decoupling: A self-help intervention for the treatment of trichotillomania. *Journal of Behavior Therapy and Experimental Psychiatry*. 2011 March; 42(1): 74-80. doi: 10.1016/j.jbtep.2010.07.001. Epub 2010 Jul 14. PMID: 20674888.

Robinson, O. C., Wright, G. R. T. (2013). The prevalence, types and perceived outcomes of crisis episodes in early adulthood and midlife: a structured retrospective-autobiographical study. *International Journal of Behavioral Development*, 37 407–416. 10.1177/0165025413492464.

Spitzenstätter, D., and Schnell, T. (2020). The existential dimension of the pandemic: Death attitudes, personal worldview, and coronavirus anxiety. *Death Studies*, 1–11. Advance online publication. https://doi.org/10.1080/07481187.2020.1848944.

Stein, D. J., Costa, D., Lochner, C., Miguel, E. C., Reddy, Y., Shavitt, R. G., van den Heuvel, O. A., and Simpson, H. B. (2019). Obsessive-compulsive disorder. *Nature Reviews. Disease Primers*, 5(1), 52. https://doi.org/10.1038/s41572-019-0102-3.

Stonnington, C. M., Barry, J. J., and Fisher, R. S. (2006). Conversion Disorder. *American Journal of Psychiatry*, 163(9), 1510–1517. https://doi.org/10.1176/ajp.2006.163.9.1510.

Torales, J., Barrios, I., Villalba, J. Alternative Therapies for Excoriation (Skin Picking) Disorder: A Brief Update. *Advances in Mind-Body Medicine*, 2017 Winter;31(1):10-13. PMID: 28183072.

Thorpe, S., Bolster, A., Neave N. Exploring aspects of the cognitive behavioural model of physical hoarding in relation to digital hoarding behaviours. *Digit Health*. 2019;5:2055207619882172. Published 2019 Oct 9. doi:10.1177/2055207619882172.

Tomaszek, K., and Muchacka-Cymerman, A. (2020). Thinking about My Existence during COVID-19, I Feel Anxiety and Awe-The Mediating Role of Existential Anxiety and Life Satisfaction on the Relationship between PTSD Symptoms and Post-Traumatic Growth. *International Journal of Environmental Research and Public Health*, 17(19), 7062. https://doi.org/10.3390/ijerph17197062.

Wong P. (2020). Existential positive psychology and integrative meaning therapy. *International Review of Psychiatry* (Abingdon, England), 32(7-8), 565–578. https://doi.org/10.1080/09540261.2020.1814703.

Yalom, I. D. (1980). *Existential Psychotherapy*. Basic Books, New York, N.Y.

Zafirides, P., Markman, K.D., Proulx, T., Lindberg, M.J. *American Psychological Association*; 2013. Psychotherapy and the restoration of meaning: Existential philosophy in clinical practice.

제 4 장

American Psychiatric Association. (2013). *Diagnostic and Statistical Manual of Mental Disorders, fifth ed.* https://doi.org/10.1176/appi.books.9780890425596.

Auchincloss, E. L. (2015). *The Psychoanalytic Model of the Mind* (1st ed.). American Psychiatric Association Publishing, Washington, D.C.

Donne, John. *The Works of John Donne. vol III*. Henry Alford, ed. London: John W. Parker, 1839. 574-5. http://www.luminarium.org/sevenlit/donne/meditation17.php.

Eikenaes, I., Egeland, J., Hummelen, B., and Wilberg, T. (2015). Avoidant personality disorder versus social phobia: the significance of childhood neglect. *PloS one*, 10(3), e0122846. https://doi.org/10.1371/journal.pone.0122846.

Eisen, J. L., Coles, M. E., Shea, M. T., Pagano, M. E., Stout, R. L., Yen, S., Grilo, C. M., and Rasmussen, S. A. (2006). Clarifying the convergence between obsessive-compulsive personality disorder criteria and obsessive-compulsive disorder. *Journal of Personality Disorders*, 20(3), 294–305. https://doi.org/10.1521/pedi.2006.20.3.294.

Gecaite-Stonciene, J., Lochner, C., Marincowitz, C., Fineberg, N. A., and Stein, D. J. (2021). Obsessive-Compulsive (Anankastic) Personality Disorder in the ICD-11: A Scoping Review. *Frontiers in Psychiatry*, 12, 646030. https://doi.org/10.3389/fpsyt.2021.646030.

Granieri, A., La Marca, L., Mannino, G., Giunta, S., Guglielmucci, F., and Schimmenti, A. (2017). The Relationship between Defense Patterns and DSM-5 Maladaptive Personality Domains. *Frontiers in Psychology*, 8, 1926. https://doi.org/10.3389/fpsyg.2017.01926.

Hemmati, A., Mirghaed, S. R., Rahmani, F., and Komasi, S. (2019). The Differential Profile of Social Anxiety Disorder (SAD) and Avoidant Personality Disorder (APD) on the Basis of Criterion B of the DSM-5-AMPD in a College Sample. *The Malaysian Journal of Medical Sciences*, 26(5), 74–87. https://doi.org/10.21315/mjms2019.26.5.7.

Loas, G., Cormier, J., and Perez-Diaz, F. (2011). Dependent personality disorder and physical abuse. *Psychiatry Research*, 185(1-2), 167–170. https://doi.org/10.1016/j.psychres.2009.06.011.

Ni, C., Ma, L., Wang, B., Yan, Y., Huang, Y., Wallen, G. R., Li, L., Lang, H., and Hua, Q. (2014). Neurotic Disorders of General Medical Outpatients in Xi'an, China: Knowledge, Attitudes, and Help-Seeking Preferences. *Psychiatric Services*, 65(8), 1047–1053. https://doi.org/10.1176/appi.ps.201300071.

Pinkofsky H. B. (1997). Mnemonics for DSM-IV personality disorders. *Psychiatric Services (Washington, D.C.)*, 48(9), 1197–1198. https://doi.org/10.1176/ps.48.9.1197.

Poropat, A. E. (2009). A meta-analysis of the five-factor model of personality and academic performance. *Psychological Bulletin*, 135(2), 322–338. https://doi.org/10.1037/a0014996.

Reich, J., Noyes, R., Jr, and Troughton, E. (1987). Dependent personality disorder associated with phobic avoidance in patients with panic disorder. *American Journal of Psychiatry*, 144(3), 323–326. https://doi.org/10.1176/ajp.144.3.323.

Reichborn-Kjennerud, T., Czajkowski, N., Torgersen, S., Neale, M. C., Ørstavik, R. E., Tambs, K., and Kendler, K. S. (2007). The relationship between avoidant personality disorder and social phobia: a population-based twin study. *American Journal of Psychiatry*, 164(11), 1722–1728. https://doi.org/10.1176/appi.ajp.2007.06101764.

Sansone, R. A., and Sansone, L. A. (2011). Personality disorders: a nation-based perspective on prevalence. *Innovations in Clinical Neuroscience*, 8(4), 13–18.

Swaminath G. (2006). "Joke's A Part": In defence of humour. *Indian Journal of Psychiatry*, 48(3), 177–180. https://doi.org/10.4103/0019-5545.31581.

제 5 장

Chakraborty, A. (2019). Role of Cyproheptadine in Various Psychiatric Conditions. *Indian Journal of Private Psychiatry*, 13(2), 58–61. https://doi.org/10.5005/jp-journals-10067-0034.

Dabaghzadeh, F., Ghaeli, P., Khalili, H., Alimadadi, A., Jafari, S., Akhondzadeh, S., and Khazaeipour, Z. (2013). Cyproheptadine for prevention of neuropsychiatric adverse effects of efavirenz: a randomized clinical trial. *AIDS Patient Care and STDs*, 27(3), 146–154. https://doi.org/10.1089/apc.2012.0410.

Deshmukh, R., and Franco, K. (2003). Managing weight gain as a side effect of antidepressant therapy. *Cleveland Clinic Journal of Medicine*, 70(7). https://doi.org/10.3949/ccjm.70.7.614.

Garakani, A., Murrough, J. W., Freire, R. C., Thom, R. P., Larkin, K., Buono, F. D., and Iosifescu, D. V. (2020). Pharmacotherapy of Anxiety Disorders: Current and Emerging Treatment Options. *Frontiers in Psychiatry*, 11, 595584. https://doi.org/10.3389/fpsyt.2020.595584.

Li, Z., Pfeiffer, P. N., Hoggatt, K. J., Zivin, K., Downing, K., Ganoczy, D., and Valenstein, M. (2011). Emergent Anxiety after Antidepressant Initiation: A Retrospective Cohort Study of Veterans Affairs Health System Patients With Depression. *Clinical Therapeutics*, 33(12), 1985–1992.e1. https://doi.org/10.1016/j.clinthera.2011.11.010.

Marcinkiewcz, C. A., Mazzone, C. M., D'Agostino, G., Halladay, L. R., Hardaway, J. A., DiBerto, J. F., Navarro, M., Burnham, N., Cristiano, C., Dorrier, C. E., Tipton, G. J., Ramakrishnan, C., Kozicz, T., Deisseroth, K., Thiele, T. E., McElligott, Z. A., Holmes, A., Heisler, L. K., and Kash, T. L. (2016). Serotonin engages an anxiety and fear-promoting circuit in the extended amygdala. *Nature*, 537(7618), 97–101. https://doi.org/10.1038/nature19318.

Slee, A., Nazareth, I., Bondaronek, P., Liu, Y., Cheng, Z., and Freemantle, N. (2019). Pharmacological treatments for generalised anxiety disorder: a systematic review and network meta-analysis. *Lancet* (London, England), 393(10173), 768–777. https://doi.org/10.1016/S0140-6736(18)31793-8.

제 6 장

Akhondzadeh, S., Naghavi, H. R., Vazirian, M., Shayeganpour, A., Rashidi, H., and Khani, M. (2001). Passionflower in the treatment of generalized anxiety: a pilot double-blind randomized controlled trial with oxazepam. *Journal of Clinical Pharmacy and Therapeutics*, 26(5), 363–367. https://doi.org/10.1046/j.1365-2710.2001.00367.x.

Amico-Ruvio, S. A., Murthy, S. E., Smith, T. P., and Popescu, G. K. (2011). Zinc effects on NMDA receptor gating kinetics. *Biophysical Journal*, 100(8), 1910–1918. https://doi.org/10.1016/j.bpj.2011.02.042.

Amsterdam, J. D., Li, Y., Soeller, I., Rockwell, K., Mao, J. J., and Shults, J. (2009). A randomized, double-blind, placebo-controlled trial of oral Matricaria recutita (chamomile) extract therapy for generalized anxiety disorder. *Journal of Clinical Psychopharmacology*, 29(4), 378–382. https://doi.org/10.1097/JCP.0b013e3181ac935c.

Anjom-Shoae, J., Sadeghi, O., Hassanzadeh Keshteli, A., Afshar, H., Esmaillzadeh, A., and Adibi, P. (2018). The association between dietary intake of magnesium and psychiatric disorders among Iranian adults: a cross-sectional study. *The British Journal of Nutrition*, 120(6), 693–702. https://doi.org/10.1017/S0007114518001782.

Benjamin, J., Levine, J., Fux, M., Aviv, A., Levy, D., and Belmaker, R. H. (1995). Double-blind, placebo-controlled, crossover trial of inositol treatment for panic disorder. *American Journal of Psychiatry*, 152(7), 1084–1086. https://doi.org/10.1176/ajp.152.7.1084.

Black, N., Stockings, E., Campbell, G., Tran, L. T., Zagic, D., Hall, W. D., Farrell, M., and Degenhardt, L. (2019). Cannabinoids for the treatment of mental disorders and symptoms of mental disorders: a systematic review and meta-analysis. *The Lancet. Psychiatry*, 6(12), 995–1010. https://doi.org/10.1016/S2215-0366(19)30401-8.

Cândido Dos Reis, A., Theodoro de Oliveira, T., Vidal, C. L., Borsatto, M. C., and Lima da Costa Valente, M. (2021). Effect of Auricular Acupuncture on the Reduction of Symptoms Related to Sleep Disorders, Anxiety and Temporomandibular Disorder (TMD). *Alternative Therapies in Health and Medicine*, 27(2), 22–26.

Carey, P. D., Warwick, J., Harvey, B. H., Stein, D. J., and Seedat, S. (2004). Single photon emission computed tomography (SPECT) in obsessive-compulsive disorder before and after treatment with inositol. *Metabolic Brain Disease*, 19(1-2), 125–134. https://doi.org/10.1023/b:mebr. 0000027423.34733.12.

Chandrasekhar, K., Kapoor, J., and Anishetty, S. (2012). A prospective, randomized double-blind, placebo-controlled study of safety and efficacy of a high-concentration full-spectrum extract of ashwagandha root in reducing stress and anxiety in adults. *Indian Journal of Psychological Medicine*, 34(3), 255–262. https://doi.org/10.4103/0253-7176.106022.

Cheong, M. J., Kim, S., Kim, J. S., Lee, H., Lyu, Y. S., Lee, Y. R., Jeon, B., and Kang, H. W. (2021). A systematic literature review and meta-analysis of the clinical effects of aroma inhalation therapy on sleep problems. *Medicine*, 100(9), e24652. https://doi.org/10.1097/MD.0000000000024652.

Cooley, K., Szczurko, O., Perri, D., Mills, E. J., Bernhardt, B., Zhou, Q., and Seely, D. (2009). Naturopathic Care for Anxiety: A Randomized Controlled Trial ISRCTN78958974. *PLoS ONE*, 4(8), e6628. https://doi.org/10.1371/journal.pone.0006628.

Dietzel, J., Cummings, M., Hua, K., Hahnenkamp, K., Brinkhaus, B., and Usichenko, T. I. (2020). Auricular Acupuncture for Preoperative Anxiety-Protocol of Systematic Review and Meta-Analysis of Randomized Controlled Trials. *Medicines* (Basel, Switzerland), 7(12), 73. https://doi.org/10.3390/medicines7120073.

ElSohly, M. A., Mehmedic, Z., Foster, S., Gon, C., Chandra, S., and Church, J. C. (2016). Changes in Cannabis Potency Over the Last 2 Decades (1995-2014): Analysis of Current Data in the United States. *Biological Psychiatry*, 79(7), 613–619. https://doi.org/10.1016/j.biopsych.2016.01.004.

Ernst E. (2008). How the public is being misled about complementary/alternative medicine. *Journal of the Royal Society of Medicine*, 101(11), 528–530. https://doi.org/10.1258/jrsm.2008.080233.

Ernst E. (2000). The role of complementary and alternative medicine. *BMJ* (Clinical research ed.), 321(7269), 1133–1135. https://doi.org/10.1136/bmj.321.7269.1133.

Errington-Evans, N. (2015). Randomised Controlled Trial on the Use of Acupuncture in Adults with Chronic, Non-Responding Anxiety Symptoms. *Acupuncture in Medicine*, 33(2), 98–102. https://doi.org/10.1136/acupmed-2014-010524.

Farrar, A. J., and Farrar, F. C. (2020). Clinical Aromatherapy. *The Nursing Clinics of North America*, 55(4), 489–504. https://doi.org/10.1016/j.cnur.2020.06.015.

Fux, M., Levine, J., Aviv, A., and Belmaker, R. H. (1996). Inositol treatment of obsessive-compulsive disorder. *American Journal of Psychiatry*, 153(9), 1219–1221. https://doi.org/10.1176/ajp.153.9.1219.

Gendle, M. H., and O'Hara, K. P. (2015). Oral magnesium supplementation and test anxiety in University undergraduates. *Journal of Articles in Support of the Null Hypothesis*, 11(2), 21+.

Han, X., Beaumont, C., and Stevens, N. (2017). Chemical composition analysis and in vitro biological activities of ten essential oils in human skin cells. *Biochimie Open*, 5, 1–7. https://doi.org/10.1016/j.biopen.2017.04.001.

Janda, K., Wojtkowska, K., Jakubczyk, K., Antoniewicz, J., and Skonieczna-Zydecka, K. (2020). Passiflora incarnata in Neuropsychiatric Disorders-A Systematic Review. *Nutrients*, 12(12), 3894. https://doi.org/10.3390/nu12123894.

Jensen, M. P., Adachi, T., Tomé-Pires, C., Lee, J., Osman, Z. J., and Miró, J. (2015). Mechanisms of hypnosis: toward the development of a biopsychosocial model. *The International Journal of Clinical and Experimental Hypnosis*, 63(1), 34–75. https://doi.org/10.1080/00207144.2014.961875.

Kasper, S., Gastpar, M., Müller, W. E., Volz, H. P., Möller, H. J., Schläfke, S., and Dienel, A. (2014). Lavender oil preparation Silexan is effective in generalized anxiety disorder--a randomized, double-blind comparison to placebo and paroxetine. *The International Journal of Neuropsychopharmacology*, 17(6), 859–869. https://doi.org/10.1017/S1461145714000017.

Kasper, S., Müller, W. E., Volz, H. P., Möller, H. J., Koch, E., and Dienel, A. (2018). Silexan in anxiety disorders: Clinical data and pharmacological background. *The World Journal of Biological Psychiatry: World Federation of Societies of Biological Psychiatry*, 19(6), 412–420. https://doi.org/10.1080/15622975.2017.1331046.

Kuriyama, K., and Sze, P. Y. (1971). Blood-brain barrier to H3-gamma-aminobutyric acid in normal and amino oxyacetic acid-treated animals. *Neuropharmacology*, 10(1), 103–108. https://doi.org/10.1016/ 0028-3908(71)90013-x.

Lafaye, G., Karila, L., Blecha, L., and Benyamina, A. (2017). Cannabis, cannabinoids, and health. *Dialogues in Clinical Neuroscience*, 19(3), 309–316. https://doi.org/10.31887/DCNS.2017.19.3/glafaye.

Lakhan, S. E., and Vieira, K. F. (2010). Nutritional and herbal supplements for anxiety and anxiety-related disorders: systematic review. *Nutrition Journal*, 9, 42. https://doi.org/10.1186/1475-2891-9-42.

Lee, Y.-L., Wu, Y., Tsang, H. W. H., Leung, A. Y., and Cheung, W. M. (2011). A systematic review on the anxiolytic effects of aromatherapy in people with anxiety symptoms. *The Journal of Alternative and Complementary Medicine*, 17(2), 101–108. https://doi.org/10.1089/acm.2009.0277.

Longhurst J. C. (2010). Defining meridians: a modern basis of understanding. *Journal of Acupuncture and Meridian Studies*, 3(2), 67–74. https://doi.org/10.1016/S2005-2901(10)60014-3.

Malsch, U., and Kieser, M. (2001). Efficacy of kava-kava in the treatment of non-psychotic anxiety, following pretreatment with benzodiazepines. *Psychopharmacology*, 157(3), 277–283. https://doi.org/10.1007/s002130100792.

Mao, J. J., Xie, S. X., Keefe, J. R., Soeller, I., Li, Q. S., and Amsterdam, J. D. (2016). Long-term chamomile (*Matricaria chamomilla* L.) treatment for generalized anxiety disorder: A randomized clinical trial. *Phytomedicine: International Journal of Phytotherapy and Phytopharmacology*, 23(14), 1735–1742. https://doi.org/10.1016/j.phymed.2016.10.012.

Melvin A. Gravitz Ph.D. (1994) The First Use of Self-Hypnosis: Mesmer Mesmerizes Mesmer, *American Journal of Clinical Hypnosis*, 37:1, 49-52, DOI: 10.1080/00029157.1994.10403109.

Miranda, M., Morici, J. F., Zanoni, M. B., and Bekinschtein, P. (2019). Brain-Derived Neurotrophic Factor: A Key Molecule for Memory in the Healthy and the Pathological Brain. *Frontiers in Cellular Neuroscience*, 13, 363. https://doi.org/10.3389/fncel.2019.00363.

Müller, W. E., Sillani, G., Schuwald, A., and Friedland, K. (2021). Pharmacological basis of the anxiolytic and antidepressant properties of Silexan®, an essential oil from the flowers of lavender. *Neurochemistry International*, 143, 104899. https://doi.org/10.1016/j.neuint.2020.104899.

National Academies of Sciences, Engineering, and Medicine. 2017. The health effects of cannabis and cannabinoids: The current state of evidence and recommendations for research. The National Academies Press, Washington,

D.C. doi: 10.17226/24625.

National Academies of Sciences, Engineering, and Medicine, Health and Medicine Division, Board on Population Health and Public Health Practice, and Committee on the Health Effects of Marijuana: An Evidence Review and Research Agenda. (2017). *The Health Effects of Cannabis and Cannabinoids: The Current State of Evidence and Recommendations for Research* (1st ed.). National Academies Press.

National Institutes of Health. *Office of Dietary Supplements - Magnesium*. National Institutes of Health, Office of Dietary Supplements. Retrieved February 6, 2022. https://ods.od.nih.gov/factsheets/Magnesium-HealthProfessional/.

Niaz, K., Zaplatic, E., and Spoor, J. (2018). Extensive use of monosodium glutamate: A threat to public health?. *EXCLI* journal, 17, 273–278. https://doi.org/10.17179/excli2018-1092.

Nojoumi, M., Ghaeli, P., Salimi, S., Sharifi, A., and Raisi, F. (2016). Effects of Passion Flower Extract, as an Add-On Treatment to Sertraline, on Reaction Time in Patients with Generalized Anxiety Disorder: A Double-Blind Placebo-Controlled Study. *Iranian Journal of Psychiatry*, 11(3), 191–197.

Palatnik, A., Frolov, K., Fux, M., and Benjamin, J. (2001). Double-blind, controlled, crossover trial of inositol versus fluvoxamine for the treatment of panic disorder. *Journal of Clinical Psychopharmacology*, 21(3), 335–339. https://doi.org/10.1097/00004714-200106000-00014.

Park C. (2013). Mind-body CAM interventions: current status and considerations for integration into clinical health psychology. *Journal of Clinical Psychology*, 69(1), 45–63. https://doi.org/10.1002/jclp.21910.

Perry, N., and Perry, E. (2006). Aromatherapy in the Management of Psychiatric Disorders. *CNS Drugs*, 20(4), 257–280. https://doi.org/10.2165/00023210-200620040-00001.

Pilkington, K., Kirkwood, G., Rampes, H., Cummings, M., and Richardson, J. (2007). Acupuncture for anxiety and anxiety disorders--a systematic literature review. *Acupuncture in Medicine: British Medical Acupuncture Society*, 25(1-2), 1–10. https://doi.org/10.1136/aim.25.1-2.1.

Piomelli, D., and Russo, E. B. (2016). The Cannabis sativa Versus Cannabis indica Debate: An Interview with Ethan Russo, MD. *Cannabis and Cannabinoid Research*, 1(1), 44–46. https://doi.org/10.1089/can.2015.29003.ebr.

Pratte, M. A., Nanavati, K. B., Young, V., and Morley, C. P. (2014). An alternative treatment for anxiety: a systematic review of human trial results reported for the Ayurvedic herb ashwagandha (Withania somnifera). *Journal of Alternative and Complementary Medicine*, 20(12), 901–908. https://doi.org/10.1089/acm.2014.0177.

Rock, E. M., and Parker, L. A. (2021). Constituents of *Cannabis sativa*. *Advances in Experimental Medicine and Biology*, 1264, 1–13. https://doi.org/10.1007/978-3-030-57369-0_1.

Rokhtabnak, F., Ghodraty, M. R., Kholdebarin, A., Khatibi, A., Seyed Alizadeh, S. S., Koleini, Z. S., Zamani, M. M., and Pournajafian, A. (2016). Comparing the Effect of Preoperative Administration of Melatonin and Passiflora incarnata on Postoperative Cognitive Disorders in Adult Patients Undergoing Elective Surgery. *Anesthesiology and Pain Medicine*, 7(1), e41238. https://doi.org/10.5812/aapm.41238.

Russo A. J. (2011). Decreased zinc and increased copper in individuals with anxiety. *Nutrition and Metabolic Insights*, 4, 1–5. https://doi.org/10.4137/NMI.S6349.

Shin, Y. K., Lee, S. Y., Lee, J. M., Kang, P., and Seol, G. H. (2020). Effects of Short-Term Inhalation of Patchouli Oil on Professional Quality of Life and Stress Levels in Emergency Nurses: A Randomized Controlled Trial. *The Journal of Alternative and Complementary Medicine*, 26(11), 1032–1038. https://doi.org/10.1089/acm.2020.0206.

Sommano, S. R., Chittasupho, C., Ruksiriwanich, W., and Jantrawut, P. (2020). The Cannabis Terpenes. *Molecules* (Basel, Switzerland), 25(24), 5792. https://doi.org/10.3390/molecules25245792.

Tan, A., Wang, M., Liu, J., Huang, K., Dai, D., Li, L., Shi, H., and Wang, P. (2020). Efficacy and safety of acupuncture combined with western medicine for anxiety: A systematic review protocol. *Medicine*, 99(31), e21445. https://doi.org/10.1097/MD.0000000000021445.

Tisserand, R., and Young, R. (2014). *Essential Oil Safety: A Guide for Health Care Professionals, second ed.*, Churchill Livingstone, London, U.K.

Volz, H. P., and Kieser, M. (1997). Kava-kava extract WS 1490 versus placebo in anxiety disorders--a randomized placebo-controlled 25-week outpatient trial. *Pharmacopsychiatry*, 30(1), 1–5. https://doi.org/10.1055/s-2007-979474.

Walker, A. F., Marakis, G., Christie, S., and Byng, M. (2003). Mg citrate found more bioavailable than other Mg preparations in a randomised, double-blind study. *Magnesium Research*, 16(3), 183–191.

White, A., and Ernst, E. (2004). A brief history of acupuncture. *Rheumatology* (Oxford, England), 43(5), 662–663. https://doi.org/10.1093/rheumatology/keg005.

Williamson A. (2019). What is hypnosis and how might it work?. *Palliative Care*, 12, 1178224219826581. https://doi.org/10.1177/1178224219826581.

Yang, X. Y., Yang, N. B., Huang, F. F., Ren, S., and Li, Z. J. (2021). Effectiveness of acupuncture on anxiety disorder: a systematic review and meta-analysis of randomised controlled trials. *Annals of General Psychiatry*, 20(1), 9. https://doi.org/10.1186/s12991-021-00327-5.

Zhou, Y., and Danbolt, N. C. (2014). Glutamate as a neurotransmitter in the healthy brain. *Journal of Neural Transmission* (Vienna, Austria: 1996), 121(8), 799–817. https://doi.org/10.1007/s00702-014-1180-8.

제 7 장

Abdallah, C. G., Averill, C. L., Ramage, A. E., Averill, L. A., Alkin, E., Nemati, S., Krystal, J. H., Roache, J. D., Resick, P., Young-McCaughan, S., Peterson, A. L., Fox, P., and Strong Star Consortium (2019). Reduced Salience and Enhanced Central Executive Connectivity Following PTSD Treatment. *Chronic Stress*, 3, 2470547019838971. https://doi.org/10.1177/2470547019838971.

Dougherty, D. D., Brennan, B. P., Stewart, S. E., Wilhelm, S., Widge, A. S., and Rauch, S. L. (2018). Neuroscientifically Informed Formulation and Treatment Planning for Patients With Obsessive-Compulsive Disorder. *JAMA Psychiatry*, 75(10), 1081. https://doi.org/10.1001/jamapsychiatry.2018.0930.

Galovski, T. E., Blain, L. M., Mott, J. M., Elwood, L., and Houle, T. (2012). Manualized therapy for PTSD: flexing the structure of cognitive processing therapy. *Journal of Consulting and Clinical Psychology*, 80(6), 968–981. https://doi.org/10.1037/a0030600.

Goubert, D. P. (2020). *Learning Acceptance and Commitment Therapy: The Essential Guide to the Process and Practice of Mindful Psychiatry, first ed.* American Psychiatric Association Publishing, Washington D.C.

Kaczkurkin, A. N., and Foa, E. B. (2015). Cognitive-behavioral therapy for anxiety disorders: an update on the empirical evidence. *Dialogues in Clinical Neuroscience*, 17(3), 337–346. https://doi.org/10.31887/DCNS.2015.17.3/akaczkurkin.

Marcus, S. V., Marquis, P., and Sakai, C. (1997). Controlled study of treatment of PTSD using EMDR in an HMO setting. *Psychotherapy: Theory, Research, Practice, Training*, 34(3), 307–315. https://doi.org/10.1037/h0087791.

Shapiro F. (1999). Eye Movement Desensitization and Reprocessing (EMDR) and the anxiety disorders: clinical and research implications of an integrated psychotherapy treatment. *Journal of Anxiety Disorders*, 13(1-2), 35–67. https://doi.org/10.1016/s0887-6185(98)00038-3.

Shapiro F. (2014). The role of eye movement desensitization and reprocessing (EMDR) therapy in medicine: addressing the psychological and physical symptoms stemming from adverse life experiences. *Permanente Journal*, 18(1), 71–77. https://doi.org/10.7812/TPP/13-098.

Stultz, D. J., Osburn, S., Burns, T., Pawlowska-Wajswol, S., and Walton, R. (2020). Transcranial Magnetic Stimulation (TMS) Safety with Respect to Seizures: A Literature Review. *Neuropsychiatric Disease and Treatment*, 16, 2989–3000. https://doi.org/10.2147/NDT.S276635.

Tendler, A., Zohar J., Carmi L., Roth Y., and Zangen A. (2018). O14. Deep TMS of the Medial Prefrontal and Anterior Cingulate Cortices for OCD: A Double-Blinded Multi-Center Study. *Biological Psychiatry*, 83(Supple 9): S113-S114.

Wallis, O. C., and de Vries, J. (2020). EMDR treatment for anxiety in MS patients: A pilot study. *Multiple Sclerosis Journal*, 6(4), 2055217320974388. https://doi.org/10.1177/2055217320974388.

제 8 장

Beck, A. T. (1976). *Cognitive Therapy and the Emotional Disorders, first ed.* International Universities Press, New York, N.Y.

Burns, D. D. (1980). *Feeling Good: The New Mood Therapy.* New American Library, New York, N.Y.

Cascio, C. N., O'Donnell, M. B., Tinney, F. J., Lieberman, M. D., Taylor, S. E., Strecher, V. J., and Falk, E. B. (2016). Self-affirmation activates brain systems associated with self-related processing and reward and is reinforced by future orientation. *Social Cognitive and Affective Neuroscience*, 11(4), 621–629. https://doi.org/10.1093/scan/nsv136.

Cohen, G. L., and Sherman, D. K. (2014). The psychology of change: self-affirmation and social psychological intervention. *Annual Review of Psychology*, 65, 333–371. https://doi.org/10.1146/annurev-psych-010213-115137.

Dahl, C. J., Lutz, A., and Davidson, R. J. (2015). Reconstructing and deconstructing the self: cognitive mechanisms in meditation practice. *Trends in Cognitive Sciences*, 19(9), 515–523. https://doi.org/10.1016/j.tics.2015.07.001.

Dunn, B. D., Stefanovitch, I., Evans, D., Oliver, C., Hawkins, A., and Dalgleish, T. (2010). Can you feel the beat? Interoceptive awareness is an interactive function of anxiety- and depression-specific symptom dimensions. *Behaviour Research and Therapy*, 48(11), 1133–1138. https://doi.org/10.1016/j.brat.2010.07.006.

Favre, P., Kanske, P., Engen, H., and Singer, T. (2021). Decreased emotional reactivity after 3-month socio-affective but not attention- or meta-cognitive-based mental training: A randomized, controlled, longitudinal fMRI study. *NeuroImage*, 237, 118132. https://doi.org/10.1016/j.neuroimage.2021.118132.

Hariri, A. R., Bookheimer, S. Y., and Mazziotta, J. C. (2000). Modulating emotional responses: effects of a neocortical network on the limbic system. *Neuroreport*, 11(1), 43–48. https://doi.org/10.1097/00001756-200001170-00009.

Kircanski, K., Lieberman, M. D., and Craske, M. G. (2012). Feelings into words: contributions of language to exposure therapy. *Psychological Science*, 23(10), 1086–1091. https://doi.org/10.1177/0956797612443830.

Ko, H., Kim, S., and Kim, E. (2021). Nursing Students' Experiences of Gratitude Journaling during the COVID-19 Pandemic. *Healthcare* (Basel, Switzerland), 9(11), 1473. https://doi.org/10.3390/healthcare9111473.

Kreiser, I., Moyal, N., and Anholt, G. E. (2019). Regulating Obsessive-Like Thoughts: Comparison of Two Forms of Affective Labeling with Exposure Only in Participants with High Obsessive-Compulsive Symptoms. *Clinical Neuropsychiatry*, 16(1), 25–32.

Lieberman, M. D., Eisenberger, N. I., Crockett, M. J., Tom, S. M., Pfeifer, J. H., and Way, B. M. (2007). Putting feelings into words: affect labeling disrupts amygdala activity in response to affective stimuli. *Psychological Science*, 18(5), 421–428. https://doi.org/10.1111/j.1467-9280.2007.01916.x.

Montero-Marin, J., Garcia-Campayo, J., Pérez-Yus, M. C., Zabaleta-Del-Olmo, E., and Cuijpers, P. (2019). Meditation techniques v. relaxation therapies when treating anxiety: a meta-analytic review. *Psychological Medicine*, 49(13), 2118–2133. https://doi.org/10.1017/S0033291719001600.

Sears, S., and Kraus, S. (2009). I think therefore I om: cognitive distortions and coping style as mediators for the effects of mindfulness meditation on anxiety, positive and negative affect, and hope. *Journal of Clinical*

Psychology, 65(6), 561–573. https://doi.org/10.1002/jclp.20543.

Singer, T., Kok, B. E., Bornemann, B., Bolz, M., and Bochow, C. (2015). *The ReSource Project: Background, Design, Samples, and Measurements, first ed.* Leipzig: Max Planck Institute for Human Cognitive and Brain Sciences.

Taren, A. A., Gianaros, P. J., Greco, C. M., Lindsay, E. K., Fairgrieve, A., Brown, K. W., Rosen, R. K., Ferris, J. L., Julson, E., Marsland, A. L., and Creswell, J. D. (2017). Mindfulness Meditation Training and Executive Control Network Resting State Functional Connectivity: A Randomized Controlled Trial. *Psychosomatic Medicine*, 79(6), 674–683. https://doi.org/10.1097/PSY.0000000000000466.

Thomassin, K., Morelen, D., and Suveg, C. (2012). Emotion Reporting Using Electronic Diaries Reduces Anxiety Symptoms in Girls With Emotion Dysregulation. *Journal of Contemporary Psychotherapy*, 42(4), 207–213. https://doi.org/10.1007/s10879-012-9205-9.

Valk, S. L., Bernhardt, B. C., Trautwein, F. M., Böckler, A., Kanske, P., Guizard, N., Collins, D. L., and Singer, T. (2017). Structural plasticity of the social brain: Differential change after socio-affective and cognitive mental training. *Science Advances*, 3(10), e1700489. https://doi.org/10.1126/sciadv.1700489.

Vinson, J., Powers, J., and Mosesso, K. (2020). Weighted Blankets: Anxiety Reduction in Adult Patients Receiving Chemotherapy. *Clinical Journal of Oncology Nursing*, 24(4), 360–368. https://doi.org/10.1188/20.CJON.360-368.

Wood, A.M., Froh, J. J., and Geraghty, A. W. (2010). Gratitude and well-being: A review and theoretical integration. *Clinical Psychology Review*, 30(7), 890–905. https://doi.org/10.1016/j.cpr.2010.03.005.

Wood, J. V., Perunovic, W. Q., and Lee, J. W. (2009). Positive self-statements: power for some, peril for others. *Psychological Science*, 20(7), 860–866. https://doi.org/10.1111/j.1467-9280.2009.02370.x.

제 9 장

Bestbier, L., and Williams, T. I. (2017). The Immediate Effects of Deep Pressure on Young People with Autism and Severe Intellectual Difficulties: Demonstrating Individual Differences. *Occupational Therapy International*, 2017, 7534972. https://doi.org/10.1155/2017/7534972.

Bhavanani, A. B., Madanmohan, and Sanjay, Z. (2012). Immediate effect of chandra nadi pranayama (left unilateral forced nostril breathing) on cardiovascular parameters in hypertensive patients. *International Journal of Yoga*, 5(2), 108–111. https://doi.org/10.4103/0973-6131.98221.

Chen, H. Y., Yang, H., Meng, L. F., Chan, P. S., Yang, C. Y., and Chen, H. M. (2016). Effect of deep pressure input on parasympathetic system in patients with wisdom tooth surgery. *Journal of the Formosan Medical Association*, 115(10), 853–859. https://doi.org/10.1016/j.jfma.2016.07.008. org/10.4103/0973-6131.98221.

Draghici, A. E., and Taylor, J. A. (2016). The physiological basis and measurement of heart rate variability in humans. *Journal of Physiological Anthropology*, 35(1), 22. https://doi.org/10.1186/s40101-016-0113-7.

Dunn, B. D., Stefanovitch, I., Evans, D., Oliver, C., Hawkins, A., and Dalgleish, T. (2010). Can you feel the beat? Interoceptive awareness is an interactive function of anxiety- and depression-specific symptom dimensions. *Behaviour Research and Therapy*, 48(11), 1133–1138. https://doi.org/10.1016/j.brat.2010.07.006.

Eppley, K. R., Abrams, A. I., and Shear, J. (1989). Differential effects of relaxation techniques on trait anxiety: a meta-analysis. *Journal of Clinical Psychology*, 45(6), 957–974. https://doi.org/10.1002/1097-4679(198911)45:6<957::aid-jclp2270450622>3.0.co;2-q.

Field, T., Diego, M., Delgado, J., and Medina, L. (2013). Tai chi/yoga reduces prenatal depression, anxiety and sleep disturbances. *Complementary Therapies in Clinical Practice*, 19(1), 6–10. https://doi.org/10.1016/j.ctcp.2012.10.001.

Hasan, N., and Yang, H. (2019). Factors affecting the composition of the gut microbiota, and its modulation. *PeerJ*, 7, e7502. https://doi.org/10.7717/peerj.7502.

Kahana-Zweig, R., Geva-Sagiv, M., Weissbrod, A., Secundo, L., Soroker, N., and Sobel, N. (2016). Measuring and Characterizing the Human Nasal Cycle. *PloS One*, 11(10), e0162918. https://doi.org/10.1371/journal. pone.0162918.

Lehrer, P. M., and Gevirtz, R. (2014). Heart rate variability biofeedback: how and why does it work?. *Frontiers in Psychology*, 5, 756. https://doi.org/10.3389/fpsyg.2014.00756.

Manzoni, G. M., Pagnini, F., Castelnuovo, G., and Molinari, E. (2008). Relaxation training for anxiety: a ten-years systematic review with meta-analysis. *BMC Psychiatry*, 8, 41. https://doi.org/10.1186/1471-244X-8-41.

Marotta, A., Sarno, E., Del Casale, A., Pane, M., Mogna, L., Amoruso, A., Felis, G. E., and Fiorio, M. (2019). Effects of Probiotics on Cognitive Reactivity, Mood, and Sleep Quality. *Frontiers in Psychiatry*, 10, 164. https://doi. org/10.3389/fpsyt.2019.00164.

Rosenberg, S., Shield, B., and Porges, S. W. (2017). *Accessing the Healing Power of the Vagus Nerve: Self-Help Exercises for Anxiety, Depression, Trauma, and Autism*. North Atlantic Books, Berkeley, CA.

Saoji, A. A., Raghavendra, B. R., and Manjunath, N. K. (2019). Effects of yogic breath regulation: A narrative review of scientific evidence. *Journal of Ayurveda and Integrative Medicine*, 10(1), 50–58. https://doi. org/10.1016/j.jaim.2017.07.008.

Shaffer, F., and Ginsberg, J. P. (2017). An Overview of Heart Rate Variability Metrics and Norms. *Frontiers in Public Health*, 5, 258. https://doi.org/10.3389/fpubh.2017.00258.

Shaffer, F., and Meehan, Z. M. (2020). A Practical Guide to Resonance Frequency Assessment for Heart Rate Variability Biofeedback. *Frontiers in Neuroscience*, 14, 570400. https://doi.org/10.3389/fnins.2020.570400.

Shannahoff-Khalsa D. (1993). The ultradian rhythm of alternating cerebral hemispheric activity. *International Journal of Neuroscience*, 70(3-4), 285–298. https://doi.org/10.3109/00207459309000583.

Simon, N. M., Hofmann, S. G., Rosenfield, D., Hoeppner, S. S., Hoge, E. A., Bui, E., and Khalsa, S. B. S. (2021). Efficacy of Yoga vs Cognitive Behavioral Therapy vs Stress Education for the Treatment of Generalized Anxiety Disorder. *JAMA Psychiatry*, 78(1), 13. https://doi.org/10.1001/jamapsychiatry.2020.2496.

Singh, K., Bhargav, H., and Srinivasan, T. M. (2016). Effect of uninostril yoga breathing on brain hemodynamics: A functional near-infrared spectroscopy study. *International Journal of Yoga*, 9(1), 12–19. https://doi. org/10.4103/0973-6131.171711.

Steffen, P. R., Austin, T., DeBarros, A., and Brown, T. (2017). The Impact of Resonance Frequency Breathing on Measures of Heart Rate Variability, Blood Pressure, and Mood. *Frontiers in Public Health*, 5, 222. https://doi. org/10.3389/fpubh.2017.00222.

Szulczewski M. T. (2019). Training of paced breathing at 0.1 Hz improves CO_2 homeostasis and relaxation during a paced breathing task. *PloS One*, 14(6), e0218550. https://doi.org/10.1371/journal.pone.0218550.

Tompkins, T. A., Mainville, I., and Arcand, Y. (2011). The impact of meals on a probiotic during transit through a model of the human upper gastrointestinal tract. *Beneficial Microbes*, 2(4), 295–303. https://doi.org/10.3920/ BM2011.0022.

Toussaint, L., Nguyen, Q. A., Roettger, C., Dixon, K., Offenbächer, M., Kohls, N., Hirsch, J., and Sirois, F. (2021). Effectiveness of Progressive Muscle Relaxation, Deep Breathing, and Guided Imagery in Promoting Psychological and Physiological States of Relaxation. *Evidence-Based Complementary and Alternative Medicine*, 2021, 1–8. https://doi.org/10.1155/2021/5924040.

Towers, A. E., Oelschlager, M. L., Patel, J., Gainey, S. J., McCusker, R. H., and Freund, G. G. (2017). Acute fasting inhibits central caspase-1 activity reducing anxiety-like behavior and increasing novel object and object location recognition. *Metabolism: Clinical and Experimental*, 71, 70–82. https://doi.org/10.1016/ j.metabol.2017.03.005.

Tyagi, A., and Cohen, M. (2016). Yoga and heart rate variability: A comprehensive review of the literature. *International Journal of Yoga*, 9(2), 97–113. https://doi.org/10.4103/0973-6131.183712.

Vandeputte, D., Falony, G., Vieira-Silva, S., Tito, R. Y., Joossens, M., and Raes, J. (2016). Stool consistency is strongly associated with gut microbiota richness and composition, enterotypes and bacterial growth rates. *Gut*, 65(1), 57–62. https://doi.org/10.1136/gutjnl-2015-309618.

Weersma, R. K., Zhernakova, A., and Fu, J. (2020). Interaction between drugs and the gut microbiome. *Gut*, 69(8), 1510–1519. https://doi.org/10.1136/gutjnl-2019-320204.

Wei, M., and Groves, J. (2017). *The Harvard Medical School Guide to Yoga: 8 Weeks to Strength, Awareness, and Flexibility* (Illustrated ed.). Da Capo Lifelong Books, New York, N.Y.

Yang, B., Wei, J., Ju, P., and Chen, J. (2019). Effects of regulating intestinal microbiota on anxiety symptoms: A systematic review. *General Psychiatry*, 32(2), e100056. https://doi.org/10.1136/gpsych-2019-100056.

제 10 장

Abramowitz, J. S., Deacon, B. J., and Whiteside, S. P. H. (2019). *Exposure Therapy for Anxiety, Second Edition: Principles and Practice*, The Guilford Press, New York, N.Y.

Bennett, M. P., and Lengacher, C. (2009). Humor and Laughter May Influence Health IV. Humor and Immune Function. *Evidence-Based Complementary and Alternative Medicine: eCAM*, 6(2), 159–164. https://doi.org/10.1093/ecam/nem149.

Buxton, R. T., Pearson, A. L., Allou, C., Fristrup, K., and Wittemyer, G. (2021). A synthesis of health benefits of natural sounds and their distribution in national parks. *Proceedings of the National Academy of Sciences of the United States of America*, 118(14), e2013097118. https://doi.org/10.1073/pnas.2013097118.

Chatterjee, D., Hegde, S., and Thaut, M. (2021). Neural plasticity: The substratum of music-based interventions in neurorehabilitation. *NeuroRehabilitation*, 48(2), 155–166. https://doi.org/10.3233/NRE-208011.

Craske, M. G., Treanor, M., Conway, C. C., Zbozinek, T., and Vervliet, B. (2014). Maximizing exposure therapy: an inhibitory learning approach. *Behaviour Research and Therapy*, 58, 10–23. https://doi.org/10.1016/j.brat.2014.04.006.

Fredborg, B., Clark, J., and Smith, S. D. (2017). An Examination of Personality Traits Associated with Autonomous Sensory Meridian Response (ASMR). *Frontiers in Psychology*, 8, 247. https://doi.org/10.3389/fpsyg.2017.00247.

Fredborg, B. K., Clark, J. M., and Smith, S. D. (2018). Mindfulness and autonomous sensory meridian response (ASMR). *PeerJ*, 6, e5414. https://doi.org/10.7717/peerj.5414.

Goldin, P. R., Thurston, M., Allende, S., Moodie, C., Dixon, M. L., Heimberg, R. G., and Gross, J. J. (2021). Evaluation of Cognitive Behavioral Therapy vs Mindfulness Meditation in Brain Changes During Reappraisal and Acceptance Among Patients With Social Anxiety Disorder. *JAMA Psychiatry*, 78(10), 1134. https://doi.org/10.1001/jamapsychiatry.2021.1862.

Goldin, P., Ziv, M., Jazaieri, H., and Gross, J. J. (2012). Randomized controlled trial of mindfulness-based stress reduction versus aerobic exercise: effects on the self-referential brain network in social anxiety disorder. *Frontiers in Human Neuroscience*, 6, 295. https://doi.org/10.3389/fnhum.2012.00295.

Huang, B., Hao, X., Long, S., Ding, R., Wang, J., Liu, Y., Guo, S., Lu, J., He, M., and Yao, D. (2021). The Benefits of Music Listening for Induced State Anxiety: Behavioral and Physiological Evidence. *Brain Sciences*, 11(10), 1332. https://doi.org/10.3390/brainsci11101332.

Janik McErlean, A. B., and Banissy, M. J. (2018). Increased misophonia in self-reported Autonomous Sensory Meridian Response. *PeerJ*, 6, e5351. https://doi.org/10.7717/peerj.5351.

Kim, S. H., Kim, Y. H., and Kim, H. J. (2015). Laughter and Stress Relief in Cancer Patients: A Pilot Study. *Evidence-Based Complementary and Alternative Medicine: eCAM*, 2015, 864739. https://doi.org/10.1155/2015/864739.

Louie, D., Brook, K., and Frates, E. (2016). The Laughter Prescription: A Tool for Lifestyle Medicine. *American Journal of Lifestyle Medicine*, 10(4), 262–267. https://doi.org/10.1177/1559827614550279.

Mantzios, M., and Giannou, K. (2018). When Did Coloring Books Become Mindful? Exploring the Effectiveness of a Novel Method of Mindfulness-Guided Instructions for Coloring Books to Increase Mindfulness and Decrease Anxiety. *Frontiers in Psychology*, 9, 56. https://doi.org/10.3389/fpsyg.2018.00056.

Mitterschiffthaler, M. T., Fu, C. H., Dalton, J. A., Andrew, C. M., and Williams, S. C. (2007). A functional MRI study of happy and sad affective states induced by classical music. *Human Brain Mapping*, 28(11), 1150–1162. https://doi.org/10.1002/hbm.20337.

Mora-Ripoll R. (2010). The therapeutic value of laughter in medicine. *Alternative Therapies in Health and Medicine*, 16(6), 56–64.

Morishima, T., Miyashiro, I., Inoue, N., Kitasaka, M., Akazawa, T., Higeno, A., Idota, A., Sato, A., Ohira, T., Sakon, M., and Matsuura, N. (2019). Effects of laughter therapy on quality of life in patients with cancer: An open-label, randomized controlled trial. *PLOS One*, 14(6), e0219065. https://doi.org/10.1371/journal.pone.0219065.

Poerio , G.L., Blakey, E., Hostler, T.J., and Veltri, T., (2018) More than a feeling: Autonomous sensory meridian response (ASMR) is characterized by reliable changes in affect and physiology. *PLoS One* 13(6): e0196645. https://doi.org/10.1371/journal.pone.0196645.

Smith, S.D., Fredborg, B.K., Kornelsen, J. 2019. A functional magnetic resonance imaging investigation of the autonomous sensory meridian response. *PeerJ*, 7:e7122 https://doi.org/10.7717/peerj.7122.

Strean W. B. (2009). Laughter prescription. *Canadian Family Physician*, 55(10), 965–967.

van der Wal, C. N., and Kok, R. N. (2019). Laughter-inducing therapies: Systematic review and meta-analysis. *Social Science and Medicine* (1982), 232, 473–488. https://doi.org/10.1016/j.socscimed.2019.02.018.

Yim J. (2016). Therapeutic Benefits of Laughter in Mental Health: A Theoretical Review. *Tohoku Journal of Experimental Medicine*, 239(3), 243–249. https://doi.org/10.1620/tjem.239.243.

역자의 말

이 책을 번역하자니 예전에 분자생물학 교수인 친구가 했던 말이 생각난다. 내용인즉, 감기는 자연이 우리에게 하사한 최고의 선물이라는 것이다. 약을 먹으면 1주일, 그냥 쉬면 7일이 걸린다는 우스갯소리가 있는 감기는 심각한 신체질병을 미연에 예방해주는 항체를 만들어주는 천연백신이니 가끔 걸리는 것도 나쁘지 않다는 게 그 친구의 주장이었다. 나는 그의 주장에 동의하지만, 최근 전 세계인을 암울하게 만든 COVID-19 팬데믹과 같은 유행성 독감은 여기에 해당하지 않는다.

감기를 언급한 까닭은 이 책의 주제인 불안이 정신건강에서 감기와 같은 기능을 한다고 생각하기 때문이다. 우리가 삶을 영위하는 한, 불안을 완벽하게 제거하거나 제어할 수는 없다. 그 원인이 무엇이든 늘 우리 주변에 나타났다가는 때가 되면 사라지며, 정도가 심하지 않은 한에 있어서 삶의 활력소가 되기도 한다. 물론 그 정도가 심해서 이 책에서 다루고 있는 심리장애로 발전하면 곤란한 일이지만 말이다.

이 책은 정신과 전문의인 트레이시 마크스 박사가 불안장애로 고통받는 사람들을 위하여 집필한 책이며, 어린 시절부터 전문의로 활약하고 있는 현재까지 자신의 개인적 경험을 바탕으로 흥미진진하게 이야기를 전개해나가고 있다. 물론 전문가를 위한 책은 아니며, 보다 세부적인 정보가 필요한 독자는 그에 해당하는 전문서적을 참고해야 하겠다.

역자로서 용어 사용에 어려움이 있었다. 번역작업을 할 때마다 겪는 일이기는 하지만, 확정된 한국어 용어나 표현이 없는 외국어 용어를 어떻게 처리할지가 항상 고민이다. 텔레비전 홈쇼핑 진행자들처럼 나 몰라라 하고는 외국어를 그대로 적어야 할지 아니면 억지로라도 한국어 용어를 만들어서 써야할지를 선택하는 일이 역자를 불안에 떨게 만들기도 한다. 어쩔 수 없이 이번에도 절충안을 채택할 수밖에 없었다. 다소 주관적이기는 하지만, 원어든 한자 표현이든 아니면 한글 표현이든, 독자들의 가독성을 가장 높여줄 수 있는 것을 선택하여 표현하고자 노력했다. 표현이 잘못되었거나 어눌해 보이는 부분이 있다면, 그것은 전적으로 역자의 잘못이다. 독자 제현의 가차 없는 지적을 기대한다.

번역할 기회를 주고 작업공간을 제공해준 시그마프레스 강학경 사장, 그리고 문정현 부장과 송치헌 차장에게 감사드린다. 일단 일을 시작하면 물불을 가리지 못하는 나를 다독이고 안정시켜주는 평생의 반려자 윤연구에게도 감사드린다.